最新
会计法律法规
全 编

中国法治出版社
CHINA LEGAL PUBLISHING HOUSE

图书在版编目（CIP）数据

最新会计法律法规全编／中国法治出版社编.
北京：中国法治出版社，2025. 1. --（条文速查小红书系列）. -- ISBN 978-7-5216-4626-9

Ⅰ. D922.269

中国国家版本馆 CIP 数据核字第 2024T4M829 号

策划编辑：刘晓霞　　　　责任编辑：李璞娜　　　　封面设计：杨泽江

最新会计法律法规全编
ZUIXIN KUAIJI FALÜ FAGUI QUANBIAN

经销／新华书店
印刷／三河市紫恒印装有限公司
开本／880 毫米×1230 毫米　32 开　　　　印张／16　字数／517 千
版次／2025 年 1 月第 1 版　　　　　　　　2025 年 1 月第 1 次印刷

中国法治出版社出版

书号 ISBN 978-7-5216-4626-9　　　　　　　　　　　　定价：46.00 元

北京市西城区西便门西里甲 16 号西便门办公区
邮政编码：100053　　　　　　　　　　　传真：010-63141600
网址：http://www.zgfzs.com　　　　　　编辑部电话：010-63141670
市场营销部电话：010-63141612　　　　　印务部电话：010-63141606

（如有印装质量问题，请与本社印务部联系。）

编辑说明

　　法律会适时修改,而与之相关的配套规定难以第一时间调整引用的旧法条文序号。此时,我们难免会有这样的困扰:(1)不知其中仍是旧法条文序号而误用;(2)知道其中是旧法条文序号,却找不到或找错对应的新法条文序号;(3)为找到旧法对应最新条款,来回翻找,浪费很多宝贵时间。本丛书针对性地为读者朋友们解决这一问题,独具以下特色:

1. 标注变动后的最新条文序号

　　本丛书以页边码(如 22)的形式,在出现条文序号已发生变化的条款同一行的左右侧空白位置——标注变动后的最新条文序号;如果一行有两个以上条款的序号已发生变化,分先后顺序上下标注变动后的最新条文序号(288 / 289);如一个条款变动后分为了两个以上条款,标注在同一个格子里(如 538 / 539); × 表示该条已被删除。

2. 附录历年条文序号对照表

　　如果你想参考适用其他规定或司法案例时遇到旧法,可利用历年会计法条文序号对照表,快速准确定位最新条款。试举一例,你在阅读司法案例时,发现该案例裁判于1990年,其援引的会计法是1985年版的,会计法历经1993年、1999年、2017年、2024年几次修改,从1985年版的条款定位到2024年版的条款,实属不易,但是只要查阅该表,就可以轻松快速定位到最新对应条款。

3. 内容全面,文本权威

　　本丛书将各个领域的核心法律作为"主法",围绕"主法"全面收录相关司法解释及配套法律法规;收录文件均为经过清理修改的现行有效标准文本,以供读者全面掌握权威法律文件。

目 录*

中华人民共和国会计法 ………………………………………………… 1
 （2024 年 6 月 28 日）

一、综 合

中华人民共和国审计法（节录） …………………………………… 11
 （2021 年 10 月 23 日）
中华人民共和国公司法（节录） …………………………………… 17
 （2023 年 12 月 29 日）
中华人民共和国刑法（节录） ……………………………………… 18
 （2023 年 12 月 29 日）
财政部门实施会计监督办法 ………………………………………… 23
 （2001 年 2 月 20 日）
会计档案管理办法 …………………………………………………… 34
 （2015 年 12 月 11 日）
会计信息化工作规范 ………………………………………………… 39
 （2024 年 7 月 26 日）
会计软件基本功能和服务规范 ……………………………………… 47
 （2024 年 7 月 29 日）
代理记账管理办法 …………………………………………………… 53
 （2016 年 2 月 16 日）
代理记账基础工作规范（试行） …………………………………… 59
 （2023 年 11 月 8 日）

---

* 编者按：本目录中的时间为法律文件的公布时间或最后一次修正、修订公布时间。

二、会计制度

会计基础工作规范 ······ 67
　　（2019 年 3 月 14 日）
政府会计准则——基本准则 ······ 85
　　（2015 年 10 月 23 日）
企业会计准则——基本准则 ······ 93
　　（2014 年 7 月 23 日）
财政总会计制度 ······ 99
　　（2022 年 11 月 18 日）
企业会计制度 ······ 215
　　（2000 年 12 月 29 日）
财政部关于印发外商投资企业执行《企业会计制度》问题解答的
　　通知 ······ 272
　　（2002 年 5 月 26 日）
农村集体经济组织会计制度 ······ 276
　　（2023 年 9 月 5 日）
民间非营利组织会计制度 ······ 289
　　（2004 年 8 月 18 日）
《民间非营利组织会计制度》若干问题的解释 ······ 311
　　（2020 年 6 月 15 日）
企业财务通则 ······ 317
　　（2006 年 12 月 4 日）
事业单位财务规则 ······ 330
　　（2022 年 1 月 7 日）
行政单位财务规则 ······ 340
　　（2023 年 1 月 28 日）

三、会计核算

企业财务会计报告条例 …………………………………… 349
　　（2000 年 6 月 21 日）
财政部关于进一步加强财政总会计核算管理有关事项的通知 ………… 357
　　（2024 年 10 月 18 日）
道路交通事故社会救助基金会计核算办法 ……………………… 360
　　（2022 年 6 月 16 日）
住宅专项维修资金会计核算办法 ………………………… 376
　　（2020 年 4 月 20 日）
社会保障基金财政专户会计核算办法 …………………………… 395
　　（2018 年 12 月 29 日）
土地储备资金会计核算办法（试行） ………………………… 427
　　（2008 年 8 月 19 日）

四、会计机构和会计人员

中华人民共和国注册会计师法 ………………………………… 444
　　（2014 年 8 月 31 日）
注册会计师注册办法 ……………………………………… 451
　　（2019 年 3 月 15 日）
注册会计师全国统一考试办法 …………………………… 455
　　（2024 年 1 月 23 日）
香港特别行政区、澳门特别行政区、台湾地区居民及外国人参加
　注册会计师全国统一考试办法 ……………………………… 457
　　（2024 年 6 月 8 日）
注册会计师行业严重失信主体名单管理办法 ……………………… 460
　　（2024 年 11 月 3 日）

总会计师条例 …………………………………………………… 463
　（2011 年 1 月 8 日）
会计人员管理办法 ……………………………………………… 467
　（2018 年 12 月 6 日）
会计人员职业道德规范 ………………………………………… 469
　（2023 年 1 月 12 日）
会计专业技术人员继续教育规定 ……………………………… 470
　（2018 年 5 月 19 日）
关于做好会计专业学位与会计专业技术资格衔接有关工作的通知 …… 476
　（2024 年 5 月 14 日）
会计师事务所监督检查办法 …………………………………… 477
　（2022 年 4 月 29 日）
会计师事务所数据安全管理暂行办法 ………………………… 483
　（2024 年 4 月 15 日）
最高人民法院关于审理涉及会计师事务所在审计业务活动中民事
　侵权赔偿案件的若干规定 …………………………………… 487
　（2007 年 6 月 11 日）
最高人民法院关于审理证券市场虚假陈述侵权民事赔偿案件的若
　干规定 ………………………………………………………… 491
　（2022 年 1 月 21 日）

条文序号对照表

历年会计法条文序号对照表
　（1985 年—1993 年—1997 年—2017 年—2024 年） …………… 501

中华人民共和国会计法

（1985 年 1 月 21 日第六届全国人民代表大会常务委员会第九次会议通过　根据 1993 年 12 月 29 日第八届全国人民代表大会常务委员会第五次会议《关于修改〈中华人民共和国会计法〉的决定》第一次修正　1999 年 10 月 31 日第九届全国人民代表大会常务委员会第十二次会议修订　根据 2017 年 11 月 4 日第十二届全国人民代表大会常务委员会第三十次会议《关于修改〈中华人民共和国会计法〉等十一部法律的决定》第二次修正　根据 2024 年 6 月 28 日第十四届全国人民代表大会常务委员会第十次会议《关于修改〈中华人民共和国会计法〉的决定》第三次修正）

目　　录

第一章　总　　则

第二章　会计核算

第三章　会计监督

第四章　会计机构和会计人员

第五章　法律责任

第六章　附　　则

第一章　总　　则

第一条　【立法宗旨】[①] 为了规范会计行为，保证会计资料真实、完整，加强经济管理和财务管理，提高经济效益，维护社会主义市场经济秩序，制定本法。

第二条　【适用范围】会计工作应当贯彻落实党和国家路线方针政策、决策部署，维护社会公共利益，为国民经济和社会发展服务。

[①]　条文主旨为编者所加，后同。

国家机关、社会团体、公司、企业、事业单位和其他组织（以下统称单位）必须依照本法办理会计事务。

第三条 【建账】各单位必须依法设置会计账簿，并保证其真实、完整。

第四条 【单位负责人责任】单位负责人对本单位的会计工作和会计资料的真实性、完整性负责。

第五条 【会计机构、会计人员履行职责的法律保护】会计机构、会计人员依照本法规定进行会计核算，实行会计监督。

任何单位或者个人不得以任何方式授意、指使、强令会计机构、会计人员伪造、变造会计凭证、会计账簿和其他会计资料，提供虚假财务会计报告。

任何单位或者个人不得对依法履行职责、抵制违反本法规定行为的会计人员实行打击报复。

第六条 【对会计人员的奖励】对认真执行本法，忠于职守，坚持原则，做出显著成绩的会计人员，给予精神的或者物质的奖励。

第七条 【会计工作管理体制】国务院财政部门主管全国的会计工作。

县级以上地方各级人民政府财政部门管理本行政区域内的会计工作。

第八条 【制定会计制度的权限】国家实行统一的会计制度。国家统一的会计制度由国务院财政部门根据本法制定并公布。

国务院有关部门可以依照本法和国家统一的会计制度制定对会计核算和会计监督有特殊要求的行业实施国家统一的会计制度的具体办法或者补充规定，报国务院财政部门审核批准。

国家加强会计信息化建设，鼓励依法采用现代信息技术开展会计工作，具体办法由国务院财政部门会同有关部门制定。

第二章　会　计　核　算

第九条 【真实性原则】各单位必须根据实际发生的经济业务事项进行会计核算，填制会计凭证，登记会计账簿，编制财务会计报告。

任何单位不得以虚假的经济业务事项或者资料进行会计核算。

第十条 【会计核算对象】各单位应当对下列经济业务事项办理会计手续，进行会计核算：

（一）资产的增减和使用；

（二）负债的增减；

（三）净资产（所有者权益）的增减；

（四）收入、支出、费用、成本的增减；

（五）财务成果的计算和处理；

（六）需要办理会计手续、进行会计核算的其他事项。

第十一条 【会计年度】会计年度自公历1月1日起至12月31日止。

第十二条 【会计核算的记账本位币】会计核算以人民币为记账本位币。

业务收支以人民币以外的货币为主的单位，可以选定其中一种货币作为记账本位币，但是编报的财务会计报告应当折算为人民币。

第十三条 【对会计资料的要求】会计凭证、会计账簿、财务会计报告和其他会计资料，必须符合国家统一的会计制度的规定。

使用电子计算机进行会计核算的，其软件及其生成的会计凭证、会计账簿、财务会计报告和其他会计资料，也必须符合国家统一的会计制度的规定。

任何单位和个人不得伪造、变造会计凭证、会计账簿及其他会计资料，不得提供虚假的财务会计报告。

第十四条 【对会计凭证的要求】会计凭证包括原始凭证和记账凭证。

办理本法第十条所列的经济业务事项，必须填制或者取得原始凭证并及时送交会计机构。

会计机构、会计人员必须按照国家统一的会计制度的规定对原始凭证进行审核，对不真实、不合法的原始凭证有权不予接受，并向单位负责人报告；对记载不准确、不完整的原始凭证予以退回，并要求按照国家统一的会计制度的规定更正、补充。

原始凭证记载的各项内容均不得涂改；原始凭证有错误的，应当由出具单位重开或者更正，更正处应当加盖出具单位印章。原始凭证金额有错误的，应当由出具单位重开，不得在原始凭证上更正。

记账凭证应当根据经过审核的原始凭证及有关资料编制。

第十五条 【会计账簿登记要求】会计账簿登记，必须以经过审核的会计凭证为依据，并符合有关法律、行政法规和国家统一的会计制度的规定。会计账簿包括总账、明细账、日记账和其他辅助性账簿。

会计账簿应当按照连续编号的页码顺序登记。会计账簿记录发生错误或者隔页、缺号、跳行的，应当按照国家统一的会计制度规定的方法更正，并由会计人员和会计机构负责人（会计主管人员）在更正处盖章。

使用电子计算机进行会计核算的，其会计账簿的登记、更正，应当符合国家统一的会计制度的规定。

第十六条　【各单位的经济业务事项】各单位发生的各项经济业务事项应当在依法设置的会计账簿上统一登记、核算，不得违反本法和国家统一的会计制度的规定私设会计账簿登记、核算。

第十七条　【对账制度】各单位应当定期将会计账簿记录与实物、款项及有关资料相互核对，保证会计账簿记录与实物及款项的实有数额相符、会计账簿记录与会计凭证的有关内容相符、会计账簿之间相对应的记录相符、会计账簿记录与会计报表的有关内容相符。

第十八条　【会计处理方法的基本要求】各单位采用的会计处理方法，前后各期应当一致，不得随意变更；确有必要变更的，应当按照国家统一的会计制度的规定变更，并将变更的原因、情况及影响在财务会计报告中说明。

第十九条　【或有事项的披露】单位提供的担保、未决诉讼等或有事项，应当按照国家统一的会计制度的规定，在财务会计报告中予以说明。

第二十条　【财务会计报告的编制、财务报告的组成及其对外提供的要求】财务会计报告应当根据经过审核的会计账簿记录和有关资料编制，并符合本法和国家统一的会计制度关于财务会计报告的编制要求、提供对象和提供期限的规定；其他法律、行政法规另有规定的，从其规定。

向不同的会计资料使用者提供的财务会计报告，其编制依据应当一致。有关法律、行政法规规定财务会计报告须经注册会计师审计的，注册会计师及其所在的会计师事务所出具的审计报告应当随同财务会计报告一并提供。

第二十一条　【财务会计报告签章】财务会计报告应当由单位负责人和主管会计工作的负责人、会计机构负责人（会计主管人员）签名并盖章；设置总会计师的单位，还须由总会计师签名并盖章。

单位负责人应当保证财务会计报告真实、完整。

第二十二条 【会计记录文字】会计记录的文字应当使用中文。在民族自治地方，会计记录可以同时使用当地通用的一种民族文字。在中华人民共和国境内的外商投资企业、外国企业和其他外国组织的会计记录可以同时使用一种外国文字。

第二十三条 【会计档案的保管】各单位对会计凭证、会计账簿、财务会计报告和其他会计资料应当建立档案，妥善保管。会计档案的保管期限、销毁、安全保护等具体管理办法，由国务院财政部门会同有关部门制定。

第二十四条 【会计核算中的禁止性行为】各单位进行会计核算不得有下列行为：

（一）随意改变资产、负债、净资产（所有者权益）的确认标准或者计量方法，虚列、多列、不列或者少列资产、负债、净资产（所有者权益）；

（二）虚列或者隐瞒收入，推迟或者提前确认收入；

（三）随意改变费用、成本的确认标准或者计量方法，虚列、多列、不列或者少列费用、成本；

（四）随意调整利润的计算、分配方法，编造虚假利润或者隐瞒利润；

（五）违反国家统一的会计制度规定的其他行为。

第三章　会　计　监　督

第二十五条 【单位内部会计监督制度】各单位应当建立、健全本单位内部会计监督制度，并将其纳入本单位内部控制制度。单位内部会计监督制度应当符合下列要求：

（一）记账人员与经济业务事项和会计事项的审批人员、经办人员、财物保管人员的职责权限应当明确，并相互分离、相互制约；

（二）重大对外投资、资产处置、资金调度和其他重要经济业务事项的决策和执行的相互监督、相互制约程序应当明确；

（三）财产清查的范围、期限和组织程序应当明确；

（四）对会计资料定期进行内部审计的办法和程序应当明确；

（五）国务院财政部门规定的其他要求。

第二十六条 【会计机构、会计人员依法履行职责的保障】单位负责人应当保证会计机构、会计人员依法履行职责，不得授意、指使、强令会计机构、会计人员违法办理会计事项。

会计机构、会计人员对违反本法和国家统一的会计制度规定的会计事项，有权拒绝办理或者按照职权予以纠正。

第二十七条 【会计机构、会计人员应当保证会计账簿记录真实】会计机构、会计人员发现会计账簿记录与实物、款项及有关资料不相符的，按照国家统一的会计制度的规定有权自行处理的，应当及时处理；无权处理的，应当立即向单位负责人报告，请求查明原因，作出处理。

第二十八条 【全社会参与会计监督】任何单位和个人对违反本法和国家统一的会计制度规定的行为，有权检举。收到检举的部门有权处理的，应当依法按照职责分工及时处理；无权处理的，应当及时移送有权处理的部门处理。收到检举的部门、负责处理的部门应当为检举人保密，不得将检举人姓名和检举材料转给被检举单位和被检举人个人。

第二十九条 【审计报告客观性的保障】有关法律、行政法规规定，须经注册会计师进行审计的单位，应当向受委托的会计师事务所如实提供会计凭证、会计账簿、财务会计报告和其他会计资料以及有关情况。

任何单位或者个人不得以任何方式要求或者示意注册会计师及其所在的会计师事务所出具不实或者不当的审计报告。

财政部门有权对会计师事务所出具审计报告的程序和内容进行监督。

第三十条 【财政部门对会计工作的监督】财政部门对各单位的下列情况实施监督：

（一）是否依法设置会计账簿；

（二）会计凭证、会计账簿、财务会计报告和其他会计资料是否真实、完整；

（三）会计核算是否符合本法和国家统一的会计制度的规定；

（四）从事会计工作的人员是否具备专业能力、遵守职业道德。

在对前款第（二）项所列事项实施监督，发现重大违法嫌疑时，国务院财政部门及其派出机构可以向与被监督单位有经济业务往来的单位和被监督单位开立账户的金融机构查询有关情况，有关单位和金融机构应当给予支持。

第三十一条 【对会计资料的监督检查】财政、审计、税务、金融管理等部门应当依照有关法律、行政法规规定的职责，对有关单位的会计资料实施监督检查，并出具检查结论。

财政、审计、税务、金融管理等部门应当加强监督检查协作，有关监督检查部门已经作出的检查结论能够满足其他监督检查部门履行本部门职责需要的，其他监督检查部门应当加以利用，避免重复查账。

第三十二条 【监督部门及其工作人员的保密义务】依法对有关单位的会计资料实施监督检查的部门及其工作人员对在监督检查中知悉的国家秘密、工作秘密、商业秘密、个人隐私、个人信息负有保密义务。

第三十三条 【各单位接受和配合监督检查的义务】各单位必须依照有关法律、行政法规的规定，接受有关监督检查部门依法实施的监督检查，如实提供会计凭证、会计账簿、财务会计报告和其他会计资料以及有关情况，不得拒绝、隐匿、谎报。

第四章 会计机构和会计人员

第三十四条 【会计机构和总会计师的设置】各单位应当根据会计业务的需要，依法采取下列一种方式组织本单位的会计工作：

（一）设置会计机构；

（二）在有关机构中设置会计岗位并指定会计主管人员；

（三）委托经批准设立从事会计代理记账业务的中介机构代理记账；

（四）国务院财政部门规定的其他方式。

国有的和国有资本占控股地位或者主导地位的大、中型企业必须设置总会计师。总会计师的任职资格、任免程序、职责权限由国务院规定。

第三十五条 【机构内部稽核制度和出纳人员工作岗位制度】会计机构内部应当建立稽核制度。

出纳人员不得兼任稽核、会计档案保管和收入、支出、费用、债权债务账目的登记工作。

第三十六条 【会计人员从业资格】会计人员应当具备从事会计工作所需要的专业能力。

担任单位会计机构负责人（会计主管人员）的，应当具备会计师以上专业技术职务资格或者从事会计工作三年以上经历。

本法所称会计人员的范围由国务院财政部门规定。

第三十七条 【会计人员的教育和培训】会计人员应当遵守职业道

德，提高业务素质，严格遵守国家有关保密规定。对会计人员的教育和培训工作应当加强。

第三十八条 【不得从事会计工作的情形】因有提供虚假财务会计报告，做假账，隐匿或者故意销毁会计凭证、会计账簿、财务会计报告，贪污，挪用公款，职务侵占等与会计职务有关的违法行为被依法追究刑事责任的人员，不得再从事会计工作。

第三十九条 【会计工作交接】会计人员调动工作或者离职，必须与接管人员办清交接手续。

一般会计人员办理交接手续，由会计机构负责人（会计主管人员）监交；会计机构负责人（会计主管人员）办理交接手续，由单位负责人监交，必要时主管单位可以派人会同监交。

第五章 法 律 责 任

第四十条 【违反会计制度的责任】违反本法规定，有下列行为之一的，由县级以上人民政府财政部门责令限期改正，给予警告、通报批评，对单位可以并处二十万元以下的罚款，对其直接负责的主管人员和其他直接责任人员可以处五万元以下的罚款；情节严重的，对单位可以并处二十万元以上一百万元以下的罚款，对其直接负责的主管人员和其他直接责任人员可以处五万元以上五十万元以下的罚款；属于公职人员的，还应当依法给予处分：

（一）不依法设置会计账簿的；

（二）私设会计账簿的；

（三）未按照规定填制、取得原始凭证或者填制、取得的原始凭证不符合规定的；

（四）以未经审核的会计凭证为依据登记会计账簿或者登记会计账簿不符合规定的；

（五）随意变更会计处理方法的；

（六）向不同的会计资料使用者提供的财务会计报告编制依据不一致的；

（七）未按照规定使用会计记录文字或者记账本位币的；

（八）未按照规定保管会计资料，致使会计资料毁损、灭失的；

（九）未按照规定建立并实施单位内部会计监督制度或者拒绝依法实施的监督或者不如实提供有关会计资料及有关情况的；

（十）任用会计人员不符合本法规定的。

有前款所列行为之一，构成犯罪的，依法追究刑事责任。

会计人员有第一款所列行为之一，情节严重的，五年内不得从事会计工作。

有关法律对第一款所列行为的处罚另有规定的，依照有关法律的规定办理。

第四十一条　【伪造、变造会计资料的责任】伪造、变造会计凭证、会计账簿，编制虚假财务会计报告，隐匿或者故意销毁依法应当保存的会计凭证、会计账簿、财务会计报告的，由县级以上人民政府财政部门责令限期改正，给予警告、通报批评，没收违法所得，违法所得二十万元以上的，对单位可以并处违法所得一倍以上十倍以下的罚款，没有违法所得或者违法所得不足二十万元的，可以并处二十万元以上二百万元以下的罚款；对其直接负责的主管人员和其他直接责任人员可以处十万元以上五十万元以下的罚款，情节严重的，可以处五十万元以上二百万元以下的罚款；属于公职人员的，还应当依法给予处分；其中的会计人员，五年内不得从事会计工作；构成犯罪的，依法追究刑事责任。

第四十二条　【授意、指使、强令他人伪造、变造或者隐匿、故意销毁会计资料的责任】授意、指使、强令会计机构、会计人员及其他人员伪造、变造会计凭证、会计账簿，编制虚假财务会计报告或者隐匿、故意销毁依法应当保存的会计凭证、会计账簿、财务会计报告的，由县级以上人民政府财政部门给予警告、通报批评，可以并处二十万元以上一百万元以下的罚款；情节严重的，可以并处一百万元以上五百万元以下的罚款；属于公职人员的，还应当依法给予处分；构成犯罪的，依法追究刑事责任。

第四十三条　【单位负责人打击报复的责任】单位负责人对依法履行职责、抵制违反本法规定行为的会计人员以降级、撤职、调离工作岗位、解聘或者开除等方式实行打击报复的，依法给予处分；构成犯罪的，依法追究刑事责任。对受打击报复的会计人员，应当恢复其名誉和原有职务、级别。

第四十四条　【相关国家机关工作人员滥用职权、玩忽职守等行为的责任】财政部门及有关行政部门的工作人员在实施监督管理中滥用职权、玩忽职守、徇私舞弊或者泄露国家秘密、工作秘密、商业秘密、个人隐私、个人信息的，依法给予处分；构成犯罪的，依法追究刑事责任。

第四十五条 【泄露检举人姓名和检举材料的责任】违反本法规定，将检举人姓名和检举材料转给被检举单位和被检举人个人的，依法给予处分。

第四十六条 【从轻、减轻和不予处罚的情形】违反本法规定，但具有《中华人民共和国行政处罚法》规定的从轻、减轻或者不予处罚情形的，依照其规定从轻、减轻或者不予处罚。

第四十七条 【违反两种以上法律时的处罚】因违反本法规定受到处罚的，按照国家有关规定记入信用记录。

违反本法规定，同时违反其他法律规定的，由有关部门在各自职权范围内依法进行处罚。

第六章 附　　则

第四十八条 【对用语的解释】本法下列用语的含义：

单位负责人，是指单位法定代表人或者法律、行政法规规定代表单位行使职权的主要负责人。

国家统一的会计制度，是指国务院财政部门根据本法制定的关于会计核算、会计监督、会计机构和会计人员以及会计工作管理的制度。

第四十九条 【军队会计制度的制定办法】中央军事委员会有关部门可以依照本法和国家统一的会计制度制定军队实施国家统一的会计制度的具体办法，抄送国务院财政部门。

第五十条 【个体工商户会计管理的具体办法的制定】个体工商户会计管理的具体办法，由国务院财政部门根据本法的原则另行规定。

第五十一条 【施行日期】本法自 2000 年 7 月 1 日起施行。

一、综　合

中华人民共和国审计法（节录）

（1994年8月31日第八届全国人民代表大会常务委员会第九次会议通过　根据2006年2月28日第十届全国人民代表大会常务委员会第二十次会议《关于修改〈中华人民共和国审计法〉的决定》第一次修正　根据2021年10月23日第十三届全国人民代表大会常务委员会第三十一次会议《关于修改〈中华人民共和国审计法〉的决定》第二次修正）

第一章　总　　则

第一条　为了加强国家的审计监督，维护国家财政经济秩序，提高财政资金使用效益，促进廉政建设，保障国民经济和社会健康发展，根据宪法，制定本法。

第二条　国家实行审计监督制度。坚持中国共产党对审计工作的领导，构建集中统一、全面覆盖、权威高效的审计监督体系。

国务院和县级以上地方人民政府设立审计机关。

国务院各部门和地方各级人民政府及其各部门的财政收支，国有的金融机构和企业事业组织的财务收支，以及其他依照本法规定应当接受审计的财政收支、财务收支，依照本法规定接受审计监督。

审计机关对前款所列财政收支或者财务收支的真实、合法和效益，依法进行审计监督。

第三条　审计机关依照法律规定的职权和程序，进行审计监督。

审计机关依据有关财政收支、财务收支的法律、法规和国家其他有关规定进行审计评价，在法定职权范围内作出审计决定。

……

第五条　审计机关依照法律规定独立行使审计监督权，不受其他行政机关、社会团体和个人的干涉。

……

第二章　审计机关和审计人员

第七条　国务院设立审计署，在国务院总理领导下，主管全国的审计工作。审计长是审计署的行政首长。

第八条　省、自治区、直辖市、设区的市、自治州、县、自治县、不设区的市、市辖区的人民政府的审计机关，分别在省长、自治区主席、市长、州长、县长、区长和上一级审计机关的领导下，负责本行政区域内的审计工作。

第九条　地方各级审计机关对本级人民政府和上一级审计机关负责并报告工作，审计业务以上级审计机关领导为主。

第十条　审计机关根据工作需要，经本级人民政府批准，可以在其审计管辖范围内设立派出机构。

派出机构根据审计机关的授权，依法进行审计工作。

……

第十六条　审计机关和审计人员对在执行职务中知悉的国家秘密、工作秘密、商业秘密、个人隐私和个人信息，应当予以保密，不得泄露或者向他人非法提供。

……

第三章　审计机关职责

第十八条　审计机关对本级各部门（含直属单位）和下级政府预算的执行情况和决算以及其他财政收支情况，进行审计监督。

第十九条　审计署在国务院总理领导下，对中央预算执行情况、决算草案以及其他财政收支情况进行审计监督，向国务院总理提出审计结果报告。

地方各级审计机关分别在省长、自治区主席、市长、州长、县长、区长和上一级审计机关的领导下，对本级预算执行情况、决算草案以及其他财政收支情况进行审计监督，向本级人民政府和上一级审计机关提出审计结果报告。

第二十条　审计署对中央银行的财务收支,进行审计监督。

第二十一条　审计机关对国家的事业组织和使用财政资金的其他事业组织的财务收支,进行审计监督。

第二十二条　审计机关对国有企业、国有金融机构和国有资本占控股地位或者主导地位的企业、金融机构的资产、负债、损益以及其他财务收支情况,进行审计监督。

遇有涉及国家财政金融重大利益情形,为维护国家经济安全,经国务院批准,审计署可以对前款规定以外的金融机构进行专项审计调查或者审计。

第二十三条　审计机关对政府投资和以政府投资为主的建设项目的预算执行情况和决算,对其他关系国家利益和公共利益的重大公共工程项目的资金管理使用和建设运营情况,进行审计监督。

第二十四条　审计机关对国有资源、国有资产,进行审计监督。

审计机关对政府部门管理的和其他单位受政府委托管理的社会保险基金、全国社会保障基金、社会捐赠资金以及其他公共资金的财务收支,进行审计监督。

第二十五条　审计机关对国际组织和外国政府援助、贷款项目的财务收支,进行审计监督。

第二十六条　根据经批准的审计项目计划安排,审计机关可以对被审计单位贯彻落实国家重大经济社会政策措施情况进行审计监督。

第二十七条　除本法规定的审计事项外,审计机关对其他法律、行政法规规定应当由审计机关进行审计的事项,依照本法和有关法律、行政法规的规定进行审计监督。

第二十八条　审计机关可以对被审计单位依法应当接受审计的事项进行全面审计,也可以对其中的特定事项进行专项审计。

第二十九条　审计机关有权对与国家财政收支有关的特定事项,向有关地方、部门、单位进行专项审计调查,并向本级人民政府和上一级审计机关报告审计调查结果。

第三十条　审计机关履行审计监督职责,发现经济社会运行中存在风险隐患的,应当及时向本级人民政府报告或者向有关主管机关、单位通报。

第三十一条　审计机关根据被审计单位的财政、财务隶属关系或者国有资源、国有资产监督管理关系，确定审计管辖范围。

审计机关之间对审计管辖范围有争议的，由其共同的上级审计机关确定。

上级审计机关对其审计管辖范围内的审计事项，可以授权下级审计机关进行审计，但本法第十八条至第二十条规定的审计事项不得进行授权；上级审计机关对下级审计机关审计管辖范围内的重大审计事项，可以直接进行审计，但是应当防止不必要的重复审计。

第三十二条　被审计单位应当加强对内部审计工作的领导，按照国家有关规定建立健全内部审计制度。

审计机关应当对被审计单位的内部审计工作进行业务指导和监督。

第三十三条　社会审计机构审计的单位依法属于被审计单位的，审计机关按照国务院的规定，有权对该社会审计机构出具的相关审计报告进行核查。

第四章　审计机关权限

第三十四条　审计机关有权要求被审计单位按照审计机关的规定提供财务、会计资料以及与财政收支、财务收支有关的业务、管理等资料，包括电子数据和有关文档。被审计单位不得拒绝、拖延、谎报。

被审计单位负责人应当对本单位提供资料的及时性、真实性和完整性负责。

审计机关对取得的电子数据等资料进行综合分析，需要向被审计单位核实有关情况的，被审计单位应当予以配合。

第三十五条　国家政务信息系统和数据共享平台应当按照规定向审计机关开放。

审计机关通过政务信息系统和数据共享平台取得的电子数据等资料能够满足需要的，不得要求被审计单位重复提供。

第三十六条　审计机关进行审计时，有权检查被审计单位的财务、会计资料以及与财政收支、财务收支有关的业务、管理等资料和资产，有权检查被审计单位信息系统的安全性、可靠性、经济性，被审计单位不得拒绝。

第三十七条　审计机关进行审计时，有权就审计事项的有关问题向有关单位和个人进行调查，并取得有关证明材料。有关单位和个人应当支持、协助审计机关工作，如实向审计机关反映情况，提供有关证明材料。

审计机关经县级以上人民政府审计机关负责人批准，有权查询被审计单位在金融机构的账户。

审计机关有证据证明被审计单位违反国家规定将公款转入其他单位、个人在金融机构账户的，经县级以上人民政府审计机关主要负责人批准，有权查询有关单位、个人在金融机构与审计事项相关的存款。

第三十八条 审计机关进行审计时，被审计单位不得转移、隐匿、篡改、毁弃财务、会计资料以及与财政收支、财务收支有关的业务、管理等资料，不得转移、隐匿、故意毁损所持有的违反国家规定取得的资产。

审计机关对被审计单位违反前款规定的行为，有权予以制止；必要时，经县级以上人民政府审计机关负责人批准，有权封存有关资料和违反国家规定取得的资产；对其中在金融机构的有关存款需要予以冻结的，应当向人民法院提出申请。

审计机关对被审计单位正在进行的违反国家规定的财政收支、财务收支行为，有权予以制止；制止无效的，经县级以上人民政府审计机关负责人批准，通知财政部门和有关主管机关、单位暂停拨付与违反国家规定的财政收支、财务收支行为直接有关的款项，已经拨付的，暂停使用。

审计机关采取前两款规定的措施不得影响被审计单位合法的业务活动和生产经营活动。

第三十九条 审计机关认为被审计单位所执行的上级主管机关、单位有关财政收支、财务收支的规定与法律、行政法规相抵触的，应当建议有关主管机关、单位纠正；有关主管机关、单位不予纠正的，审计机关应当提请有权处理的机关、单位依法处理。

第四十条 审计机关可以向政府有关部门通报或者向社会公布审计结果。

审计机关通报或者公布审计结果，应当保守国家秘密、工作秘密、商业秘密、个人隐私和个人信息，遵守法律、行政法规和国务院的有关规定。

第四十一条 审计机关履行审计监督职责，可以提请公安、财政、自然资源、生态环境、海关、税务、市场监督管理等机关予以协助。有关机关应当依法予以配合。

第五章　审计程序

第四十二条　审计机关根据经批准的审计项目计划确定的审计事项组成审计组,并应当在实施审计三日前,向被审计单位送达审计通知书;遇有特殊情况,经县级以上人民政府审计机关负责人批准,可以直接持审计通知书实施审计。

被审计单位应当配合审计机关的工作,并提供必要的工作条件。

审计机关应当提高审计工作效率。

第四十三条　审计人员通过审查财务、会计资料,查阅与审计事项有关的文件、资料,检查现金、实物、有价证券和信息系统,向有关单位和个人调查等方式进行审计,并取得证明材料。

向有关单位和个人进行调查时,审计人员应当不少于二人,并出示其工作证件和审计通知书副本。

……

第六章　法律责任

第四十七条　被审计单位违反本法规定,拒绝、拖延提供与审计事项有关的资料的,或者提供的资料不真实、不完整的,或者拒绝、阻碍检查、调查、核实有关情况的,由审计机关责令改正,可以通报批评,给予警告;拒不改正的,依法追究法律责任。

第四十八条　被审计单位违反本法规定,转移、隐匿、篡改、毁弃财务、会计资料以及与财政收支、财务收支有关的业务、管理等资料,或者转移、隐匿、故意毁损所持有的违反国家规定取得的资产,审计机关认为对直接负责的主管人员和其他直接责任人员依法应当给予处分的,应当向被审计单位提出处理建议,或者移送监察机关和有关主管机关、单位处理,有关机关、单位应当将处理结果书面告知审计机关;构成犯罪的,依法追究刑事责任。

……

第五十二条　被审计单位应当按照规定时间整改审计查出的问题,将整改情况报告审计机关,同时向本级人民政府或者有关主管机关、单位报告,并按照规定向社会公布。

各级人民政府和有关主管机关、单位应当督促被审计单位整改审计查出的问题。审计机关应当对被审计单位整改情况进行跟踪检查。

审计结果以及整改情况应当作为考核、任免、奖惩领导干部和制定政策、完善制度的重要参考；拒不整改或者整改时弄虚作假的，依法追究法律责任。

……

第五十七条 审计人员滥用职权、徇私舞弊、玩忽职守或者泄露、向他人非法提供所知悉的国家秘密、工作秘密、商业秘密、个人隐私和个人信息的，依法给予处分；构成犯罪的，依法追究刑事责任。

……

中华人民共和国公司法（节录）

（1993年12月29日第八届全国人民代表大会常务委员会第五次会议通过　根据1999年12月25日第九届全国人民代表大会常务委员会第十三次会议《关于修改〈中华人民共和国公司法〉的决定》第一次修正　根据2004年8月28日第十届全国人民代表大会常务委员会第十一次会议《关于修改〈中华人民共和国公司法〉的决定》第二次修正　2005年10月27日第十届全国人民代表大会常务委员会第十八次会议第一次修订　根据2013年12月28日第十二届全国人民代表大会常务委员会第六次会议《关于修改〈中华人民共和国海洋环境保护法〉等七部法律的决定》第三次修正　根据2018年10月26日第十三届全国人民代表大会常务委员会第六次会议《关于修改〈中华人民共和国公司法〉的决定》第四次修正　2023年12月29日第十四届全国人民代表大会常务委员会第七次会议第二次修订　2023年12月29日中华人民共和国主席令第15号公布　自2024年7月1日起施行）

……

第二百零八条 公司应当在每一会计年度终了时编制财务会计报告，并依法经会计师事务所审计。

财务会计报告应当依照法律、行政法规和国务院财政部门的规定制作。

第二百零九条 有限责任公司应当按照公司章程规定的期限将财务会计报告送交各股东。

股份有限公司的财务会计报告应当在召开股东会年会的二十日前置备于本公司，供股东查阅；公开发行股份的股份有限公司应当公告其财务会计报告。

……

第二百一十六条 公司应当向聘用的会计师事务所提供真实、完整的会计凭证、会计账簿、财务会计报告及其他会计资料，不得拒绝、隐匿、谎报。

第二百一十七条 公司除法定的会计账簿外，不得另立会计账簿。对公司资金，不得以任何个人名义开立账户存储。

……

中华人民共和国刑法（节录）

（1979年7月1日第五届全国人民代表大会第二次会议通过 1997年3月14日第八届全国人民代表大会第五次会议修订 根据1998年12月29日第九届全国人民代表大会常务委员会第六次会议通过的《全国人民代表大会常务委员会关于惩治骗购外汇、逃汇和非法买卖外汇犯罪的决定》、1999年12月25日第九届全国人民代表大会常务委员会第十三次会议通过的《中华人民共和国刑法修正案》、2001年8月31日第九届全国人民代表大会常务委员会第二十三次会议通过的《中华人民共和国刑法修正案（二）》、2001年12月29日第九届全国人民代表大会常务委员会第二十五次会议通过的《中华人民共和国刑法修正案（三）》、2002年12月28日第九届全国人民代表大会常务委员会第三十一次会议通过的《中华人民共和国刑法修正案（四）》、2005年2月28日第十届全国人民代表大会常务委员会第十四次会议通过的《中华人民共和国刑法修正案（五）》、2006年6月29日第十届全国人民代表大会常务委员会第二十二次会议通过的《中华人民共和国刑法修正案（六）》、2009年2月28日第十一届全国人民代表大会常务委员会第七次会议通过的《中华人民共和国刑法修正案（七）》、2009年8月27日第十一届全国人民代表大会常务委员会第十次会议通过的《全国人民代表大会常务委员会关于修改部分法律的决定》、2011年2月25日第十一届全国人民代表大会常务委员会第十九次会议通过的《中华人民共和国刑法修正案（八）》、2015年8月29日第十二届全国人民代表大会常务委员会第十六次会议通过的《中华人民共和国刑法修正案（九）》、2017年11月4日第十二届全国人民代表大会常务委员会第三十次会议通过的《中华人民共和国刑法修正案（十）》、2020年12月26日第十三届全国人民代表大会常务委员会第二十四次会议通过的《中华人民共和国刑法修正案（十一）》和2023年12月29日第十四届全国人民代表大会常务委员会第七次会议通过的《中华人民共和国刑法修正案（十二）》修正①）

……

第一百六十一条 【**违规披露、不披露重要信息罪**】依法负有信息披露义务的公司、企业向股东和社会公众提供虚假的或者隐瞒重要事实的财务会计报告，或者对依法应当披露的其他重要信息不按照规定披露，严重损害股东或者其他人利益，或者有其他严重情节的，对其直接负责的主管人员和其他直接责任人员，处五年以下有期徒刑或者拘役，并处或者单处罚金；情节特别严重的，处五年以上十年以下有期徒刑，并处罚金。

前款规定的公司、企业的控股股东、实际控制人实施或者组织、指使实施前款行为的，或者隐瞒相关事项导致前款规定的情形发生的，依照前款的规定处罚。

犯前款罪的控股股东、实际控制人是单位的，对单位判处罚金，并对其直接负责的主管人员和其他直接责任人员，依照第一款的规定处罚。

---

① 刑法、历次刑法修正案、涉及修改刑法的决定的施行日期，分别依据各法律所规定的施行日期确定。

另，总则部分条文主旨为编者所加，分则部分条文主旨是根据司法解释确定罪名所加。

第一百六十二条 【妨害清算罪】公司、企业进行清算时,隐匿财产,对资产负债表或者财产清单作虚伪记载或者在未清偿债务前分配公司、企业财产,严重损害债权人或者其他人利益的,对其直接负责的主管人员和其他直接责任人员,处五年以下有期徒刑或者拘役,并处或者单处二万元以上二十万元以下罚金。

第一百六十二条之一 【隐匿、故意销毁会计凭证、会计账簿、财务会计报告罪】隐匿或者故意销毁依法应当保存的会计凭证、会计帐簿、财务会计报告,情节严重的,处五年以下有期徒刑或者拘役,并处或者单处二万元以上二十万元以下罚金。

单位犯前款罪的,对单位判处罚金,并对其直接负责的主管人员和其他直接责任人员,依照前款的规定处罚。

第一百六十二条之二 【虚假破产罪】公司、企业通过隐匿财产、承担虚构的债务或者以其他方法转移、处分财产,实施虚假破产,严重损害债权人或者其他人利益的,对其直接负责的主管人员和其他直接责任人员,处五年以下有期徒刑或者拘役,并处或者单处二万元以上二十万元以下罚金。

……

第二百二十九条 【提供虚假证明文件罪】承担资产评估、验资、验证、会计、审计、法律服务、保荐、安全评价、环境影响评价、环境监测等职责的中介组织的人员故意提供虚假证明文件,情节严重的,处五年以下有期徒刑或者拘役,并处罚金;有下列情形之一的,处五年以上十年以下有期徒刑,并处罚金:

(一)提供与证券发行相关的虚假的资产评估、会计、审计、法律服务、保荐等证明文件,情节特别严重的;

(二)提供与重大资产交易相关的虚假的资产评估、会计、审计等证明文件,情节特别严重的;

(三)在涉及公共安全的重大工程、项目中提供虚假的安全评价、环境影响评价等证明文件,致使公共财产、国家和人民利益遭受特别重大损失的。

有前款行为,同时索取他人财物或者非法收受他人财物构成犯罪的,依照处罚较重的规定定罪处罚。

【出具证明文件重大失实罪】 第一款规定的人员，严重不负责任，出具的证明文件有重大失实，造成严重后果的，处三年以下有期徒刑或者拘役，并处或者单处罚金。

……

第二百五十四条 **【报复陷害罪】** 国家机关工作人员滥用职权、假公济私，对控告人、申诉人、批评人、举报人实行报复陷害的，处二年以下有期徒刑或者拘役；情节严重的，处二年以上七年以下有期徒刑。

第二百五十五条 **【打击报复会计、统计人员罪】** 公司、企业、事业单位、机关、团体的领导人，对依法履行职责、抵制违反会计法、统计法行为的会计、统计人员实行打击报复，情节恶劣的，处三年以下有期徒刑或者拘役。

……

第三百八十二条 **【贪污罪】** 国家工作人员利用职务上的便利，侵吞、窃取、骗取或者以其他手段非法占有公共财物的，是贪污罪。

受国家机关、国有公司、企业、事业单位、人民团体委托管理、经营国有财产的人员，利用职务上的便利，侵吞、窃取、骗取或者以其他手段非法占有国有财物的，以贪污论。

与前两款所列人员勾结，伙同贪污的，以共犯论处。

……

第三百八十四条 **【挪用公款罪】** 国家工作人员利用职务上的便利，挪用公款归个人使用，进行非法活动的，或者挪用公款数额较大、进行营利活动的，或者挪用公款数额较大、超过三个月未还的，是挪用公款罪，处五年以下有期徒刑或者拘役；情节严重的，处五年以上有期徒刑。挪用公款数额巨大不退还的，处十年以上有期徒刑或者无期徒刑。

挪用用于救灾、抢险、防汛、优抚、扶贫、移民、救济款物归个人使用的，从重处罚。

第三百八十五条 **【受贿罪】** 国家工作人员利用职务上的便利，索取他人财物的，或者非法收受他人财物，为他人谋取利益的，是受贿罪。

国家工作人员在经济往来中，违反国家规定，收受各种名义的回扣、手续费，归个人所有的，以受贿论处。

……

第三百九十七条 【滥用职权罪】【玩忽职守罪】国家机关工作人员滥用职权或者玩忽职守，致使公共财产、国家和人民利益遭受重大损失的，处三年以下有期徒刑或者拘役；情节特别严重的，处三年以上七年以下有期徒刑。本法另有规定的，依照规定。

国家机关工作人员徇私舞弊，犯前款罪的，处五年以下有期徒刑或者拘役；情节特别严重的，处五年以上十年以下有期徒刑。本法另有规定的，依照规定。

第三百九十八条 【故意泄露国家秘密罪】【过失泄露国家秘密罪】国家机关工作人员违反保守国家秘密法的规定，故意或者过失泄露国家秘密，情节严重的，处三年以下有期徒刑或者拘役；情节特别严重的，处三年以上七年以下有期徒刑。

非国家机关工作人员犯前款罪的，依照前款的规定酌情处罚。

……

第四百零三条 【滥用管理公司、证券职权罪】国家有关主管部门的国家机关工作人员，徇私舞弊，滥用职权，对不符合法律规定条件的公司设立、登记申请或者股票、债券发行、上市申请，予以批准或者登记，致使公共财产、国家和人民利益遭受重大损失的，处五年以下有期徒刑或者拘役。

上级部门强令登记机关及其工作人员实施前款行为的，对其直接负责的主管人员，依照前款的规定处罚。

第四百零四条 【徇私舞弊不征、少征税款罪】税务机关的工作人员徇私舞弊，不征或者少征应征税款，致使国家税收遭受重大损失的，处五年以下有期徒刑或者拘役；造成特别重大损失的，处五年以上有期徒刑。

……

财政部门实施会计监督办法

（2001年2月20日财政部令第10号公布　自公布之日起施行）

第一章　总　　则

第一条　为规范财政部门会计监督工作，保障财政部门有效实施会计监督，保护公民、法人和其他组织的合法权益，根据《中华人民共和国会计法》（以下简称《会计法》）、《中华人民共和国行政处罚法》（以下简称《行政处罚法》）、《企业财务会计报告条例》等有关法律、行政法规的规定，制定本办法。

第二条　国务院财政部门及其派出机构和县级以上地方各级人民政府财政部门（以下统称财政部门）对国家机关、社会团体、公司、企业、事业单位和其他组织（以下统称单位）执行《会计法》和国家统一的会计制度的行为实施监督检查以及对违法会计行为实施行政处罚，适用本办法。

当事人的违法会计行为依法应当给予行政处分的，执行有关法律、行政法规的规定。

第三条　县级以上财政部门负责本行政区域的会计监督检查，并依法对违法会计行为实施行政处罚。

跨行政区域行政处罚案件的管辖确定，由相关的财政部门协商解决；协商不成的，报请共同的上一级财政部门指定管辖。

上级财政部门可以直接查处下级财政部门管辖的案件，下级财政部门对于重大、疑难案件可以报请上级财政部门管辖。

第四条　财政部门对违法会计行为案件的处理，应当按照本办法规定的程序，经审查立案、组织检查、审理后，作出处理决定。

第五条　财政部门应当在内部指定专门的机构或者在相关机构中指定专门的人员负责会计监督检查和违法会计行为案件的立案、审理、执行、移送和案卷管理等工作。财政部门内部相关机构或者职责的设立，应当体现案件调查与案件审理相分离、罚款决定与罚款收缴相分离的原则。

第六条　财政部门应当建立健全会计监督制度，并将会计监督与财务监督和其他财政监督结合起来，不断改进和加强会计监督工作。

第七条 任何单位和个人对违法会计行为有权检举。

财政部门对受理的检举应当及时按照有关规定处理，不得将检举人姓名和检举材料转给被检举单位和被检举人个人。

第八条 财政部门及其工作人员对在会计监督检查工作中知悉的国家秘密和商业秘密负有保密义务。

第二章 会计监督检查的内容、形式和程序

第九条 财政部门依法对各单位设置会计账簿的下列情况实施监督检查：

（一）应当设置会计账簿的是否按规定设置会计账簿；

（二）是否存在账外设账的行为；

（三）是否存在伪造、变造会计账簿的行为；

（四）设置会计账簿是否存在其他违反法律、行政法规和国家统一的会计制度的行为。

第十条 财政部门依法对各单位会计凭证、会计账簿、财务会计报告和其他会计资料的真实性、完整性实施监督检查，内容包括：

（一）《会计法》第十条规定的应当办理会计手续、进行会计核算的经济业务事项是否如实在会计凭证、会计账簿、财务会计报告和其他会计资料上反映；

（二）填制的会计凭证、登记的会计账簿、编制的财务会计报告与实际发生的经济业务事项是否相符；

（三）财务会计报告的内容是否符合有关法律、行政法规和国家统一的会计制度的规定；

（四）其他会计资料是否真实、完整。

第十一条 财政部门依法对各单位会计核算的下列情况实施监督检查：

（一）采用会计年度、使用记账本位币和会计记录文字是否符合法律、行政法规和国家统一的会计制度的规定；

（二）填制或者取得原始凭证、编制记账凭证、登记会计账簿是否符合法律、行政法规和国家统一的会计制度的规定；

（三）财务会计报告的编制程序、报送对象和报送期限是否符合法律、

行政法规和国家统一的会计制度的规定；

（四）会计处理方法的采用和变更是否符合法律、行政法规和国家统一的会计制度的规定；

（五）使用的会计软件及其生成的会计资料是否符合法律、行政法规和国家统一的会计制度的规定；

（六）是否按照法律、行政法规和国家统一的会计制度的规定建立并实施内部会计监督制度；

（七）会计核算是否有其他违法会计行为。

第十二条　财政部门依法对各单位会计档案的建立、保管和销毁是否符合法律、行政法规和国家统一的会计制度的规定实施监督检查。

第十三条　财政部门依法对公司、企业执行《会计法》第二十五条和第二十六条的情况实施监督检查。

第十四条　财政部门依法对各单位任用会计人员的下列情况实施监督检查：

（一）从事会计工作的人员是否持有会计从业资格证书；

（二）会计机构负责人（会计主管人员）是否具备法律、行政法规和国家统一的会计制度规定的任职资格。

第十五条　国务院财政部门及其派出机构和省、自治区、直辖市财政部门依法对会计师事务所出具的审计报告的程序和内容实施监督检查。

第十六条　财政部门实施会计监督检查可以采用下列形式：

（一）对单位遵守《会计法》、会计行政法规和国家统一的会计制度情况进行全面检查；

（二）对单位会计基础工作、从事会计工作的人员持有会计从业资格证书、会计人员从业情况进行专项检查或者抽查；

（三）对有检举线索或者在财政管理工作中发现有违法嫌疑的单位进行重点检查；

（四）对经注册会计师审计的财务会计报告进行定期抽查；

（五）对会计师事务所出具的审计报告进行抽查；

（六）依法实施其他形式的会计监督检查。

第十七条　财政部门实施会计监督检查，应当执行《财政检查工作规则》（财政部财监字［1998］223号）和本办法规定的工作程序、要求，保证会计监督检查的工作质量。

第十八条 在会计监督检查中，检查人员应当如实填写会计监督检查工作记录。

会计监督检查工作记录应当包括下列内容：

（一）检查工作记录的编号；

（二）被检查单位违法会计行为发生的日期、记账凭证编号、会计账簿名称和编号、财务会计报告名称和会计期间、会计档案编号；

（三）被检查单位违法会计行为主要内容摘录；

（四）会计监督检查工作记录附件的主要内容和页数；

（五）其他应当说明的事项；

（六）检查人员签章及填制日期；

（七）检查组长签章及日期。

前款第（四）项所称会计监督检查工作记录附件应当包括下列材料：

（一）与被检查事项有关的会计凭证、会计账簿、财务会计报告等会计资料的复印件；

（二）与被检查事项有关的文件、合同、协议、往来函件等资料的复印件；

（三）注册会计师及其会计师事务所出具的审计报告、有关资料的复印件；

（四）其他有关资料。

第十九条 财政部门实施会计监督检查，可以在被检查单位的业务场所进行；必要时，经财政部门负责人批准，也可以将被检查单位以前会计年度的会计凭证、会计账簿、财务会计报告和其他有关资料调回财政部门检查，但须由组织检查的财政部门向被检查单位开具调用会计资料清单，并在3个月内完整退还。

第二十条 财政部门在被检查单位涉嫌违法的证据可能灭失或者以后难以取得的情况下，经财政部门负责人批准，可以对证据先行登记保存，并应当在7日内对先行登记保存的证据作出处理决定。

第二十一条 国务院财政部门及其派出机构在对有关单位会计资料的真实性、完整性实施监督检查过程中，发现重大违法嫌疑时，可以向与被检查单位有经济业务往来的单位或者被检查单位开立账户的金融机构查询有关情况。向与被检查单位有经济业务往来的单位查询有关情况，应当经国务院财政部门或者其派出机构负责人批准，并持查询情况许可证明；向被检查单位开立账户的金融机构查询情况，应当遵守《关于财政部及其派出机构查询被监督单位有关情况若干具体问题的通知》（财政部、中国人民银行财监字〔2000〕39号）的规定。

第二十二条　检查组应当在检查工作结束后10日内，将会计监督检查报告、会计监督检查工作记录及其附件、被检查当事人提出的书面意见提交组织检查的财政部门。

会计监督检查报告应当包括下列内容：

（一）检查的范围、内容、形式和时间；
（二）被检查单位的基本情况；
（三）检查组检查工作的基本情况；
（四）当事人的违法会计行为和确认违法事实的依据；
（五）对当事人给予行政处罚的建议；
（六）对当事人给予行政处分的建议；
（七）对涉嫌犯罪的当事人提出移送司法机关的建议；
（八）其他需要说明的内容；
（九）检查组组长签章及日期。

第二十三条　财政部门对于检查组提交的会计监督检查报告及其他有关材料应当按照本办法第四章的有关规定进行审理，并作出处理决定。

第三章　处理、处罚的种类和适用

第二十四条　财政部门在会计监督检查中实施行政处罚的种类包括：

（一）警告；
（二）罚款；
（三）吊销会计从业资格证书。

第二十五条　财政部门对违法会计行为查实后，应当责令当事人改正或者限期改正，并依法给予行政处罚。

第二十六条　当事人有下列情形之一的，财政部门应当依法从轻给予行政处罚：

（一）违法会计行为是初犯，且主动改正违法会计行为、消除危害后果的；

（二）违法会计行为是受他人胁迫进行的；

（三）配合财政部门查处违法会计行为有立功表现的；

（四）其他依法应当从轻给予行政处罚的。

第二十七条 当事人有下列情形之一的，财政部门应当依法从重给予行政处罚：

（一）无故未能按期改正违法会计行为的；

（二）屡查屡犯的；

（三）抗拒、阻挠依法实施的监督，不如实提供有关会计资料和情况的；

（四）胁迫他人实施违法会计行为的；

（五）违法会计行为对单位的财务状况和经营成果产生重大影响的；

（六）以虚假的经济业务事项或者资料为依据进行会计核算，造成会计信息严重失实的；

（七）随意改变会计要素确认标准、计量方法，造成会计信息严重失实的；

（八）违法会计行为是以截留、挪用、侵占、浪费国家财政资金为目的的；

（九）违法会计行为已构成犯罪但司法机关免予刑事处罚的。

第二十八条 财政部门在对本办法第九条、第十条、第十一条、第十二条、第十三条、第十四条规定的内容实施会计监督检查中，发现当事人有《会计法》第四十二条第一款所列违法会计行为的，应当依照《会计法》第四十二条的规定处理。

第二十九条 财政部门在对本办法第九条、第十条、第十一条、第十二条、第十三条规定的内容实施会计监督检查中，发现当事人有伪造、变造会计凭证、会计账簿或者编制虚假财务会计报告的，应当依照《会计法》第四十三条的规定处理。

第三十条 财政部门在对本办法第九条、第十条、第十一条、第十二条、第十三条规定的内容实施会计监督检查中，发现有隐匿或者故意销毁依法应当保存的会计凭证、会计账簿、财务会计报告的违法会计行为的，应当依照《会计法》第四十四条的规定处理。

第三十一条　财政部门在实施会计监督检查中，发现被检查单位的有关人员有授意、指使、强令会计机构、会计人员及其他人员伪造、变造或者隐匿、故意销毁依法应当保存的会计凭证、会计账簿，编制虚假财务会计报告行为的，应当依照《会计法》第四十五条的规定处理。

第三十二条　财政部门在会计监督检查中发现单位负责人对依法履行职责的会计人员实行打击报复的，应当依照《会计法》第四十六条的规定处理。

第三十三条　财政部门对本办法第十五条规定的内容实施监督检查时，发现注册会计师及会计师事务所出具审计报告的程序和内容违反《中华人民共和国注册会计师法》规定的，应当依照《中华人民共和国注册会计师法》的有关规定处理。

第三十四条　财政部门认为违法会计行为构成犯罪的，应当依照有关规定移送司法机关处理。

第三十五条　财政部门的工作人员在实施会计监督中，有下列行为之一的，依法给予行政处分；构成犯罪的，依法追究刑事责任：

（一）滥用职权的；

（二）玩忽职守、徇私舞弊的；

（三）索贿受贿的；

（四）泄露国家秘密、商业秘密的。

第四章　行政处罚程序

第三十六条　财政部门对违法会计行为实施行政处罚，应当按照本章规定的程序办理。

第三十七条　财政部门对公民、法人和其他组织检举的违法会计行为案件，应当予以审查，并在7日内决定是否立案。

第三十八条　财政部门对违法会计行为案件的下列内容予以审查：

（一）违法事实是否清楚；

（二）证据是否确凿；

（三）其他需要审查的内容。

第三十九条　财政部门对符合下列条件的违法会计行为案件应当予以立案：

（一）有明确的违法会计行为、违法会计行为人；

（二）有可靠的事实依据；

（三）当事人的违法会计行为依法应当给予行政处罚；

（四）属于本机关管辖。

第四十条　财政部门对违法会计行为案件审查后，认为不符合立案条件的，应当告知检举人，并将审查意见存档；认为案件依法应当由其他部门管辖的，及时将案件材料移送有关部门。

第四十一条　对下列违法会计行为案件，财政部门可以直接立案：

（一）在会计监督检查中发现的；

（二）在其他财政监督检查中发现的；

（三）在日常财政管理工作中发现的；

（四）上级财政部门指定办理、下级财政部门上报的；

（五）有关部门移送的。

第四十二条　财政部门对按照本办法第三十七条、第三十九条和第四十一条第（三）、（四）、（五）项规定立案的违法会计行为案件，应当按照本办法第二章规定的程序实施会计监督检查。

第四十三条　财政部门应当建立违法会计行为案件的审理制度。

财政部门应当指定专门的机构或者在相关机构中指定专门的人员，负责对已经立案并实施会计监督检查的案件按照本章规定的程序审核检查组提交的有关材料，以确定是否对当事人给予行政处罚以及对当事人的处罚种类和幅度。

第四十四条　财政部门对违法会计行为案件的审理应当依照有关法律、行政法规和规章的规定进行，并遵循实事求是、证据确凿、程序合法、错罚相当的原则。

第四十五条　案件审理人员应当对违法会计行为案件的下列内容进行审查：

（一）实施的会计监督检查是否符合法定程序；

（二）当事人的违法事实是否清楚；

（三）收集的证明材料是否真实、充分；

（四）认定违法会计行为所适用的依据是否正确；

（五）建议给予的行政处罚种类和幅度是否合法和适当；

（六）当事人陈述和申辩的理由是否成立；

（七）需要审理的其他事项。

第四十六条 案件审理人员对其审理的案件可以分别作出下列处理：

（一）对会计监督检查未履行法定程序的，经向财政部门负责人报告并批准后，采取必要的弥补措施。

（二）对违法事实不清、证据不充分的，中止审理，并通知有关检查人员予以说明或者补充、核实有关的检查材料。必要时，经财政部门负责人批准，可另行组织调查、取证。

（三）对认定违法会计行为所适用的依据、建议给予的行政处罚的种类和幅度不正确、不适当的，提出修改意见。

（四）对审理事项没有异议的，签署同意意见。

第四十七条 财政部门根据对违法会计行为案件的审理结果，分别作出下列处理决定：

（一）违法事实不能成立的，不得给予行政处罚。

（二）违法会计行为轻微，依法不予行政处罚的，不予行政处罚。

（三）违法事实成立，依法应当给予行政处罚的，作出行政处罚决定。

（四）违法会计行为应当给予行政处分的，将有关材料移送其所在单位或者有关单位，并提出给予行政处分的具体建议。

（五）按照有关法律、行政法规和规章的规定，违法行为应当由其他部门实施行政处罚的，将有关材料移送有关部门处理。

（六）认为违法行为构成犯罪的，将违法案件有关材料移送司法机关处理。

第四十八条 财政部门对当事人没有违法会计行为或者违法会计行为轻微依法不予行政处罚的，应当制作会计监督检查结论，送达当事人，并根据需要将副本抄送有关单位。

会计监督检查结论包括下列内容：

（一）财政部门的名称；

（二）检查的范围、内容、形式和时间；

（三）对检查事项未发现违法会计行为或者违法会计行为轻微依法不予行政处罚的说明；

（四）要求当事人限期改正违法会计行为的期限；

（五）其他需要说明的内容。

第四十九条 财政部门对违法会计行为依法作出行政处罚决定后，应当制作会计监督行政处罚决定书，送达当事人，并根据需要将副本抄送有关单位。

会计监督行政处罚决定书应当载明下列事项：

（一）当事人名称或者姓名、地址；

（二）违反法律、行政法规、国家统一的会计制度的事实和证据；

（三）要求当事人限期改正违法会计行为的期限；

（四）行政处罚决定及其依据；

（五）行政处罚的履行方式和期限；

（六）当事人不服行政处罚决定，申请行政复议或者提起行政诉讼的途径和期限；

（七）作出行政处罚决定的财政部门的名称、印章；

（八）作出行政处罚决定的日期、处罚决定文号；

（九）如果有附件应当说明附件的名称和数量。

第五十条 财政部门在作出行政处罚决定之前，应当告知当事人作出行政处罚决定的事实、理由及依据。当事人有权进行陈述和申辩。

财政部门应当充分听取当事人的意见，并应当对当事人提出的事实、理由和证据进行复核；当事人提出的事实、理由或者证据成立的，财政部门应当采纳。

财政部门不得因当事人申辩而加重处罚。

第五十一条 财政部门作出较大数额罚款、吊销会计从业资格证书的行政处罚决定之前，应当告知当事人有要求听证的权利；当事人要求听证的，应当按照《财政部门行政处罚听证程序实施办法》（财政部财法字[1998] 18号）的规定组织听证。

第五十二条 听证程序终结后，财政部门应当根据本办法第四十七条的规定作出处理决定。

第五十三条 财政部门应当在接到会计监督检查报告之日起30日内作出处理决定，并送达当事人；遇有特殊情况可延长至60日内送达当事人。

第五十四条 财政部门依法作出行政处罚决定后，当事人应当在规定的期限内履行行政处罚决定。

当事人对行政处罚决定不服申请行政复议或者提起行政诉讼的，行政处罚不停止执行，但法律、行政法规另有规定的除外。

第五十五条　当事人逾期不申请行政复议或者不提起行政诉讼又不履行处罚决定的，由作出行政处罚决定的财政部门申请人民法院强制执行。

第五十六条　当事人到期不缴纳罚款的，作出处罚决定的财政部门可以按照《行政处罚法》的有关规定对当事人加处罚款。

当事人对加处罚款有异议的，应当先缴纳罚款和因逾期缴纳罚款所加处的罚款，再依法申请行政复议或者提起行政诉讼。

第五十七条　案件结案后，案件审理人员应当做好案件材料的立卷归档工作。

第五十八条　财政部门应当建立违法会计行为案件备案制度。

县级以上地方财政部门对适用听证程序、提起行政诉讼和上级财政部门指定办理的案件，应当在结案后30日内向上一级财政部门备案。

第五章　附　　则

第五十九条　本办法所称"违法会计行为"，是指公民、法人和其他组织违反《会计法》和其他有关法律、行政法规、国家统一的会计制度的行为。

本办法所称"违法会计行为案件"，是指财政部门发现的或者受理的公民、法人和其他组织涉嫌有违法会计行为的案件。

第六十条　本办法所称"当事人"，是指财政部门实施会计监督检查的单位及其对会计行为直接负责的主管人员和其他直接责任人员。

第六十一条　本办法第五十一条所称"较大数额罚款"，是指对个人处以2000元以上罚款、对法人或者其他组织处以5万元以上罚款。

各省、自治区、直辖市通过的地方法规对"较大数额罚款"的限额另有规定的，可以不受上述数额的限制。

第六十二条　本办法所称"限期改正"的期限原则上为15日。有特殊原因需要延长的，由组织检查的财政部门决定。

第六十三条　本办法所称的"日"，均指有效工作日。

第六十四条　各省、自治区、直辖市、计划单列市财政部门、新疆生产建设兵团可以依照本办法制定具体的实施办法，报国务院财政部门备案。

第六十五条　本办法自发布之日起施行。

会计档案管理办法

（2015年12月11日财政部、国家档案局令第79号公布 自2016年1月1日起施行）

第一条 为了加强会计档案管理，有效保护和利用会计档案，根据《中华人民共和国会计法》《中华人民共和国档案法》等有关法律和行政法规，制定本办法。

第二条 国家机关、社会团体、企业、事业单位和其他组织（以下统称单位）管理会计档案适用本办法。

第三条 本办法所称会计档案是指单位在进行会计核算等过程中接收或形成的，记录和反映单位经济业务事项的，具有保存价值的文字、图表等各种形式的会计资料，包括通过计算机等电子设备形成、传输和存储的电子会计档案。

第四条 财政部和国家档案局主管全国会计档案工作，共同制定全国统一的会计档案工作制度，对全国会计档案工作实行监督和指导。

县级以上地方人民政府财政部门和档案行政管理部门管理本行政区域内的会计档案工作，并对本行政区域内会计档案工作实行监督和指导。

第五条 单位应当加强会计档案管理工作，建立和完善会计档案的收集、整理、保管、利用和鉴定销毁等管理制度，采取可靠的安全防护技术和措施，保证会计档案的真实、完整、可用、安全。

单位的档案机构或者档案工作人员所属机构（以下统称单位档案管理机构）负责管理本单位的会计档案。单位也可以委托具备档案管理条件的机构代为管理会计档案。

第六条 下列会计资料应当进行归档：

（一）会计凭证，包括原始凭证、记账凭证；

（二）会计账簿，包括总账、明细账、日记账、固定资产卡片及其他辅助性账簿；

（三）财务会计报告，包括月度、季度、半年度、年度财务会计报告；

（四）其他会计资料，包括银行存款余额调节表、银行对账单、纳税申报表、会计档案移交清册、会计档案保管清册、会计档案销毁清册、会计档案鉴定意见书及其他具有保存价值的会计资料。

第七条 单位可以利用计算机、网络通信等信息技术手段管理会计档案。

第八条 同时满足下列条件的，单位内部形成的属于归档范围的电子会计资料可仅以电子形式保存，形成电子会计档案：

（一）形成的电子会计资料来源真实有效，由计算机等电子设备形成和传输；

（二）使用的会计核算系统能够准确、完整、有效接收和读取电子会计资料，能够输出符合国家标准归档格式的会计凭证、会计账簿、财务会计报表等会计资料，设定了经办、审核、审批等必要的审签程序；

（三）使用的电子档案管理系统能够有效接收、管理、利用电子会计档案，符合电子档案的长期保管要求，并建立了电子会计档案与相关联的其他纸质会计档案的检索关系；

（四）采取有效措施，防止电子会计档案被篡改；

（五）建立电子会计档案备份制度，能够有效防范自然灾害、意外事故和人为破坏的影响；

（六）形成的电子会计资料不属于具有永久保存价值或者其他重要保存价值的会计档案。

第九条 满足本办法第八条规定条件，单位从外部接收的电子会计资料附有符合《中华人民共和国电子签名法》规定的电子签名的，可仅以电子形式归档保存，形成电子会计档案。

第十条 单位的会计机构或会计人员所属机构（以下统称单位会计管理机构）按照归档范围和归档要求，负责定期将应当归档的会计资料整理立卷，编制会计档案保管清册。

第十一条 当年形成的会计档案，在会计年度终了后，可由单位会计管理机构临时保管一年，再移交单位档案管理机构保管。因工作需要确需推迟移交的，应当经单位档案管理机构同意。

单位会计管理机构临时保管会计档案最长不超过三年。临时保管期间，会计档案的保管应当符合国家档案管理的有关规定，且出纳人员不得兼管会计档案。

第十二条 单位会计管理机构在办理会计档案移交时，应当编制会计档案移交清册，并按照国家档案管理的有关规定办理移交手续。

纸质会计档案移交时应当保持原卷的封装。电子会计档案移交时应当将电子会计档案及其元数据一并移交，且文件格式应当符合国家档案管理的有关规定。特殊格式的电子会计档案应当与其读取平台一并移交。

单位档案管理机构接收电子会计档案时，应当对电子会计档案的准确性、完整性、可用性、安全性进行检测，符合要求的才能接收。

第十三条 单位应当严格按照相关制度利用会计档案，在进行会计档案查阅、复制、借出时履行登记手续，严禁篡改和损坏。

单位保存的会计档案一般不得对外借出。确因工作需要且根据国家有关规定必须借出的，应当严格按照规定办理相关手续。

会计档案借用单位应当妥善保管和利用借入的会计档案，确保借入会计档案的安全完整，并在规定时间内归还。

第十四条 会计档案的保管期限分为永久、定期两类。定期保管期限一般分为10年和30年。

会计档案的保管期限，从会计年度终了后的第一天算起。

第十五条 各类会计档案的保管期限原则上应当按照本办法附表执行，本办法规定的会计档案保管期限为最低保管期限。

单位会计档案的具体名称如有同本办法附表所列档案名称不相符的，应当比照类似档案的保管期限办理。

第十六条 单位应当定期对已到保管期限的会计档案进行鉴定，并形成会计档案鉴定意见书。经鉴定，仍需继续保存的会计档案，应当重新划定保管期限；对保管期满，确无保存价值的会计档案，可以销毁。

第十七条 会计档案鉴定工作应当由单位档案管理机构牵头，组织单位会计、审计、纪检监察等机构或人员共同进行。

第十八条 经鉴定可以销毁的会计档案，应当按照以下程序销毁：

（一）单位档案管理机构编制会计档案销毁清册，列明拟销毁会计档案的名称、卷号、册数、起止年度、档案编号、应保管期限、已保管期限和销毁时间等内容。

（二）单位负责人、档案管理机构负责人、会计管理机构负责人、档案管理机构经办人、会计管理机构经办人在会计档案销毁清册上签署意见。

（三）单位档案管理机构负责组织会计档案销毁工作，并与会计管理机构共同派员监销。监销人在会计档案销毁前，应当按照会计档案销毁清册所列内容进行清点核对；在会计档案销毁后，应当在会计档案销毁清册上签名或盖章。

电子会计档案的销毁还应当符合国家有关电子档案的规定，并由单位档案管理机构、会计管理机构和信息系统管理机构共同派员监销。

第十九条　保管期满但未结清的债权债务会计凭证和涉及其他未了事项的会计凭证不得销毁，纸质会计档案应当单独抽出立卷，电子会计档案单独转存，保管到未了事项完结时为止。

单独抽出立卷或转存的会计档案，应当在会计档案鉴定意见书、会计档案销毁清册和会计档案保管清册中列明。

第二十条　单位因撤销、解散、破产或其他原因而终止的，在终止或办理注销登记手续之前形成的会计档案，按照国家档案管理的有关规定处置。

第二十一条　单位分立后原单位存续的，其会计档案应当由分立后的存续方统一保管，其他方可以查阅、复制与其业务相关的会计档案。

单位分立后原单位解散的，其会计档案应当经各方协商后由其中一方代管或按照国家档案管理的有关规定处置，各方可以查阅、复制与其业务相关的会计档案。

单位分立中未结清的会计事项所涉及的会计凭证，应当单独抽出由业务相关方保存，并按照规定办理交接手续。

单位因业务移交其他单位办理所涉及的会计档案，应当由原单位保管，承接业务单位可以查阅、复制与其业务相关的会计档案。对其中未结清的会计事项所涉及的会计凭证，应当单独抽出由承接业务单位保存，并按照规定办理交接手续。

第二十二条　单位合并后原各单位解散或者一方存续其他方解散的，原各单位的会计档案应当由合并后的单位统一保管。单位合并后原各单位仍存续的，其会计档案仍应当由原各单位保管。

第二十三条　建设单位在项目建设期间形成的会计档案，需要移交给建设项目接受单位的，应当在办理竣工财务决算后及时移交，并按照规定办理交接手续。

第二十四条 单位之间交接会计档案时，交接双方应当办理会计档案交接手续。

移交会计档案的单位，应当编制会计档案移交清册，列明应当移交的会计档案名称、卷号、册数、起止年度、档案编号、应保管期限和已保管期限等内容。

交接会计档案时，交接双方应当按照会计档案移交清册所列内容逐项交接，并由交接双方的单位有关负责人负责监督。交接完毕后，交接双方经办人和监督人应当在会计档案移交清册上签名或盖章。

电子会计档案应当与其元数据一并移交，特殊格式的电子会计档案应当与其读取平台一并移交。档案接受单位应当对保存电子会计档案的载体及其技术环境进行检验，确保所接收电子会计档案的准确、完整、可用和安全。

第二十五条 单位的会计档案及其复制件需要携带、寄运或者传输至境外的，应当按照国家有关规定执行。

第二十六条 单位委托中介机构代理记账的，应当在签订的书面委托合同中，明确会计档案的管理要求及相应责任。

第二十七条 违反本办法规定的单位和个人，由县级以上人民政府财政部门、档案行政管理部门依据《中华人民共和国会计法》《中华人民共和国档案法》等法律法规处理处罚。

第二十八条 预算、计划、制度等文件材料，应当执行文书档案管理规定，不适用本办法。

第二十九条 不具备设立档案机构或配备档案工作人员条件的单位和依法建账的个体工商户，其会计档案的收集、整理、保管、利用和鉴定销毁等参照本办法执行。

第三十条 各省、自治区、直辖市、计划单列市人民政府财政部门、档案行政管理部门，新疆生产建设兵团财务局、档案局，国务院各业务主管部门，中国人民解放军总后勤部，可以根据本办法制定具体实施办法。

第三十一条 本办法由财政部、国家档案局负责解释，自2016年1月1日起施行。1998年8月21日财政部、国家档案局发布的《会计档案管理办法》（财会字〔1998〕32号）同时废止。

附表： 1. 企业和其他组织会计档案保管期限表（略）
2. 财政总预算、行政单位、事业单位和税收会计档案保管期限表（略）

会计信息化工作规范

（2024年7月26日　财会〔2024〕11号）

第一章　总　　则

第一条　为了规范数字经济环境下的会计工作，推动会计信息化健康发展，提高会计信息质量，发挥会计数据作用，根据《中华人民共和国会计法》等法律、行政法规和规章，制定本规范。

第二条　国家机关、社会团体、公司、企业、事业单位和其他组织（以下统称单位）开展会计信息化工作，适用本规范。

第三条　本规范所称会计信息化，是指单位利用现代信息技术手段和数字基础设施开展会计核算，以及利用现代信息技术手段和数字基础设施将会计核算与其他经营管理活动有机结合的过程。

本规范所称会计软件，是指单位使用的专门用于会计核算、财务管理的应用软件或者其功能模块。会计软件具有以下基本功能：

（一）为会计核算、财务管理直接采集数据；

（二）生成会计凭证、账簿、报表等会计资料；

（三）对会计资料进行存储、转换、输出、分析、利用。

本规范所称会计软件服务，是指会计软件服务商提供的通用会计软件开发、个性化需求开发、软件系统部署与维护、云服务功能使用订阅、用户使用培训及相关的数据分析等服务。

本规范所称会计信息系统，是指会计软件及其软硬件运行环境。

本规范所称电子会计凭证，是指以电子形式生成、传输并存储的各类会计凭证，包括电子原始凭证、电子记账凭证。电子原始凭证可由单位内部生成，也可从外部接收。

第四条　财政部主管全国会计信息化工作，主要职责包括：

（一）拟订会计信息化发展政策、制度与规划；

（二）起草、制定会计信息化标准；

（三）规范会计软件基本功能和相关服务；

（四）指导和监督单位开展会计信息化工作、会计软件服务商提供会计软件和相关服务。

第五条 县级以上地方各级人民政府财政部门负责管理本行政区域内会计信息化工作，指导和监督本行政区域内单位开展会计信息化工作。

省、自治区、直辖市人民政府财政部门负责指导和监督本行政区域内会计软件服务商提供会计软件和相关服务。

第六条 单位应当重视会计信息化工作，加强组织领导和人才培养，建立健全制度，完善管理机制，保障资金投入，积极推进会计信息化在本单位的应用。

单位负责人是本单位会计信息化工作的第一责任人。单位应当指定专门机构或者岗位负责会计信息化工作，并依照本规范的要求开展工作。

未设置会计机构和会计岗位的单位，可以采取委托代理记账机构或者财政部规定的其他方式组织会计工作，推进会计信息化应用。

第七条 单位配备会计软件、会计软件服务商提供会计软件和相关服务，应当符合国家统一的会计软件功能和服务规范的规定。

第二章 会计信息化建设

第八条 单位开展会计信息化建设，应当根据单位发展目标和信息化体系建设实际需要，遵循统筹兼顾、安全合规、成本效益等原则，因地制宜地推进。

第九条 单位应当加强会计信息化建设顶层设计和整体规划，明确建设目标和资源投入，统一构建管理机制和标准体系，合理搭建系统框架和内容模块，科学制定实施步骤和实施路径，保障内外部系统有机整合和互联互通。

第十条 单位应当在推动实现会计核算信息化的基础上，从业务领域层面逐步推动实现财务管理信息化和决策支持信息化，从技术应用层面推动实现会计工作数字化、智能化。

第十一条 单位应当加强会计信息化制度建设，明确会计信息化建设和应用各个领域与各个环节的管理要求和责任机制。

第十二条 单位应当注重会计信息系统与单位运营环境的匹配，通过会计信息化推动管理模式、组织架构、业务流程的优化与革新，建立健全适应数字经济发展要求的会计信息化工作体系。

第十三条 单位应当在遵循国家统一的会计制度的基础上，加强会计标准化建设，结合单位实际业务场景和管理需求，制定统一的会计核算科目体系、核算流程、财务主数据及会计报表等一系列业务标准，并建立健全内部技术标准和数据标准体系，消除数据孤岛，促进数据利用。

鼓励行业主管部门、大型企业及企业集团对所属单位统一开展会计标准化建设。

第十四条 单位建设配备会计信息系统，应当根据管理要求、技术力量以及业务需求，考虑系统功能、安全性、可靠性、开放性、可扩展性等要求，合理选择购买、定制开发、购买与定制开发相结合、租用等方式。

定制开发包括单位自行开发、委托外部单位开发、与外部单位联合开发。

第十五条 单位通过委托外部单位开发、购买或者租用等方式配备会计信息系统，应当在有关合同中约定服务内容、服务质量、服务时效、数据安全等权利和责任事项。

第十六条 会计信息系统业务流程设计、业务规则制定应当科学合理。鼓励实现业务流程、业务规则配置操作可视化。

会计信息系统应当设定经办、审核、审批等必要的审签程序。系统自动执行的业务流程应当可查询、可校验、可追溯。

第十七条 对于会计信息系统自动生成且具有明晰审核规则的会计凭证，可以将审核规则嵌入会计信息系统，由系统自动审核。未经自动审核的会计凭证，应当先经人工审核再进行后续处理。

系统自动审核的规则应当可查询、可校验、可追溯，其设立与变更应当履行审签程序，严格管理，留档备查。

第十八条 单位应当遵循内部控制规范体系要求，运用技术手段加强对会计信息系统规划、设计、开发、运行、维护全过程的控制，并将控制流程和控制规则嵌入会计信息系统，实现对违反控制要求情况的自动防范和监控预警。

第十九条　单位建设与会计信息系统相关的业务系统,应当安排负责会计信息化工作的专门机构或者岗位参与,充分考虑会计信息系统的需求,加强内部系统协同。

单位应当促进会计信息系统与业务信息系统的一体化,通过业务的处理直接驱动会计处理,提高业务数据与会计数据的一致性,实现单位内部数据资源共享与分析利用。

第二十条　单位应当根据实际情况,开展本单位会计信息系统与财政、税务、银行、供应商、客户等外部单位信息系统的互联,实现外部交易信息的集中自动处理。

提供产品或者服务的单位,具备条件的,应当向接受产品或者服务的单位交付符合电子凭证会计数据标准的电子凭证。

国家机关、事业单位等预算单位使用的会计信息系统应当按照财政预算管理一体化系统有关接口标准,实现与财政预算管理一体化系统的衔接。

鼓励单位利用现代信息技术定期核对往来款项,提高外部交易和会计信息的真实性、完整性。

第二十一条　鼓励单位积极探索大数据、人工智能、移动互联网、云计算、物联网、区块链等现代信息技术在会计领域的应用,提升会计信息化水平。

第二十二条　具备条件的单位应当利用信息技术促进会计工作的集约化、自动化、智能化,构建和优化财务共享服务、预算管理一体化、云服务等工作模式。

第三章　会计数据处理和应用

第二十三条　单位应当遵循国家统一的会计数据标准,保证会计信息系统输入、处理、输出等各环节的会计数据质量和可用性,夯实会计数据处理和应用基础。

第二十四条　单位应当建立安全便捷的电子原始凭证获取渠道。鼓励单位通过数据交换、数据集成等方式,实现电子原始凭证等会计数据的自动采集和接收。

第二十五条　单位处理和应用电子会计凭证,应当保证电子会计凭证的接收、生成、传输、存储等各环节安全可靠。

单位应当通过完善会计信息系统功能、建立比对机制等方式，对接收的电子原始凭证等会计数据进行验证，确保其来源合法、真实，对电子原始凭证的任何篡改能够被发现，并设置必要的程序防止其重复入账。

第二十六条　单位会计信息系统应当能够准确、完整、有效地读取或者解析电子原始凭证及其元数据，按照国家统一的会计制度的规定开展会计核算，生成会计凭证、会计账簿、财务会计报告等会计资料。

单位会计信息系统应当适配电子凭证会计数据标准，具备处理符合标准的电子会计凭证的能力，并生成符合标准的入账信息结构化数据文件。

对于财务会计报告按规定须经注册会计师审计的单位，鼓励其会计信息系统适配注册会计师审计数据标准。

第二十七条　单位以电子会计凭证的纸质打印件作为报销、入账、归档依据的，必须同时保存打印该纸质件的电子会计凭证原文件，并建立纸质会计凭证与其对应电子文件的检索关系。

第二十八条　单位以纸质会计凭证的电子影像文件作为报销、入账、归档依据的，必须同时保存纸质会计凭证，并建立电子影像文件与其对应纸质会计凭证的检索关系。

第二十九条　具备条件的单位应当推动电子会计凭证接收、生成、传输、存储、归档等各环节全流程无纸化、自动化处理。

第三十条　单位可以在权责明确、确保信息安全的情况下，将一个或者多个会计数据处理环节委托给符合要求的第三方平台进行集约化、批量化处理，以降低成本、提高效率。

鼓励第三方平台探索一站式、聚合式服务模式。

第三十一条　单位应当按照国家有关电子会计档案管理的规定，建立和完善电子会计资料的形成、收集、整理、归档和电子会计档案保管、统计、利用、鉴定、处置等管理制度，采取可靠的安全防护技术和措施，保证电子会计档案在传递及存储过程中的真实性、完整性、可用性和安全性，加强电子会计资料归档和电子会计档案管理。

符合电子凭证会计数据标准的入账信息结构化数据文件应当与电子会计凭证同步归档。

第三十二条　来源可靠、程序规范、要素合规的电子会计凭证、电子会计账簿、电子财务会计报告和其他电子会计资料与纸质会计资料具有同等法律效力，可仅以电子形式接收、处理、生成和归档保存。

符合国家有关电子会计档案管理要求的电子会计档案与纸质会计档案具有同等法律效力。除法律、行政法规另有规定外，电子会计档案可不再另以纸质形式保存。

第三十三条 单位应当充分利用现代信息技术，推动单位业财融合和会计职能拓展，增强会计数据支撑单位提升绩效管理、风险管理、可持续发展的能力，助力单位高质量发展。

单位应当加强会计数据与其他财会监督数据汇聚融合和共享共用，推动财会监督信息化。

第三十四条 鼓励单位运用各类信息技术开展会计数据治理，探索形成可扩展、可聚合、可比对的会计数据要素，丰富数据应用场景，服务价值创造。

鼓励单位以安全合规为前提，促进会计数据要素的流通使用，发挥会计数据要素在资源配置中的支撑作用，充分实现会计数据要素价值。

第三十五条 单位应当根据法律法规要求向会计资料使用者提供电子财务会计报告等电子会计资料。

实施企业会计准则通用分类标准的企业，应当按照有关要求向财政部门等监管部门报送可扩展商业报告语言（XBRL）财务会计报告。

第三十六条 单位接受外部监督检查机构依法依规查询和调阅会计资料时，对符合国家有关电子会计档案管理规定要求的电子会计资料，可仅以电子形式提供。

第四章　会计信息化安全

第三十七条 单位会计信息化工作应当统筹安全与发展，遵循《中华人民共和国网络安全法》、《中华人民共和国数据安全法》、《中华人民共和国保守国家秘密法》等法律法规的有关规定，切实防范、控制和化解会计信息化可能产生的风险。

第三十八条 单位应当加强会计数据安全风险防范，采取数据加密传输技术等有效措施，保证会计数据处理与应用的安全合规，避免会计数据在生成、传输、处理、存储等环节的泄露、篡改及损毁风险。

单位应当对电子会计资料进行备份，规定备份信息的备份方式、备份频率、存储介质、保存期等，确保会计资料的安全、完整和可用。

鼓励单位结合内部数据管理要求建立会计数据安全分类分级管理体系，加强对重要数据和核心数据的保护。

第三十九条　单位应当加强会计信息系统安全风险防范，采取有效措施保证会计信息系统持续、稳定、安全运行。

第四十条　单位应当按照国家网络安全等级保护制度，全面落实安全保护管理和技术要求，加强会计信息网络安全风险防范，采取有效措施保障会计信息网络安全，防范病毒木马、恶意软件、黑客攻击或者非法访问等风险。

第四十一条　单位开展涉及国家秘密的会计信息化活动，应当遵循《中华人民共和国保守国家秘密法》等法律法规的有关规定。

单位不得在非涉密信息系统和设备中存储、处理和传输涉及国家秘密或者其他法律法规另有限制性规定的电子会计资料。

第四十二条　单位会计信息系统数据服务器的部署应当符合国家有关规定。如存在单位在境外设立分支机构等情形，其数据服务器部署在境外的，应当在境内保存电子会计资料备份，备份频率不得低于每月一次。境内备份的电子会计资料应当能够在境外服务器不能正常工作时，独立满足单位开展会计工作的需要以及财会监督的需要。

单位应当加强跨境会计信息安全管理，防止境内外有关机构和个人通过违法违规和不当手段获取并向境外传输会计数据。

单位的电子会计档案需要携带、寄运或者传输至境外的，应当按照国家有关规定执行。

第四十三条　单位开展会计信息化工作涉及处理自然人个人信息的活动，应当遵循《中华人民共和国个人信息保护法》等法律法规的有关规定。

第四十四条　单位开展会计信息化工作涉及人工智能各类活动和生成式人工智能服务，应当遵守有关法律法规，尊重社会公德和伦理道德。

第五章　会计信息化监督

第四十五条　县级以上地方各级人民政府财政部门采取现场检查、第三方评价等方式对单位开展会计信息化工作是否符合本规范、会计软件功能和服务规范要求的情况实施监督。对不符合要求的单位，由县级以上地方各级人民政府财政部门责令限期改正。限期不改的，县级以上地方各级人民政府财政部门应当依法予以处罚，并将有关情况通报同级相关部门。

第四十六条 财政部采取组织同行评议、第三方认证、向用户单位征求意见等方式对会计软件服务商提供会计软件和相关服务遵循会计软件功能和服务规范的情况进行检查。

省、自治区、直辖市人民政府财政部门发现会计软件和相关服务不符合会计软件功能和服务规范规定的，应当将有关情况报财政部。

任何单位和个人发现会计软件和相关服务不符合会计软件功能和服务规范要求的，可以向所在地省（自治区、直辖市）人民政府财政部门反映，有关省、自治区、直辖市人民政府财政部门应当根据反映情况开展调查，并按本条第二款规定处理。

第四十七条 会计软件服务商提供会计软件和相关服务不符合会计软件功能和服务规范要求的，财政部可以约谈该服务商主要负责人，责令限期改正。限期内未改正的，由财政部依法予以处罚，并将有关情况通报相关部门。

第四十八条 财政部门及其工作人员存在违反本规范规定，以及其他滥用职权、玩忽职守、徇私舞弊等违法违规行为的，依法依规追究相应责任。

第六章 附 则

第四十九条 省、自治区、直辖市人民政府财政部门可以根据本规范制定本行政区域内的具体实施办法。

第五十条 本规范自 2025 年 1 月 1 日起施行。《会计电算化工作规范》（财会字〔1996〕17 号）、《企业会计信息化工作规范》（财会〔2013〕20 号）同时废止。

会计软件基本功能和服务规范

(2024 年 7 月 29 日　财会〔2024〕12 号)

第一章　总　　则

第一条　为了规范会计软件基本功能和服务，提高会计软件和相关服务质量，根据《中华人民共和国会计法》等法律、行政法规和《会计信息化工作规范》(财会〔2024〕11 号)的有关规定，制定本规范。

第二条　国家机关、社会团体、公司、企业、事业单位和其他组织(以下统称单位)应用的会计软件和相关服务，会计软件服务商(含相关咨询服务机构，下同)提供的会计软件和相关服务，适用本规范。

单位在境外设立的分支机构，会计数据汇集到总部的，其应用的会计软件和相关服务，适用本规范。

第三条　本规范所称会计软件，是指单位使用的专门用于会计核算、财务管理的应用软件或者其功能模块。会计软件具有以下基本功能：

(一) 为会计核算、财务管理直接采集数据；

(二) 生成会计凭证、账簿、报表等会计资料；

(三) 对会计资料进行存储、转换、输出、分析、利用。

本规范所称会计软件服务，是指会计软件服务商提供的通用会计软件开发、个性化需求开发、软件系统部署与维护、云服务功能使用订阅、用户使用培训及相关的数据分析等服务。

本规范所称电子会计凭证，是指以电子形式生成、传输并存储的各类会计凭证，包括电子原始凭证、电子记账凭证。电子原始凭证可由单位内部生成，也可从外部接收。

第二章　会计软件总体要求

第四条　会计软件的设计应当符合我国法律、行政法规和部门规章的有关规定，保证会计数据合法、真实、准确、完整、安全，有利于提高会计工作效率。

第五条　会计软件应当保障单位按照国家统一的会计制度开展会计工作，不得有违背国家统一的会计制度的功能设计。

　　第六条　会计软件应当遵循国家统一发布的电子凭证会计数据标准，在电子凭证输入、处理和输出等环节进行适配，满足会计数据标准的要求。

　　第七条　会计软件结构应当具备开放性，遵循国家相关技术标准规范，采用开放式体系架构，提供易于理解的标准数据接口，支持通用的数据传输协议和数据格式，便于实现与其他信息系统集成或数据交换。

　　第八条　会计软件功能应当具备可扩展性，满足当前及可预见时间内的业务需求，方便进行功能和会计数据标准应用的扩展。

　　第九条　会计软件设计应当具备灵活性，支持会计信息化业务模式、工作流程和数据等的灵活定义与部署。

　　第十条　会计软件性能应当具备稳定性，能够有效防范和消除用户误操作和恶性操作而产生系统错误甚至故障，能够通过自动或手工方式消除运行环境造成的影响，快速恢复正常运行。

　　第十一条　会计软件应当具备安全性，能够及时保存会计数据处理关键业务过程记录，有效防止非授权访问，充分防御恶意攻击，保障会计数据安全。

　　第十二条　会计软件服务商应当积极探索现代信息技术在会计领域的应用，在会计软件的研究开发中保持技术更新迭代，积极助力会计数字化转型和会计职能作用发挥。

　　第十三条　会计软件的界面应当优先使用中文，遵循中文编码国家标准并提供对中文处理的支持，可以同时提供外国或者少数民族文字界面对照和处理支持。

　　第十四条　会计软件应当支持以人民币作为记账本位币进行会计核算。以人民币以外币种记账的，应当支持折算为人民币编报财务会计报告。

第三章　会计数据输入

　　第十五条　会计软件应当具备会计数据输入功能，支持网络报文传输、文件导入和手工录入等输入方式。会计软件应具备输入数据校验功能，对于软件中已有的相关数据内容，支持对新输入会计数据与已有相关数据的准确性和一致性进行校验。

第十六条 会计软件应当支持与业务软件系统的一体化应用，确保会计数据真实、完整、安全地传输，实现电子原始凭证自动生成电子记账凭证。

第十七条 会计软件应当能够接收电子原始凭证等会计数据，支持通过查验电子签名等方式检查电子原始凭证的合法性、真实性。

第十八条 会计软件应当准确、完整、有效读取电子会计凭证中的数据，真实、直观、安全呈现电子会计凭证所承载的信息。

会计软件应当适配电子凭证会计数据标准，支持按照电子凭证会计数据标准解析符合标准的电子会计凭证。

第四章 会计数据处理

第十九条 会计软件应当安全、可靠地传输、存储、转换、利用会计数据。对内部生成和从外部接收的电子会计凭证，能准确识别和防止信息被篡改，能够如实、直观地向用户呈现凭证的真实性等状态。

第二十条 会计软件的数据处理功能设置应当符合国家统一的会计制度要求。

（一）会计软件应当同时提供国家统一的会计制度允许使用的多种会计核算方法，以供用户选择。会计软件对会计核算方法的更改过程，在系统内应当有相应的记录。

（二）会计软件应当提供符合国家统一的会计制度的会计科目分类和编码功能，支持单位进一步扩展应用。

（三）会计软件应当提供自定义辅助核算项目功能，支持单位结合实际情况开展多维度会计数据分析。

第二十一条 会计软件应当提供填制和生成记账凭证的功能。

（一）会计软件应当支持审签程序自动化，能够根据预置的审核规则实现电子会计凭证数据、业务数据和资金支付数据等相关数据的自动关联和相互校验。校验无误的电子原始凭证可自动填制电子记账凭证，并进行会计入账。

会计软件的自动审核规则应当可查询、可校验、可追溯。会计软件应当支持用户针对特定审签程序的系统自动化处理进行授权操作。

（二）会计软件应当按照国家统一的会计制度进行会计核算，具备经办、审核、审批等必要的审签程序并防止电子会计凭证重复入账。

（三）会计软件应当提供不可逆的记账功能，不得提供对已记账凭证的删除和插入功能，确保对同类已记账凭证的连续编号，不得提供对已记账凭证日期、币种、汇率、金额、科目、操作人等的修改功能。

（四）会计软件应当具有按照电子凭证会计数据标准要求处理电子会计凭证，并生成入账信息结构化数据文件的功能。

第二十二条 会计软件应当提供根据审核通过的记账凭证生成账簿的功能。

（一）根据审核通过的记账凭证或者记账凭证汇总表登记总分类账。

（二）根据审核通过的记账凭证和相应原始凭证登记明细分类账。

第二十三条 会计软件应当提供自动进行银行对账的功能，根据银行存款账面余额、银行存款日记账与输入的银行对账单，借助适当的手工辅助完成银行对账。

第二十四条 会计软件应当提供会计数据按照规定会计期间进行结账的功能。结账前，会计软件应当自动检查本期输入的会计凭证是否全部登记入账，全部登记入账后才能结账。

鼓励会计软件提供跨应用、跨系统的智能结账功能，满足单位多应用、多系统的情况下，加强结账任务协同，提升结账效率。

第二十五条 会计软件应当提供符合国家统一的会计制度规定自动编制会计报表的功能。会计软件应当提供会计报表的自定义功能，包括定义会计报表的格式、项目、各项目的数据来源、项目之间的计算逻辑等。

第二十六条 鼓励会计软件服务商在会计软件中集成可扩展商业报告语言（XBRL）功能，便于单位生成符合国家统一标准的XBRL会计数据文件和财务会计报告。

第五章 会计数据输出

第二十七条 会计软件应当提供符合国家统一的会计制度的会计凭证、会计账簿、财务会计报告和其他会计资料的显示、打印、生成版式文件并导出的功能。

第二十八条 会计软件应当具有会计资料归档功能，提供导出电子会计档案的接口，输出归档的电子会计资料应当符合国家有关电子文件归档与电子会计档案管理的要求。

第二十九条 会计软件应当具有符合国家统一标准的数据接口，满足系统功能拓展、与外部系统对接和监督需要，支持相关监管机构的信息披露要求。

第三十条 鼓励会计软件提供按照标准格式输出各类会计数据的功能，促进会计数据的应用，发挥会计数据的价值。

第六章 会计软件安全

第三十一条 会计软件运行、处理应当安全可靠，根据需要采取安全认证、电子签名、数字加密和可信存证等技术手段，防止非授权访问，防范数据库中的会计数据被篡改，保障会计处理过程安全可信，以及会计数据可验证、可溯源。

第三十二条 会计软件应当能够记录用户操作日志，确保日志的安全、完整，提供按操作人员、操作时间和操作内容查询日志的功能，并能以简单易懂的形式输出。

第三十三条 会计软件应当满足数据保密性的要求，支持对重要敏感数据的加密存储和传输。会计软件应支持按照数据使用场景及安全要求，对敏感数据进行脱敏处理。

第三十四条 会计软件应当满足数据完整性的要求，根据需要采取电子签名、可信存证等技术手段，保障会计数据不被篡改。

第三十五条 会计软件应当满足数据可靠存储的要求，能够支持数据容灾和备份功能，避免会计数据因错误操作、系统故障或自然灾害而损毁、丢失。

第三十六条 会计软件应当满足跨境数据境内备份的要求。如存在单位在境外设立分支机构等情形，其数据服务器部署在境外的，会计软件应当能够支持将境外部署的数据服务器中的电子会计资料备份到境内，并能够支持在必要时仅依靠境内备份的电子会计资料独立满足单位开展会计工作以及财会监督需要。

第三十七条 会计软件采用密码技术的，应当遵循国家密码主管部门的有关规定。

第七章 会计软件服务

第三十八条 鼓励会计软件服务商为用户提供符合国家统一的会计制度要求的个性化、自动化、智能化核算处理功能。

会计软件服务商为财务会计报告按规定须经注册会计师审计的单位提供会计软件时,鼓励其提供的会计软件适配注册会计师审计数据标准。

第三十九条 会计软件服务商应当保证会计软件服务质量,按照合同约定及时解决用户使用中的故障问题。

对于新施行的国家统一的会计制度和会计数据标准,会计软件服务商应当及时审查和评估软件功能,对软件进行必要的维护和升级,并通知用户所升级的版本、补丁和功能。

对于会计软件服务提供之前已施行的国家统一的会计制度和会计数据标准,会计软件服务存在影响用户按照国家统一的会计制度进行会计核算的,或存在影响用户按照会计数据标准输入、处理和输出会计数据的,会计软件服务商应当为用户免费提供更正程序以消除上述影响。

第四十条 会计软件服务商以远程访问、云计算等方式提供的会计软件服务,应当支持用户使用符合本规范要求的会计软件功能。

第四十一条 用户以远程访问、云计算等方式使用会计软件服务生成的电子会计资料及相关数据归用户所有。

会计软件服务商应当提供符合国家统一标准的数据接口供用户导出电子会计资料,不得以任何理由拒绝用户导出电子会计资料的请求。

第四十二条 以远程访问、云计算等方式提供服务的会计软件服务商,应当严格遵守国家有关网络安全、数据安全和信息保护等方面的法律法规,落实网络安全等级保护的有关要求,在技术上保证用户会计资料的安全、完整和可用,为用户的会计资料提供必要的数据容灾、应用容灾技术措施,出现系统故障或自然灾害导致数据毁损的,能及时为用户恢复会计资料,保障用户业务能够延续。对于因会计软件服务商原因造成用户会计资料泄露、毁损的,会计软件服务商应当按规定承担恢复、赔偿责任。

第四十三条 以远程访问、云计算等方式提供服务的会计软件服务商,应当做好本服务商不能维持服务的情况下,保障用户电子会计资料安全以及单位会计工作持续进行的预案,并在相关服务合同中与用户就该预案做出约定。

第四十四条 会计软件服务商应当为用户提供必要的会计软件使用操作培训和相关教程资料。会计软件服务商和用户在有关合同中约定了操作培训事宜的，应当从其约定。

第四十五条 会计软件服务商可以采用现场服务、呼叫中心、在线人工客服、智能客服、网络社区服务等多种方式为用户提供实时技术支持。

会计软件服务商应当努力提高会计软件相关服务质量，按照合同约定及时解决用户使用中的故障问题，并建立突发问题应急机制。

第四十六条 有关部门依法开展监督检查工作，需要通过会计软件开展检查、调查的，会计软件服务商应当配合并提供相关文档等支持资料。

第八章　附　　则

第四十七条 本规范自 2025 年 1 月 1 日起施行。《会计核算软件基本功能规范》（财会字〔1994〕27 号）同时废止。

代理记账管理办法

（2016 年 2 月 16 日财政部令第 80 号公布　根据 2019 年 3 月 14 日《财政部关于修改〈代理记账管理办法〉等 2 部部门规章的决定》修改）

第一条 为了加强代理记账资格管理，规范代理记账活动，促进代理记账行业健康发展，根据《中华人民共和国会计法》等法律、行政法规，制定本办法。

第二条 代理记账资格的申请、取得和管理，以及代理记账机构从事代理记账业务，适用本办法。

本办法所称代理记账机构是指依法取得代理记账资格，从事代理记账业务的机构。

本办法所称代理记账是指代理记账机构接受委托办理会计业务。

第三条 除会计师事务所以外的机构从事代理记账业务，应当经县级以上地方人民政府财政部门（以下简称审批机关）批准，领取由财政部统一规定样式的代理记账许可证书。具体审批机关由省、自治区、直辖市、计划单列市人民政府财政部门确定。

会计师事务所及其分所可以依法从事代理记账业务。

第四条 申请代理记账资格的机构应当同时具备以下条件：

（一）为依法设立的企业；

（二）专职从业人员不少于3名；

（三）主管代理记账业务的负责人具有会计师以上专业技术职务资格或者从事会计工作不少于三年，且为专职从业人员；

（四）有健全的代理记账业务内部规范。

代理记账机构从业人员应当具有会计类专业基础知识和业务技能，能够独立处理基本会计业务，并由代理记账机构自主评价认定。

本条第一款所称专职从业人员是指仅在一个代理记账机构从事代理记账业务的人员。

第五条 申请代理记账资格的机构，应当向所在地的审批机关提交申请及下列材料，并对提交材料的真实性负责：

（一）统一社会信用代码；

（二）主管代理记账业务的负责人具备会计师以上专业技术职务资格或者从事会计工作不少于三年的书面承诺；

（三）专职从业人员在本机构专职从业的书面承诺；

（四）代理记账业务内部规范。

第六条 审批机关审批代理记账资格应当按照下列程序办理：

（一）申请人提交的申请材料不齐全或不符合规定形式的，应当在5日内一次告知申请人需要补正的全部内容，逾期不告知的，自收到申请材料之日起即视为受理；申请人提交的申请材料齐全、符合规定形式的，或者申请人按照要求提交全部补正申请材料的，应当受理申请。

（二）受理申请后应当按照规定对申请材料进行审核，并自受理申请之日起10日内作出批准或者不予批准的决定。10日内不能作出决定的，经本审批机关负责人批准可延长10日，并应当将延长期限的理由告知申请人。

（三）作出批准决定的，应当自作出决定之日起10日内向申请人发放代理记账许可证书，并向社会公示。审批机关进行全覆盖例行检查，发现实际情况与承诺内容不符的，依法撤销审批并给予处罚。

（四）作出不予批准决定的，应当自作出决定之日起 10 日内书面通知申请人。书面通知应当说明不予批准的理由，并告知申请人享有依法申请行政复议或者提起行政诉讼的权利。

第七条 申请人应当自取得代理记账许可证书之日起 20 日内通过企业信用信息公示系统向社会公示。

第八条 代理记账机构名称、主管代理记账业务的负责人发生变更，设立或撤销分支机构，跨原审批机关管辖地迁移办公地点的，应当自作出变更决定或变更之日起 30 日内依法向审批机关办理变更登记，并应当自变更登记完成之日起 20 日内通过企业信用信息公示系统向社会公示。

代理记账机构变更名称的，应当向审批机关领取新的代理记账许可证书，并同时交回原代理记账许可证书。

代理记账机构跨原审批机关管辖地迁移办公地点的，迁出地审批机关应当及时将代理记账机构的相关信息及材料移交迁入地审批机关。

第九条 代理记账机构设立分支机构的，分支机构应当及时向其所在地的审批机关办理备案登记。

分支机构名称、主管代理记账业务的负责人发生变更的，分支机构应当按照要求向其所在地的审批机关办理变更登记。

代理记账机构应当在人事、财务、业务、技术标准、信息管理等方面对其设立的分支机构进行实质性的统一管理，并对分支机构的业务活动、执业质量和债务承担法律责任。

第十条 未设置会计机构或配备会计人员的单位，应当委托代理记账机构办理会计业务。

第十一条 代理记账机构可以接受委托办理下列业务：

（一）根据委托人提供的原始凭证和其他相关资料，按照国家统一的会计制度的规定进行会计核算，包括审核原始凭证、填制记账凭证、登记会计账簿、编制财务会计报告等；

（二）对外提供财务会计报告；

（三）向税务机关提供税务资料；

（四）委托人委托的其他会计业务。

第十二条　委托人委托代理记账机构代理记账，应当在相互协商的基础上，订立书面委托合同。委托合同除应具备法律规定的基本条款外，应当明确下列内容：

（一）双方对会计资料真实性、完整性各自应当承担的责任；

（二）会计资料传递程序和签收手续；

（三）编制和提供财务会计报告的要求；

（四）会计档案的保管要求及相应的责任；

（五）终止委托合同应当办理的会计业务交接事宜。

第十三条　委托人应当履行下列义务：

（一）对本单位发生的经济业务事项，应当填制或者取得符合国家统一的会计制度规定的原始凭证；

（二）应当配备专人负责日常货币收支和保管；

（三）及时向代理记账机构提供真实、完整的原始凭证和其他相关资料；

（四）对于代理记账机构退回的，要求按照国家统一的会计制度的规定进行更正、补充的原始凭证，应当及时予以更正、补充。

第十四条　代理记账机构及其从业人员应当履行下列义务：

（一）遵守有关法律、法规和国家统一的会计制度的规定，按照委托合同办理代理记账业务；

（二）对在执行业务中知悉的商业秘密予以保密；

（三）对委托人要求其作出不当的会计处理，提供不实的会计资料，以及其他不符合法律、法规和国家统一的会计制度行为的，予以拒绝；

（四）对委托人提出的有关会计处理相关问题予以解释。

第十五条　代理记账机构为委托人编制的财务会计报告，经代理记账机构负责人和委托人负责人签名并盖章后，按照有关法律、法规和国家统一的会计制度的规定对外提供。

第十六条　代理记账机构应当于每年 4 月 30 日之前，向审批机关报送下列材料：

（一）代理记账机构基本情况表（附表）；

（二）专职从业人员变动情况。

代理记账机构设立分支机构的，分支机构应当于每年 4 月 30 日之前向其所在地的审批机关报送上述材料。

第十七条 县级以上人民政府财政部门对代理记账机构及其从事代理记账业务情况实施监督，随机抽取检查对象、随机选派执法检查人员，并将抽查情况及查处结果依法及时向社会公开。

对委托代理记账的企业因违反财税法律、法规受到处理处罚的，县级以上人民政府财政部门应当将其委托的代理记账机构列入重点检查对象。

对其他部门移交的代理记账违法行为线索，县级以上人民政府财政部门应当及时予以查处。

第十八条 公民、法人或者其他组织发现有违反本办法规定的代理记账行为，可以依法向县级以上人民政府财政部门进行举报，县级以上人民政府财政部门应当依法进行处理。

第十九条 代理记账机构采取欺骗、贿赂等不正当手段取得代理记账资格的，由审批机关撤销其资格，并对代理记账机构及其负责人给予警告，记入会计领域违法失信记录，根据有关规定实施联合惩戒，并向社会公告。

第二十条 代理记账机构在经营期间达不到本办法规定的资格条件的，审批机关发现后，应当责令其在60日内整改；逾期仍达不到规定条件的，由审批机关撤销其代理记账资格。

第二十一条 代理记账机构有下列情形之一的，审批机关应当办理注销手续，收回代理记账许可证书并予以公告：

（一）代理记账机构依法终止的；

（二）代理记账资格被依法撤销或撤回的；

（三）法律、法规规定的应当注销的其他情形。

第二十二条 代理记账机构违反本办法第七条、第八条、第九条、第十四条、第十六条规定，由县级以上人民政府财政部门责令其限期改正，拒不改正的，将代理记账机构及其负责人列入重点关注名单，并向社会公示，提醒其履行有关义务；情节严重的，由县级以上人民政府财政部门按照有关法律、法规给予行政处罚，并向社会公示。

第二十三条 代理记账机构及其负责人、主管代理记账业务负责人及其从业人员违反规定出具虚假申请材料或者备案材料的，由县级以上人民政府财政部门给予警告，记入会计领域违法失信记录，根据有关规定实施联合惩戒，并向社会公告。

第二十四条 代理记账机构从业人员在办理业务中违反会计法律、法规和国家统一的会计制度的规定，造成委托人会计核算混乱、损害国家和委托人利益的，由县级以上人民政府财政部门依据《中华人民共和国会计法》等有关法律、法规的规定处理。

代理记账机构有前款行为的，县级以上人民政府财政部门应当责令其限期改正，并给予警告；有违法所得的，可以处违法所得3倍以下罚款，但最高不得超过3万元；没有违法所得的，可以处1万元以下罚款。

第二十五条 委托人向代理记账机构隐瞒真实情况或者委托人会同代理记账机构共同提供虚假会计资料的，应当承担相应法律责任。

第二十六条 未经批准从事代理记账业务的单位或者个人，由县级以上人民政府财政部门按照《中华人民共和国行政许可法》及有关规定予以查处。

第二十七条 县级以上人民政府财政部门及其工作人员在代理记账资格管理过程中，滥用职权、玩忽职守、徇私舞弊的，依法给予行政处分；涉嫌犯罪的，移送司法机关处理。

第二十八条 代理记账机构依法成立的行业组织，应当维护会员合法权益，建立会员诚信档案，规范会员代理记账行为，推动代理记账信息化建设。

代理记账行业组织应当接受县级以上人民政府财政部门的指导和监督。

第二十九条 本办法规定的"5日"、"10日"、"20日"、"30日"均指工作日。

第三十条 省级人民政府财政部门可以根据本办法制定具体实施办法，报财政部备案。

第三十一条 外商投资企业申请代理记账资格，从事代理记账业务按照本办法和其他有关规定办理。

第三十二条 本办法自2016年5月1日起施行，财政部2005年1月22日发布的《代理记账管理办法》（财政部令第27号）同时废止。

附表：代理记账机构基本情况表（略）

代理记账基础工作规范（试行）

（2023年11月8日 财会〔2023〕27号）

第一章 总 则

第一条 为加强代理记账基础工作，规范代理记账机构开展代理记账业务，保障代理记账服务质量，根据《中华人民共和国会计法》、《代理记账管理办法》、《会计基础工作规范》、《会计档案管理办法》等相关法律法规，制定本规范。

第二条 本规范适用于代理记账机构接受委托办理代理记账业务。

第三条 代理记账机构应当严格执行有关法律法规，提高代理记账业务规范水平，保证会计信息质量。

第四条 代理记账机构开展代理记账业务应当遵守本规范，至少履行下列基本程序：业务承接、工作计划、资料交接、会计核算、质量控制、档案管理等。

代理记账机构开展相关工作时，可以根据有关法律法规等规定，结合具体情况运用专业判断作出相应处理。

第二章 业务承接

第五条 业务承接包括了解委托人基本情况和签订代理记账业务委托合同。

了解委托人基本情况，是指对委托人所处外部环境及所在行业的一般了解和对委托人内部情况的具体了解。

代理记账业务委托合同（以下简称委托合同），是指代理记账机构与委托人共同签订的，据以确认委托与受托关系，明确委托目的、委托范围及双方责任与义务等事项的书面协议。

第六条 代理记账机构应当了解委托人基本情况，初步调查委托人经营管理状况，查询市场监管和税务相关政务网站公开信息，并与委托人就约定事项进行商议，经充分评估业务风险后，结合自身专业胜任能力确定是否承接此项业务。

第七条　代理记账机构拟承接代理记账业务的,应当在开展工作前,与委托人就代理记账业务约定条款协商一致,并签订委托合同。

第八条　委托合同除应符合有关法律法规的一般性规定外,至少还应包括以下内容:

(一) 委托业务范围及其他预期目标;

(二) 会计资料传递程序和签收手续,终止委托合同应当办理的会计业务交接事宜,包括使用信息系统交付财务数据的约定;

(三) 双方对会计资料真实性、完整性、合法性各自应当承担的责任,会计档案的保管要求及相应的责任;

(四) 委托业务的收费;

(五) 委托合同的有效期间;

(六) 签约时间;

(七) 违约责任;

(八) 解决争议的方法;

(九) 签约双方认为应约定的其他事项。

第九条　代理记账机构应当对委托合同统一编号,并及时归档。

第三章　工作计划

第十条　代理记账机构为完成代理记账工作,达到预期目标,在具体开展代理记账业务前应当编制工作计划。

第十一条　代理记账机构应当根据自身业务规模和风险评估情况界定重大项目的判定标准,一般是代理记账业务的影响比较大或金额比较大。通常情况下,代理记账业务经分析判断可能会引起风险显著增加的,则视为影响比较大;业务金额预计占机构全年代理记账业务收入的2%及以上的,则视为金额比较大。代理记账机构可结合自身实际对上述比例作出合理调减,以控制经营风险。

第十二条　编制工作计划应当考虑以下因素:

(一) 合同约定条款;

(二) 委托业务是否为重大项目;

(三) 委托人所属行业及特点,业务性质及复杂程度、组织结构、经营情况及经营风险；

（四）委托人执行的会计准则制度，以及以前年度的会计核算情况；

（五）委托人会计原始凭证及相关会计资料归集、整理、交接的环境及条件；

（六）委托人对会计信息的需求；

（七）代理记账机构从业人员（以下简称从业人员）及其技能的要求。

第十三条　工作计划一般应包括以下基本内容：

（一）委托人基本情况，包括委托人所属行业及特点、会计准则制度的选用、以前年度会计核算情况等；

（二）业务小组成员及职责分工；

（三）初次资料交接情况，包括初次资料交接的内容、参与人员、时间及地点等；

（四）初次建账情况及安排，包括初次建账的内容、人员安排及时间等；

（五）工作进度及时间安排，包括各阶段的执行人及执行日期，原始凭证等会计资料的交接方式及时间、记账完成时间、出具会计报表时间、会计档案移交时间等；

（六）根据委托人情况，其他应当考虑的事项。

非首次为委托人办理代理记账业务，工作计划无需包含初次资料交接情况、初次建账情况及安排等内容。对于简易业务，可以根据实际需要简化工作计划。

第十四条　工作计划应附委托合同及其他相关资料一并交由项目负责人员或质量控制人员审核批准。重大项目的工作计划，一般还应经业务负责人审核批准。

第十五条　工作计划应重点审核以下事项：

（一）时间安排是否合理；

（二）从业人员的选派与分工是否恰当；

（三）合同约定的预期目标能否实现。

第十六条　代理记账业务开展过程中，应当在必要时对工作计划作出调整。调整后的工作计划应按照第十四条规定的程序和权限审批。

第四章 资料交接

第十七条 资料交接指代理记账机构初次接受委托、日常开展工作、终止委托关系后与委托人等有关单位,根据约定进行的会计资料交接工作。

第十八条 代理记账机构初次接受委托与终止委托关系时,移交人员应当整理需要移交的各项资料,编制移交清册,列明移交的会计凭证、会计账簿、会计报表、其他会计资料、相关文件及物品等内容。对未了事项应当予以书面说明。

移交人员应按移交清册逐项移交,接收人员应逐项核对点收,并由交接双方的有关负责人负责监督。交接完毕后,交接双方经办人和监交人应在移交清册上签名或者盖章。并应在移交清册上注明:单位名称;交接日期;交接双方经办人和监交人的职务、姓名;移交清册页数以及需要说明的问题和意见等。

移交清册一式两份,交接双方各执一份,代理记账机构留存的一份应当归档保管。

第十九条 初次接受委托时应重点关注以下方面:

(一)会计凭证、会计账簿、会计报表和其他会计资料必须完整无缺,如有短缺,应当查清原因,并明确相关责任;

(二)银行存款账户余额要与银行对账单核对,如不一致,应当编制银行存款余额调节表调节相符,各种财产物资和债权债务的明细账户余额应与总账及会计报表有关账户余额核对相符,纳税申报表数据应与账面数据核对相符,必要时可抽查个别账户的余额,确保账实核对一致;

(三)重大债权债务形成原因及未完结的税务事项;

(四)需要移交的票据、印章、密钥等实物,应书面列明,交接清楚;

(五)需要移交的相关系统、平台的登录方式以及对应的账号、口令等,应书面列明,交接清楚。

第二十条 代理记账机构应当按照约定,定期了解委托人的经营事项,并接收委托人移交的原始凭证等会计资料。

代理记账机构应当对收到的原始凭证进行审核和监督。对不真实、不合法的原始凭证,不予受理。对记载不准确、不完整的原始凭证,予以退回,要求委托人更正、补充。

第二十一条　日常交接时应当填写原始凭证交接表，列明原始凭证的种类、数量等内容，交接双方应当逐项清点核对，并履行必要的确认手续。交接表一式两份，交接双方各执一份，代理记账机构留存的一份应当归档保管。

通过信息化手段进行电子凭证交接的，应形成电子凭证交接单，并确保交接记录真实有效、交接内容有据可查。

第五章　会 计 核 算

第二十二条　代理记账机构应当根据委托人提供的原始凭证等会计资料，按照国家统一的会计制度进行会计核算，包括审核原始凭证、填制记账凭证、登记会计账簿、编制财务会计报告等。

第二十三条　代理记账机构记账凭证的编制及装订，会计账簿的登记及装订，以及财务会计报告的编制等应当遵循《会计基础工作规范》的规定。

第二十四条　代理记账机构采用信息化方式为委托人办理代理记账业务的，使用的会计软件及其生成的会计凭证、会计账簿、会计报表和其他会计资料，应当符合财政部对于会计信息化工作的有关规定。

第六章　质 量 控 制

第二十五条　代理记账机构应当建立并执行符合机构实际的内部控制制度，根据业务规模和内部机构设置情况，至少设置项目负责人员、质量控制人员、业务负责人等岗位。

同一项目的项目负责人员和质量控制人员不得为同一人。

项目负责人员指具体负责代理记账业务的人员。

质量控制人员指对项目负责人员形成的工作成果进行审查复核的人员。

业务负责人指代理记账机构中主管代理记账业务的负责人。

第二十六条　代理记账机构应当根据业务性质及复杂程度，综合考虑从业人员的专业水平、会计工作年限和执业经历等，将工作委派给具有相应专业胜任能力的人员。

委派的人员应当符合回避制度，确保独立客观执业。

第二十七条　代理记账机构应当建立健全复核制度，至少执行一级复核程序，明确复核时间、方式及人员安排。对于重大项目，应当至少执行二级复核程序。

代理记账机构应当定期以抽查等形式，由质量控制人员或业务负责人对未经二级复核的业务进行审查。

第二十八条 代理记账机构应当及时对相关人员的工作成果进行复核，确保：

（一）代理记账业务按照工作计划进行；

（二）代理记账业务的过程及结果被适当记录；

（三）预期目标可实现；

（四）会计核算工作符合国家统一的会计制度等规定；

（五）会计档案按规定妥善保管，并顺利交接。

第二十九条 代理记账机构应当建立健全与委托人的沟通机制。

初次接受委托时，应当与委托人有关人员进行充分交流，并进行必要的指导和培训，以进一步明确双方的责任，确保各项工作顺利开展。至少包括以下方面：

（一）应当定期归集、整理、移交的会计资料的范围及要求；

（二）会计档案及其他有关资料的交接流程、时间节点、人员安排及要求；

（三）代理记账业务流程；

（四）会计政策等会计核算有关的重要事项；

（五）其他需要沟通的事项。

第三十条 代理记账机构应当建立健全内部信息与沟通机制，明确信息的收集、处理和传递程序，确保内部各部门、各不兼容岗位间的沟通和反馈，发现问题应及时报告并采取应对措施。

第三十一条 代理记账机构应当建立健全客户投诉管理制度，投诉受理人应对投诉及时处理，并反馈处理过程和结果。

第三十二条 委托人负责人与代理记账机构负责人应当对财务报告的真实性、合法性承担相应的法律责任。

第三十三条 从业人员工作调动或者离职，应当与指定接管人员按规定及时办清交接手续。从业人员办理交接手续，必须有监交人负责监交，不得出现自我监交的情形。业务负责人办理交接手续，由代理记账机构负责人监交。

第七章　人 员 管 理

第三十四条　从业人员应当具备下列资格条件和专业胜任能力：

（一）具有会计类专业基础知识和业务技能，能够独立处理基本会计业务；

（二）熟悉国家财经、税收法律、法规、规章和方针、政策，掌握本行业业务管理的有关知识；

（三）恪守会计人员职业道德规范；

（四）《代理记账管理办法》等规定的其他执业要求。

第三十五条　从业人员开展代理记账业务时，应当遵循以下原则：

（一）遵守法律法规等有关规定，严格按照委托合同开展代理记账业务；

（二）对工作中知悉的商业秘密、个人信息予以保密；

（三）对委托人要求其作出不当的会计处理，提供不实的会计资料，以及其他违法违规行为的，应当拒绝办理；

（四）依法向财政部门报告委托人的违法违规行为。

第三十六条　代理记账机构应当通过提供专业培训、加强职业道德教育、支持督促参加会计人员继续教育、建立职业能力提升激励机制等方式，确保全体从业人员达到履行其职责所需要的专业胜任能力，以应有的职业态度开展代理记账业务。

第三十七条　从业人员应当自觉按照有关规定，及时完成会计人员继续教育。

第八章　档 案 管 理

第三十八条　代理记账机构应当建立健全会计档案管理制度，对当年开展代理记账业务过程中具有保存价值的会计资料，应当按照归档要求，定期整理立卷，装订成册，编制会计档案保管清册，并指定专人保管。

开展会计信息化工作的代理记账机构，应当同时将具有保存价值的电子会计资料及其元数据作为会计档案进行管理。

第三十九条　委托人会计档案的查阅、复制、借出等应当经过授权和审批，履行登记手续。除法律授权外，未经委托人同意，代理记账机构不得将委托人会计档案交由其他单位及人员使用。

第四十条 会计年度终了，代理记账机构应当按照约定，将形成的会计档案移交给委托人。编制的会计档案移交清册中应当列明移交的会计档案名称、卷号、册数、起止年度、档案编号和保管期限等内容。

交接会计档案时，交接双方应当按照会计档案移交清册所列内容逐项交接，由交接双方有关负责人负责监督。交接完毕后，交接双方经办人和监交人应当在会计档案移交清册上签名或盖章。移交清册一式两份，交接双方各执一份，代理记账机构留存的一份应当归档保管。

电子会计档案应当与其元数据一并移交，特殊格式电子会计档案，应与其读取平台一并移交或转换为通用格式后移交。

第四十一条 受托继续保管会计档案的，代理记账机构应当按照《会计档案管理办法》等有关规定妥善保管，保证会计档案的真实、完整、可用、安全。

第九章 附 则

第四十二条 违反本规范中涉及《中华人民共和国会计法》、《代理记账管理办法》、《会计基础工作规范》、《会计档案管理办法》等规定的单位和个人，由县级以上人民政府财政部门依据相关法律法规进行处理。

第四十三条 会计师事务所及分所从事代理记账业务应当遵守本规范。

第四十四条 本规范由财政部负责解释。

第四十五条 本规范自2024年1月1日起施行。

附：1. 代理记账业务委托合同（参考范例）（略）

2. 代理记账业务工作计划（参考范例）（略）

3. 资料交接手册（参考范例）（略）

4. 原始凭证交接表（参考范例）（略）

5. 会计档案移交清册（参考范例）（略）

二、会计制度

会计基础工作规范

（1996年6月17日财会字〔1996〕19号公布 根据2019年3月14日《财政部关于修改〈代理记账管理办法〉等2部部门规章的决定》修改）

第一章 总 则

第一条 为了加强会计基础工作，建立规范的会计工作秩序，提高会计工作水平，根据《中华人民共和国会计法》的有关规定，制定本规范。

第二条 国家机关、社会团体、企业、事业单位、个体工商户和其他组织的会计基础工作，应当符合本规范的规定。

第三条 各单位应当依据有关法律、法规和本规范的规定，加强会计基础工作，严格执行会计法规制度，保证会计工作依法有序地进行。

第四条 单位领导人对本单位的会计基础工作负有领导责任。

第五条 各省、自治区、直辖市财政厅（局）要加强对会计基础工作的管理和指导，通过政策引导、经验交流、监督检查等措施，促进基层单位加强会计基础工作，不断提高会计工作水平。

国务院各业务主管部门根据职责权限管理本部门的会计基础工作。

第二章 会计机构和会计人员

第一节 会计机构设置和会计人员配备

第六条 各单位应当根据会计业务的需要设置会计机构；不具备单独设置会计机构条件的，应当在有关机构中配备专职会计人员。

事业行政单位会计机构的设置和会计人员的配备，应当符合国家统一事业行政单位会计制度的规定。

设置会计机构,应当配备会计机构负责人;在有关机构中配备专职会计人员,应当在专职会计人员中指定会计主管人员。

会计机构负责人、会计主管人员的任免,应当符合《中华人民共和国会计法》和有关法律的规定。

第七条 会计机构负责人、会计主管人员应当具备下列基本条件:

(一)坚持原则,廉洁奉公;

(二)具备会计师以上专业技术职务资格或者从事会计工作不少于三年;

(三)熟悉国家财经法律、法规、规章和方针、政策,掌握本行业业务管理的有关知识;

(四)有较强的组织能力;

(五)身体状况能够适应本职工作的要求。

第八条 没有设置会计机构或者配备会计人员的单位,应当根据《代理记账管理办法》的规定,委托会计师事务所或者持有代理记账许可证书的代理记账机构进行代理记账。

第九条 大、中型企业、事业单位、业务主管部门应当根据法律和国家有关规定设置总会计师。总会计师由具有会计师以上专业技术资格的人员担任。

总会计师行使《总会计师条例》规定的职责、权限。

总会计师的任命(聘任)、免职(解聘)依照《总会计师条例》和有关法律的规定办理。

第十条 各单位应当根据会计业务需要配备会计人员,督促其遵守职业道德和国家统一的会计制度。

第十一条 各单位应当根据会计业务需要设置会计工作岗位。

会计工作岗位一般可分为:会计机构负责人或者会计主管人员,出纳,财产物资核算,工资核算,成本费用核算,财务成果核算,资金核算,往来结算,总帐报表,稽核,档案管理等。开展会计电算化和管理会计的单位,可以根据需要设置相应工作岗位,也可以与其他工作岗位相结合。

第十二条 会计工作岗位,可以一人一岗、一人多岗或者一岗多人。但出纳人员不得兼管稽核、会计档案保管和收入、费用、债权债务帐目的登记工作。

第十三条　会计人员的工作岗位应当有计划地进行轮换。

第十四条　会计人员应当具备必要的专业知识和专业技能，熟悉国家有关法律、法规、规章和国家统一会计制度，遵守职业道德。

会计人员应当按照国家有关规定参加会计业务的培训。各单位应当合理安排会计人员的培训，保证会计人员每年有一定时间用于学习和参加培训。

第十五条　各单位领导人应当支持会计机构、会计人员依法行使职权；对忠于职守，坚持原则，做出显著成绩的会计机构、会计人员，应当给予精神的和物质的奖励。

第十六条　国家机关、国有企业、事业单位任用会计人员应当实行回避制度。

单位领导人的直系亲属不得担任本单位的会计机构负责人、会计主管人员。会计机构负责人、会计主管人员的直系亲属不得在本单位会计机构中担任出纳工作。

需要回避的直系亲属为：夫妻关系、直系血亲关系、三代以内旁系血亲以及配偶亲关系。

第二节　会计人员职业道德

第十七条　会计人员在会计工作中应当遵守职业道德，树立良好的职业品质、严谨的工作作风，严守工作纪律，努力提高工作效率和工作质量。

第十八条　会计人员应当热爱本职工作，努力钻研业务，使自己的知识和技能适应所从事工作的要求。

第十九条　会计人员应当熟悉财经法律、法规、规章和国家统一会计制度，并结合会计工作进行广泛宣传。

第二十条　会计人员应当按照会计法律、法规和国家统一会计制度规定的程序和要求进行会计工作，保证所提供的会计信息合法、真实、准确、及时、完整。

第二十一条　会计人员办理会计事务应当实事求是、客观公正。

第二十二条　会计人员应当熟悉本单位的生产经营和业务管理情况，运用掌握的会计信息和会计方法，为改善单位内部管理、提高经济效益服务。

第二十三条 会计人员应当保守本单位的商业秘密。除法律规定和单位领导人同意外，不能私自向外界提供或者泄露单位的会计信息。

第二十四条 财政部门、业务主管部门和各单位应当定期检查会计人员遵守职业道德的情况，并作为会计人员晋升、晋级、聘任专业职务、表彰奖励的重要考核依据。

会计人员违反职业道德的，由所在单位进行处理。

第三节 会计工作交接

第二十五条 会计人员工作调动或者因故离职，必须将本人所经管的会计工作全部移交给接替人员。没有办清交接手续的，不得调动或者离职。

第二十六条 接替人员应当认真接管移交工作，并继续办理移交的未了事项。

第二十七条 会计人员办理移交手续前，必须及时做好以下工作：

（一）已经受理的经济业务尚未填制会计凭证的，应当填制完毕。

（二）尚未登记的帐目，应当登记完毕，并在最后一笔余额后加盖经办人员印章。

（三）整理应该移交的各项资料，对未了事项写出书面材料。

（四）编制移交清册，列明应当移交的会计凭证、会计帐簿、会计报表、印章、现金、有价证券、支票簿、发票、文件、其他会计资料和物品等内容；实行会计电算化的单位，从事该项工作的移交人员还应当在移交清册中列明会计软件及密码、会计软件数据磁盘（磁带等）及有关资料、实物等内容。

第二十八条 会计人员办理交接手续，必须有监交人负责监交。一般会计人员交接，由单位会计机构负责人、会计主管人员负责监交；会计机构负责人、会计主管人员交接，由单位领导人负责监交，必要时可由上级主管部门派人会同监交。

第二十九条 移交人员在办理移交时，要按移交清册逐项移交；接替人员要逐项核对点收。

（一）现金、有价证券要根据会计帐簿有关记录进行点交。库存现金、有价证券必须与会计帐簿记录保持一致。不一致时，移交人员必须限期查清。

（二）会计凭证、会计帐簿、会计报表和其他会计资料必须完整无缺。如有短缺，必须查清原因，并在移交清册中注明，由移交人员负责。

（三）银行存款帐户余额要与银行对帐单核对，如不一致，应当编制银行存款余额调节表调节相符，各种财产物资和债权债务的明细帐户余额要与总帐有关帐户余额核对相符；必要时，要抽查个别帐户的余额，与实物核对相符，或者与往来单位、个人核对清楚。

（四）移交人员经管的票据、印章和其他实物等，必须交接清楚；移交人员从事会计电算化工作的，要对有关电子数据在实际操作状态下进行交接。

第三十条　会计机构负责人、会计主管人员移交时，还必须将全部财务会计工作、重大财务收支和会计人员的情况等，向接替人员详细介绍。对需要移交的遗留问题，应当写出书面材料。

第三十一条　交接完毕后，交接双方和监交人员要在移交注册上签名或者盖章。并应在移交注册上注明：单位名称，交接日期，交接双方和监交人员的职务、姓名，移交清册页数以及需要说明的问题和意见等。

移交清册一般应当填制一式三份，交接双方各执一份，存档一份。

第三十二条　接替人员应当继续使用移交的会计帐簿，不得自行另立新帐，以保持会计记录的连续性。

第三十三条　会计人员临时离职或者因病不能工作且需要接替或者代理的，会计机构负责人、会计主管人员或者单位领导人必须指定有关人员接替或者代理，并办理交接手续。

临时离职或者因病不能工作的会计人员恢复工作的，应当与接替或者代理人员办理交接手续。

移交人员因病或者其他特殊原因不能亲自办理移交的，经单位领导人批准，可由移交人员委托他人代办移交，但委托人应当承担本规范第三十五条规定的责任。

第三十四条　单位撤销时，必须留有必要的会计人员，会同有关人员办理清理工作，编制决算。未移交前，不得离职。接收单位和移交日期由主管部门确定。

单位合并、分立的，其会计工作交接手续比照上述有关规定办理。

第三十五条　移交人员对所移交的会计凭证、会计帐簿、会计报表和其他有关资料的合法性、真实性承担法律责任。

第三章 会计核算

第一节 会计核算一般要求

第三十六条 各单位应当按照《中华人民共和国会计法》和国家统一会计制度的规定建立会计帐册，进行会计核算，及时提供合法、真实、准确、完整的会计信息。

第三十七条 各单位发生的下列事项，应当及时办理会计手续、进行会计核算：

（一）款项和有价证券的收付；

（二）财物的收发、增减和使用；

（三）债权债务的发生和结算；

（四）资本、基金的增减；

（五）收入、支出、费用、成本的计算；

（六）财务成果的计算和处理；

（七）其他需要办理会计手续、进行会计核算的事项。

第三十八条 各单位的会计核算应当以实际发生的经济业务为依据，按照规定的会计处理方法进行，保证会计指标的口径一致、相互可比和会计处理方法的前后各期相一致。

第三十九条 会计年度自公历1月1日起至12月31日止。

第四十条 会计核算以人民币为记帐本位币。

收支业务以外国货币为主的单位，也可以选定某种外国货币作为记帐本位币，但是编制的会计报表应当折算为人民币反映。

境外单位向国内有关部门编报的会计报表，应当折算为人民币反映。

第四十一条 各单位根据国家统一会计制度的要求，在不影响会计核算要求、会计报表指标汇总和对外统一会计报表的前提下，可以根据实际情况自行设置和使用会计科目。

事业行政单位会计科目的设置和使用，应当符合国家统一事业行政单位会计制度的规定。

第四十二条 会计凭证、会计帐簿、会计报表和其他会计资料的内容和要求必须符合国家统一会计制度的规定，不得伪造、变造会计凭证和会计帐簿，不得设置帐外帐，不得报送虚假会计报表。

第四十三条 各单位对外报送的会计报表格式由财政部统一规定。

第四十四条 实行会计电算化的单位，对使用的会计软件及其生成的会计凭证、会计帐簿、会计报表和其他会计资料的要求，应当符合财政部关于会计电算化的有关规定。

第四十五条 各单位的会计凭证、会计帐簿、会计报表和其他会计资料，应当建立档案，妥善保管。会计档案建档要求、保管期限、销毁办法等依据《会计档案管理办法》的规定进行。

实行会计电算化的单位，有关电子数据、会计软件资料等应当作为会计档案进行管理。

第四十六条 会计记录的文字应当使用中文，少数民族自治地区可以同时使用少数民族文字。中国境内的外商投资企业、外国企业和其他外国经济组织也可以同时使用某种外国文字。

第二节 填制会计凭证

第四十七条 各单位办理本规范第三十七条规定的事项，必须取得或者填制原始凭证，并及时送交会计机构。

第四十八条 原始凭证的基本要求是：

（一）原始凭证的内容必须具备：凭证的名称；填制凭证的日期；填制凭证单位名称或者填制人姓名；经办人员的签名或者盖章；接受凭证单位名称；经济业务内容；数量、单价和金额。

（二）从外单位取得的原始凭证，必须盖有填制单位的公章；从个人取得的原始凭证，必须有填制人员的签名或者盖章。自制原始凭证必须有经办单位领导人或者其指定的人员签名或者盖章。对外开出的原始凭证，必须加盖本单位公章。

（三）凡填有大写和小写金额的原始凭证，大写与小写金额必须相符。购买实物的原始凭证，必须有验收证明。支付款项的原始凭证，必须有收款单位和收款人的收款证明。

（四）一式几联的原始凭证，应当注明各联的用途，只能以一联作为报销凭证。

一式几联的发票和收据，必须用双面复写纸（发票和收据本身具备复写纸功能的除外）套写，并连续编号。作废时应当加盖"作废"戳记，连同存根一起保存，不得撕毁。

（五）发生销货退回的，除填制退货发票外，还必须有退货验收证明；退款时，必须取得对方的收款收据或者汇款银行的凭证，不得以退货发票代替收据。

（六）职工公出借款凭据，必须附在记帐凭证之后。收回借款时，应当另开收据或者退还借据副本，不得退还原借款收据。

（七）经上级有关部门批准的经济业务，应当将批准文件作为原始凭证附件。如果批准文件需要单独归档的，应当在凭证上注明批准机关名称、日期和文件字号。

第四十九条 原始凭证不得涂改、挖补。发现原始凭证有错误的，应当由开出单位重开或者更正，更正处应当加盖开出单位的公章。

第五十条 会计机构、会计人员要根据审核无误的原始凭证填制记帐凭证。

记帐凭证可以分为收款凭证、付款凭证和转帐凭证，也可以使用通用记帐凭证。

第五十一条 记帐凭证的基本要求是：

（一）记帐凭证的内容必须具备：填制凭证的日期；凭证编号；经济业务摘要；会计科目；金额；所附原始凭证张数；填制凭证人员、稽核人员、记帐人员、会计机构负责人、会计主管人员签名或者盖章。收款和付款记帐凭证还应当由出纳人员签名或者盖章。

以自制的原始凭证或者原始凭证汇总表代替记帐凭证的，也必须具备记帐凭证应有的项目。

（二）填制记帐凭证时，应当对记帐凭证进行连续编号。一笔经济业务需要填制两张以上记帐凭证的，可以采用分数编号法编号。

（三）记帐凭证可以根据每一张原始凭证填制，或者根据若干张同类原始凭证汇总填制，也可以根据原始凭证汇总表填制。但不得将不同内容和类别的原始凭证汇总填制在一张记帐凭证上。

（四）除结帐和更正错误的记帐凭证可以不附原始凭证外，其他记帐凭证必须附有原始凭证。如果一张原始凭证涉及几张记帐凭证，可以把原始凭证附在一张主要的记帐凭证后面，并在其他记帐凭证上注明附有该原始凭证的记帐凭证的编号或者附原始凭证复印件。

一张原始凭证所列支出需要几个单位共同负担的，应当将其他单位负担的部分，开给对方原始凭证分割单，进行结算。原始凭证分割单必须具备原始凭证的基本内容：凭证名称、填制凭证日期、填制凭证单位名称或者填制人姓名、经办人的签名或者盖章、接受凭证单位名称、经济业务内容、数量、单价、金额和费用分摊情况等。

（五）如果在填制记帐凭证时发生错误，应当重新填制。

已经登记入帐的记帐凭证，在当年内发现填写错误时，可以用红字填写一张与原内容相同的记帐凭证，在摘要栏注明"注销某月某日某号凭证"字样，同时再用蓝字重新填制一张正确的记帐凭证，注明"订正某月某日某号凭证"字样。如果会计科目没有错误，只是金额错误，也可以将正确数字与错误数字之间的差额，另编一张调整的记帐凭证，调增金额用蓝字，调减金额用红字。发现以前年度记帐凭证有错误的，应当用蓝字填制一张更正的记帐凭证。

（六）记帐凭证填制完经济业务事项后，如有空行，应当自金额栏最后一笔金额数字下的空行处至合计数上的空行处划线注销。

第五十二条 填制会计凭证，字迹必须清晰、工整，并符合下列要求：

（一）阿拉伯数字应当一个一个地写，不得连笔写。阿拉伯金额数字前面应当书写货币币种符号或者货币名称简写和币种符号。币种符号与阿拉伯金额数字之间不得留有空白。凡阿拉伯数字前写有币种符号的，数字后面不再写货币单位。

（二）所有以元为单位（其他货币种类为货币基本单位，下同）的阿拉伯数字，除表示单价等情况外，一律填写到角分；无角分的，角位和分位可写"0 0"，或者符号"— —"；有角无分的，分位应当写"0"，不得用符号"— —"代替。

（三）汉字大写数字金额如零、壹、贰、叁、肆、伍、陆、柒、捌、玖、拾、佰、仟、万、亿等，一律用正楷或者行书体书写，不得用0、一、二、三、四、五、六、七、八、九、十等简化字代替，不得任意自造简化字。大写金额数字到元或者角为止的，在"元"或者"角"字之后应当写"整"字或者"正"字；大写金额数字有分的，分字后面不写"整"或者

"正"字。

（四）大写金额数字前未印有货币名称的，应当加填货币名称，货币名称与金额数字之间不得留有空白。

（五）阿拉伯金额数字中间有"0"时，汉字大写金额要写"零"字；阿拉伯数字金额中间连续有几个"0"时，汉字大写金额中可以只写一个"零"字；阿拉伯金额数字元位是"0"，或者数字中间连续有几个"0"、元位也是"0"但角位不是"0"时，汉字大写金额可以只写一个"零"字，也可以不写"零"字。

第五十三条 实行会计电算化的单位，对于机制记帐凭证，要认真审核，做到会计科目使用正确，数字准确无误。打印出的机制记帐凭证要加盖制单人员、审核人员、记帐人员及会计机构负责人、会计主管人员印章或者签字。

第五十四条 各单位会计凭证的传递程序应当科学、合理，具体办法由各单位根据会计业务需要自行规定。

第五十五条 会计机构、会计人员要妥善保管会计凭证。

（一）会计凭证应当及时传递，不得积压。

（二）会计凭证登记完毕后，应当按照分类和编号顺序保管，不得散乱丢失。

（三）记帐凭证应当连同所附的原始凭证或者原始凭证汇总表，按照编号顺序，折叠整齐，按期装订成册，并加具封面，注明单位名称、年度、月份和起讫日期、凭证种类、起讫号码，由装订人在装订线封签外签名或者盖章。

对于数量过多的原始凭证，可以单独装订保管，在封面上注明记帐凭证日期、编号、种类，同时在记帐凭证上注明"附件另订"和原始凭证名称及编号。

各种经济合同、存出保证金收据以及涉外文件等重要原始凭证，应当另编目录，单独登记保管，并在有关的记帐凭证和原始凭证上相互注明日期和编号。

（四）原始凭证不得外借，其他单位如因特殊原因需要使用原始凭证时，经本单位会计机构负责人、会计主管人员批准，可以复制。向外单位提供的原始凭证复制件，应当在专设的登记簿上登记，并由提供人员和收取人员共同签名或者盖章。

（五）从外单位取得的原始凭证如有遗失，应当取得原开出单位盖有公章的证明，并注明原来凭证的号码、金额和内容等，由经办单位会计机构负责人、会计主管人员和单位领导人批准后，才能代作原始凭证。如果确实无法取得证明的，如火车、轮船、飞机票等凭证，由当事人写出详细情况，由经办单位会计机构负责人、会计主管人员和单位领导人批准后，代作原始凭证。

第三节　登记会计帐簿

第五十六条　各单位应当按照国家统一会计制度的规定和会计业务的需要设置会计帐簿。会计帐簿包括总帐、明细帐、日记帐和其他辅助性帐簿。

第五十七条　现金日记帐和银行存款日记帐必须采用订本式帐簿。不得用银行对帐单或者其他方法代替日记帐。

第五十八条　实行会计电算化的单位，用计算机打印的会计帐簿必须连续编号，经审核无误后装订成册，并由记帐人员和会计机构负责人、会计主管人员签字或者盖章。

第五十九条　启用会计帐簿时，应当在帐簿封面上写明单位名称和帐簿名称。在帐簿扉页上应当附启用表，内容包括：启用日期、帐簿页数、记帐人员和会计机构负责人、会计主管人员姓名，并加盖名章和单位公章。记帐人员或者会计机构负责人、会计主管人员调动工作时，应当注明交接日期、接办人员或者监交人员姓名，并由交接双方人员签名或者盖章。

启用订本式帐簿，应当从第一页到最后一页顺序编定页数，不得跳页、缺号。使用活页式帐页，应当按帐户顺序编号，并须定期装订成册。装订后再按实际使用的帐页顺序编定页码。另加目录，记明每个帐户的名称和页次。

第六十条　会计人员应当根据审核无误的会计凭证登记会计帐簿。登记帐簿的基本要求是：

（一）登记会计帐簿时，应当将会计凭证日期、编号、业务内容摘要、金额和其他有关资料逐项记入帐内，做到数字准确、摘要清楚、登记及时、字迹工整。

（二）登记完毕后，要在记帐凭证上签名或者盖章，并注明已经登帐的符号，表示已经记帐。

（三）帐簿中书写的文字和数字上面要留有适当空格，不要写满格；一般应占格距的二分之一。

（四）登记帐簿要用蓝黑墨水或者碳素墨水书写，不得使用圆珠笔（银行的复写帐簿除外）或者铅笔书写。

（五）下列情况，可以用红色墨水记帐：

1. 按照红字冲帐的记帐凭证，冲销错误记录；
2. 在不设借贷等栏的多栏式帐页中，登记减少数；
3. 在三栏式帐户的余额栏前，如未印明余额方向的，在余额栏内登记负数余额；
4. 根据国家统一会计制度的规定可以用红字登记的其他会计记录。

（六）各种帐簿按页次顺序连续登记，不得跳行、隔页。如果发生跳行、隔页，应当将空行、空页划线注销，或者注明"此行空白"、"此页空白"字样，并由记帐人员签名或者盖章。

（七）凡需要结出余额的帐户，结出余额后，应当在"借或贷"等栏内写明"借"或者"贷"等字样。没有余额的帐户，应当在"借或贷"等栏内写"平"字，并在余额栏内用"Q"表示。

现金日记帐和银行存款日记帐必须逐日结出余额。

（八）每一帐页登记完毕结转下页时，应当结出本页合计数及余额，写在本页最后一行和下页第一行有关栏内，并在摘要栏内注明"过次页"和"承前页"字样；也可以将本页合计数及金额只写在下页第一行有关栏内，并在摘要栏内注明"承前页"字样。

对需要结计本月发生额的帐户，结计"过次页"的本页合计数应当为自本月初起至本页末止的发生额合计数；对需要结计本年累计发生额的帐户，结计"过次页"的本页合计数应当为自年初起至本页末止的累计数；对既不需要结计本月发生额也不需要结计本年累计发生额的帐户，可以只将每页末的余额结转次页。

第六十一条 帐簿记录发生错误，不准涂改、挖补、刮擦或者用药水消除字迹，不准重新抄写，必须按照下列方法进行更正：

（一）登记帐簿时发生错误，应当将错误的文字或者数字划红线注销，但必须使原有字迹仍可辨认；然后在划线上方填写正确的文字或者数字，并由记帐人员在更正处盖章。对于错误的数字，应当全部划红线更正，不得只更正其中的错误数字。对于文字错误，可只划去错误的部分。

（二）由于记帐凭证错误而使帐簿记录发生错误，应当按更正的记帐凭证登记帐簿。

第六十二条　各单位应当定期对会计帐簿记录的有关数字与库存实物、货币资金、有价证券、往来单位或者个人等进行相互核对，保证帐证相符、帐帐相符、帐实相符。对帐工作每年至少进行一次。

（一）帐证核对。核对会计帐簿记录与原始凭证、记帐凭证的时间、凭证字号、内容、金额是否一致，记帐方向是否相符。

（二）帐帐核对。核对不同会计帐簿之间的帐簿记录是否相符，包括：总帐有关帐户的余额核对，总帐与明细帐核对，总帐与日记帐核对，会计部门的财产物资明细帐与财产物资保管和使用部门的有关明细帐核对等。

（三）帐实核对。核对会计帐簿记录与财产等实有数额是否相符。包括：现金日记帐帐面余额与现金实际库存数相核对；银行存款日记帐帐面余额定期与银行对帐单相核对；各种财物明细帐帐面余额与财物实存数额相核对；各种应收、应付款明细帐帐面余额与有关债务、债权单位或者个人核对等。

第六十三条　各单位应当按照规定定期结帐。

（一）结帐前，必须将本期内所发生的各项经济业务全部登记入帐。

（二）结帐时，应当结出每个帐户的期末余额。需要结出当月发生额的，应当在摘要栏内注明"本月合计"字样，并在下面通栏划单红线。需要结出本年累计发生额的，应当在摘要栏内注明"本年累计"字样，并在下面通栏划单红线；12月末的"本年累计"就是全年累计发生额。全年累计发生额下面应当通栏划双红线。年度终了结帐时，所有总帐帐户都应当结出全年发生额和年末余额。

（三）年度终了，要把各帐户的余额结转到下一会计年度，并在摘要栏注明"结转下年"字样；在下一会计年度新建有关会计帐簿的第一行余额栏内填写上年结转的余额，并在摘要栏注明"上年结转"字样。

第四节 编制财务报告

第六十四条 各单位必须按照国家统一会计制度的规定,定期编制财务报告。

财务报告包括会计报表及其说明。会计报表包括会计报表主表、会计报表附表、会计报表附注。

第六十五条 各单位对外报送的财务报告应当根据国家统一会计制度规定的格式和要求编制。

单位内部使用的财务报告,其格式和要求由各单位自行规定。

第六十六条 会计报表应当根据登记完整、核对无误的会计帐簿记录和其他有关资料编制,做到数字真实、计算准确、内容完整、说明清楚。

任何人不得篡改或者授意、指使、强令他人篡改会计报表的有关数字。

第六十七条 会计报表之间、会计报表各项目之间,凡有对应关系的数字,应当相互一致。本期会计报表与上期会计报表之间有关的数字应当相互衔接。如果不同会计年度会计报表中各项目的内容和核算方法有变更的,应当在年度会计报表中加以说明。

第六十八条 各单位应当按照国家统一会计制度的规定认真编写会计报表附注及其说明,做到项目齐全,内容完整。

第六十九条 各单位应当按照国家规定的期限对外报送财务报告。

对外报送的财务报告,应当依次编写页码,加具封面,装订成册,加盖公章。封面上应当注明:单位名称,单位地址,财务报告所属年度、季度、月度,送出日期,并由单位领导人、总会计师、会计机构负责人、会计主管人员签名或者盖章。

单位领导人对财务报告的合法性、真实性负法律责任。

第七十条 根据法律和国家有关规定应当对财务报告进行审计的,财务报告编制单位应当先行委托注册会计师进行审计,并将注册会计师出具的审计报告随同财务报告按照规定的期限报送有关部门。

第七十一条 如果发现对外报送的财务报告有错误,应当及时办理更正手续。除更正本单位留存的财务报告外,并应同时通知接受财务报告的单位更正。错误较多的,应当重新编报。

第四章 会计监督

第七十二条 各单位的会计机构、会计人员对本单位的经济活动进行会计监督。

第七十三条 会计机构、会计人员进行会计监督的依据是：

（一）财经法律、法规、规章；

（二）会计法律、法规和国家统一会计制度；

（三）各省、自治区、直辖市财政厅（局）和国务院业务主管部门根据《中华人民共和国会计法》和国家统一会计制度制定的具体实施办法或者补充规定；

（四）各单位根据《中华人民共和国会计法》和国家统一会计制度制定的单位内部会计管理制度；

（五）各单位内部的预算、财务计划、经济计划、业务计划等。

第七十四条 会计机构、会计人员应当对原始凭证进行审核和监督。

对不真实、不合法的原始凭证，不予受理。对弄虚作假、严重违法的原始凭证，在不予受理的同时，应当予以扣留，并及时向单位领导人报告，请求查明原因，追究当事人的责任。

对记载不准确、不完整的原始凭证，予以退回，要求经办人员更正、补充。

第七十五条 会计机构、会计人员对伪造、变造、故意毁灭会计帐簿或者帐外设帐行为，应当制止和纠正；制止和纠正无效的，应当向上级主管单位报告，请求作出处理。

第七十六条 会计机构、会计人员应当对实物、款项进行监督，督促建立并严格执行财产清查制度。发现帐簿记录与实物、款项不符时，应当按照国家有关规定进行处理。超出会计机构、会计人员职权范围的，应当立即向本单位领导报告，请求查明原因，作出处理。

第七十七条 会计机构、会计人员对指使、强令编造、篡改财务报告行为，应当制止和纠正；制止和纠正无效的，应当向上级主管单位报告，请求处理。

第七十八条 会计机构、会计人员应当对财务收支进行监督。

（一）对审批手续不全的财务收支，应当退回，要求补充、更正。

（二）对违反规定不纳入单位统一会计核算的财务收支，应当制止和纠正。

（三）对违反国家统一的财政、财务、会计制度规定的财务收支，不予办理。

（四）对认为是违反国家统一的财政、财务、会计制度规定的财务收支，应当制止和纠正；制止和纠正无效的，应当向单位领导人提出书面意见请求处理。

单位领导人应当在接到书面意见起十日内作出书面决定，并对决定承担责任。

（五）对违反国家统一的财政、财务、会计制度规定的财务收支，不予制止和纠正，又不向单位领导人提出书面意见的，也应当承担责任。

（六）对严重违反国家利益和社会公众利益的财务收支，应当向主管单位或者财政、审计、税务机关报告。

第七十九条　会计机构、会计人员对违反单位内部会计管理制度的经济活动，应当制止和纠正；制止和纠正无效的，向单位领导人报告，请求处理。

第八十条　会计机构、会计人员应当对单位制定的预算、财务计划、经济计划、业务计划的执行情况进行监督。

第八十一条　各单位必须依照法律和国家有关规定接受财政、审计、税务等机关的监督，如实提供会计凭证、会计帐簿、会计报表和其他会计资料以及有关情况，不得拒绝、隐匿、谎报。

第八十二条　按照法律规定应当委托注册会计师进行审计的单位，应当委托注册会计师进行审计，并配合注册会计师的工作，如实提供会计凭证、会计帐簿、会计报表和其他会计资料以及有关情况，不得拒绝、隐匿、谎报，不得示意注册会计师出具不当的审计报告。

第五章　内部会计管理制度

第八十三条　各单位应当根据《中华人民共和国会计法》和国家统一会计制度的规定，结合单位类型和内容管理的需要，建立健全相应的内部会计管理制度。

第八十四条　各单位制定内部会计管理制度应当遵循下列原则：

（一）应当执行法律、法规和国家统一的财务会计制度。

（二）应当体现本单位的生产经营、业务管理的特点和要求。

（三）应当全面规范本单位的各项会计工作，建立健全会计基础，保证会计工作的有序进行。

（四）应当科学、合理，便于操作和执行。

（五）应当定期检查执行情况。

（六）应当根据管理需要和执行中的问题不断完善。

第八十五条　各单位应当建立内部会计管理体系。主要内容包括：单位领导人、总会计师对会计工作的领导职责；会计部门及其会计机构负责人、会计主管人员的职责、权限；会计部门与其他职能部门的关系；会计核算的组织形式等。

第八十六条　各单位应当建立会计人员岗位责任制度。主要内容包括：会计人员的工作岗位设置；各会计工作岗位的职责和标准；各会计工作岗位的人员和具体分工；会计工作岗位轮换办法；对各会计工作岗位的考核办法。

第八十七条　各单位应当建立帐务处理程序制度。主要内容包括：会计科目及其明细科目的设置和使用；会计凭证的格式、审核要求和传递程序；会计核算方法；会计帐簿的设置；编制会计报表的种类和要求；单位会计指标体系。

第八十八条　各单位应当建立内部牵制制度。主要内容包括：内部牵制制度的原则；组织分工；出纳岗位的职责和限制条件；有关岗位的职责和权限。

第八十九条　各单位应当建立稽核制度。主要内容包括：稽核工作的组织形式和具体分工；稽核工作的职责、权限；审核会计凭证和复核会计帐簿、会计报表的方法。

第九十条　各单位应当建立原始记录管理制度。主要内容包括：原始记录的内容和填制方法；原始记录的格式；原始记录的审核；原始记录填制人的责任；原始记录签署、传递、汇集要求。

第九十一条　各单位应当建立定额管理制度。主要内容包括：定额管理的范围；制定和修订定额的依据、程序和方法；定额的执行；定额考核和奖惩办法等。

第九十二条　各单位应当建立计量验收制度。主要内容包括：计量检测手段和方法；计量验收管理的要求；计量验收人员的责任和奖惩办法。

第九十三条　各单位应当建立财产清查制度。主要内容包括：财产清查的范围；财产清查的组织；财产清查的期限和方法；对财产清查中发现问题的处理办法；对财产管理人员的奖惩办法。

第九十四条　各单位应当建立财务收支审批制度。主要内容包括：财务收支审批人员和审批权限；财务收支审批程序；财务收支审批人员的责任。

第九十五条　实行成本核算的单位应当建立成本核算制度。主要内容包括：成本核算的对象；成本核算的方法和程序；成本分析等。

第九十六条　各单位应当建立财务会计分析制度。主要内容包括：财务会计分析的主要内容；财务会计分析的基本要求和组织程序；财务会计分析的具体方法；财务会计分析报告的编写要求等。

第六章　附　　则

第九十七条　本规范所称国家统一会计制度，是指由财政部制定、或者财政部与国务院有关部门联合制定、或者经财政部审核批准的在全国范围内统一执行的会计规章、准则、办法等规范性文件。

本规范所称会计主管人员，是指不设置会计机构、只在其他机构中设置专职会计人员的单位行使会计机构负责人职权的人员。

本规范第三章第二节和第三节关于填制会计凭证、登记会计帐簿的规定，除特别指出外，一般适用于手工记帐。实行会计电算化的单位，填制会计凭证和登记会计帐簿的有关要求，应当符合财政部关于会计电算化的有关规定。

第九十八条　各省、自治区、直辖市财政厅（局）、国务院各业务主管部门可以根据本规范的原则，结合本地区、本部门的具体情况，制定具体实施办法，报财政部备案。

第九十九条　本规范由财政部负责解释、修改。

第一百条　本规范自公布之日起实施。1984年4月24日财政部发布的《会计人员工作规则》同时废止。

政府会计准则——基本准则

（2015年10月23日财政部令第78号公布　自2017年1月1日起施行）

第一章　总　则

第一条　为了规范政府的会计核算，保证会计信息质量，根据《中华人民共和国会计法》《中华人民共和国预算法》和其他有关法律、行政法规，制定本准则。

第二条　本准则适用于各级政府、各部门、各单位（以下统称政府会计主体）。

前款所称各部门、各单位是指与本级政府财政部门直接或者间接发生预算拨款关系的国家机关、军队、政党组织、社会团体、事业单位和其他单位。

军队、已纳入企业财务管理体系的单位和执行《民间非营利组织会计制度》的社会团体，不适用本准则。

第三条　政府会计由预算会计和财务会计构成。

预算会计实行收付实现制，国务院另有规定的，依照其规定。

财务会计实行权责发生制。

第四条　政府会计具体准则及其应用指南、政府会计制度等，应当由财政部遵循本准则制定。

第五条　政府会计主体应当编制决算报告和财务报告。

决算报告的目标是向决算报告使用者提供与政府预算执行情况有关的信息，综合反映政府会计主体预算收支的年度执行结果，有助于决算报告使用者进行监督和管理，并为编制后续年度预算提供参考和依据。政府决算报告使用者包括各级人民代表大会及其常务委员会、各级政府及其有关部门、政府会计主体自身、社会公众和其他利益相关者。

财务报告的目标是向财务报告使用者提供与政府的财务状况、运行情况（含运行成本，下同）和现金流量等有关信息，反映政府会计主体公共受托责任履行情况，有助于财务报告使用者作出决策或者进行监督和管理。政府财务报告使用者包括各级人民代表大会常务委员会、债权人、各级政府及其有关部门、政府会计主体自身和其他利益相关者。

第六条 政府会计主体应当对其自身发生的经济业务或者事项进行会计核算。

第七条 政府会计核算应当以政府会计主体持续运行为前提。

第八条 政府会计核算应当划分会计期间，分期结算账目，按规定编制决算报告和财务报告。

会计期间至少分为年度和月度。会计年度、月度等会计期间的起讫日期采用公历日期。

第九条 政府会计核算应当以人民币作为记账本位币。发生外币业务时，应当将有关外币金额折算为人民币金额计量，同时登记外币金额。

第十条 政府会计核算应当采用借贷记账法记账。

第二章　政府会计信息质量要求

第十一条 政府会计主体应当以实际发生的经济业务或者事项为依据进行会计核算，如实反映各项会计要素的情况和结果，保证会计信息真实可靠。

第十二条 政府会计主体应当将发生的各项经济业务或者事项统一纳入会计核算，确保会计信息能够全面反映政府会计主体预算执行情况和财务状况、运行情况、现金流量等。

第十三条 政府会计主体提供的会计信息，应当与反映政府会计主体公共受托责任履行情况以及报告使用者决策或者监督、管理的需要相关，有助于报告使用者对政府会计主体过去、现在或者未来的情况作出评价或者预测。

第十四条 政府会计主体对已经发生的经济业务或者事项，应当及时进行会计核算，不得提前或者延后。

第十五条 政府会计主体提供的会计信息应当具有可比性。

同一政府会计主体不同时期发生的相同或者相似的经济业务或者事项，应当采用一致的会计政策，不得随意变更。确需变更的，应当将变更的内容、理由及其影响在附注中予以说明。

不同政府会计主体发生的相同或者相似的经济业务或者事项,应当采用一致的会计政策,确保政府会计信息口径一致,相互可比。

第十六条 政府会计主体提供的会计信息应当清晰明了,便于报告使用者理解和使用。

第十七条 政府会计主体应当按照经济业务或者事项的经济实质进行会计核算,不限于以经济业务或者事项的法律形式为依据。

第三章 政府预算会计要素

第十八条 政府预算会计要素包括预算收入、预算支出与预算结余。

第十九条 预算收入是指政府会计主体在预算年度内依法取得的并纳入预算管理的现金流入。

第二十条 预算收入一般在实际收到时予以确认,以实际收到的金额计量。

第二十一条 预算支出是指政府会计主体在预算年度内依法发生并纳入预算管理的现金流出。

第二十二条 预算支出一般在实际支付时予以确认,以实际支付的金额计量。

第二十三条 预算结余是指政府会计主体预算年度内预算收入扣除预算支出后的资金余额,以及历年滚存的资金余额。

第二十四条 预算结余包括结余资金和结转资金。

结余资金是指年度预算执行终了,预算收入实际完成数扣除预算支出和结转资金后剩余的资金。

结转资金是指预算安排项目的支出年终尚未执行完毕或者因故未执行,且下年需要按原用途继续使用的资金。

第二十五条 符合预算收入、预算支出和预算结余定义及其确认条件的项目应当列入政府决算报表。

第四章 政府财务会计要素

第二十六条 政府财务会计要素包括资产、负债、净资产、收入和费用。

第一节 资　　产

第二十七条　资产是指政府会计主体过去的经济业务或者事项形成的，由政府会计主体控制的，预期能够产生服务潜力或者带来经济利益流入的经济资源。

服务潜力是指政府会计主体利用资产提供公共产品和服务以履行政府职能的潜在能力。

经济利益流入表现为现金及现金等价物的流入，或者现金及现金等价物流出的减少。

第二十八条　政府会计主体的资产按照流动性，分为流动资产和非流动资产。

流动资产是指预计在1年内（含1年）耗用或者可以变现的资产，包括货币资金、短期投资、应收及预付款项、存货等。

非流动资产是指流动资产以外的资产，包括固定资产、在建工程、无形资产、长期投资、公共基础设施、政府储备资产、文物文化资产、保障性住房和自然资源资产等。

第二十九条　符合本准则第二十七条规定的资产定义的经济资源，在同时满足以下条件时，确认为资产：

（一）与该经济资源相关的服务潜力很可能实现或者经济利益很可能流入政府会计主体；

（二）该经济资源的成本或者价值能够可靠地计量。

第三十条　资产的计量属性主要包括历史成本、重置成本、现值、公允价值和名义金额。

在历史成本计量下，资产按照取得时支付的现金金额或者支付对价的公允价值计量。

在重置成本计量下，资产按照现在购买相同或者相似资产所需支付的现金金额计量。

在现值计量下，资产按照预计从其持续使用和最终处置中所产生的未来净现金流入量的折现金额计量。

在公允价值计量下，资产按照市场参与者在计量日发生的有序交易中，出售资产所能收到的价格计量。

无法采用上述计量属性的，采用名义金额（即人民币1元）计量。

第三十一条 政府会计主体在对资产进行计量时，一般应当采用历史成本。

采用重置成本、现值、公允价值计量的，应当保证所确定的资产金额能够持续、可靠计量。

第三十二条 符合资产定义和资产确认条件的项目，应当列入资产负债表。

第二节 负　　债

第三十三条 负债是指政府会计主体过去的经济业务或者事项形成的，预期会导致经济资源流出政府会计主体的现时义务。

现时义务是指政府会计主体在现行条件下已承担的义务。未来发生的经济业务或者事项形成的义务不属于现时义务，不应当确认为负债。

第三十四条 政府会计主体的负债按照流动性，分为流动负债和非流动负债。

流动负债是指预计在1年内（含1年）偿还的负债，包括应付及预收款项、应付职工薪酬、应缴款项等。

非流动负债是指流动负债以外的负债，包括长期应付款、应付政府债券和政府依法担保形成的债务等。

第三十五条 符合本准则第三十三条规定的负债定义的义务，在同时满足以下条件时，确认为负债：

（一）履行该义务很可能导致含有服务潜力或者经济利益的经济资源流出政府会计主体；

（二）该义务的金额能够可靠地计量。

第三十六条 负债的计量属性主要包括历史成本、现值和公允价值。

在历史成本计量下，负债按照因承担现时义务而实际收到的款项或者资产的金额，或者承担现时义务的合同金额，或者按照为偿还负债预期需要支付的现金计量。

在现值计量下，负债按照预计期限内需要偿还的未来净现金流出量的折现金额计量。

在公允价值计量下，负债按照市场参与者在计量日发生的有序交易中，转移负债所需支付的价格计量。

第三十七条 政府会计主体在对负债进行计量时，一般应当采用历史成本。

采用现值、公允价值计量的，应当保证所确定的负债金额能够持续、可靠计量。

第三十八条 符合负债定义和负债确认条件的项目，应当列入资产负债表。

第三节 净 资 产

第三十九条 净资产是指政府会计主体资产扣除负债后的净额。

第四十条 净资产金额取决于资产和负债的计量。

第四十一条 净资产项目应当列入资产负债表。

第四节 收 入

第四十二条 收入是指报告期内导致政府会计主体净资产增加的、含有服务潜力或者经济利益的经济资源的流入。

第四十三条 收入的确认应当同时满足以下条件：

（一）与收入相关的含有服务潜力或者经济利益的经济资源很可能流入政府会计主体；

（二）含有服务潜力或者经济利益的经济资源流入会导致政府会计主体资产增加或者负债减少；

（三）流入金额能够可靠地计量。

第四十四条 符合收入定义和收入确认条件的项目，应当列入收入费用表。

第五节 费 用

第四十五条 费用是指报告期内导致政府会计主体净资产减少的、含有服务潜力或者经济利益的经济资源的流出。

第四十六条 费用的确认应当同时满足以下条件：

（一）与费用相关的含有服务潜力或者经济利益的经济资源很可能流出政府会计主体；

（二）含有服务潜力或者经济利益的经济资源流出会导致政府会计主体资产减少或者负债增加；

（三）流出金额能够可靠地计量。

第四十七条 符合费用定义和费用确认条件的项目，应当列入收入费用表。

第五章 政府决算报告和财务报告

第四十八条 政府决算报告是综合反映政府会计主体年度预算收支执行结果的文件。

政府决算报告应当包括决算报表和其他应当在决算报告中反映的相关信息和资料。

政府决算报告的具体内容及编制要求等，由财政部另行规定。

第四十九条 政府财务报告是反映政府会计主体某一特定日期的财务状况和某一会计期间的运行情况和现金流量等信息的文件。

政府财务报告应当包括财务报表和其他应当在财务报告中披露的相关信息和资料。

第五十条 政府财务报告包括政府综合财务报告和政府部门财务报告。

政府综合财务报告是指由政府财政部门编制的，反映各级政府整体财务状况、运行情况和财政中长期可持续性的报告。

政府部门财务报告是指政府各部门、各单位按规定编制的财务报告。

第五十一条 财务报表是对政府会计主体财务状况、运行情况和现金流量等信息的结构性表述。

财务报表包括会计报表和附注。

会计报表至少应当包括资产负债表、收入费用表和现金流量表。

政府会计主体应当根据相关规定编制合并财务报表。

第五十二条 资产负债表是反映政府会计主体在某一特定日期的财务状况的报表。

第五十三条 收入费用表是反映政府会计主体在一定会计期间运行情况的报表。

第五十四条 现金流量表是反映政府会计主体在一定会计期间现金及现金等价物流入和流出情况的报表。

第五十五条　附注是对在资产负债表、收入费用表、现金流量表等报表中列示项目所作的进一步说明，以及对未能在这些报表中列示项目的说明。

第五十六条　政府决算报告的编制主要以收付实现制为基础，以预算会计核算生成的数据为准。

政府财务报告的编制主要以权责发生制为基础，以财务会计核算生成的数据为准。

第六章　附　　则

第五十七条　本准则所称会计核算，包括会计确认、计量、记录和报告各个环节，涵盖填制会计凭证、登记会计账簿、编制报告全过程。

第五十八条　本准则所称预算会计，是指以收付实现制为基础对政府会计主体预算执行过程中发生的全部收入和全部支出进行会计核算，主要反映和监督预算收支执行情况的会计。

第五十九条　本准则所称财务会计，是指以权责发生制为基础对政府会计主体发生的各项经济业务或者事项进行会计核算，主要反映和监督政府会计主体财务状况、运行情况和现金流量等的会计。

第六十条　本准则所称收付实现制，是指以现金的实际收付为标志来确定本期收入和支出的会计核算基础。凡在当期实际收到的现金收入和支出，均应作为当期的收入和支出；凡是不属于当期的现金收入和支出，均不应当作为当期的收入和支出。

第六十一条　本准则所称权责发生制，是指以取得收取款项的权利或支付款项的义务为标志来确定本期收入和费用的会计核算基础。凡是当期已经实现的收入和已经发生的或应当负担的费用，不论款项是否收付，都应当作为当期的收入和费用；凡是不属于当期的收入和费用，即使款项已在当期收付，也不应当作为当期的收入和费用。

第六十二条　本准则自 2017 年 1 月 1 日起施行。

企业会计准则——基本准则

（2006年2月15日财政部令第33号公布 根据2014年7月23日根据《财政部关于修改〈企业会计准则——基本准则〉的决定》修改）

第一章 总 则

第一条 为了规范企业会计确认、计量和报告行为，保证会计信息质量，根据《中华人民共和国会计法》和其他有关法律、行政法规，制定本准则。

第二条 本准则适用于在中华人民共和国境内设立的企业（包括公司，下同）。

第三条 企业会计准则包括基本准则和具体准则，具体准则的制定应当遵循本准则。

第四条 企业应当编制财务会计报告（又称财务报告，下同）。财务会计报告的目标是向财务会计报告使用者提供与企业财务状况、经营成果和现金流量等有关的会计信息，反映企业管理层受托责任履行情况，有助于财务会计报告使用者作出经济决策。

财务会计报告使用者包括投资者、债权人、政府及其有关部门和社会公众等。

第五条 企业应当对其本身发生的交易或者事项进行会计确认、计量和报告。

第六条 企业会计确认、计量和报告应当以持续经营为前提。

第七条 企业应当划分会计期间，分期结算账目和编制财务会计报告。会计期间分为年度和中期。中期是指短于一个完整的会计年度的报告期间。

第八条 企业会计应当以货币计量。

第九条 企业应当以权责发生制为基础进行会计确认、计量和报告。

第十条 企业应当按照交易或者事项的经济特征确定会计要素。会计要素包括资产、负债、所有者权益、收入、费用和利润。

第十一条 企业应当采用借贷记账法记账。

第二章 会计信息质量要求

第十二条 企业应当以实际发生的交易或者事项为依据进行会计确认、计量和报告，如实反映符合确认和计量要求的各项会计要素及其他相关信息，保证会计信息真实可靠、内容完整。

第十三条 企业提供的会计信息应当与财务会计报告使用者的经济决策需要相关，有助于财务会计报告使用者对企业过去、现在或者未来的情况作出评价或者预测。

第十四条 企业提供的会计信息应当清晰明了，便于财务会计报告使用者理解和使用。

第十五条 企业提供的会计信息应当具有可比性。

同一企业不同时期发生的相同或者相似的交易或者事项，应当采用一致的会计政策，不得随意变更。确需变更的，应当在附注中说明。

不同企业发生的相同或者相似的交易或者事项，应当采用规定的会计政策，确保会计信息口径一致、相互可比。

第十六条 企业应当按照交易或者事项的经济实质进行会计确认、计量和报告，不应仅以交易或者事项的法律形式为依据。

第十七条 企业提供的会计信息应当反映与企业财务状况、经营成果和现金流量等有关的所有重要交易或者事项。

第十八条 企业对交易或者事项进行会计确认、计量和报告应当保持应有的谨慎，不应高估资产或者收益、低估负债或费用。

第十九条 企业对于已经发生的交易或者事项，应当及时进行会计确认、计量和报告，不得提前或者延后。

第三章 资 产

第二十条 资产是指企业过去的交易或者事项形成的、由企业拥有或者控制的、预期会给企业带来经济利益的资源。

前款所指的企业过去的交易或者事项包括购买、生产、建造行为或其他交易或者事项。预期在未来发生的交易或者事项不形成资产。

由企业拥有或者控制，是指企业享有某项资源的所有权，或者虽然不享有某项资源的所有权，但该资源能被企业所控制。

预期会给企业带来经济利益，是指直接或者间接导致现金和现金等价物流入企业的潜力。

第二十一条 符合本准则第二十条规定的资产定义的资源，在同时满足以下条件时，确认为资产：

（一）与该资源有关的经济利益很可能流入企业；

（二）该资源的成本或者价值能够可靠地计量。

第二十二条 符合资产定义和资产确认条件的项目，应当列入资产负债表；符合资产定义、但不符合资产确认条件的项目，不应当列入资产负债表。

第四章 负　　债

第二十三条 负债是指企业过去的交易或者事项形成的、预期会导致经济利益流出企业的现时义务。

现时义务是指企业在现行条件下已承担的义务。未来发生的交易或者事项形成的义务，不属于现时义务，不应当确认为负债。

第二十四条 符合本准则第二十三条规定的负债定义的义务，在同时满足以下条件时，确认为负债：

（一）与该义务有关的经济利益很可能流出企业；

（二）未来流出的经济利益的金额能够可靠地计量。

第二十五条 符合负债定义和负债确认条件的项目，应当列入资产负债表；符合负债定义、但不符合负债确认条件的项目，不应当列入资产负债表。

第五章　所有者权益

第二十六条 所有者权益是指企业资产扣除负债后由所有者享有的剩余权益。

公司的所有者权益又称为股东权益。

第二十七条 所有者权益的来源包括所有者投入的资本、直接计入所有者权益的利得和损失、留存收益等。

直接计入所有者权益的利得和损失,是指不应计入当期损益、会导致所有者权益发生增减变动的、与所有者投入资本或者向所有者分配利润无关的利得或者损失。

利得是指由企业非日常活动所形成的、会导致所有者权益增加的、与所有者投入资本无关的经济利益的流入。

损失是指由企业非日常活动所发生的、会导致所有者权益减少的、与向所有者分配利润无关的经济利益的流出。

第二十八条　所有者权益金额取决于资产和负债的计量。

第二十九条　所有者权益项目应当列入资产负债表。

第六章　收　　入

第三十条　收入是指企业在日常活动中形成的、会导致所有者权益增加的、与所有者投入资本无关的经济利益的总流入。

第三十一条　收入只有在经济利益很可能流入从而导致企业资产增加或者负债减少、且经济利益的流入额能够可靠计量时才能予以确认。

第三十二条　符合收入定义和收入确认条件的项目,应当列入利润表。

第七章　费　　用

第三十三条　费用是指企业在日常活动中发生的、会导致所有者权益减少的、与向所有者分配利润无关的经济利益的总流出。

第三十四条　费用只有在经济利益很可能流出从而导致企业资产减少或者负债增加、且经济利益的流出额能够可靠计量时才能予以确认。

第三十五条　企业为生产产品、提供劳务等发生的可归属于产品成本、劳务成本等的费用,应当在确认产品销售收入、劳务收入等时,将已销售产品、已提供劳务的成本等计入当期损益。

企业发生的支出不产生经济利益的,或者即使能够产生经济利益但不符合或者不再符合资产确认条件的,应当在发生时确认为费用,计入当期损益。

企业发生的交易或者事项导致其承担了一项负债而又不确认为一项资产的,应当在发生时确认为费用,计入当期损益。

第三十六条　符合费用定义和费用确认条件的项目,应当列入利润表。

第八章 利 润

第三十七条 利润是指企业在一定会计期间的经营成果。利润包括收入减去费用后的净额、直接计入当期利润的利得和损失等。

第三十八条 直接计入当期利润的利得和损失，是指应当计入当期损益、会导致所有者权益发生增减变动的、与所有者投入资本或者向所有者分配利润无关的利得或者损失。

第三十九条 利润金额取决于收入和费用、直接计入当期利润的利得和损失金额的计量。

第四十条 利润项目应当列入利润表。

第九章 会 计 计 量

第四十一条 企业在将符合确认条件的会计要素登记入账并列报于会计报表及其附注（又称财务报表，下同）时，应当按照规定的会计计量属性进行计量，确定其金额。

第四十二条 会计计量属性主要包括：

（一）历史成本。在历史成本计量下，资产按照购置时支付的现金或者现金等价物的金额，或者按照购置资产时所付出的对价的公允价值计量。负债按照因承担现时义务而实际收到的款项或者资产的金额，或者承担现时义务的合同金额，或者按照日常活动中为偿还负债预期需要支付的现金或者现金等价物的金额计量。

（二）重置成本。在重置成本计量下，资产按照现在购买相同或者相似资产所需支付的现金或者现金等价物的金额计量。负债按照现在偿付该项债务所需支付的现金或者现金等价物的金额计量。

（三）可变现净值。在可变现净值计量下，资产按照其正常对外销售所能收到现金或者现金等价物的金额扣减该资产至完工时估计将要发生的成本、估计的销售费用以及相关税费后的金额计量。

（四）现值。在现值计量下，资产按照预计从其持续使用和最终处置中所产生的未来净现金流入量的折现金额计量。负债按照预计期限内需要偿还的未来净现金流出量的折现金额计量。

（五）公允价值。在公允价值计量下，资产和负债按照市场参与者在计量日发生的有序交易中，出售资产所能收到或者转移负债所需支付的价格计量。

第四十三条 企业在对会计要素进行计量时，一般应当采用历史成本，采用重置成本、可变现净值、现值、公允价值计量的，应当保证所确定的会计要素金额能够取得并可靠计量。

第十章 财务会计报告

第四十四条 财务会计报告是指企业对外提供的反映企业某一特定日期的财务状况和某一会计期间的经营成果、现金流量等会计信息的文件。

财务会计报告包括会计报表及其附注和其他应当在财务会计报告中披露的相关信息和资料。会计报表至少应当包括资产负债表、利润表、现金流量表等报表。

小企业编制的会计报表可以不包括现金流量表。

第四十五条 资产负债表是指反映企业在某一特定日期的财务状况的会计报表。

第四十六条 利润表是指反映企业在一定会计期间的经营成果的会计报表。

第四十七条 现金流量表是指反映企业在一定会计期间的现金和现金等价物流入和流出的会计报表。

第四十八条 附注是指对在会计报表中列示项目所作的进一步说明，以及对未能在这些报表中列示项目的说明等。

第十一章 附 则

第四十九条 本准则由财政部负责解释。

第五十条 本准则自 2007 年 1 月 1 日起施行。

财政总会计制度

(2022 年 11 月 18 日　财库〔2022〕41 号)

第一章　总　　则

第一条　为加强财政预算管理,提升国家财政治理效能,规范各级政府财政总会计(以下简称总会计)核算,保证会计信息质量,充分发挥总会计的职能作用,根据《中华人民共和国会计法》《中华人民共和国预算法》《中华人民共和国预算法实施条例》及政府会计准则等法律、行政法规和规章,制定本制度。

第二条　本制度适用于中央,省、自治区、直辖市及新疆生产建设兵团,设区的市、自治州,县、自治县、不设区的市、市辖区,乡、民族乡、镇等各级政府财政部门总会计。

第三条　总会计是各级政府财政核算、反映、监督一般公共预算资金、政府性基金预算资金、国有资本经营预算资金、社会保险基金预算资金以及财政专户管理资金、专用基金和代管资金等资金有关的经济活动或事项的专业会计。

社会保险基金预算资金会计核算不适用本制度,由财政部另行规定。

第四条　总会计的职责主要包括:

(一)进行会计核算。办理政府财政各项预算收支、资产负债以及财政运行的会计核算工作,反映政府财政预算执行情况、财务状况、运行情况和现金流量等。

(二)严格财政资金收付调度管理。组织办理财政资金的收付、调拨,在确保资金安全性、规范性、流动性前提下,合理调度管理资金,提高资金使用效益。

(三)规范账户管理。加强对国库单一账户、财政专户、零余额账户和预算单位银行账户等的管理。

(四)实行会计监督,参与预算管理和财务管理。通过会计核算和反映,进行预算执行情况、财务状况、运行情况和现金流量情况分析,并对财政、部门及其所属单位的预算执行和财务管理情况实行会计监督。

(五)协调预算收入征收部门、国家金库、国库集中收付代理银行、财政专户开户银行和其他有关部门之间的业务关系。

(六)组织本地区财政总决算、部门决算、政府财务报告编审和汇总工作。

(七)组织和指导下级财政总会计工作。

第五条 各级政府财政部门应当根据工作需要,配备一定数量的专职会计人员,负责总会计工作,并保持相对稳定。

第六条 总会计应当根据政府会计准则(包括基本准则和具体准则)规定的原则和本制度的要求,对其发生的各项经济业务或事项进行会计核算。

第七条 总会计应当具备财务会计与预算会计双重功能,实现财务会计与预算会计适度区分并相互衔接,全面清晰反映政府财政财务信息和预算执行信息。

财务会计实行权责发生制。预算会计实行收付实现制,国家法律法规等另有规定的,依照其规定。

对于纳入预算管理的财政资金收支业务,在采用预算会计核算的同时应当进行财务会计核算;对于不同预算类型资金间的调入调出、待发国债等业务,仅需进行预算会计核算;对于其他业务,仅需进行财务会计核算。

第八条 总会计的核算目标是向会计信息使用者提供政府财政预算执行情况、财务状况、运行情况和现金流量等会计信息,反映政府财政受托责任履行情况。

总会计的会计信息使用者包括人民代表大会、政府及其有关部门、政府财政部门自身和其他会计信息使用者。

第九条 总会计的会计核算应当以本级政府财政业务活动持续正常地进行为前提。

第十条 总会计应当划分会计期间,分期结算账目,按规定编制会计报表和报告。

会计期间至少分为年度和月度。会计年度、月度等会计期间的起讫日期采用公历日期。

年度终了后，可根据工作需要设置一定期限的上年报告清理期。

第十一条 总会计应当以人民币作为记账本位币，以元为金额单位，元以下记至角、分。发生外币业务，在登记外币金额的同时，一般应当按照业务发生当日中国人民银行公布的汇率中间价，将有关外币金额折算为人民币金额记账。

期末，各种以外币计价或结算的资产负债项目，应当按照期末中国人民银行公布的汇率中间价进行折算，因汇率变动产生的差额记入有关费用和支出科目。

第十二条 总会计应当采用借贷记账法记账。

第十三条 总会计的会计记录应当使用中文，少数民族地区可以同时使用本民族文字。

第二章 会计要素

第十四条 本制度会计要素包括财务会计要素和预算会计要素。财务会计要素包括资产、负债、净资产、收入和费用；预算会计要素包括预算收入、预算支出和预算结余。

第一节 资　　产

第十五条 总会计核算的资产，应当按照取得或发生时实际金额进行计量。

第十六条 总会计核算的资产按照流动性，分为流动资产和非流动资产。流动资产是指预计在1年内（含1年）耗用或者可以变现的资产；非流动资产是指流动资产以外的资产。

第十七条 总会计核算的资产具体包括财政存款、国库现金管理资产、有价证券、应收非税收入、应收股利、应收及暂付款项、借出款项、预拨经费、在途款、应收转贷款、股权投资等。

财政存款是指政府财政部门代表政府管理的国库存款和其他财政存款等。财政存款的支配权属于同级政府财政部门，并由总会计负责管理，统一在国库或选定的银行开立存款账户，统一收付，不得透支，不得提取现金。

国库现金管理资产是指政府财政在确保支付需要前提下，将暂时闲置的国库存款存放商业银行或者投资于货币市场形成的资产,包括国库现金管理商业银行定期存款以及国库现金管理其他资产。

有价证券是指政府财政按照有关规定取得并持有的有价证券。

应收非税收入是指政府财政应向缴款人收取但实际尚未缴入国库的非税收入款项。

应收股利是指政府因持有股权投资应当收取的现金股利或应当分得的利润。

应收及暂付款项是指政府财政业务活动中形成的债权,包括与下级往来和其他应收款等。应收及暂付款项应当及时清理结算,不得长期挂账。

借出款项是指政府财政按照对外借款管理有关规定借给预算单位临时急需,并按期收回的款项。借出款项仅限于政府财政对纳入本级预算管理的一级预算单位(不含企业)安排借款,不得经预算单位再转借企业。借款资金仅限于临时性资金周转或应对社会影响较大突发事件的临时急需垫款,借款期限不得超过一年,借款时应明确还款来源。

预拨经费是指政府财政在本级人民代表大会批准年度预算前,可以提前预拨已经列入年度预算的各部门基本支出、项目支出和对下级转移支付支出,以及法律规定必须履行支付义务的支出和用于自然灾害等突发事件处理的支出。除上述支出事项及财政部另有规定外,其他支出均不得提前预拨。预拨经费(不含预拨下年度预算资金)应在年终前转列费用或清理收回。

在途款是指报告清理期和库款报解整理期内发生的需要通过本科目过渡处理的属于上年度收入、费用等业务的款项。

应收转贷款是指政府财政将借入的资金转贷给下级政府财政的款项,包括应收地方政府债券转贷款、应收主权外债转贷款等。

股权投资是指政府持有的各类股权投资,包括国际金融组织股权投资、政府投资基金股权投资和企业股权投资等。

第二节 负 债

第十八条 总会计核算的负债,应当按照承担的有关义务金额或实际发生金额进行计量。

第十九条 总会计核算的负债按照流动性,分为流动负债和非流动负债。流动负债是指预计在1年内（含1年）偿还的负债；非流动负债是指流动负债以外的负债。

第二十条 总会计核算的负债具体包括应付政府债券、应付国库集中支付结余、应付及暂收款项、应付代管资金、应付利息、借入款项、应付转贷款、其他负债等。

应付政府债券是指政府财政以政府名义发行的国债和地方政府债券的应付本金，包括应付短期政府债券和应付长期政府债券。

应付国库集中支付结余是指省级以上（含省级）政府财政国库集中支付中应列为当年费用，但年末未支付需结转下一年度支付的款项。

应付及暂收款项是指政府财政业务活动中形成的支付义务，包括与上级往来和其他应付款等。应付及暂收款项应当及时清理结算。

应付代管资金是指政府财政代为管理的，使用权属于被代管主体的资金。

应付利息是指政府财政以政府名义发行的政府债券及借入款项应支付的利息。

借入款项是指政府财政以政府名义向外国政府和国际金融组织等借入的款项，以及经国务院批准的其他方式借入的款项。

应付转贷款是指政府财政从上级政府财政借入的债务转贷款的本金和利息，包括应付地方政府债券转贷款和应付主权外债转贷款等。

其他负债是指政府财政因有关政策明确要求其承担支出责任的事项而形成的支付义务。

第三节　净　资　产

第二十一条 总会计核算的净资产是指本级政府财政总会计核算的资产扣除负债后的净额。

第二十二条 总会计核算的净资产包括累计盈余、本期盈余、预算稳定调节基金、预算周转金、权益法调整、以前年度盈余调整等。

累计盈余是指政府财政一般公共预算资金、政府性基金预算资金、国有资本经营预算资金、财政专户管理资金、专用基金历年实现的盈余滚存的金额。

本期盈余是指政府财政一般公共预算资金、政府性基金预算资金、国有资本经营预算资金、财政专户管理资金、专用基金本期各项收入、费用分别相抵后的余额。

预算稳定调节基金是指政府财政为保持年度间预算的衔接和稳定而设置的储备性资金。

预算周转金是指政府财政为调剂预算年度内季节性收支差额，保证及时用款而设置的库款周转资金。

权益法调整是指政府财政按照持股比例计算应享有的被投资主体除净损益和利润分配以外的所有者权益变动的份额。

以前年度盈余调整是指政府财政调整以前年度盈余的事项。

第四节 收 入

第二十三条 总会计核算的收入，应当按照开具票据金额或实际取得金额进行计量。

第二十四条 总会计核算的收入包括税收收入、非税收入、投资收益、转移性收入、其他收入、财政专户管理资金收入和专用基金收入等。

税收收入是指政府财政筹集的纳入本级财政管理的税收收入。

非税收入是指政府财政筹集的纳入本级财政管理的非税收入。

投资收益是指政府持有股权投资所实现的收益或发生的损失。

转移性收入是指在各级政府财政之间进行资金调拨所形成的收入，包括补助收入、上解收入和地区间援助收入等。其中，补助收入是指上级政府财政按照财政体制规定或专项需要补助给本级政府财政的款项。上解收入是指按照财政体制规定或专项需要由下级政府财政上交给本级政府财政的款项。地区间援助收入是指受援方政府财政收到援助方政府财政转来的可统筹使用的各类援助、捐赠等资金收入。

其他收入是指政府财政从其他渠道调入资金、豁免主权外债偿还责任，以及无偿取得股权投资等产生的收入。

财政专户管理资金收入是指政府财政纳入财政专户管理的教育收费等资金收入。

专用基金收入是指政府财政根据法律法规等规定设立的各项专用基金（包括粮食风险基金等）取得的资金收入。

第五节 费 用

第二十五条 总会计核算的费用,应当按照承担支付义务金额或实际发生金额进行计量。

第二十六条 总会计核算的费用包括政府机关商品和服务拨款费用、政府机关工资福利拨款费用、对事业单位补助拨款费用、对企业补助拨款费用、对个人和家庭补助拨款费用、对社会保障基金补助拨款费用、资本性拨款费用、其他拨款费用、财务费用、转移性费用、其他费用、财政专户管理资金支出、专用基金支出等。

政府机关商品和服务拨款费用是指本级政府财政拨付给机关和参照公务员法管理的事业单位(以下简称参公事业单位)购买商品和服务的各类费用,不包括用于购置固定资产、战略性和应急性物资储备等资本性拨款费用。

政府机关工资福利拨款费用是指本级政府财政拨付给机关和参公事业单位在职职工和编制外长期聘用人员的各类劳动报酬及为上述人员缴纳的各项社会保险费等费用。

对事业单位补助拨款费用是指本级政府财政拨付的对事业单位(不含参公事业单位)的经常性补助费用,不包括对事业单位的资本性拨款费用。

对企业补助拨款费用是指本级政府财政拨付的对各类企业的补助费用,不包括对企业的资本金注入和资本性拨款费用。

对个人和家庭补助拨款费用是指本级政府财政拨付的对个人和家庭的补助费用。

对社会保障基金补助拨款费用是指本级政府财政拨付的对社会保险基金的补助,以及补充全国社会保障基金的费用。

资本性拨款费用是指本级政府财政拨付给行政事业单位和企业的资本性费用,不包括对企业的资本金注入。

其他拨款费用是指本级政府财政拨付的经常性赠与、国家赔偿费用、对民间非营利组织和群众性自治组织补贴等费用。

财务费用是指本级政府财政用于偿还政府债务的利息费用,政府债务发行、兑付、登记费用,以外币计算的政府资产及债务由于汇率变化产生的汇兑损益等。

转移性费用是指在各级政府财政之间进行资金调拨形成的费用，包括补助费用、上解费用、地区间援助费用等。其中，补助费用是指本级政府财政按照财政体制规定或专项需要补助给下级政府财政的费用。上解费用是指本级政府财政按照财政体制规定或专项需要上交给上级政府财政的费用。地区间援助费用是指援助方政府财政安排用于受援方政府财政统筹使用的各类援助、补偿、捐赠等费用。

其他费用是指政府财政无偿划出股权投资以及确认其他负债等产生的费用。

财政专户管理资金支出是指政府财政用纳入财政专户管理的教育收费等资金安排的支出。

专用基金支出是指政府财政用专用基金收入安排的支出。

第二十七条 对于收回本年度已列费用的款项，应冲减当期费用；对于收回以前年度已列费用的款项，通常记入以前年度盈余调整。

第六节 预算收入

第二十八条 预算收入一般在实际取得时予以确认，以实际取得的金额计量。

第二十九条 总会计核算的预算收入包括一般公共预算收入、政府性基金预算收入、国有资本经营预算收入、财政专户管理资金收入、专用基金收入、转移性预算收入、动用预算稳定调节基金、债务预算收入、债务转贷预算收入和待处理收入等。

一般公共预算收入是指政府财政筹集纳入本级一般公共预算管理的税收收入和非税收入。

政府性基金预算收入是指政府财政筹集纳入本级政府性基金预算管理的非税收入。

国有资本经营预算收入是指政府财政筹集纳入本级国有资本经营预算管理的非税收入。

财政专户管理资金收入是指政府财政纳入财政专户管理的教育收费等资金收入。

专用基金收入是指政府财政根据法律法规等规定设立各项专用基金（包括粮食风险基金等）取得的资金收入。

转移性预算收入是指在各级政府财政之间进行资金调拨以及在本级政府财政不同类型资金之间调剂所形成的收入，包括补助预算收入、上解预算收入、地区间援助预算收入和调入预算资金等。

补助预算收入是指上级政府财政按照财政体制规定或专项需要补助给本级政府财政的款项，包括返还性收入、一般性转移支付收入和专项转移支付收入等。上解预算收入是指按照财政体制规定或专项需要由下级政府财政上交给本级政府财政的款项。地区间援助预算收入是指受援方政府财政收到援助方政府财政转来的可统筹使用的各类援助、捐赠等资金收入。调入预算资金是指政府财政为平衡某类预算收支，从其他类型预算资金及其他渠道调入的资金。

动用预算稳定调节基金是指政府财政为弥补一般公共预算收支缺口动用的预算稳定调节基金。

债务预算收入是指政府财政根据法律法规等规定，通过发行债券、向外国政府和国际金融组织借款等方式筹集的纳入预算管理的资金收入。

债务转贷预算收入是指本级政府财政收到上级政府财政转贷的债务收入。

待处理收入是指本级政府财政收回的部门预算结转结余资金和转移支付结转资金。

第三十条 一般公共预算收入、政府性基金预算收入、国有资本经营预算收入、财政专户管理资金收入和专用基金收入应当按照实际收到的金额入账。中央政府财政年末可按有关规定对部分收入事项采用权责发生制核算。转移性预算收入应当按照财政体制的规定和预算管理需要，按实际发生的金额入账。债务预算收入应当按照实际发行额或借入的金额入账，债务转贷预算收入应当按照实际收到的转贷金额入账。待处理收入应当按照实际收到的金额入账。

已建乡（镇）国库的地区，乡（镇）财政的本级收入以乡（镇）国库收到数为准。县（含县本级）以上各级财政的各项预算收入（含固定收入与共享收入）以缴入基层国库数额为准。

未建乡（镇）国库的地区，乡（镇）财政的本级收入以乡（镇）总会计收到县级财政返回数额为准。

第三十一条 总会计应当加强各项预算收入的管理，严格会计核算手续。对于各项预算收入的账务处理必须以审核无误的国库入账凭证、预算收入日报表、专户资金入账凭证和其他合法凭证为依据。发现错误，应当按照有关规定及时通知有关单位共同更正。

对于已缴入国库和财政专户的预算收入退库（付），要严格把关，强化监督。凡不属于国家规定的退库（付）项目，一律不得办理退库（付）及冲退预算收入。属于国家规定的退库（付）事项，具体退库（付）程序按财政部的有关规定办理。

第七节 预算支出

第三十二条 预算支出一般在实际发生时予以确认，以实际发生的金额计量。

第三十三条 总会计核算的预算支出包括一般公共预算支出、政府性基金预算支出、国有资本经营预算支出、财政专户管理资金支出、专用基金支出、转移性预算支出、安排预算稳定调节基金、债务还本预算支出、债务转贷预算支出和待处理支出等。

一般公共预算支出是指政府财政管理的由本级政府安排使用的列入一般公共预算的支出。

政府性基金预算支出是指政府财政管理的由本级政府安排使用的列入政府性基金预算的支出。

国有资本经营预算支出是指政府财政管理的由本级政府安排使用的列入国有资本经营预算的支出。

财政专户管理资金支出是指政府财政用纳入财政专户管理的教育收费等资金安排的支出。

专用基金支出是指政府财政用专用基金收入安排的支出。

转移性预算支出是指各级政府财政之间进行资金调拨以及在本级政府财政不同类型资金之间调剂所形成的支出，包括补助预算支出、上解预算支出、地区间援助预算支出和调出预算资金等。补助预算支出是指本级政府财政按财政体制规定或专项需要补助给下级政府财政的款项，包括对下级的税收返还、一般性转移支付和专项转移支付等。上解预算支出是指按照财政体制规定或专项需要由本级政府财政上交给上级政府财政的款项。地区间援助预算支出是指援助方政府财政安排用于受援方政府财政统筹使用的各类援助、捐赠等资金支出。调出预算资金是指政府财政为平衡预算收支，在不同类型预算资金之间的调出支出。

安排预算稳定调节基金是指政府财政安排用于弥补以后年度预算资金不足的储备性资金。

债务还本预算支出是指政府财政偿还本级政府承担的债务本金支出。

债务转贷预算支出是指本级政府财政向下级政府财政转贷的债务支出。

待处理支出是指政府财政按照预拨经费管理有关规定预拨给预算单位尚未列为预算支出的款项。待处理支出（不含预拨下年度预算资金）应在年终前转列支出或清理收回。

第三十四条 一般公共预算支出、政府性基金预算支出、国有资本经营预算支出一般应当按照实际支付的金额入账。省级以上（含省级）政府财政年末可按规定采用权责发生制将国库集中支付结余列支入账。中央政府财政年末可按有关规定对部分支出事项采用权责发生制核算。从本级预算支出中安排提取的专用基金，按照实际提取金额列支入账。财政专户管理资金支出、专用基金支出应当按照实际支付的金额入账。转移性预算支出应当根据财政体制的规定和预算管理需要，按实际发生的金额入账。债务转贷预算支出应当按照实际转贷的金额入账。债务还本预算支出应当按照实际偿还的金额入账。待处理支出应当按照实际支付的金额入账。

对于收回当年已列支出的款项，应冲销当年预算支出。对于收回以前年度已列支出的款项，通常冲销当年预算支出。

第三十五条 总会计应当加强预算支出管理，科学预测和调度资金，严格按照批准的年度预算办理支出，严格审核拨付申请，严格按照预算管理规定和实际拨付金额列报支出，不得办理无预算、超预算的支出，不得任意调整预算支出科目。

对于各项支出的账务处理必须以审核无误的国库划款清算凭证、资金支付凭证和其他合法凭证为依据。

第八节 预算结余

第三十六条 预算结余是指预算年度内政府预算收入扣除预算支出后的余额，以及历年滚存的库款和专户资金余额。

第三十七条 总会计核算的预算结余包括一般公共预算结转结余、政府性基金预算结转结余、国有资本经营预算结转结余、财政专户管理资金结余、专用基金结余、预算稳定调节基金、预算周转金和资金结存等。

一般公共预算结转结余是指本级政府财政一般公共预算收支的执行结果。

政府性基金预算结转结余是指本级政府财政政府性基金预算收支的执行结果。

国有资本经营预算结转结余是指本级政府财政国有资本经营预算收支的执行结果。

财政专户管理资金结余是指本级政府财政纳入财政专户管理的教育收费等资金收支的执行结果。

专用基金结余是指本级政府财政专用基金收支的执行结果。

预算稳定调节基金是指本级政府财政为保持年度间预算的衔接和稳定，在一般公共预算中设置的储备性资金。

预算周转金是指本级政府财政为调剂预算年度内季节性收支差额，保证及时用款而设置的周转资金。

资金结存是指政府财政纳入预算管理资金的流入、流出、调整和滚存的结果。

第三十八条　各项结转结余应每年结算一次。

第三章　会　计　科　目

第三十九条　总会计应当按照下列规定运用会计科目：

（一）总会计应当对有关法律、法规允许进行的经济活动，按照本制度的规定使用会计科目进行核算；不得以本制度规定的会计科目及使用说明作为进行有关经济活动的依据。

（二）总会计应当按照本制度的规定设置和使用会计科目，不需使用的总账科目可以不使用；在不影响会计处理和编报会计报表的前提下，各级总会计可以根据实际情况在本套科目体系下自行增设下级明细科目。

（三）总会计应当执行本制度统一规定的会计科目编号，不得随意打乱重编，以便于填制会计凭证、登记账簿、查阅账目，实行会计信息化管理。

（四）总会计在填制会计凭证、登记会计账簿时，应同时填列会计科目的名称及编号。

（五）总会计设置明细科目或进行明细核算，除遵循本制度规定外，还应当满足政府财政预算管理和财务管理的需要。

第四十条 总会计适用的会计科目如下：

序号	科目编号	会计科目名称
一、财务会计科目		
（一）资产类		
1	1001	国库存款
2	1002	其他财政存款
3	1003	国库现金管理资产
	100301	商业银行定期存款
	100399	其他国库现金管理资产
4	1011	有价证券
5	1021	应收非税收入
6	1022	应收股利
7	1031	借出款项
8	1032	与下级往来
9	1033	预拨经费
10	1034	在途款
11	1035	其他应收款
12	1041	应收地方政府债券转贷款
	104101	应收本金
	104102	应收利息
13	1042	应收主权外债转贷款
	104201	应收本金

续表

序号	科目编号	会计科目名称
	104202	应收利息
14	1061	股权投资
	106101	国际金融组织股权投资
	106102	政府投资基金股权投资
	106103	企业股权投资
(二) 负债类		
15	2001	应付短期政府债券
	200101	应付国债
	200102	应付地方政府一般债券
	200103	应付地方政府专项债券
16	2011	应付国库集中支付结余
17	2012	与上级往来
18	2013	其他应付款
19	2014	应付代管资金
20	2015	应付利息
	201501	应付国债利息
	201502	应付地方政府债券利息
	201503	应付地方政府主权外债利息
21	2021	应付长期政府债券
	202101	应付国债
	202102	应付地方政府一般债券
	202103	应付地方政府专项债券

续表

序号	科目编号	会计科目名称
22	2022	借入款项
23	2031	应付地方政府债券转贷款
	203101	应付本金
	203102	应付利息
24	2032	应付主权外债转贷款
	203201	应付本金
	203202	应付利息
25	2041	其他负债
(三) 净资产类		
26	3001	累计盈余
	300101	预算管理资金累计盈余
	300102	财政专户管理资金累计盈余
	300103	专用基金累计盈余
27	3011	本期盈余
	301101	预算管理资金本期盈余
	301102	财政专户管理资金本期盈余
	301103	专用基金本期盈余
28	3021	预算稳定调节基金
29	3022	预算周转金
30	3041	权益法调整
31	3051	以前年度盈余调整
	305101	预算管理资金以前年度盈余调整

续表

序号	科目编号	会计科目名称
	305102	财政专户管理资金以前年度盈余调整
	305103	专用基金以前年度盈余调整
(四) 收入类		
32	4001	税收收入
33	4002	非税收入
34	4011	投资收益
35	4021	补助收入
36	4022	上解收入
37	4023	地区间援助收入
38	4031	其他收入
39	4041	财政专户管理资金收入
40	4042	专用基金收入
(五) 费用类		
41	5001	政府机关商品和服务拨款费用
42	5002	政府机关工资福利拨款费用
43	5003	对事业单位补助拨款费用
44	5004	对企业补助拨款费用
45	5005	对个人和家庭补助拨款费用
46	5006	对社会保障基金补助拨款费用
47	5007	资本性拨款费用
48	5008	其他拨款费用
49	5011	财务费用

续表

序号	科目编号	会计科目名称
	501101	利息费用
	501102	债务发行兑付费用
	501103	汇兑损益
50	5021	补助费用
51	5022	上解费用
52	5023	地区间援助费用
53	5031	其他费用
54	5041	财政专户管理资金支出
55	5042	专用基金支出

二、预算会计科目

（一）预算收入类

序号	科目编号	会计科目名称
56	6001	一般公共预算收入
57	6002	政府性基金预算收入
58	6003	国有资本经营预算收入
59	6005	财政专户管理资金收入
60	6007	专用基金收入
61	6011	补助预算收入
	601101	一般公共预算补助收入
	601102	政府性基金预算补助收入
	601103	国有资本经营预算补助收入
	601111	上级调拨
62	6012	上解预算收入

续表

序号	科目编号	会计科目名称
	601201	一般公共预算上解收入
	601202	政府性基金预算上解收入
	601203	国有资本经营预算上解收入
63	6013	地区间援助预算收入
64	6021	调入预算资金
	602101	一般公共预算调入资金
	602102	政府性基金预算调入资金
65	6031	动用预算稳定调节基金
66	6041	债务预算收入
	604101	国债收入
	604102	一般债务收入
	604103	专项债务收入
67	6042	债务转贷预算收入
	604201	一般债务转贷收入
	604202	专项债务转贷收入
68	6051	待处理收入
	605101	库款资金待处理收入
	605102	专户资金待处理收入
(二) 预算支出类		
69	7001	一般公共预算支出
70	7002	政府性基金预算支出
71	7003	国有资本经营预算支出

续表

序号	科目编号	会计科目名称
72	7005	财政专户管理资金支出
73	7007	专用基金支出
74	7011	补助预算支出
	701101	一般公共预算补助支出
	701102	政府性基金预算补助支出
	701103	国有资本经营预算补助支出
	701111	调拨下级
75	7012	上解预算支出
	701201	一般公共预算上解支出
	701202	政府性基金预算上解支出
	701203	国有资本经营预算上解支出
76	7013	地区间援助预算支出
77	7021	调出预算资金
	702101	一般公共预算调出资金
	702102	政府性基金预算调出资金
	702103	国有资本经营预算调出资金
78	7031	安排预算稳定调节基金
79	7041	债务还本预算支出
	704101	国债还本支出
	704102	一般债务还本支出
	704103	专项债务还本支出
80	7042	债务转贷预算支出

续表

序号	科目编号	会计科目名称
	704201	一般债务转贷支出
	704202	专项债务转贷支出
81	7051	待处理支出
（三）预算结余类		
82	8001	一般公共预算结转结余
83	8002	政府性基金预算结转结余
84	8003	国有资本经营预算结转结余
85	8005	财政专户管理资金结余
86	8007	专用基金结余
87	8031	预算稳定调节基金
88	8033	预算周转金
89	8041	资金结存
	804101	库款资金结存
	804102	专户资金结存
	804103	在途资金结存
	804104	集中支付结余结存
	804105	上下级调拨结存
	804106	待发国债结存
	804107	零余额账户结存
	804108	已结报支出
	804109	待处理结存

第四十一条 财务会计科目使用说明如下：

一、资产类

1001　国库存款

一、本科目核算政府财政存放在国库单一账户的款项。

二、国库存款的主要账务处理如下：

（一）国库存款增加时，按照实际收到的金额，借记本科目，贷记有关科目。

（二）国库存款减少时，按照实际支付的金额，借记有关科目，贷记本科目。

三、本科目期末借方余额反映政府财政国库存款的结存数。

1002　其他财政存款

一、本科目核算政府财政未列入"国库存款"科目反映的各项财政存款。

二、本科目应按照存款资金的性质和存款银行等进行明细核算。

三、其他财政存款的主要账务处理如下：

（一）财政专户收到款项时，按照实际收到的金额，借记本科目，贷记有关科目。

（二）其他财政存款产生的利息收入，除规定作为专户资金收入外，其他利息收入都应缴入国库。

取得其他财政存款利息收入时，按照实际获得的利息金额，根据以下情况分别处理：

1. 按规定作为专户资金收入的，借记本科目，贷记"应付代管资金"或有关收入科目。

2. 按规定应缴入国库的，借记本科目，贷记"其他应付款"科目。将其他财政存款利息收入缴入国库时，借记"其他应付款"科目，贷记本科目；同时，借记"国库存款"科目，贷记"非税收入"科目。

（三）其他财政存款减少时，按照实际支付的金额，借记有关科目，贷记本科目。

四、本科目期末借方余额反映政府财政持有的其他财政存款。

1003　国库现金管理资产

一、本科目核算政府财政将暂时闲置的国库存款存放商业银行或者投资于货币市场形成的资产。

二、本科目应按照业务种类设置"商业银行定期存款""其他国库现金管理资产"明细科目,并可根据管理需要进行明细核算。

三、国库现金管理资产的主要账务处理如下:

(一)商业银行定期存款

1. 根据国库现金管理有关规定开展商业银行定期存款时,将国库存款转存商业银行,按照存入商业银行的金额,借记本科目,贷记"国库存款"科目。

2. 商业银行定期存款收回国库时,按照实际收回的金额,借记"国库存款"科目,按照原存入商业银行的存款本金金额,贷记本科目,按照其差额,贷记"非税收入"科目。

(二)其他国库现金管理业务可根据管理条件和管理需要,参照商业银行定期存款的账务处理。

四、本科目期末借方余额反映政府财政开展国库现金管理业务形成的资产。

1011　有价证券

一、本科目核算政府财政按照有关规定取得并持有的有价证券。

二、本科目应按照有价证券种类进行明细核算。

三、有价证券的主要账务处理如下:

(一)购入有价证券时,按照实际支付的金额,借记本科目,贷记"国库存款""其他财政存款"等科目。

(二)转让或到期兑付有价证券时,按照实际收到的金额,借记"国库存款""其他财政存款"等科目,按照该有价证券的账面余额,贷记本科目,按照其差额,贷记或借记有关收入或费用科目。

四、本科目期末借方余额反映政府财政持有的有价证券金额。

1021　应收非税收入

一、本科目核算政府财政应向缴款人收取但实际尚未缴入国库的非税收入款项。对于非税收入管理部门不能提供已开具非税收入缴款票据、尚未缴入本级国库的非税收入数据的地区,可暂不使用本科目核算。

二、本科目应参照《政府收支分类科目》中"非税收入"科目进行明细核算,同时可根据管理需要,参照实际情况,按执收部门(单位)进行明细核算。

三、应收非税收入的主要账务处理如下：

（一）确认取得非税收入时，按照非税收入管理部门提供的已开具缴款票据、尚未缴入本级国库的非税收入金额，借记本科目，贷记"非税收入"科目。

（二）实际收到非税收入款项时，按照实际收到的非税收入金额，借记"国库存款"科目，已列应收非税收入部分金额，贷记本科目；未列入应收非税收入部分金额，贷记"非税收入"科目。

（三）期末，非税收入管理部门应对未入库的应收非税收入进行全面核查，总会计根据核查结果对应收非税收入余额进行确认，确保应收非税收入核算准确。

四、本科目期末借方余额反映政府财政尚未入库的应收非税收入。

1022　应收股利

一、本科目核算政府因持有股权投资应当收取的现金股利或应当分得的利润。

二、本科目应根据管理需要，按照被投资主体进行明细核算。

三、应收股利的主要账务处理如下：

（一）采用权益法核算

1. 持有股权投资期间，被投资主体宣告发放现金股利或利润的，根据股权管理部门提供的资料，按照应上缴政府财政的部分，借记本科目，贷记"股权投资（损益调整）"科目；

2. 收到现金股利或利润时，按照实际收到的金额，借记"国库存款"科目，贷记本科目；按照实际收到金额中未宣告发放的现金股利或利润，借记本科目，贷记"股权投资（损益调整）"科目。

（二）采用成本法核算

1. 持有股权投资期间，被投资主体宣告发放现金股利或利润时，根据股权管理部门提供的资料，按照应上缴政府财政的部分，借记本科目，贷记"投资收益"科目。

2. 收到现金股利或利润时，按照实际收到的金额，借记"国库存款"科目，贷记本科目；按照实际收到金额中未宣告发放的现金股利或利润，借记本科目，贷记"投资收益"科目。

四、本科目期末借方余额反映政府财政应当收取但尚未收到的现金股利或利润。

1031 借出款项

一、本科目核算政府财政按照对外借款管理有关规定借给预算单位临时急需，并按期收回的款项。

二、本科目应按照借款单位进行明细核算。

三、借出款项的主要账务处理如下：

（一）将款项借出时，按照实际支付的金额，借记本科目，贷记"国库存款"等科目。

（二）收回借款时，按照实际收到的金额，借记"国库存款"等科目，贷记本科目。

四、本科目期末借方余额反映政府财政借给预算单位尚未收回的款项。

1032 与下级往来

一、本科目核算本级政府财政与下级政府财政的往来待结算款项。

二、本科目应按照下级政府财政进行明细核算。

三、与下级往来的主要账务处理如下：

（一）拨付下级政府财政款项时，借记本科目，贷记"国库存款"科目。

（二）有主权外债业务的财政部门，贷款资金由下级政府财政同级部门（单位）使用，且贷款的最终还款责任由本级政府财政承担的，本级政府财政部门支付贷款资金时，借记本科目或"补助费用"科目，贷记"国库存款""其他财政存款"等科目；外方将贷款资金直接支付给供应商或用款单位时，借记本科目或"补助费用"科目，贷记"借入款项"或"应付主权外债转贷款"科目。

（三）两级财政年终结算时，确认应当由下级政府财政上交的收入数，借记本科目，贷记"上解收入"科目。

（四）两级财政年终结算时，确认应补助下级政府财政的费用数，借记"补助费用"科目，贷记本科目。

（五）收到下级政府财政缴入国库的往来待结算款项时，借记"国库存款"科目，贷记本科目。

（六）扣缴下级政府财政资金时，借记本科目，贷记"其他应付款"

等科目。

四、本科目期末借方余额反映下级政府财政欠本级政府财政的款项；期末贷方余额反映本级政府财政欠下级政府财政的款项。

1033　预拨经费

一、本科目核算政府财政按照预拨经费管理有关规定预拨给预算单位尚未列为费用的款项。

二、本科目应当按照预算单位进行明细核算。

三、预拨经费的主要账务处理如下：

（一）拨出款项时，借记本科目，贷记"国库存款"等科目。

（二）转列费用时，借记有关费用科目，贷记本科目。

（三）收回预拨款项时，借记"国库存款"等科目，贷记本科目。

四、本科目期末借方余额反映政府财政年末尚未转列费用或尚待收回的预拨经费款项。

1034　在途款

一、本科目核算报告清理期和库款报解整理期内发生的需要通过本科目过渡处理的属于上年度收入、费用等业务的款项。

二、在途款的主要账务处理如下：

（一）报告清理期和库款报解整理期内收到属于上年度收入等款项时，在上年度账务中，借记本科目，贷记有关收入科目或"应收非税收入"科目；收回属于上年度费用等款项时，在上年度账务中，借记本科目，贷记"预拨经费"或有关费用科目。

（二）冲转在途款时，在本年度账务中，借记"国库存款"科目，贷记本科目。

三、本科目期末借方余额反映政府财政持有的在途款。

1035　其他应收款

一、本科目核算政府财政临时发生的其他应收、暂付、垫付款项。项目单位拖欠外国政府和国际金融组织贷款本息和有关费用导致有关政府财政履行担保责任，代偿的贷款本息费，也通过本科目核算。

二、本科目应按照资金类别、债务单位等进行明细核算。

三、其他应收款的主要账务处理如下：

（一）发生其他应收款项时，借记本科目，贷记"国库存款""其他财政存款"等科目。

（二）收回其他应收款项时，借记"国库存款""其他财政存款"科目，贷记本科目。

（三）其他应收款项转列费用时，借记有关费用科目，贷记本科目。

（四）政府财政对使用外国政府和国际金融组织贷款资金的项目单位履行担保责任，代偿贷款本息费时，借记本科目，贷记"国库存款""其他财政存款"等科目。政府财政行使追索权，收回项目单位贷款本息费时，借记"国库存款""其他财政存款"等科目，贷记本科目。政府财政最终未收回项目单位贷款本息费，经核准转列费用时，借记有关费用科目，贷记本科目。

四、本科目应及时清理结算，期末原则上应无余额。

1041　应收地方政府债券转贷款

一、本科目核算本级政府财政转贷给下级政府财政的地方政府债券资金的本金及利息。

二、本科目应设置"应收本金"和"应收利息"明细科目，并按照转贷对象进行明细核算，其下应根据管理规定设置"一般债券""专项债券"等明细科目。其中，"应收利息"科目通常应根据债务管理部门计算并提供的政府债券转贷款的应收利息情况，按期进行核算。

三、应收地方政府债券转贷款的主要账务处理如下：

（一）向下级政府财政转贷地方政府债券资金时，按照转贷的本金，借记本科目，按照实际拨付的金额或债务管理部门确认的转贷金额，贷记"国库存款"或"与下级往来"等科目，按照其差额，借记或贷记有关费用科目。

（二）按期确认地方政府债券转贷款的应收利息时，根据债务管理部门计算确认的转贷款本期应收未收利息金额，借记本科目，贷记"财务费用——利息费用"等有关科目。

（三）收到下级政府财政偿还的地方政府债券转贷款本息时，按照收到的金额，借记"国库存款""其他财政存款"等科目，贷记本科目。

（四）扣缴下级政府财政应偿还的地方政府债券转贷款本息时，按照扣缴的金额，借记"与下级往来"等科目，贷记本科目。

（五）豁免下级政府财政应偿还的地方政府债券转贷款本息时，根据债务管理部门转来的有关资料及有关预算文件,按照豁免金额,借记"补助费用""与下级往来"等科目,贷记本科目。

四、本科目期末借方余额反映政府财政应收未收的地方政府债券转贷款本金及利息。

1042　应收主权外债转贷款

一、本科目核算本级政府财政转贷给下级政府财政的外国政府、国际金融组织贷款等主权外债资金的本金及利息。

二、本科目应设置"应收本金"和"应收利息"明细科目,并按照转贷对象进行明细核算。其中,"应收利息"科目通常应根据债务管理部门计算并提供的主权外债转贷款的应收利息情况,按期进行核算。

三、应收主权外债转贷款的主要账务处理如下:

(一)向下级政府财政转贷主权外债资金,且主权外债最终还款责任由下级政府财政承担的,应当分别按照以下情况处理:

1. 本级政府财政支付转贷资金时,借记本科目,贷记"国库存款""其他财政存款"科目。

2. 外方或上级政府财政将贷款资金直接拨付给用款单位或供应商时,根据债务管理部门转来的有关资料,按照实际拨付的金额,借记本科目,贷记"借入款项"或"应付主权外债转贷款"科目。

(二)按期确认主权外债转贷款的应收利息时,根据债务管理部门计算确认的转贷款本期应收未收利息金额,借记本科目,贷记"财务费用——利息费用"等科目。

(三)收回下级政府财政偿还的主权外债转贷款本息时,按照收回的金额,借记"国库存款""其他财政存款"等科目,贷记本科目。

(四)扣缴下级政府财政应偿还的主权外债转贷款本息时,按照扣缴的金额,借记"与下级往来"等科目,贷记本科目。

(五)债权人豁免下级政府财政应偿还的主权外债转贷款本息时,根据债务管理部门转来的有关资料及有关预算文件,按照豁免转贷款的金额,借记"应付主权外债转贷款""借入款项""应付利息"等科目,贷记本科目。

(六)本级政府财政豁免下级政府财政应偿还的主权外债转贷款本息时,根据债务管理部门转来的有关资料及有关预算文件,按照豁免金额,借记"补助费用""与下级往来"等科目,贷记本科目。

(七)年末,根据债务管理部门提供的应收主权外债转贷款因汇率变动产生的期末人民币余额与账面余额之间的差额资料,借记或贷记"财务费用——汇兑损益"科目,贷记或借记本科目。

四、本级政府财政首次确认以前年度转贷给下级政府财政的主权外债时,根据债务管理部门提供的有关资料,按照转贷主权外债本息余额,借记本科目,贷记"以前年度盈余调整"科目。

五、本科目期末借方余额反映政府财政应收未收的主权外债转贷款本金及利息。

1061 股权投资

一、本科目核算政府持有的各类股权投资。包括国际金融组织股权投资、政府投资基金股权投资和企业股权投资等。

二、股权投资在持有期间,通常采用权益法进行核算。政府无权决定被投资主体的财务和经营政策或无权参与被投资主体的财务和经营政策决策的,应当采用成本法进行核算。

三、本科目应当按照"国际金融组织股权投资""政府投资基金股权投资""企业股权投资"设置一级明细科目,在一级明细科目下,分别设置"投资成本""损益调整""其他权益变动"明细科目,同时应根据管理需要,按照被投资主体进行明细核算。

四、股权投资的主要账务处理如下:

(一)采用权益法核算

1. 政府财政以现金取得股权投资时,按照实际支付的金额,借记本科目(投资成本),贷记"国库存款"科目。

实际支付的金额中包含的已宣告但尚未发放的现金股利,应当单独确认为应收股利。

2. 政府财政以现金以外其他资产置换取得股权投资时,按照股权管理部门确认的金额,借记本科目(投资成本),贷记相关资产类科目。

3. 通过清查发现以前年度取得、尚未纳入财政总会计核算的股权投资时,根据股权管理部门提供的资料,按照股权投资的投资成本,借记本科目(投资成本),按照以前年度实现的损益中应享有的份额,借记本科目(损益调整),按照二者合计金额贷记"以前年度盈余调整"科目;按照确定的其他权益变动金额，借记本科目（其他权益变动），贷记"权益法调整"科目。已宣告但尚未发放的现金股利，应当单独确认为应收股利。

4. 无偿划入股权投资时，根据股权管理部门提供的资料，按照股权投资的投资成本，借记本科目（投资成本），按照以前年度实现的损益中应享有的份额，借记本科目（损益调整），按照二者合计金额贷记"其他收入"科目；按照确定的其他权益变动金额，借记本科目（其他权益变动），贷记"权益法调整"科目。

5. 被投资主体实现净利润的，根据股权管理部门提供的资料，按照应享有的份额，借记本科目（损益调整），贷记"投资收益"科目。

被投资主体发生净亏损的，根据股权管理部门提供的资料，按照应分担的份额，借记"投资收益"科目，贷记本科目（损益调整），但以"股权投资"的账面余额减记至零为限。发生亏损的被投资主体以后年度又实现净利润的，按照收益分享额弥补未确认的亏损分担额等后的金额，借记本科目（损益调整），贷记"投资收益"科目。

6. 被投资主体宣告发放现金股利或利润的，根据股权管理部门提供的资料，按照应上缴政府财政的部分，借记"应收股利"科目，贷记本科目（损益调整）。

7. 收到现金股利或利润时，按照实际收到的金额，借记"国库存款"科目，贷记"应收股利"科目；按照实际收到金额中未宣告发放的现金股利或利润，借记"应收股利"科目，贷记本科目（损益调整）。

8. 被投资主体发生除净损益和利润分配以外的所有者权益变动的，根据股权管理部门提供的资料，按照应享有或应分担的份额，借记或贷记本科目（其他权益变动），贷记或借记"权益法调整"科目。

9、股权投资持有期间，被投资主体以收益转增投资的，根据股权管理部门提供的资料，按照收益转增投资的金额，借记本科目（投资成本），贷记本科目（损益调整）。

10. 处置股权投资时，根据股权管理部门提供的资料，按照被处置股权投资对应的"权益法调整"科目账面余额，借记或贷记"权益法调整"科目，贷记或借记本科目（其他权益变动）；按照处置收回的金额，借记"国库存款"科目，按照已宣告尚未领取的现金股利或利润，贷记"应收股利"科目，按照被处置股权投资的账面余额，贷记本科目（投资成本、损益调整），按照其差额，贷记或借记"投资收益"科目。

11. 无偿划出股权投资时，根据股权管理部门提供的资料，按照被划出股权投资对应的"权益法调整"科目账面余额，借记或贷记"权益法调整"科目，贷记或借记本科目（其他权益变动）；按照被划出股权投资的账面余额，借记"其他费用"科目，贷记本科目（投资成本、损益调整）。

12. 企业破产清算时，根据股权管理部门提供的资料，按照破产清算企业股权投资对应的"权益法调整"科目账面余额，借记或贷记"权益法调整"科目，贷记或借记本科目（其他权益变动）；按照缴入国库清算收入的金额，借记"国库存款"科目，按照破产清算股权投资的账面余额，贷记本科目（投资成本、损益调整），按照其差额，借记或贷记"投资收益"科目。

（二）采用成本法核算

1. 政府财政以现金取得股权投资时，按照实际支付的金额，借记本科目（投资成本），贷记"国库存款"科目。

实际支付的金额中包含的已宣告但尚未发放的现金股利，应当单独确认为应收股利。

2. 政府财政以现金以外其他资产置换取得股权投资时，按照股权管理部门确认的金额，借记本科目（投资成本），贷记相关资产类科目。

3. 通过清查发现以前年度取得、尚未纳入财政总会计核算的股权投资时，根据股权管理部门提供的资料，按照其确定的投资成本，借记本科目（投资成本），贷记"以前年度盈余调整"科目。已宣告但尚未发放的现金股利，应当单独确认为应收股利。

4. 无偿划入股权投资时，根据股权管理部门提供的资料，按照其确定的投资成本，借记本科目（投资成本），贷记"其他收入"科目。

5. 处置股权投资时，按照收回的金额，借记"国库存款"科目，按照已宣告尚未领取的现金股利或利润，贷记"应收股利"科目，按照被处置股权投资账面余额，贷记本科目（投资成本），按照其差额，贷记或借记"投资收益"科目。

6. 无偿划出股权投资时，按照被划出股权投资的账面余额，借记"其他费用"科目，贷记本科目（投资成本）。

7. 企业破产清算时，根据股权管理部门提供的资料，按照缴入国库清算收入的金额,借记"国库存款"科目,按照破产清算股权投资的账面余额,贷记本科目(投资成本),按照其差额,借记或贷记"投资收益"科目。

(三)成本法与权益法的转换

1. 对股权投资的核算从成本法改为权益法的,应按照成本法下本科目(投资成本)账面余额与追加投资成本的合计金额,借记本科目(投资成本),按照成本法下本科目(投资成本)账面余额,贷记本科目(投资成本),按照追加投资的金额,贷记"国库存款"科目。

2. 对股权投资的核算从权益法改为成本法的,按照"权益法调整"科目账面余额,借记或贷记"权益法调整"科目,贷记或借记本科目(其他权益变动);按照权益法下本科目(投资成本、损益调整)账面余额作为成本法下投资成本账面余额,借记本科目(投资成本),贷记本科目(投资成本、损益调整)。

其后,被投资单位宣告分派现金股利或利润时,属于已记入投资成本账面余额的部分,按照应分得的现金股利或利润份额,借记"应收股利"科目,贷记本科目(投资成本)。

五、本科目期末借方余额反映政府持有的各类股权投资的价值。

二、负债类

2001 应付短期政府债券

一、本科目核算政府财政以政府名义发行的期限不超过 1 年(含 1 年)的国债和地方政府债券的应付本金,其中,国债包括中央政府财政发行的国内政府债券和境外发行的主权债券等。

二、本科目应设置"应付国债""应付地方政府一般债券""应付地方政府专项债券"明细科目。债务管理部门应当设置辅助明细账,主要包括政府债务金额、种类、期限、发行日、到期日、票面利率、偿还本金及付息情况等内容,并按期计算债券存续期应付利息情况。

三、应付短期政府债券的主要账务处理如下:

(一)实际收到短期政府债券发行收入时,按照实际收到的金额,借记"国库存款"科目,按照短期政府债券实际发行额,贷记本科目,按照发行收入和发行额的差额,借记或贷记有关费用科目。

(二)中央财政发生国债随卖业务时,按照实际收到的金额,借记

"国库存款"等科目；根据国债随卖确认文件等相关债券管理资料，按照国债随卖面值，贷记本科目或"应付长期政府债券"科目；按照其差额，借记或贷记"财务费用——利息费用"科目。

（三）中央财政发生国债随买业务时，根据国债随买确认文件等相关债券管理资料，按照国债随买面值，借记本科目或"应付长期政府债券"科目；按照实际支付的金额，贷记"国库存款"等科目；按照其差额，借记或贷记"财务费用——利息费用"科目。

（四）实际偿还本级政府财政承担的短期政府债券本金时，借记本科目，贷记"国库存款"等科目。

四、本科目期末贷方余额反映政府财政尚未偿还的短期政府债券本金。

2011 应付国库集中支付结余

一、本科目核算省级以上（含省级）政府财政国库集中支付中，应列为当年费用，但年末尚未支付需结转下一年度支付的款项。

二、本科目应按照预算单位进行明细核算；同时可根据管理需要，参照《政府收支分类科目》中支出经济分类科目进行明细核算。

三、应付国库集中支付结余的主要账务处理如下：

（一）年末，对当年发生的应付国库集中支付结余，借记有关费用科目，贷记本科目。

（二）实际支付应付国库集中支付结余资金时，借记本科目，贷记"国库存款"科目。

（三）收回尚未支付的应付国库集中支付结余时，借记本科目，贷记"以前年度盈余调整"等科目。

四、本科目期末贷方余额反映政府财政尚未支付的国库集中支付结余。

2012 与上级往来

一、本科目核算本级政府财政与上级政府财政的往来待结算款项。

二、本科目可根据管理需要，按照往来款项的类别和项目等进行明细核算。

三、与上级往来的主要账务处理如下：

（一）收到上级政府财政拨付的款项时，借记"国库存款""其他财政存款"科目，贷记本科目。

（二）有主权外债业务的财政部门，贷款资金由本级政府财政同级部门使用,且贷款的最终还款责任由上级政府财政承担的,本级政府财政收到贷款资金时,借记"国库存款""其他财政存款"等科目,贷记本科目或"补助收入"科目;外方或上级政府财政将贷款资金直接支付给供应商或用款单位时,借记有关费用科目,贷记本科目或"补助收入"科目。

(三)两级财政年终结算中确认的应当上交上级政府财政的款项,借记"上解费用"科目,贷记本科目。

(四)两级财政年终结算中确认的应当由上级政府财政补助的款项,借记本科目,贷记"补助收入"科目。

(五)上级政府财政扣缴有关款项时,借记有关科目,贷记本科目。

(六)归还上级政府财政的往来性款项时,按照实际归还的金额,借记本科目,贷记"国库存款""其他财政存款"等科目。

四、本科目期末贷方余额反映本级政府财政欠上级政府财政的款项;借方余额反映上级政府财政欠本级政府财政的款项。

2013 其他应付款

一、本科目核算政府财政临时发生的暂收、应付、收到的不明性质款项和收回的结转结余资金等。税务机关代征入库的社会保险费,也通过本科目核算。

二、本科目应按照债权人或资金来源等进行明细核算。

三、其他应付款的主要账务处理如下:

(一)收到不明性质款项及收回结转结余资金时,借记"国库存款""其他财政存款"等科目,贷记本科目。

(二)将有关款项清理退还、划转、转作收入时,借记本科目,贷记"国库存款""其他财政存款"或有关收入科目。

(三)社会保险费代征入库时,借记"国库存款"科目,贷记本科目。入库的社会保险费划转社保基金专户时,借记本科目,贷记"国库存款"科目。

(四)收回的结转结余资金,财政部门按原预算科目使用的,实际安排支出时,借记本科目,贷记"国库存款""其他财政存款"等科目。

收回的结转结余资金,财政部门调整预算科目使用的,实际安排支出时,借记本科目,贷记"以前年度盈余调整——预算管理资金以前年度盈余调整"等科目;同时,借记有关费用科目,贷记"国库存款"等科目。

（五）有关款项确认冲减当年费用时，借记本科目，贷记有关费用科目；有关款项确认冲减以前年度有关费用事项的，借记本科目，贷记"以前年度盈余调整——预算管理资金以前年度盈余调整"等科目。

四、本科目应当及时清理结算，期末贷方余额反映政府财政尚未结清的其他应付款项。

2014　应付代管资金

一、本科目核算政府财政代为管理的使用权属于被代管主体的资金。

二、本科目应根据管理需要进行相关明细核算。

三、应付代管资金的主要账务处理如下：

（一）收到代管资金时，借记"其他财政存款"等科目，贷记本科目。

（二）支付代管资金时，借记本科目，贷记"其他财政存款"等科目。

（三）代管资金产生的利息收入按照有关规定仍属于代管资金的，借记"其他财政存款"等科目，贷记本科目。

四、本科目期末贷方余额反映政府财政尚未支付的代管资金。

2015　应付利息

一、本科目核算政府财政以政府名义发行的政府债券应支付的利息，以及以政府名义借入款项本期应承担的利息等。

二、本科目应根据管理需要设置"应付国债利息""应付地方政府债券利息""应付地方政府主权外债利息"明细科目。本科目应根据债务管理部门计算并提供的政府债券及借入款项的应付利息情况，按期进行核算。

三、应付利息的主要账务处理如下：

（一）根据债务管理部门计算确定的本期应付未付利息金额，借记"财务费用——利息费用"科目，贷记本科目。

（二）实际支付利息时，支付金额中已计提的部分，借记本科目，未计提的部分，借记"财务费用——利息费用"科目，贷记"国库存款""其他财政存款"等科目。

（三）提前赎回已发行的政府债券、豁免政府财政承担的主权外债应付利息时，按照减少的当年已计提应付利息金额，借记本科目，贷记"财务费用——利息费用"等科目。减少以前年度已计提但尚未支付的利息金额，借记本科目，贷记"以前年度盈余调整"科目。

（四）期末，政府发行的以外币计价的政府债券及借入款项由于汇率变化产生的应付利息折算差额，借记或贷记"财务费用——汇兑损益"科目，贷记或借记本科目。

四、本科目期末贷方余额反映政府财政应付未付的利息金额。

2021　应付长期政府债券

一、本科目核算政府财政以政府名义发行的期限超过1年的国债和地方政府债券的应付本金。其中，国债包括中央政府财政发行的国内政府债券和境外发行的主权债券等。

二、本科目应设置"应付国债""应付地方政府一般债券""应付地方政府专项债券"明细科目。债务管理部门应设置辅助明细账，主要包括政府债券金额、种类、期限、发行日、到期日、票面利率、实际偿还本金及付息情况等内容，并按期计算债券存续期应负担的利息金额。

三、应付长期政府债券的主要账务处理如下：

（一）实际收到长期政府债券发行收入时，按照实际收到的金额，借记"国库存款""其他财政存款"科目，按照长期政府债券实际发行额，贷记本科目，按照其差额，借记或贷记有关费用科目。

（二）中央财政发生国债随卖业务时，账务处理参照"应付短期政府债券"科目使用说明中国债随卖业务的账务处理。

（三）中央财政发生国债随买业务时，账务处理参照"应付短期政府债券"科目使用说明中国债随买业务的账务处理。

（四）政府财政以定向承销方式发行长期政府债券时，根据债务管理部门转来的债券发行文件等有关资料，借记"以前年度盈余调整""应收地方政府债券转贷款"等科目，按照长期政府债券实际发行额，贷记本科目，按照发行收入和发行额的差额，借记或贷记有关费用科目。

（五）实际偿还长期政府债券本金时，借记本科目，贷记"国库存款""其他财政存款"等科目。

四、本科目期末贷方余额反映政府财政尚未偿还的长期政府债券本金。

2022　借入款项

一、本科目核算政府财政以政府名义向外国政府、国际金融组织等借入的款项，以及经国务院批准的其他方式借入的款项。

二、本科目应按照债权人进行明细核算。债务管理部门应设置辅助明细账，主要包括借入款项对应的项目、期限、借入日期、实际偿还及付息情况等内容,并按期计算借款存续期应负担的利息金额。

三、借入款项的主要账务处理如下:

(一)借入主权外债的主要账务处理

1. 本级政府财政收到借入的主权外债资金时,按照实际收到的金额借记"国库存款""其他财政存款"科目,按照实际承担的债务金额贷记本科目,按照实际收到的金额与承担的债务之间的差额,借记或贷记有关费用科目。

2. 本级政府财政借入主权外债,且由外方或上级政府财政将贷款资金直接支付给用款单位或供应商时,应根据以下情况分别处理:

(1)本级政府财政承担还款责任,贷款资金由本级政府财政同级部门使用的,根据债务管理部门转来的有关资料,按照实际承担的债务金额,借记有关费用科目,贷记本科目。

(2)本级政府财政承担还款责任,贷款资金由下级政府财政同级部门使用的,根据债务管理部门转来的有关资料及有关预算文件,借记"补助费用"科目或"与下级往来"科目,贷记本科目。

(3)下级政府财政承担还款责任,贷款资金由下级政府财政同级部门使用的,根据债务管理部门转来的有关资料,借记"应收主权外债转贷款"科目,贷记本科目。

3. 偿还主权外债本金时,按照实际支付的金额,借记本科目,贷记"国库存款""其他财政存款"等科目。

4. 债权人豁免本级政府财政承担偿还责任的借入主权外债本金时,根据债务管理部门转来的有关资料,按照被豁免的本金,借记本科目,贷记"其他收入"等科目。

5. 债权人豁免下级政府财政承担偿还责任的借入主权外债本金时,根据债务管理部门转来的有关资料,按照被豁免的本金,借记本科目,贷记"应收主权外债转贷款"科目。

(二)年末,根据债务管理部门提供借入款项因汇率变动产生的期末人民币余额与账面余额之间的差额资料,借记或贷记"财务费用——汇兑损益"科目,贷记或借记本科目。

(三)其他借入款项账务处理参照本科目使用说明中借入主权外债业务的账务处理。

四、本级政府财政首次确认以前年度借入的主权外债时,根据债务管理部门提供的有关资料,按照借入主权外债的余额,借记"以前年度盈余调整"科目,贷记本科目。

五、本科目期末贷方余额反映本级政府财政尚未偿还的借入款项本金。

2031 应付地方政府债券转贷款

一、本科目核算地方政府财政从上级政府财政借入地方政府债券转贷款的本金和利息。

二、本科目应设置"应付本金"和"应付利息"明细科目,其下可根据管理规定设置"地方政府一般债券""地方政府专项债券"等明细科目。其中,"应付利息"科目通常应根据债务管理部门计算并提供的政府债券转贷款的应付利息情况,按期进行核算。

三、应付地方政府债券转贷款的主要账务处理如下:

(一)上级政府财政转贷地方政府债券资金时,按照实际收到的金额或债务管理部门转来的相关资料,借记"国库存款"或"与上级往来"等科目,按照转贷本金金额,贷记本科目,按照其差额,借记或贷记有关费用科目。

(二)按期确认地方政府债券转贷款的应付利息时,根据债务管理部门计算确定的本期应付未付利息金额,借记"财务费用——利息费用"科目,贷记本科目。

(三)偿还本级政府财政承担的地方政府债券转贷款本息时,借记本科目,贷记"国库存款"等科目。

(四)上级政府财政扣缴地方政府债券转贷款本息时,借记本科目,贷记"与上级往来"等科目。

(五)上级政府财政豁免转贷款本息时,根据债务管理部门转来的有关资料及有关预算文件,按照豁免金额,借记本科目,贷记"补助收入"或"与上级往来"等科目。

四、本科目期末贷方余额反映本级政府财政尚未偿还的地方政府债券转贷款本金和利息。

2032 应付主权外债转贷款

一、本科目核算本级政府财政从上级政府财政借入主权外债转贷款的本金和利息。

二、本科目应设置"应付本金"和"应付利息"明细科目。债务管理部门应当设置辅助明细账,主要包括应付主权外债对应的项目、期限、借入日期、实际偿还及付息情况等内容,并按期计算外债存续期应负担的利息金额。

三、应付主权外债转贷款的主要账务处理如下:

(一)收到上级政府财政转贷的主权外债资金时,按照实际收到的金额借记"国库存款""其他财政存款"科目,按照实际承担的债务金额贷记本科目,按照实际收到的金额和承担的债务金额之间的差额,借记或贷记有关费用科目。

(二)从上级政府财政借入主权外债转贷款,且由外方或上级政府财政将贷款资金直接支付给用款单位或供应商时,应根据以下情况分别处理:

1. 本级政府财政承担还款责任,贷款资金由本级政府财政同级部门使用的,根据债务管理部门转来的有关资料,借记有关费用科目,贷记本科目。

2. 本级政府财政承担还款责任,贷款资金由下级政府财政同级部门使用的,根据债务管理部门转来的有关资料及有关预算文件,借记"补助费用"或"与下级往来"等科目,贷记本科目。

3. 下级政府财政承担还款责任,贷款资金由下级政府财政同级部门使用的,根据债务管理部门转来的有关资料,借记"应收主权外债转贷款"科目,贷记本科目。

(三)按期确认主权外债转贷款的应付利息时,根据债务管理部门计算确认的转贷款本期应付未付利息金额,借记"财务费用——利息费用"科目,贷记本科目。

(四)偿还主权外债转贷款的本息时,借记本科目,贷记"国库存款""其他财政存款"等科目。

(五)上级政府财政扣缴借入主权外债转贷款的本息时,借记本科目,贷记"与上级往来"科目。

(六)上级政府财政豁免主权外债转贷款本息时,根据以下情况分别处理:

1. 豁免本级政府财政承担偿还责任的主权外债转贷款本息时,根据债务管理部门转来的有关资料及有关预算文件,按照豁免转贷款的金额,借记本科目,贷记"补助收入"或"与上级往来"等科目。

2. 豁免下级政府财政承担偿还责任的主权外债转贷款本息时,根据债务管理部门转来的有关资料及有关预算文件,按照豁免转贷款的金额,借记本科目,贷记"应收主权外债转贷款"科目,同时借记"补助费用"或"与下级往来"等科目,贷记"补助收入"或"与上级往来"科目。

(七)年末,根据债务管理部门提供的应付主权外债转贷款因汇率变动产生的期末人民币余额与账面余额之间的差额资料,借记或贷记"财务费用——汇兑损益"科目,贷记或借记本科目。

四、本级政府财政首次确认以前年度转贷的主权外债时,根据债务管理部门提供的有关资料,按照转贷主权外债本息余额,借记"以前年度盈余调整"科目,贷记本科目。

五、本科目期末贷方余额反映本级政府财政尚未偿还的主权外债转贷款本金和利息。

2041 其他负债

一、本科目核算政府财政因有关政策明确要求其承担支出责任的事项而形成的支付义务。

二、本科目可根据管理需要,按照项目等进行明细核算。

三、其他负债的主要账务处理如下:

(一)政策明确由政府财政承担支出责任的其他负债,按照确定应承担的负债金额,借记"其他费用"科目,贷记本科目。

(二)期末,根据债务管理部门转来的其他负债期末余额与账面余额的差额,借记或贷记本科目,贷记或借记"其他费用"科目。

四、本科目贷方余额反映政府财政承担的尚未支付的其他负债余额。

三、净资产类

3001 累计盈余

一、本科目核算政府财政纳入一般公共预算、政府性基金预算、国有资本经营预算管理的预算资金,财政专户管理资金、专用基金历年实现的盈余滚存的金额。

二、本科目应设置"预算管理资金累计盈余""财政专户管理资金累计盈余""专用基金累计盈余"明细科目。

三、累计盈余的主要账务处理如下:

（一）"预算管理资金累计盈余"科目的主要账务处理

1. 年终转账时，将"本期盈余——预算管理资金本期盈余"科目余额转入本科目，借记或贷记"预算管理资金本期盈余"科目，贷记或借记本科目。

2. 年终转账时，将"以前年度盈余调整——预算管理资金以前年度盈余调整"科目余额转入本科目，借记或贷记"以前年度盈余调整——预算管理资金以前年度盈余调整"科目，贷记或借记本科目。

3. 本科目期末余额反映预算管理资金累计盈余的累计数。

（二）"财政专户管理资金累计盈余"科目的主要账务处理

1. 年终转账时，将"本期盈余——财政专户管理资金本期盈余"科目余额转入本科目，借记或贷记"财政专户管理资金本期盈余"科目，贷记或借记本科目。

2. 年终转账时，将"以前年度盈余调整——财政专户管理资金以前年度盈余调整"科目余额转入本科目，借记或贷记"以前年度盈余调整——财政专户管理资金以前年度盈余调整"科目，贷记或借记本科目。

3. 本科目期末余额反映财政专户管理资金累计盈余的累计数。

（三）"专用基金累计盈余"科目的主要账务处理

1. 年终转账时，将"本期盈余——专用基金本期盈余"科目的余额转入本科目，借记或贷记"专用基金本期盈余"科目，贷记或借记本科目。

2. 年终转账时，将"以前年度盈余调整——专用基金以前年度盈余调整"科目的余额转入本科目，借记或贷记"以前年度盈余调整——专用基金以前年度盈余调整"科目，贷记或借记本科目。

3. 本科目期末余额反映专用基金累计盈余的累计数。

3011　本期盈余

一、本科目核算政府财政纳入一般公共预算、政府性基金预算、国有资本经营预算管理的资金，财政专户管理资金、专用基金本期各项收入、费用分别相抵后的余额。设置补充和动用预算稳定调节基金，设置补充预算周转金产生的盈余变动事项，也通过本科目核算。

二、本科目应设置"预算管理资金本期盈余""财政专户管理资金本期盈余""专用基金本期盈余"明细科目。

三、本期盈余的主要账务处理如下：

(一)"预算管理资金本期盈余"科目的账务处理

1. 年终转账时,将纳入一般公共预算、政府性基金预算、国有资本经营预算管理的各类收入科目本年发生额转入本科目的贷方,借记"税收收入""非税收入""投资收益""补助收入""上解收入""地区间援助收入""其他收入"科目,贷记本科目;将纳入一般公共预算、政府性基金预算、国有资本经营预算管理的各类费用科目本年发生额转入本科目的借方,借记本科目,贷记"政府机关商品和服务拨款费用""政府机关工资福利拨款费用""对事业单位补助拨款费用""对企业补助拨款费用""对个人和家庭补助拨款费用""对社会保障基金补助拨款费用""资本性拨款费用""其他拨款费用""财务费用""补助费用""上解费用""地区间援助费用""其他费用"科目。

2. 设置或补充预算稳定调节基金时,借记本科目,贷记"预算稳定调节基金"科目;动用预算稳定调节基金时,借记"预算稳定调节基金"科目,贷记本科目。

3. 设置或补充预算周转金时,借记本科目,贷记"预算周转金"科目。

4. 完成上述结转后,将本科目余额转入累计盈余。如为借方余额,贷记本科目,借记"累计盈余—预算管理资金累计盈余"科目;如为贷方余额,借记本科目,贷记"累计盈余—预算管理资金累计盈余"科目。

5. 期末结转后,本科目应无余额。

(二)"财政专户管理资金本期盈余"科目的账务处理

1. 年终转账时,将财政专户管理资金收入的本年发生额转入本科目的贷方,借记"财政专户管理资金收入"科目,贷记本科目;将财政专户管理资金支出的本年发生额转入本科目的借方,借记本科目,贷记"财政专户管理资金支出"科目。

2. 完成上述结转后,将本科目余额转入累计盈余。借记或贷记本科目,贷记或借记"累计盈余——财政专户管理资金累计盈余"科目。

3. 期末结转后,本科目应无余额。

(三)"专用基金本期盈余"科目的账务处理

1. 年终转账时,将专用基金收入的本年发生额转入本科目的贷方,借记"专用基金收入"科目,贷记本科目;将专用基金支出的本年发生额转入本科目的借方，借记本科目，贷记"专用基金支出"科目。

2. 完成上述结转后，将本科目余额转入累计盈余。借记或贷记本科目，贷记或借记"累计盈余——专用基金累计盈余"科目。

3. 期末结转后，本科目应无余额。

3021　预算稳定调节基金

一、本科目核算本级政府财政为保持年度间预算的衔接和稳定而设置的储备性资金。

二、预算稳定调节基金的主要账务处理如下：

（一）设置或补充预算稳定调节基金时，借记"本期盈余——预算管理资金本期盈余"科目，贷记本科目。

（二）将预算周转金调入预算稳定调节基金时，借记"预算周转金"科目，贷记本科目。

（三）动用预算稳定调节基金时，借记本科目，贷记"本期盈余——预算管理资金本期盈余"科目。

三、本科目期末贷方余额反映预算稳定调节基金的累计规模。

3022　预算周转金

一、本科目核算政府财政设置的用于调剂预算年度内季节性收支差额周转使用的资金。

二、预算周转金的主要账务处理如下：

（一）设置或补充预算周转金时，借记"本期盈余——预算管理资金本期盈余"科目，贷记本科目。

（二）将预算周转金调入预算稳定调节基金时，借记本科目，贷记"预算稳定调节基金"科目。

三、本科目期末贷方余额反映预算周转金的累计规模。

3041　权益法调整

一、本科目核算政府财政按照持股比例计算应享有的被投资主体除净损益和利润分配以外的所有者权益变动的份额。

二、本科目应根据管理需要，按照被投资主体进行明细核算。

三、权益法调整的主要账务处理如下：

（一）被投资主体发生除净损益和利润分配以外的其他权益变动时，按照政府财政持股比例计算应享有的部分，借记或贷记"股权投资（其他权益变动)"科目,贷记或借记本科目。

(二)处置股权投资或因企业破产清算导致股权投资减少时,按照相应的"权益法调整"账面余额,借记或贷记本科目,贷记或借记"股权投资(其他权益变动)"科目。

(三)无偿划出股权投资时,根据股权管理部门提供的资料,按照被划出股权投资对应的"权益法调整"科目账面余额,借记或贷记本科目,贷记或借记"股权投资(其他权益变动)"科目;按照被划出股权投资的账面余额,借记"其他费用"科目,贷记"股权投资(投资成本、损益调整)"科目。

(四)由于管理需要,股权投资的核算由权益法改为成本法的,按照"权益法调整"科目账面余额,借记或贷记本科目,贷记或借记"股权投资(其他权益变动)"科目;按照权益法下"股权投资(投资成本、损益调整)"科目账面余额作为成本法下"股权投资(投资成本)"账面余额,借记"股权投资(投资成本)"科目,贷记"股权投资(投资成本、损益调整)"科目。

四、本科目期末余额反映政府财政在被投资主体除净损益和利润分配以外的所有者权益变动中累计享有(或分担)的份额。

3051 以前年度盈余调整

一、本科目核算政府财政调整以前年度盈余的事项。

二、本科目应设置"预算管理资金以前年度盈余调整""财政专户管理资金以前年度盈余调整""专用基金以前年度盈余调整"明细科目。

三、以前年度盈余调整的主要账务处理如下:

(一)调整增加以前年度收入时,按照调整增加的金额,借记有关科目,贷记本科目;调整减少的,作相反会计分录。

(二)调整增加以前年度费用时,按照调整增加的金额,借记本科目,贷记有关科目;调整减少的,作相反会计分录。

(三)对于政府以前年度取得的资产或承担的负债,在本年初次确认时,借记有关资产科目或贷记有关负债科目,贷记或借记本科目。

(四)年终转账时,将本科目余额转入累计盈余,借记或贷记"累计盈余"科目,贷记或借记本科目。

四、期末结转后,本科目应无余额。

四、收入类

4001 税收收入

一、本科目核算政府财政筹集的纳入本级财政管理的税收收入。

二、本科目应参照《政府收支分类科目》中"税收收入"科目进行明细核算。

三、税收收入的主要账务处理如下:

(一)收到款项时,根据当日收入日报表所列本级税收收入数,借记"国库存款"科目,贷记本科目。

(二)年终转账时,本科目贷方余额转入本期盈余,借记本科目,贷记"本期盈余——预算管理资金本期盈余"科目。

四、本科目平时贷方余额反映本级政府财政税收收入的累计数。

五、期末结转后,本科目应无余额。

4002 非税收入

一、本科目核算政府财政筹集的纳入本级财政管理的非税收入。

二、本科目应参照《政府收支分类科目》中"非税收入"科目进行明细核算。

三、非税收入的主要账务处理如下:

(一)确认取得非税收入时

1. 按照实际收到的非税收入金额,借记"国库存款"科目,贷记本科目。

2. 全部实行非税收入电子化管理,非税收入管理部门具备条件提供已开具缴款票据、尚未缴入本级国库的非税收入数据的地区,按照本级应收的非税收入金额,借记"应收非税收入"科目,贷记本科目。

(二)期末,非税收入管理部门应提供已列应收非税收入中确认不能缴库的金额,借记本科目,贷记"应收非税收入"科目。

(三)年终转账时,本科目贷方余额转入本期盈余,借记本科目,贷记"本期盈余——预算管理资金本期盈余"科目。

四、本科目平时贷方余额反映本级政府财政非税收入的累计数。

五、期末结转后,本科目应无余额。

4011 投资收益

一、本科目核算政府股权投资所实现的收益或发生的损失。

二、本科目可根据管理需要，按照被投资主体进行明细核算。

三、投资收益的主要账务处理如下：

（一）采用权益法核算

1. 股权投资持有期间，被投资主体实现净损益的，根据股权管理部门提供的资料，按照应享有或应分担的被投资主体实现净损益的份额，借记或贷记"股权投资（损益调整）"科目，贷记或借记本科目。

2. 处置股权投资时，根据股权管理部门提供的资料，按照处置收回的金额，借记"国库存款"科目，按照已宣告尚未领取的现金股利或利润，贷记"应收股利"科目，按照被处置股权投资的账面余额，贷记"股权投资（投资成本、损益调整）"科目，按照借贷方差额，贷记或借记本科目；同时，按照被处置股权投资对应的"权益法调整"科目账面余额，借记或贷记"权益法调整"科目，贷记或借记"股权投资（其他权益变动）"科目。

3. 企业破产清算时，按照缴入国库清算收入的金额，借记"国库存款"科目，按照破产清算股权投资的账面余额，贷记"股权投资（投资成本、损益调整）"科目，按照其差额，借记或贷记本科目；同时，按照破产清算企业股权投资对应的"权益法调整"科目账面余额，借记或贷记"权益法调整"科目，贷记或借记"股权投资（其他权益变动）"科目。

（二）采用成本法核算

1. 股权投资持有期间，被投资主体宣告发放现金股利或利润的，根据股权管理部门提供的资料，按照应上缴政府财政的部分，借记"应收股利"科目，贷记本科目。

2. 收到现金股利或利润时，按照实际收到的金额，借记"国库存款"科目，贷记"应收股利"科目；按照实际收到金额中未宣告发放的现金股利或利润，借记"应收股利"科目，贷记本科目。

3. 处置股权投资时，按照收回的金额，借记"国库存款"科目，按照已宣告尚未领取的现金股利或利润，贷记"应收股利"科目，按照股权投资账面余额，贷记"股权投资（投资成本）"科目，按照借贷方差额，贷记或借记本科目。

4. 企业破产清算时，根据股权管理部门提供的资料，按照缴入国库清算收入的金额，借记"国库存款"科目，按照破产清算股权投资的账面余额,贷记"股权投资(投资成本)"科目,按照其差额,借记或贷记本科目。

四、年终转账时,本科目余额转入本期盈余,借记或贷记本科目,贷记或借记"本期盈余——预算管理资金本期盈余"科目。

五、期末结转后,本科目应无余额。

4021 补助收入

一、本科目核算上级政府财政按照财政体制规定或专项需要补助给本级政府财政的款项,包括税收返还、转移支付等。

二、补助收入的主要账务处理如下:

(一)年终与上级政府财政结算时,按照结算确认的应当由上级政府补助的收入数,借记"与上级往来"科目,贷记本科目。退还或核减补助收入时,借记本科目,贷记"与上级往来"科目。

(二)年终转账时,本科目贷方余额转入本期盈余,借记本科目,贷记"本期盈余——预算管理资金本期盈余"科目。

三、本科目平时贷方余额反映本级政府财政取得补助收入的累计数。

四、期末结转后,本科目应无余额。

4022 上解收入

一、本科目核算按照财政体制规定或专项需要由下级政府财政上交给本级政府财政的款项。

二、本科目可根据管理需要,按照上解地区进行明细核算。

三、上解收入的主要账务处理如下:

(一)年终与下级政府财政结算时,按照结算确认的应上解金额,借记"与下级往来"科目,贷记本科目。退还或核减上解收入时,借记本科目,贷记"与下级往来"科目。

(二)年终转账时,本科目贷方余额转入本期盈余,借记本科目,贷记"本期盈余——预算管理资金本期盈余"科目。

四、本科目平时贷方余额反映上解收入的累计数。

五、期末结转后,本科目应无余额。

4023 地区间援助收入

一、本科目核算受援方政府财政收到援助方政府财政转来的可统筹使用的各类援助、捐赠等资金收入。援助方政府已列"地区间援助费用"科目的援助、捐赠等资金，受援方通过本科目核算。

二、本科目可根据管理需要，按照援助地区等进行明细核算。

三、地区间援助收入的主要账务处理如下：

（一）收到援助方政府财政转来的资金时，借记"国库存款"科目，贷记本科目。

（二）年终转账时，本科目贷方余额转入本期盈余，借记本科目，贷记"本期盈余——预算管理资金本期盈余"科目。

四、本科目平时贷方余额反映地区间援助收入的累计数。

五、期末结转后，本科目应无余额。

4031　其他收入

一、本科目核算政府财政除税收收入、非税收入、投资收益、补助收入、上解收入、地区间援助收入、财政专户管理资金收入、专用基金收入以外的各项收入，包括从其他渠道调入资金、豁免主权外债偿还责任以及无偿取得股权投资等产生的收入。

二、本科目可根据管理需要，按照其他收入类别等进行明细核算。

三、其他收入的主要账务处理如下：

（一）从其他渠道调入资金时，按照调入的金额，借记"国库存款"科目，贷记本科目。

（二）债权人豁免政府财政承担的主权外债时，政府财政按照减少的债务金额，借记"借入款项"等科目，贷记本科目。

（三）无偿划入股权投资时，账务处理参照"股权投资"科目使用说明中权益法和成本法下对应业务的账务处理。

（四）年终转账时，本科目贷方余额转入本期盈余。借记本科目，贷记"本期盈余——预算管理资金本期盈余"科目。

四、本科目平时贷方余额反映本级政府财政其他收入的累计数。

五、期末结转后，本科目应无余额。

4041　财政专户管理资金收入

一、本科目核算政府财政纳入财政专户管理的教育收费等资金收入。

二、本科目可根据管理需要，按照预算单位等进行明细核算。

三、财政专户管理资金收入的主要账务处理如下：

（一）收到财政专户管理资金时，借记"其他财政存款"科目，贷记本科目。

（二）年终转账时，本科目贷方余额转入本期盈余，借记本科目，贷记"本期盈余——财政专户管理资金本期盈余"科目。

四、本科目平时贷方余额反映财政专户管理资金收入的累计数。

五、期末结转后，本科目应无余额。

4042　专用基金收入

一、本科目核算政府财政按照法律法规和国务院、财政部规定设置或取得的粮食风险基金等专用基金收入。

二、本科目可根据管理需要，按照专用基金的种类进行明细核算。

三、专用基金收入的主要账务处理如下：

（一）取得专用基金收入转入财政专户时，借记"其他财政存款"科目，贷记本科目。退回取得的专用基金收入时，借记本科目，或"以前年度盈余调整——专用基金以前年度盈余调整"科目，贷记"其他财政存款"科目。

（二）通过费用安排取得专用基金收入仍留存国库的，借记有关费用科目，贷记"专用基金收入"科目。

（三）年终转账时，本科目贷方余额转入本期盈余，借记本科目，贷记"本期盈余——专用基金本期盈余"科目。

四、本科目平时贷方余额反映本级政府财政专用基金收入的累计数。

五、期末结转后，本科目应无余额。

五、费用类

5001　政府机关商品和服务拨款费用

一、本科目核算本级政府财政拨付给机关和参公事业单位购买商品和服务的各类费用，不包括用于购置固定资产、战略性和应急性物资储备等资本性拨款费用。

二、本科目可根据管理需要，参照《政府收支分类科目》中支出经济分类科目，按照预算单位和项目等进行明细核算。

三、政府机关商品和服务拨款费用的主要账务处理如下：

（一）实际发生政府机关商品和服务拨款费用时，借记本科目，贷记"国库存款"科目。

（二）当年政府机关商品和服务拨款费用发生退回时，按照实际收到的退回金额，借记"国库存款"科目，贷记本科目。

（三）年终转账时，本科目借方余额转入本期盈余，借记"本期盈余——预算管理资金本期盈余"科目，贷记本科目。

四、本科目平时借方余额反映本级政府机关商品和服务拨款费用的累计数。

五、期末结转后，本科目应无余额。

5002 政府机关工资福利拨款费用

一、本科目核算本级政府财政拨付给机关和参公事业单位在职职工和编制外长期聘用人员的各类劳动报酬及为上述人员缴纳的各项社会保险费等费用。

二、本科目可根据管理需要，参照《政府收支分类科目》中支出经济分类科目，按照预算单位和项目等进行明细核算。

三、政府机关工资福利拨款费用的主要账务处理如下：

（一）实际发生政府机关工资福利拨款费用时，借记本科目，贷记"国库存款"科目。

（二）当年政府机关工资福利拨款费用发生退回时，按照实际收到的退回金额，借记"国库存款"科目，贷记本科目。

（三）年终转账时，本科目借方余额转入本期盈余，借记"本期盈余——预算管理资金本期盈余"科目，贷记本科目。

四、本科目平时借方余额反映本级政府机关工资福利拨款费用的累计数。

五、期末结转后，本科目应无余额。

5003 对事业单位补助拨款费用

一、本科目核算本级政府财政拨付的对事业单位（不含参公事业单位）的经常性补助费用，不包括对事业单位的资本性拨款费用。

二、本科目可根据管理需要，参照《政府收支分类科目》中支出经济分类科目，按照预算单位和项目等进行明细核算。

三、对事业单位补助拨款费用的主要账务处理如下：

（一）实际发生对事业单位补助拨款费用时，借记本科目，贷记"国库存款"科目。

（二）当年对事业单位补助拨款费用发生退回时，按照实际收到的退回金额，借记"国库存款"科目，贷记本科目。

（三）年终转账时，本科目借方余额转入本期盈余，借记"本期盈余——预算管理资金本期盈余"科目，贷记本科目。

四、本科目平时借方余额反映本级政府财政对事业单位补助拨款费用的累计数。

五、期末结转后，本科目应无余额。

5004 对企业补助拨款费用

一、本科目核算本级政府财政拨付的对各类企业的补助费用，不包括对企业的资本金注入和资本性拨款费用。

二、本科目可根据管理需要，参照《政府收支分类科目》中支出经济分类科目，按照预算单位和项目等进行明细核算。

三、对企业补助拨款费用的主要账务处理如下：

（一）实际发生对企业补助拨款费用时，借记本科目，贷记"国库存款"科目。

（二）当年对企业补助拨款费用发生退回时，按照实际收到的退回金额，借记"国库存款"科目，贷记本科目。

（三）年终转账时，本科目借方余额转入本期盈余，借记"本期盈余——预算管理资金本期盈余"科目，贷记本科目。

四、本科目平时借方余额反映本级政府财政对企业补助拨款费用的累计数。

五、期末结转后，本科目应无余额。

5005 对个人和家庭补助拨款费用

一、本科目核算本级政府财政拨付的对个人和家庭的补助费用。

二、本科目可根据管理需要，参照《政府收支分类科目》中支出经济分类科目，按照预算单位和项目等进行明细核算。

三、对个人和家庭补助拨款费用的主要账务处理如下：

（一）实际发生对个人和家庭补助拨款费用时，借记本科目，贷记"国库存款"科目。

（二）当年对个人和家庭补助拨款费用发生退回时，按照实际收到的金额，借记"国库存款"科目，贷记本科目。

（三）年终转账时，本科目借方余额转入本期盈余，借记"本期盈余——预算管理资金本期盈余"科目，贷记本科目。

四、本科目平时借方余额反映本级政府财政对个人和家庭补助拨款费用的累计数。

五、期末结转后，本科目应无余额。

5006 对社会保障基金补助拨款费用

一、本科目核算本级政府财政拨付的对社会保险基金的补助费用，以及补充全国社会保障基金的费用。

二、本科目可根据管理需要，参照《政府收支分类科目》中支出经济分类科目，按照预算单位和项目等进行明细核算。

三、对社会保障基金补助拨款费用的主要账务处理如下：

（一）实际发生对社会保障基金补助拨款费用时，借记本科目，贷记"国库存款"科目。

（二）当年对社会保障基金补助拨款费用发生退回时，按照实际收到的金额，借记"国库存款"科目，贷记本科目。

（三）年终转账时，本科目借方余额转入本期盈余，借记"本期盈余——预算管理资金本期盈余"科目，贷记本科目。

四、本科目平时借方余额反映本级政府财政对社会保障基金补助拨款费用的累计数。

五、期末结转后，本科目应无余额。

5007 资本性拨款费用

一、本科目核算政府财政拨付给行政事业单位和企业的资本性拨款费用，不包括对企业的资本金注入。

二、本科目可根据管理需要，参照《政府收支分类科目》中支出经济分类科目，按照预算单位和项目等进行明细核算。

三、资本性拨款费用的主要账务处理如下：

（一）实际发生资本性拨款费用时，借记本科目，贷记"国库存款"科目。

（二）当年资本性拨款费用发生退回时，按照实际退回的金额，借记"国库存款"科目，贷记本科目。

（三）年终转账时，本科目借方余额转入本期盈余，借记"本期盈余——预算管理资金本期盈余"科目，贷记本科目。

四、本科目平时借方余额反映本级政府财政资本性拨款费用的累计数。

五、期末结转后，本科目应无余额。

5008　其他拨款费用

一、本科目核算本级政府财政拨付的经常性赠与、国家赔偿费用、对民间非营利组织和群众性自治组织补贴等拨款费用。

二、本科目可根据管理需要，参照《政府收支分类科目》中支出经济分类科目，按照预算单位和项目等进行明细核算。

三、其他拨款费用的主要账务处理如下：

（一）实际发生其他拨款费用时，借记本科目，贷记"国库存款"科目。

（二）当年其他拨款费用发生退回时，按照实际收到的退回金额，借记"国库存款"科目，贷记本科目。

（三）年终转账时，本科目借方余额转入本期盈余，借记"本期盈余——预算管理资金本期盈余"科目，贷记本科目。

四、本科目平时借方余额反映本级政府财政其他拨款费用的累计数。

五、期末结转后，本科目应无余额。

5011　财务费用

一、本科目核算本级政府财政用于偿还政府债务利息费用，政府债务发行、兑付、登记费用，以外币计算的政府资产及债务由于汇率变化产生的汇兑损益等。

二、本科目应设置"利息费用""债务发行兑付费用""汇兑损益"明细科目。

三、财务费用的主要账务处理如下：

（一）利息费用的主要账务处理

1. 按期计提利息费用时，根据债务管理部门计算确定的本期应支付利息金额，借记本科目，贷记"应付利息""应付地方政府债券转贷款——应付利息""应付主权外债转贷款——应付利息"等科目。

2. 中央财政发生国债随卖业务时，账务处理参照"应付短期政府债券"科目使用说明中国债随卖业务的账务处理。

3. 中央财政发生国债随买业务时，账务处理参照"应付短期政府债券"科目使用说明中国债随买业务的账务处理。

4. 提前赎回已发行的政府债券、债权人豁免政府财政承担的主权外债应付利息时,按照减少的当年已计提应付利息金额,借记"应付利息""应付地方政府债券转贷款——应付利息""应付主权外债转贷款——应付利息"等科目,贷记本科目。

(二)债务发行兑付费用的主要账务处理

1. 支付政府债务发行、兑付、登记款项时,按照实际支付的金额,借记本科目,贷记"国库存款"科目。

2. 收到或扣缴下级政府财政应承担的政府债务发行、兑付、登记款项时,按照实际收到或扣缴的金额,借记"国库存款""其他财政存款""与下级往来"等科目,贷记本科目。

(三)汇兑损益的主要账务处理

1. 期末,将所有以外币计算的政府资产按期末汇率折算为人民币金额,折算后的金额小于账面余额时,按照折算差额,借记本科目,贷记"其他财政存款""应收主权外债转贷款"等科目;折算后的金额大于账面余额时,按照折算差额,借记"其他财政存款""应收主权外债转贷款"科目,贷记本科目。

2. 期末,将所有以外币计算的借入款项、政府债券、主权外债转贷款、应付利息等政府负债按期末汇率折算为人民币金额,折算后的金额小于账面余额时,按照折算差额,借记"借入款项""应付长期政府债券""应付主权外债转贷款""应付利息"等科目,贷记本科目;折算后的金额大于账面余额时,按照折算差额,借记本科目,贷记"借入款项""应付长期政府债券""应付主权外债转贷款""应付利息"等科目。

(四)年终转账时,本科目借方或贷方余额转入本期盈余,借记或贷记"本期盈余——预算管理资金本期盈余"科目,贷记或借记本科目。

四、本科目平时借方余额反映本级政府财政财务费用的累计数。

五、期末结转后,本科目应无余额。

5021 补助费用

一、本科目核算本级政府财政按财政体制规定或专项需要补助给下级政府财政的款项,包括对下级的税收返还、一般性转移支付和专项转移支付等。

二、本科目可根据管理需要,按照补助地区进行明细核算。

三、补助费用的主要账务处理如下：

（一）年终与下级政府财政结算时，按照结算确认的应当补助下级政府的费用数，借记本科目，贷记"与下级往来"科目。退还或核减补助费用时，借记"与下级往来"科目，贷记本科目。

（二）专项转移支付资金实行特设专户管理的，根据有关支出管理部门下达的预算文件和拨款依据确认费用，借记本科目或"与下级往来"科目；资金由本级政府财政拨付给下级的，贷记"其他财政存款"等科目；资金由上级政府财政直接拨给下级的，贷记"与上级往来"或"补助收入"科目。

（三）年终转账时，本科目借方余额转入本期盈余，借记"本期盈余——预算管理资金本期盈余"科目，贷记本科目。

四、本科目平时借方余额反映本级政府财政对下级补助费用的累计数。

五、期末结转后，本科目应无余额。

5022　上解费用

一、本科目核算本级政府财政按照财政体制规定或专项需要上解给上级政府财政的款项。

二、本科目可根据管理需要按照项目等进行明细核算。

三、上解费用的主要账务处理如下：

（一）年终与上级政府财政结算时，按照结算确认的应当上解费用数，借记本科目，贷记"与上级往来"科目。退还或核减上解费用时，借记"与上级往来"等科目，贷记本科目。

（二）年终转账时，本科目借方余额转入本期盈余，借记"本期盈余——预算管理资金本期盈余"科目，贷记本科目。

四、本科目平时借方余额反映本级政府财政上解费用的累计数。

五、期末结转后，本科目应无余额。

5023　地区间援助费用

一、本科目核算援助方政府财政安排用于受援方政府财政统筹使用的各类援助、补偿、捐赠等。

二、本科目可根据管理需要，按照受援地区等进行明细核算。

三、地区间援助费用的主要账务处理如下：

（一）发生地区间援助费用时，借记本科目，贷记"国库存款"科目。

（二）年终转账时，本科目借方余额转入本期盈余，借记"本期盈余——预算管理资金本期盈余"科目，贷记本科目。

四、本科目平时借方余额反映地区间援助费用的累计数。

五、期末结转后，本科目应无余额。

5031　其他费用

一、本科目核算本级政府财政无偿划出股权投资时产生的投资损失、政府财政承担支出责任的其他负债等。

二、本科目可根据管理需要，按照类别进行明细核算。

三、其他费用的主要账务处理如下：

（一）政府财政无偿划出股权投资时，根据股权管理部门提供的资料，按照被划出股权投资对应的"权益法调整"科目账面余额，借记或贷记"权益法调整"科目，贷记或借记"股权投资（其他权益变动）"科目；按照被划出股权投资的账面余额，借记本科目，贷记"股权投资（投资成本、损益调整）"科目。

（二）政府财政承担支出责任的其他负债，按照确定应承担的负债金额，借记本科目，贷记"其他负债"科目。

（三）无偿划出股权投资时，账务处理参照"股权投资"科目使用说明中权益法和成本法下对应业务的账务处理。

（四）年终转账时，本科目借方余额转入本期盈余，借记"本期盈余——预算管理资金本期盈余"科目，贷记本科目。

四、本科目平时借方余额反映本级政府财政其他费用的累计数。

五、期末结转后，本科目应无余额。

5041　财政专户管理资金支出

一、本科目核算本级政府财政用纳入财政专户管理的教育收费等资金安排的支出。

二、本科目可根据管理需要，按照预算单位等进行明细核算。

三、财政专户管理资金支出的主要账务处理如下：

（一）发生财政专户管理资金支出时，借记本科目，贷记"其他财政存款"等科目。

（二）当年记入的财政专户管理资金支出发生退回时，按照实际退回的金额，借记"其他财政存款"科目，贷记本科目。

（三）以前年度财政专户管理资金支出发生退回时，按照实际退回的金额，借记"其他财政存款"科目，贷记"以前年度盈余调整——财政专户管理资金以前年度盈余调整"科目。

（四）年终转账时，本科目借方余额转入本期盈余，借记"本期盈余——财政专户管理资金本期盈余"科目，贷记本科目。

四、本科目平时借方余额反映财政专户管理资金支出的累计数。

五、期末结转后，本科目应无余额。

5042　专用基金支出

一、本科目核算本级政府财政用专用基金收入安排的支出。

二、本科目可根据管理需要，按照专用基金种类、预算单位等进行明细核算。

三、专用基金支出的主要账务处理如下：

（一）发生专用基金支出时，借记本科目，贷记"其他财政存款"等科目。

（二）当年专用基金支出发生退回时，按照实际退回的金额，借记"其他财政存款"等科目，贷记本科目。

（三）以前年度专用基金支出发生退回时，按照实际退回的金额，借记"其他财政存款"等科目，贷记"以前年度盈余调整——专用基金以前年度盈余调整"科目。

（四）年终转账时，本科目借方余额转入本期盈余，借记"本期盈余——专用基金本期盈余"科目，贷记本科目。

四、本科目平时借方余额反映专用基金支出的累计数。

五、期末结转后，本科目应无余额。

第四十二条　预算会计科目使用说明如下：

六、预算收入类

6001　一般公共预算收入

一、本科目核算政府财政筹集的纳入本级一般公共预算管理的税收收入和非税收入。

二、本科目应根据《政府收支分类科目》中"一般公共预算收入"科目进行明细核算。

三、一般公共预算收入的主要账务处理如下：

（一）收到款项时，根据当日预算收入日报表所列一般公共预算本级收入数，借记"资金结存——库款资金结存"科目，贷记本科目。

（二）年终转账时，本科目贷方余额转入一般公共预算结转结余，借记本科目，贷记"一般公共预算结转结余"科目。

四、本科目平时贷方余额反映本级一般公共预算收入的累计数。

五、期末结转后，本科目应无余额。

6002 政府性基金预算收入

一、本科目核算政府财政筹集的纳入本级政府性基金预算管理的非税收入。

二、本科目应根据《政府收支分类科目》中"政府性基金预算收入"科目进行明细核算。

三、政府性基金预算收入的主要账务处理如下：

（一）收到款项时，根据当日预算收入日报表所列政府性基金预算本级收入数，借记"资金结存——库款资金结存"科目，贷记本科目。

（二）年终转账时，本科目贷方余额转入政府性基金预算结转结余，借记本科目，贷记"政府性基金预算结转结余"科目。

四、本科目平时贷方余额反映本级政府性基金预算收入的累计数。

五、期末结转后，本科目应无余额。

6003 国有资本经营预算收入

一、本科目核算政府财政筹集的纳入本级国有资本经营预算管理的非税收入。

二、本科目应根据《政府收支分类科目》中"国有资本经营预算收入"科目进行明细核算。

三、国有资本经营预算收入的主要账务处理如下：

（一）收到款项时，根据当日预算收入日报表所列国有资本经营预算本级收入数，借记"资金结存——库款资金结存"科目，贷记本科目。

（二）年终转账时，本科目贷方余额转入国有资本经营预算结转结余，借记本科目，贷记"国有资本经营预算结转结余"科目。

四、本科目平时贷方余额反映本级国有资本经营预算收入的累计数。

五、期末结转后，本科目应无余额。

6005 财政专户管理资金收入

一、本科目核算政府财政纳入财政专户管理的教育收费等资金收入。

二、本科目应根据《政府收支分类科目》中收入分类科目进行明细核算。同时，根据管理需要，按预算单位等进行明细核算。

三、财政专户管理资金收入的主要账务处理如下：

（一）收到财政专户管理资金收入时，借记"资金结存——专户资金结存"科目，贷记本科目。

（二）年终转账时，本科目贷方余额转入财政专户管理资金结余，借记本科目，贷记"财政专户管理资金结余"科目。

四、本科目平时贷方余额反映财政专户管理资金收入的累计数。

五、期末结转后，本科目应无余额。

6007 专用基金收入

一、本科目核算本级政府财政按照法律法规和国务院、财政部规定设置或取得的粮食风险基金等专用基金收入。

二、本科目应按照专用基金种类进行明细核算。

三、专用基金收入的主要账务处理如下：

（一）通过预算支出安排取得专用基金收入并将资金转入财政专户的，借记"资金结存——专户资金结存"科目，贷记本科目；同时，借记"一般公共预算支出"等科目，贷记"资金结存——库款资金结存"等科目。退回专用基金收入时，做相反的会计分录。

（二）通过预算支出安排取得专用基金收入，资金仍留存国库的，借记"一般公共预算支出"等科目，贷记本科目。

（三）年终转账时，本科目贷方余额转入专用基金结余，借记本科目，贷记"专用基金结余"科目。

四、本科目平时贷方余额反映取得专用基金收入的累计数。

五、期末结转后，本科目应无余额。

6011 补助预算收入

一、本科目核算上级政府财政按照财政体制规定或专项需要补助给本级政府财政的款项，包括税收返还、一般性转移支付和专项转移支付等。

二、本科目下应设置"一般公共预算补助收入""政府性基金预算补助收入""国有资本经营预算补助收入""上级调拨"明细科目，可根据《政府收支分类科目》规定进行明细核算。其中，"一般公共预算补助收入"科目核算本级政府财政收到上级政府财政的一般公共预算转移支付收入;"政府性基金预算补助收入"科目核算本级政府财政收到上级政府财政的政府性基金转移支付收入;"国有资本经营预算补助收入"科目核算本级政府财政收到上级政府财政的国有资本经营预算转移支付收入;"上级调拨"科目核算年度执行中,本级政府财政收到暂不能明确资金类别的上级政府财政调拨资金或按年终结算应确认事项金额。

三、补助预算收入的主要账务处理如下:

(一)年度执行中,收到上级政府财政调拨的资金时,按照实际收到的金额,借记"资金结存——库款资金结存"科目,贷记"补助预算收入——上级调拨"等科目。

专项转移支付资金实行特设专户管理的,收到资金时按照实际收到的金额,借记"资金结存——专户资金结存"科目,贷记"补助预算收入——上级调拨"科目。

有主权外债业务的财政部门,贷款资金由本级政府财政同级预算单位使用,且贷款的最终还款责任由上级政府财政承担的,本级政府财政部门收到贷款资金时,借记"资金结存——专户资金结存"科目,贷记"补助预算收入——上级调拨"科目;外方或上级政府财政将贷款资金直接支付给供应商或用款单位时,借记"一般公共预算支出"科目,贷记"补助预算收入——上级调拨"等科目;上级政府财政豁免本级政府财政主权外债,根据债务管理部门提供的有关资料和有关预算文件,借记"资金结存——上下级调拨结存"科目,贷记"补助预算收入——上级调拨"科目。

(二)根据预算管理需要,本级政府财政向上级政府财政归还资金时,按照实际转出的金额,借记"补助预算收入——上级调拨"科目,贷记"资金结存——库款资金结存"科目。

(三)年终两级财政办理结算以后,根据预算管理部门提供的结算单确认上级补助预算收入,借记"补助预算收入——上级调拨"科目,贷记"补助预算收入——一般公共预算补助收入""补助预算收入——政府性基金预算补助收入""补助预算收入——国有资本经营预算补助收入"等科目;两级财政年终结算中发生应上交上级政府财政款项时,借记"上解预算支出"等科目,贷记"补助预算收入——上级调拨"等科目。

(四)完成上述结转以后,将本科目下各明细科目余额分别结转至相应的预算结余类科目,借记本科目,贷记"一般公共预算结转结余""政府性基金预算结转结余""国有资本经营预算结转结余""资金结存——上下级调拨结存"等科目。

四、本科目平时贷方余额反映本级政府财政收到上级政府财政调拨资金的累计数。

五、期末结转后,本科目应无余额。

6012 上解预算收入

一、本科目核算按照财政体制规定或专项需要由下级政府财政上交给本级政府财政的款项。

二、本科目下应按照不同资金性质设置"一般公共预算上解收入""政府性基金预算上解收入""国有资本经营预算上解收入"明细科目,并按照上解地区进行明细核算。

三、上解预算收入的主要账务处理如下:

(一)年终与下级政府财政结算时,根据预算管理部门提供的有关资料,按照尚未收到的上解款金额,借记"补助预算支出——调拨下级"科目,贷记本科目。

(二)年终转账时,本科目贷方余额应根据不同资金性质分别转入相应的结转结余科目,借记本科目,贷记"一般公共预算结转结余""政府性基金预算结转结余""国有资本经营预算结转结余"等科目。

四、本科目平时贷方余额反映上解收入的累计数。

五、期末结转后,本科目应无余额。

6013 地区间援助预算收入

一、本科目核算受援方政府财政收到援助方政府财政转来的可统筹使用的各类援助、捐赠等资金收入。援助方政府已列"地区间援助预算支出"的援助、捐赠等资金,受援方通过本科目核算。

二、本科目应根据管理需要,按照援助地区等进行明细核算。

三、地区间援助预算收入的主要账务处理如下:

(一)收到援助方政府财政转来的资金时,借记"资金结存——库款资金结存"科目,贷记本科目。

(二)年终转账时,本科目贷方余额转入一般公共预算结转结余,借记本科目,贷记"一般公共预算结转结余"科目。

四、本科目平时贷方余额反映地区间援助收入的累计数。

五、期末结转后,本科目应无余额。

6021　调入预算资金

一、本科目核算政府财政为平衡某类预算收支,从其他类型预算资金及其他渠道调入的资金。

二、本科目下应按照不同资金性质设置"一般公共预算调入资金""政府性基金预算调入资金"明细科目。

三、调入预算资金的主要账务处理如下:

(一)从其他类型预算资金及其他渠道调入一般公共预算时,按照调入或实际收到的金额,借记"调出预算资金——政府性基金预算调出资金""调出预算资金——国有资本经营预算调出资金""资金结存——库款资金结存"等科目,贷记"调入预算资金——一般公共预算调入资金"科目。

(二)从其他类型预算资金及其他渠道调入政府性基金预算时,按照调入或实际收到的资金金额,借记"资金结存——库款资金结存"等科目,贷记"调入预算资金——政府性基金预算调入资金"科目。

(三)年终转账时,本科目贷方余额按明细科目分别转入相应的结转结余科目,借记本科目,贷记"一般公共预算结转结余""政府性基金预算结转结余"等科目。

四、本科目平时贷方余额反映调入预算资金的累计数。

五、期末结转后,本科目无余额。

6031　动用预算稳定调节基金

一、本科目核算政府财政为弥补本年度预算资金不足,动用的预算稳定调节基金。

二、动用预算稳定调节基金的主要账务处理如下:

(一)动用预算稳定调节基金时,借记"预算稳定调节基金"科目,贷记本科目。

(二)年终转账时,本科目贷方余额转入一般公共预算结转结余,借记本科目,贷记"一般公共预算结转结余"科目。

三、本科目平时贷方余额反映动用预算稳定调节基金的累计数。

四、期末结转后,本科目应无余额。

6041 债务预算收入

一、本科目核算政府财政根据法律法规等规定，通过发行债券、向外国政府和国际金融组织借款等方式筹集的纳入预算管理的债务收入。

二、本科目应设置"国债收入""一般债务收入"和"专项债务收入"明细科目，并根据《政府收支分类科目》中"债务收入"科目进行明细核算。

三、债务预算收入的主要账务处理如下：

（一）省级以上（含省级）政府财政收到政府债券发行收入时，按照实际收到的金额，借记"资金结存——库款资金结存"科目，按照政府债券实际发行额，贷记本科目，按照其差额，借记或贷记有关支出科目。

（二）中央财政发生国债随卖业务时，按照实际收到的金额，借记"资金结存——库款资金结存"科目；根据国债随卖确认文件等相关债券管理资料，按照国债随卖面值，贷记本科目，按照实际收到金额与面值的差额，借记或贷记"一般公共预算支出"科目。

（三）按定向承销方式发行的政府债券，根据债务管理部门转来的债券发行文件等有关资料进行确认，由本级政府财政承担还款责任，贷款资金由本级政府财政同级部门使用的，借记"债务还本预算支出"科目，贷记本科目；转贷下级政府财政的，借记"债务转贷预算支出"科目，贷记本科目。

（四）政府财政向外国政府、国际金融组织等机构借款时，按照实际提款的外币金额和即期汇率折算的人民币金额，借记"资金结存——库款资金结存""资金结存——专户资金结存"等科目，贷记本科目。

（五）本级政府财政借入主权外债，且由外方或上级政府财政将贷款资金直接支付给用款单位或供应商时，应根据以下情况分别处理：

1. 本级政府财政承担还款责任，贷款资金由本级政府财政同级部门使用的，本级政府财政根据贷款资金支付有关资料，借记"一般公共预算支出"科目，贷记本科目。

2. 本级政府财政承担还款责任，贷款资金由下级政府财政同级部门使用的，本级政府财政根据贷款资金支付有关资料及预算文件，借记"补助预算支出——调拨下级"等科目，贷记本科目。

3. 下级政府财政承担还款责任，贷款资金由下级政府财政同级部门使用的，本级政府财政根据贷款资金支付有关资料，借记"债务转贷预算支出"科目，贷记本科目。

（六）年终转账时，本科目下"国债收入""一般债务收入"的贷方余额转入一般公共预算结转结余，借记"债务预算收入——国债收入""债务预算收入——一般债务收入"科目，贷记"一般公共预算结转结余"科目；本科目下"专项债务收入"的贷方余额转入政府性基金预算结转结余，借记"债务预算收入——专项债务收入"科目，贷记"政府性基金预算结转结余"科目，可根据预算管理需要，按照专项债务对应的政府性基金预算收入科目分别转入"政府性基金预算结转结余"相应明细科目。

四、本科目平时贷方余额反映债务预算收入的累计数。

五、期末结转后，本科目应无余额。

6042 债务转贷预算收入

一、本科目核算省级以下（不含省级）政府财政收到上级政府财政转贷的债务收入。

二、本科目应设置"一般债务转贷收入""专项债务转贷收入"明细科目，并根据《政府收支分类科目》中"债务转贷收入"科目进行明细核算。

三、债务转贷预算收入的主要账务处理如下：

（一）省级以下（不含省级）政府财政收到地方政府债券转贷收入时，按照实际收到的金额或债务管理部门确认的金额，借记"资金结存——库款资金结存""补助预算收入——上级调拨"等科目，贷记本科目；实际收到的金额与债务管理部门确认的到期应偿还转贷款本金之间的差额，借记或贷记有关支出科目。

（二）实行定向承销方式转贷的地方政府债券，省级以下（不含省级）政府财政根据债务管理部门提供的有关资料进行确认，借记"债务还本预算支出"科目，贷记本科目。

（三）省级以下（不含省级）政府财政收到主权外债转贷收入的具体账务处理如下：

1. 本级财政收到主权外债转贷资金时，借记"资金结存——库款资金结存""资金结存——专户资金结存"科目，贷记本科目。

2. 从上级政府财政借入主权外债转贷款，且由外方或上级政府财政将贷款资金直接支付给用款单位或供应商时，应根据以下情况分别处理：

（1）本级政府财政承担还款责任，贷款资金由本级政府财政同级部门使用的，本级政府财政根据贷款资金支付有关资料，借记"一般公共预算支出"科目，贷记本科目。

（2）本级政府财政承担还款责任，贷款资金由下级政府财政同级部门使用的，本级政府财政根据贷款资金支付有关资料及预算文件，借记"补助预算支出——调拨下级"等科目，贷记本科目。

（3）下级政府财政承担还款责任，贷款资金由下级政府财政同级部门使用的，本级政府财政根据转贷资金支付有关资料，借记"债务转贷预算支出"科目，贷记本科目；下级政府财政根据贷款资金支付有关资料，借记"一般公共预算支出"科目，贷记本科目。

（四）年终转账时，本科目下"一般债务转贷收入"明细科目的贷方余额转入一般公共预算结转结余，借记本科目，贷记"一般公共预算结转结余"科目；本科目下"专项债务转贷收入"明细科目的贷方余额转入政府性基金预算结转结余，借记本科目，贷记"政府性基金预算结转结余"科目，可根据预算管理需要，按照专项债务对应的政府性基金预算收入科目分别转入"政府性基金预算结转结余"相应明细科目。

四、本科目平时贷方余额反映债务转贷预算收入的累计数。

五、期末结转后，本科目应无余额。

6051　待处理收入

一、本科目核算本级政府财政收回的结转结余资金。

二、本科目下应设置"库款资金待处理收入""专户资金待处理收入"明细科目。

三、待处理收入的主要账务处理如下：

（一）收到收回的结转结余资金时，借记"资金结存——库款资金结存"等科目，贷记本科目。

（二）收回的结转结余资金，财政部门按原预算科目使用的，实际安排支出时，借记本科目或"资金结存——待处理结存"科目，贷记"资金结存——库款资金结存"科目。

（三）收回的结转结余资金，财政部门调整预算科目使用的，实际安排支出时，借记本科目或"资金结存——待处理结存"科目，按原结转预算科目,贷记"一般公共预算支出"等科目;同时,按实际支出预算科目,借记"一般公共预算支出"等科目,贷记"资金结存——库款资金结存"等科目。

(四)年终,本科目贷方余额转入资金结存,借记本科目,贷记"资金结存——待处理结存"科目。

四、本科目平时贷方余额反映待处理收入的累计数。

五、期末结转后,本科目应无余额。

七、预算支出类

7001　一般公共预算支出

一、本科目核算政府财政管理的由本级政府安排使用的列入一般公共预算的支出。

二、本科目应根据《政府收支分类科目》中支出功能分类科目和支出经济分类科目进行明细核算。同时,可根据预算管理需要,按照预算单位和项目等进行明细核算。

三、一般公共预算支出的主要账务处理如下:

(一)实际发生一般公共预算支出时,借记本科目,贷记"资金结存——库款资金结存"等科目。

(二)已支出事项发生退回时,借记"资金结存——库款资金结存"等科目,贷记本科目。

(三)年终转账时,本科目借方余额转入一般公共预算结转结余,借记"一般公共预算结转结余"科目,贷记本科目。

四、本科目平时借方余额反映一般公共预算支出的累计数。

五、期末结转后,本科目应无余额。

7002　政府性基金预算支出

一、本科目核算政府财政管理的由本级政府安排使用的列入政府性基金预算的支出。

二、本科目应根据《政府收支分类科目》中支出功能分类科目和支出经济分类科目进行明细核算。同时,可根据预算管理需要,按照预算单位和项目等进行明细核算。

三、政府性基金预算支出的主要账务处理如下:

(一)实际发生政府性基金预算支出时,借记本科目,贷记"资金结存——库款资金结存"等科目。

（二）已支出事项发生退回时，借记"资金结存——库款资金结存"等科目，贷记本科目。

（三）年终转账时，本科目借方余额转入政府性基金预算结转结余，借记"政府性基金预算结转结余"科目，贷记本科目。

四、本科目平时借方余额反映政府性基金预算支出的累计数。

五、期末结转后，本科目应无余额。

7003　国有资本经营预算支出

一、本科目核算政府财政管理的由本级政府安排使用的列入国有资本经营预算的支出。

二、本科目应根据《政府收支分类科目》中支出功能分类科目和支出经济分类科目进行明细核算。同时，根据预算管理需要，按照预算单位和项目等进行明细核算。

三、国有资本经营预算支出的主要账务处理如下：

（一）实际发生国有资本经营预算支出时，借记本科目，贷记"资金结存——库款资金结存"等科目。

（二）已支出事项发生退回时，借记"资金结存——库款资金结存"等科目，贷记本科目。

（三）年终转账时，本科目借方余额转入国有资本经营预算结转结余，借记"国有资本经营预算结转结余"科目，贷记本科目。

四、本科目平时借方余额反映国有资本经营预算支出的累计数。

五、期末结转后，本科目应无余额。

7005　财政专户管理资金支出

一、本科目核算本级政府财政用纳入财政专户管理的教育收费等资金安排的支出。

二、本科目应根据《政府收支分类科目》中支出功能分类科目和支出经济分类科目进行明细核算。同时，可根据管理需要，按照预算单位和项目等进行明细核算。

三、财政专户管理资金支出的主要账务处理如下：

（一）发生财政专户管理资金支出时，借记本科目，贷记"资金结存——专户资金结存"等科目。

（二）已支出事项发生退回时，借记"资金结存——专户资金结存"等科目，贷记本科目。

（三）年终转账时，本科目借方余额转入财政专户管理资金结余，借记"财政专户管理资金结余"科目，贷记本科目。

四、本科目平时借方余额反映财政专户管理资金支出的累计数。

五、期末结转后，本科目应无余额。

7007 专用基金支出

一、本科目核算政府财政专用基金收入安排的支出。

二、本科目应根据专用基金的种类设置明细科目。同时，根据预算管理需要，按预算单位等进行明细核算。

三、专用基金支出的主要账务处理如下：

（一）发生专用基金支出时，借记本科目，贷记"资金结存——库款资金结存""资金结存——专户资金结存"等科目。

（二）已支出事项发生退回时，借记"资金结存——库款资金结存""资金结存——专户资金结存"等科目，贷记本科目。

（三）年终转账时，本科目借方余额转入专用基金结余，借记"专用基金结余"科目，贷记本科目。

四、本科目平时借方余额反映专用基金支出的累计数。

五、期末结转后，本科目应无余额。

7011 补助预算支出

一、本科目核算本级政府财政按照财政体制规定或专项需要补助给下级政府财政的款项，包括对下级的税收返还、一般性转移支付和专项转移支付等。

二、本科目应按照不同资金性质设置"一般公共预算补助支出""政府性基金预算补助支出""国有资本经营预算补助支出"和"调拨下级"明细科目。同时，可根据管理需要，按照补助地区和《政府收支分类科目》中支出功能分类科目进行明细核算。其中，"一般公共预算补助支出"科目核算本级政府财政对下级政府财政的一般性转移支付支出；"政府性基金预算补助支出"科目核算本级政府财政对下级政府财政的政府性基金预算转移支付支出；"国有资本经营预算补助支出"科目核算本级政府财政对下级政府财政的国有资本经营预算转移支付支出；"调拨下级"科目核算年度执行中,本级政府财政调拨给下级政府财政的尚未指定资金性质的资金或结算应确认事项金额。

三、补助预算支出的主要账务处理如下:

(一)年度执行中,调拨资金给下级政府财政,根据实际调拨的金额借记"补助预算支出——调拨下级"等科目,贷记"资金结存——库款资金结存""资金结存——专户资金结存"科目。

(二)两级财政年终结算中应当由下级政府财政上交的款项,借记"补助预算支出——调拨下级"等科目,贷记"上解预算收入"科目。

(三)专项转移支付资金实行特设专户管理的,根据有关支出管理部门下达的预算文件和拨款依据确认支出,借记"补助预算支出——调拨下级"等科目;资金由本级政府财政拨付给下级的,贷记"资金结存——专户资金结存"等科目;资金由上级政府财政直接拨给下级的,贷记"补助预算收入——上级调拨"科目。

(四)本级政府财政借入或收到转贷的主权外债,贷款资金由下级政府财政同级部门使用,且贷款最终还款责任由本级政府财政承担的,根据债务管理部门提供的有关资料,借记"补助预算支出——调拨下级"等科目,贷记"资金结存——库款资金结存""资金结存——专户资金结存"科目;外方或上级政府财政将贷款资金直接支付给用款单位或供应商时,借记"补助预算支出——调拨下级"等科目,贷记"债务预算收入""债务转贷预算收入"等科目;本级政府财政豁免下级政府财政主权外债,根据债务管理部门提供的有关资料和有关预算文件,借记"补助预算支出——调拨下级"等科目,贷记"资金结存——上下级调拨结存"科目。

(五)根据预算管理需要,收回已调拨下级政府财政资金时,按照实际收到的金额,借记"资金结存——库款资金结存""资金结存——专户资金结存"等科目,贷记"补助预算支出——调拨下级"等科目。

(六)发生上解多交应当退回的,按照应当退回的金额,借记"上解预算收入"科目,贷记"补助预算支出——调拨下级"等科目。

(七)年终两级财政办理结算以后,根据预算管理部门提供的结算单确认补助下级预算支出,借记"补助预算支出——一般公共预算补助支出""补助预算支出——政府性基金预算补助支出""补助预算支出——国有资本经营预算补助支出"等科目,贷记"补助预算支出——调拨下级"

科目。

（八）完成上述结转以后，将本科目下各明细科目余额分别结转至相应的预算结余类科目。借记"资金结存——上下级调拨结存""一般公共预算结转结余""政府性基金预算结转结余""国有资本经营预算结转结余"等科目，贷记本科目。

四、本科目平时借方余额反映补助预算支出的累计数。

五、期末结转后，本科目应无余额。

7012　上解预算支出

一、本科目核算本级政府财政按照财政体制规定或专项需要上交给上级政府财政的款项。

二、本科目应按照不同资金性质设置"一般公共预算上解支出""政府性基金预算上解支出""国有资本经营预算上解支出"明细科目。

三、上解预算支出的主要账务处理如下：

（一）发生上解预算支出时，借记本科目，贷记"资金结存——库款资金结存""补助预算收入——上级调拨"等科目。

（二）年终与上级政府财政结算时，按照尚未支付的上解金额，借记本科目，贷记"补助预算收入——上级调拨"等科目。退还或核减上解支出时，借记"资金结存——库款资金结存""补助预算收入——上级调拨"等科目，贷记本科目。

（三）年终转账时，本科目借方余额应根据不同资金性质分别转入相应的结转结余科目，借记"一般公共预算结转结余""政府性基金预算结转结余"等科目，贷记本科目。

四、本科目平时借方余额反映上解支出的累计数。

五、期末结转后，本科目应无余额。

7013　地区间援助预算支出

一、本科目核算援助方政府财政安排用于受援方政府财政统筹使用的各类援助、捐赠等资金支出。

二、本科目应按照受援地区等进行相应明细核算。

三、地区间援助预算支出的主要账务处理如下：

（一）发生地区间援助预算支出时，借记本科目，贷记"资金结存——库款资金结存"科目。

(二)年终转账时,本科目借方余额转入一般公共预算结转结余,借记"一般公共预算结转结余"科目,贷记本科目。

四、本科目平时借方余额反映地区间援助支出的累计数。

五、期末结转后,本科目应无余额。

7021 调出预算资金

一、本科目核算政府财政为平衡预算收支,在不同类型预算资金之间的调出支出。

二、本科目应设置"一般公共预算调出资金""政府性基金预算调出资金"和"国有资本经营预算调出资金"明细科目。

三、调出预算资金的主要账务处理如下:

(一)从一般公共预算调出资金时,按照调出的金额,借记"调出预算资金——一般公共预算调出资金"科目,贷记"调入预算资金"有关明细科目。

(二)从政府性基金预算调出资金时,按照调出的金额,借记"调出预算资金——政府性基金预算调出资金"科目,贷记"调入预算资金"有关明细科目。

(三)从国有资本经营预算调出资金时,按照调出的金额,借记"调出预算资金——国有资本经营预算调出资金"科目,贷记"调入预算资金"有关明细科目。

(四)年终转账时,本科目借方余额分别转入相应的结转结余科目,借记"一般公共预算结转结余""政府性基金预算结转结余"和"国有资本经营预算结转结余"等科目,贷记本科目。

四、本科目平时借方余额反映调出预算资金的累计数。

五、期末结转后,本科目应无余额。

7031 安排预算稳定调节基金

一、本科目核算政府财政安排用于弥补以后年度预算资金不足的储备资金。

二、安排预算稳定调节基金的主要账务处理如下:

(一)安排预算稳定调节基金时,借记本科目,贷记"预算稳定调节基金"科目。

(二)年终转账时,本科目借方余额转入一般公共预算结转结余,借记"一般公共预算结转结余"科目,贷记本科目。

三、本科目平时借方余额反映安排预算稳定调节基金的累计数。

四、期末结转后,本科目应无余额。

7041 债务还本预算支出

一、本科目核算政府财政偿还本级政府财政承担的纳入预算管理的债务本金支出。

二、本科目应设置"国债还本支出""一般债务还本支出""专项债务还本支出"明细科目,并根据《政府收支分类科目》中"债务还本支出"科目进行明细核算。

三、债务还本预算支出的主要账务处理如下:

(一)偿还本级政府财政承担的政府债券、主权外债等纳入预算管理的债务本金时,借记本科目,贷记"资金结存——库款资金结存""资金结存——专户资金结存""补助预算收入——上级调拨"等科目。

(二)中央财政发生国债随买业务时,根据国债随买确认文件等相关债券管理资料,按照国债随买面值,借记本科目,按照实际支付的金额,贷记"资金结存——库款资金结存"科目;按照其差额,借记或贷记"一般公共预算支出"科目。

(三)年终转账时,本科目下"国债还本支出""一般债务还本支出"的借方余额转入一般公共预算结转结余,借记"一般公共预算结转结余"科目,贷记"债务还本预算支出——国债还本支出""债务还本预算支出———般债务还本支出"科目;本科目下"专项债务还本支出"的借方余额转入政府性基金预算结转结余,借记"政府性基金预算结转结余"科目,贷记"债务还本预算支出——专项债务还本支出"科目,可根据预算管理需要,按照专项债务对应的政府性基金预算支出科目分别转入"政府性基金预算结转结余"相应明细科目。

四、本科目平时借方余额反映本级政府财政债务还本预算支出的累计数。

五、期末结转后,本科目应无余额。

7042 债务转贷预算支出

一、本科目核算本级政府财政向下级政府财政转贷的债务支出。

二、本科目应设置"一般债务转贷支出""专项债务转贷支出"明细科目，并根据《政府收支分类科目》中"债务转贷支出"科目和转贷地区进行明细核算。

三、债务转贷预算支出的主要账务处理如下：

（一）本级政府财政向下级政府财政转贷地方政府债券资金时，借记本科目，贷记"资金结存——库款资金结存""补助预算支出——调拨下级"等科目。

（二）本级政府财政向下级政府财政转贷主权外债资金，且主权外债最终还款责任由下级政府财政承担的具体账务处理如下：

1. 支付转贷资金时，根据外债管理部门提交的转贷业务有关资料，借记本科目，贷记"资金结存——库款资金结存""资金结存—专户资金结存"科目。

2. 外方或上级政府财政将贷款资金直接支付给用款单位或供应商时，根据外债管理部门提交的转贷业务有关资料，借记本科目，贷记"债务预算收入""债务转贷预算收入"科目。

（三）年终转账时，本科目下"一般债务转贷支出"明细科目的借方余额转入一般公共预算结转结余，借记"一般公共预算结转结余"科目，贷记"债务转贷预算支出——一般债务转贷支出"科目；本科目下"专项债务转贷支出"明细科目的借方余额转入政府性基金预算结转结余，借记"政府性基金预算结转结余"科目，贷记"债务转贷预算支出——专项债务转贷支出"科目，可根据预算管理需要，按照专项债务对应的政府性基金预算支出科目分别转入"政府性基金预算结转结余"相应明细科目。

四、本科目平时借方余额反映债务转贷支出的累计数。

五、期末结转后，本科目应无余额。

7051　待处理支出

一、本科目核算政府财政按照预拨经费管理有关规定预拨给预算单位尚未列为预算支出的款项。

二、本科目应当按照预算单位进行明细核算。

三、待处理支出的主要账务处理如下：

（一）拨出款项时，借记本科目，贷记"资金结存——库款资金结存"等科目。

（二）转列预算支出时，借记"一般公共预算支出""政府性基金预算支出""国有资本经营预算支出"等科目,贷记本科目。

(三)收回预拨款项时,借记"资金结存——库款资金结存"等科目,贷记本科目。

(四)年终,本科目借方余额转入资金结存,借记"资金结存——待处理结存"科目,贷记本科目。

四、本科目平时借方余额反映政府财政尚未转列支出或尚待收回的待处理支出数。

五、期末结转后,本科目应无余额。

八、预算结余类

8001　一般公共预算结转结余

一、本科目核算本级政府财政一般公共预算收支的执行结果。

二、一般公共预算结转结余的主要账务处理如下:

(一)年终转账时,将一般公共预算的有关收入科目贷方余额转入本科目的贷方,借记"一般公共预算收入""补助预算收入——一般公共预算补助收入""上解预算收入——一般公共预算上解收入""地区间援助预算收入""调入预算资金——一般公共预算调入资金""债务预算收入——国债收入""债务预算收入——一般债务收入""债务转贷预算收入——一般债务转贷收入""动用预算稳定调节基金"科目,贷记本科目;将一般公共预算的有关支出科目借方余额转入本科目的借方,借记本科目,贷记"一般公共预算支出""补助预算支出——一般公共预算补助支出""上解预算支出——一般公共预算上解支出""地区间援助预算支出""调出预算资金——一般公共预算调出资金""安排预算稳定调节基金""债务还本预算支出——国债还本支出""债务还本预算支出——一般债务还本支出""债务转贷预算支出——一般债务转贷支出"科目。

(二)设置或补充预算周转金时,借记本科目,贷记"预算周转金"科目。

三、本科目期末贷方余额反映一般公共预算收支相抵后的滚存结转结余。

8002　政府性基金预算结转结余

一、本科目核算本级政府财政政府性基金预算收支的执行结果。

二、本科目可根据管理需要,按照政府性基金的项目进行明细核算。

三、政府性基金预算结转结余的主要账务处理如下：

年终转账时，将政府性基金预算的有关收入科目贷方余额转入本科目的贷方，按照政府性基金项目分别转入本科目的贷方，借记"政府性基金预算收入""补助预算收入——政府性基金预算补助收入""上解预算收入——政府性基金预算上解收入""调入预算资金——政府性基金预算调入资金""债务预算收入——专项债务收入""债务转贷预算收入——专项债务转贷收入"科目，贷记本科目；将政府性基金预算的有关支出科目借方余额转入本科目的借方，借记本科目，贷记"政府性基金预算支出""补助预算支出——政府性基金预算补助支出""上解预算支出——政府性基金预算上解支出""调出预算资金——政府性基金预算调出资金""债务还本预算支出——专项债务还本支出""债务转贷预算支出——专项债务转贷支出"科目。

四、本科目期末贷方余额反映政府性基金预算收支相抵后的滚存结转结余。

8003　国有资本经营预算结转结余

一、本科目核算本级政府财政国有资本经营预算收支的执行结果。

二、国有资本经营预算结转结余的主要账务处理如下：

年终转账时，将国有资本经营预算的有关收入科目贷方余额转入本科目的贷方，借记"国有资本经营预算收入""补助预算收入——国有资本经营预算补助收入""上解预算收入——国有资本经营预算上解收入"科目，贷记本科目；将国有资本经营预算的有关支出科目借方余额转入本科目的借方，借记本科目，贷记"国有资本经营预算支出""补助预算支出——国有资本经营预算补助支出""上解预算支出——国有资本经营预算上解支出""调出预算资金——国有资本经营预算调出资金"科目。

三、本科目期末贷方余额反映国有资本经营预算收支相抵后的滚存结转结余。

8005　财政专户管理资金结余

一、本科目核算本级政府财政纳入财政专户管理的教育收费等资金收支的执行结果。

二、财政专户管理资金结余的主要账务处理如下：

年终转账时，将财政专户管理资金的有关收入科目贷方余额转入本科目的贷方，借记"财政专户管理资金收入"科目，贷记本科目；将财政专户管理资金的有关支出科目借方余额转入本科目的借方，借记本科目，贷记"财政专户管理资金支出"科目。

三、本科目期末贷方余额反映政府财政纳入财政专户管理的资金收支相抵后的滚存结余。

8007 专用基金结余

一、本科目核算本级政府财政专用基金收支的执行结果。

二、本科目应根据专用基金的种类进行明细核算。

三、专用基金结余的主要账务处理如下：

年终转账时，将专用基金的有关收入科目贷方余额转入本科目的贷方，借记"专用基金收入"科目，贷记本科目；将专用基金的有关支出科目借方余额转入本科目的借方，借记本科目，贷记"专用基金支出"科目。

四、本科目期末贷方余额反映政府财政管理的专用基金收支相抵后的滚存结余。

8031 预算稳定调节基金

一、本科目核算本级政府财政为保持年度间预算的衔接和稳定，在一般公共预算中设置的储备性资金。

二、预算稳定调节基金的主要账务处理如下：

（一）使用超收收入或一般公共预算结余设置或补充预算稳定调节基金时，借记"安排预算稳定调节基金"科目，贷记本科目。

（二）将预算周转金调入预算稳定调节基金时，借记"预算周转金"科目，贷记本科目。

（三）动用预算稳定调节基金时，借记本科目，贷记"动用预算稳定调节基金"科目。

三、本科目期末贷方余额反映预算稳定调节基金的累计规模。

8033 预算周转金

一、本科目核算政府财政设置的用于调剂预算年度内季节性收支差额周转使用的资金。

二、预算周转金的主要账务处理如下：

（一）设置或补充预算周转金时，借记"一般公共预算结转结余"科目，贷记本科目。

（二）将预算周转金调入预算稳定调节基金时，借记本科目，贷记"预算稳定调节基金"科目。

三、本科目期末贷方余额反映预算周转金的累计规模。

8041　资金结存

一、本科目核算政府财政纳入预算管理的资金流入、流出、调整和滚存的情况。

二、本科目应设置"库款资金结存""专户资金结存""在途资金结存""集中支付结余结存""上下级调拨结存""待发国债结存""零余额账户结存""已结报支出""待处理结存"明细科目。

三、资金结存科目的主要账务处理如下：

（一）"库款资金结存"科目核算政府财政以国库存款形态存在的资金。本科目期末应为借方余额。

1. 收到预算收入时，根据当日预算收入日报表所列预算收入数，借记本科目，贷记有关预算收入科目。

已入库款项发生退库（付）的，资金划出时，借记有关预算收入科目，贷记本科目。

2. 发生预算支出时，按照实际支付的金额，借记有关预算支出科目，贷记本科目。

预算支出发生退回的，资金划出时，借记本科目，贷记有关预算支出科目。

（二）"专户资金结存"科目核算政府财政以财政专户存款形态存在的资金。本科目期末应为借方余额。

1. 收到预算收入时，按照有关收入凭证，借记本科目，贷记有关预算收入科目。

已收到款项发生退付的，资金划出时，借记有关预算收入科目，贷记本科目。

2. 发生预算支出时，按照实际支付的金额，借记有关预算支出科目，贷记本科目。

预算支出发生退回的，资金划出时，借记本科目，贷记有关预算支出科目。

（三）"在途资金结存"科目核算报告清理期和库款报解整理期内发生

的需要通过本科目过渡处理的属于上年度收入、支出等业务的款项。本科目期末余额反映政府财政持有的在途款金额。

1. 报告清理期和库款报解整理期内收到属于上年度收入时，在上年度账务中，借记本科目，贷记有关收入科目；收回属于上年度支出时，在上年度账务中，借记本科目，贷记"预拨经费"或有关支出科目。

2. 冲转在途款时，在本年度账务中，借记"资金结存——库款资金结存"科目，贷记本科目。

（四）"集中支付结余结存"科目核算省级以上（含省级）政府财政国库集中支付中，应列为当年支出，但年末尚未支付需结转下一年度支付的款项。本科目期末应为贷方余额，反映政府财政尚未支付的国库集中支付结余。

1. 年末，对当年发生的应付国库集中支付结余，借记有关支出科目，贷记本科目。

2. 实际支付应付国库集中支付结余资金时，借记本科目，贷记"资金结存——库款资金结存"科目。

3. 收回尚未支付的应付国库集中支付结余时，借记本科目，贷记有关支出科目。

（五）"上下级调拨结存"科目核算上下级政府财政之间资金调拨和资金结算等事项。本科目期末余额反映政府财政上下级往来款项的净额。

1. 年终转账时，将"补助预算收入——上级调拨"科目贷方余额转入资金结存，借记"补助预算收入——上级调拨"科目，贷记本科目。

2. 年终转账时，将"补助预算支出——调拨下级"科目借方余额转入资金结存，借记本科目，贷记"补助预算支出——调拨下级"科目。

（六）"待发国债结存"科目核算为弥补中央财政预算收支差额，中央财政预计发行国债与实际发行国债之间的差额。本科目期末应为借方余额，反映中央财政尚未使用的国债发行额度。

年度终了，实际发行国债收入用于债务还本支出后，小于为弥补中央财政预算收支差额中央财政预计发行国债时，按照其差额，借记本科目，贷记"债务预算收入"科目；实际发行国债收入用于债务还本支出后，大于为弥补中央财政预算收支差额中央财政预计发行国债时，按照其差额，借记"债务预算收入"科目，贷记本科目。

（七）"零余额账户结存"科目核算政府财政国库支付执行机构在代理银行开设的财政零余额账户发生的支付和清算业务。财政国库支付执行机构未单设的地区不使用本科目。本科目年末应无余额。

1. 财政国库支付执行机构通过财政零余额账户支付款项时，借记有关预算支出科目，贷记本科目。

2. 根据每日清算的金额，借记本科目，贷记"资金结存——已结报支出"科目。

（八）"已结报支出"科目核算政府财政国库支付执行机构已清算的国库集中支付支出数额。财政国库支付执行机构未单设的地区不使用本科目。本科目年末应无余额。

1. 财政国库集中支付执行机构根据每日清算的金额，借记"资金结存——零余额账户结存"科目，贷记本科目。

2. 财政国库集中支付执行机构按照国库集中支付制度有关规定办理资金支付时，借记相关预算支出科目，贷记本科目。

3. 年终财政国库集中支付执行机构按照累计结清的预算支出金额，与有关方面核对一致后转账，借记本科目，贷记有关预算支出科目。

（九）"待处理结存"科目核算结转下年度的待处理收入和待处理支出等。本科目期末余额反映尚未清理的以前年度待处理收支的金额。

1. 年终转账时，将"待处理收入"科目贷方余额转入资金结存，借记"待处理收入"科目，贷记本科目。

2. 年终转账时，将"待处理支出"科目借方余额转入资金结存，借记本科目，贷记"待处理支出"科目。

3. 将以前年度结转的待处理收入转列预算收入或退回时，借记本科目，贷记有关预算收入科目、"资金结存——库款资金结存"科目。

4. 将以前年度结转的待处理支出转列预算支出或收回时，借记有关预算支出科目、"资金结存——库款资金结存"等科目，贷记本科目。

第四章 会计结账和结算

第四十三条 总会计应当按月进行会计结账。具体结账方法，按照会计基础工作规范有关规定办理。

第四十四条 政府财政部门应当及时进行年终清理结算，并在预算会计和财务会计账中准确反映清理结算结果。年终清理结算的主要事项如下：

（一）核对年度预算。年终前，总会计应配合预算管理部门将本级政府财政全年预算指标与上、下级政府财政转移性收支预算和本级各部门预算进行核对，及时办理预算调整和转移支付事项。本年预算调整和下达对下级政府财政转移支付预算指标一般截止到 11 月 30 日；各项预算拨款，一般截止到 12 月 25 日。

（二）清理本年收入。总会计应认真清理本年收入，与非税收入征收部门核对年末应收非税收入情况，并组织收入征收部门和国家金库进行年度对账，督促收入征收部门和国家金库年终前及时将本年税收收入和非税收入缴入国库或指定财政专户，确保准确核算本年收入。

（三）清理本年支出和费用。应在本年支领列报的款项，非特殊原因，应在年终前办理完毕。总会计对本级各单位的支出和费用应与单位的相应收入核对无误。属于应收回的拨款，应及时收回，并按收回数相应冲减支出和费用。

（四）核实股权、债权和债务。财政部门内部有关资产、债务管理部门应在有关业务发生时及时向总会计提供与股权、债权、债务等核算和反映有关的资料，确保财务会计资产负债信息确认的及时性。各级财政债务管理部门需定期提供上下级财政核对确认的本地区债权债务利息有关资料。财政部门内部涉及股权投资的相关管理部门应提供股权投资对应的股权证明材料及变动情况资料。

年末，总会计对股权投资、借出款项、应收股利、应收地方政府债券转贷款、应收主权外债转贷款、借入款项、应付短期政府债券、应付长期政府债券、应付地方政府债券转贷款、应付主权外债转贷款、应付利息、其他负债等余额应与相关管理部门进行核对，记录不一致的要及时查明原因，按规定调整账务，相关管理部门要及时提供有关资料，确保账实相符，账账相符。

（五）清理往来款项。政府财政要认真清理其他应收款、其他应付款等各种往来款项，在年度终了前予以收回或归还。应转作收入或支出、费用的各项款项，预算会计与财务会计要及时处理。

第四十五条 总会计对年终报告清理期内发生的会计事项，应当划清会计年度，及时进行结账。属于清理上年度的会计事项，记入上年度会计账；属于新年度的会计事项，记入新年度会计账，防止错记漏记。通常记入上年度的会计事项主要有：

（一）依据年终财政结算进行核算。财政预算管理部门要在年终清理的基础上，于次年元月底前结清上下级政府财政的转移性收支和往来款项。总会计要按照财政管理体制的规定和专项需要，根据预算结算单，与年度预算执行过程中已补助和已上解数额进行比较，结合往来款和借垫款情况，计算出全年最后应补或应退数额，填制"年终财政决算结算单"，经核对无误后，作为年终财政结算凭证，预算会计和财务会计据以入账。

（二）依据企业决算数据进行核算。财政部门内部涉及股权投资的相关管理部门应及时取得纳入总会计核算范围的被投资主体经审计后的决算报表，并据此向总会计提供股权投资核算所需资料，财务会计对股权投资变动情况进行核算。

（三）依据人大审议意见进行核算。本级人民代表大会常务委员会（或人民代表大会）审查意见中，提出的需更正原报告有关事项，总会计应根据审查意见相应调整有关账目。

第四十六条 总会计应对预算会计和财务会计分别办理年终结账。年终结账工作一般分为年终转账、结清旧账和记入新账三个步骤，依次做账。

（一）年终转账。计算出预算会计和财务会计各科目12月份合计数和全年累计数，结出年末余额。

预算会计将预算收入和预算支出分别转入"一般公共预算结转结余""政府性基金预算结转结余""国有资本经营预算结转结余""财政专户管理资金结余""专用基金结余"等科目冲销。

财务会计将收入和费用分别转入相应的本期盈余科目冲销；再将本期盈余科目转入相应的累计盈余科目冲销。

（二）结清旧账。将各收入、支出和费用科目的借方、贷方结出全年总计数。对年终有余额的科目，在"摘要"栏内注明"结转下年"字样，表示转入新账。

（三）记入新账。根据年终转账后的总账和明细账余额，编制年终"资产负债表"和有关明细表（不需填制记账凭证），预算会计和财务会计将表列各科目余额分别记入新年度有关总账和明细账年初余额栏内，并在"摘要"栏注明"上年结转"字样，以区别新年度发生数。

第五章 会 计 报 表

第四十七条 财务会计报表包括资产负债表、收入费用表、现金流量表、本年预算结余与本期盈余调节表等会计报表和附注。

资产负债表是反映政府财政在某一特定日期财务状况的报表。

收入费用表是反映政府财政在一定会计期间运行情况的报表。

现金流量表是反映政府财政在一定会计期间现金流入和流出情况的报表。

本年预算结余与本期盈余调节表是反映政府财政在某一会计年度内预算结余与本期盈余差异调整情况的报表。

附注是指对在会计报表中列示项目的文字描述或明细资料，以及对未能在会计报表中列示项目的说明。

第四十八条 财务会计报表格式如下：

资产负债表

总会财01表

编制单位：　　　　　　　　年　月　日　　　　　　　　单位：元

资产	年初余额	期末余额	负债和净资产	年初余额	期末余额
流动资产：			**流动负债：**		
国库存款			应付短期政府债券		
其他财政存款			应付国库集中支付结余		
国库现金管理资产			与上级往来		
有价证券			其他应付款		
应收非税收入			应付代管资金		
应收股利			应付利息		
借出款项			一年内到期的非流动负债		

续表

资产	年初余额	期末余额	负债和净资产	年初余额	期末余额
与下级往来			**流动负债合计**		
预拨经费			**非流动负债：**		
在途款			应付长期政府债券		
其他应收款			借入款项		
应收利息			应付地方政府债券转贷款		
一年内到期的非流动资产			应付主权外债转贷款		
流动资产合计			其他负债		
非流动资产：			**非流动负债合计**		
应收地方政府债券转贷款			**负债合计**		
应收主权外债转贷款			**净资产：**		
股权投资			累计盈余		
非流动资产合计			预算稳定调节基金		
			预算周转金		
			权益法调整		
			净资产合计		
资产总计			**负债和净资产总计**		

收入费用表

总会财 02 表

编制单位： 年 月 单位：元

项 目	预算管理资金		财政专户管理资金		专用基金	
	本月数	本年累计数	本月数	本年累计数	本月数	本年累计数
收入合计						
税收收入			-	-	-	-
非税收入			-	-	-	-
投资收益			-	-	-	-
补助收入			-	-	-	-
上解收入			-	-	-	-
地区间援助收入			-	-	-	-
其他收入			-	-	-	-
财政专户管理资金收入	-	-			-	-
专用基金收入	-	-	-	-		
费用合计						
政府机关商品和服务拨款费用			-	-	-	-
政府机关工资福利拨款费用			-	-	-	-
对事业单位补助拨款费用			-	-	-	-
对企业补助拨款费用			-	-	-	-
对个人和家庭补助拨款费用			-	-	-	-

续表

项 目	预算管理资金		财政专户管理资金		专用基金	
	本月数	本年累计数	本月数	本年累计数	本月数	本年累计数
对社会保障基金补助拨款费用			–	–	–	–
资本性拨款费用			–	–	–	–
其他拨款费用			–	–	–	–
财务费用			–	–	–	–
补助费用			–	–	–	–
上解费用			–	–	–	–
地区间援助费用			–	–	–	–
其他费用			–	–	–	–
财政专户管理资金支出	–	–			–	–
专用基金支出	–	–	–	–		
本期盈余（本年收入与费用的差额）						

注：表中有"–"的部分不必填列。

现金流量表

总会财03表

编制单位：　　　　　　　年　月　　　　　　单位：元

项 目	本年金额	上年金额
一、日常活动产生的现金流量		
组织税收收入收到的现金		
组织非税收入收到的现金		

续表

项　目	本年金额	上年金额
组织财政专户管理资金收入收到的现金		
组织专用基金收入收到的现金		
上下级政府财政资金往来收到的现金		
收回暂付性款项相关的现金		
其他日常活动所收到的现金		
现金流入小计		
政府机关商品和服务拨款所支付的现金		
政府机关工资福利拨款所支付的现金		
对事业单位补助拨款所支付的现金		
对企业补助拨款所支付的现金		
对个人和家庭补助拨款所支付的现金		
对社会保障基金补助拨款所支付的现金		
财政专户管理资金支出所支付的现金		
专用基金支出所支付的现金		
上下级政府财政资金往来所支付的现金		
资本性拨款所支付的现金		
暂付性款项所支付的现金		
其他日常活动所支付的现金		
现金流出小计		
日常活动产生的现金流量净额		
二、投资活动产生的现金流量		
收回股权投资所收到的现金		

续表

项　　目	本年金额	上年金额
取得股权投资收益收到的现金		
收到其他与投资活动有关的现金		
现金流入小计		
取得股权投资所支出的现金		
支付其他与投资活动有关的现金		
现金流出小计		
投资活动产生的现金流量净额		
三、筹资活动产生的现金流量		
发行政府债券收到的现金		
借入款项收到的现金		
取得政府债券转贷款收到的现金		
取得主权外债转贷款收到的现金		
收回转贷款本金收到的现金		
收到下级上缴转贷款利息相关的现金		
其他筹资活动收到的现金		
现金流入小计		
转贷地方政府债券所支付的现金		
转贷主权外债所支付的现金		
支付债务本金相关的现金		
支付债务利息相关的现金		
其他筹资活动支付的现金		
现金流出小计		

续表

项　目	本年金额	上年金额
筹资活动产生的现金流量净额		
四、汇率变动对现金的影响额		
五、现金净增加额		

本年预算结余与本期盈余调节表

总会财 04 表

编制单位：　　　　　　　　　　年　　　　　　　　　　单位：元

项　目	金额
本年预算结余（本年预算收入与支出差额）：	
日常活动产生的差异：	
加：1. 当期确认为收入但没有确认为预算收入	
当期应收未缴库非税收入	
减：2. 当期确认为预算收入但没有确认为收入	
当期收到上期应收未缴库非税收入	
3. 当期确认为预算支出收回但没有确认为费用收回	
（1）当期收到退回以前年度已列支资金	
（2）当期将以前年度国库集中支付结余收回预算	
投资活动产生的差异：	
加：1. 当期确认为收入但没有确认为预算收入	
（1）当期投资收益或损失	
（2）当期无偿划入股权投资	
2. 当期确认为预算支出但没有确认为费用	
（1）当期股权投资增支	

续表

项　　目	金额
（2）当期股权投资减支	
减：3. 当期确认为预算收入但没有确认为收入	
（1）当期收到利润收入和股利股息收入	
（2）当期收到清算、处置股权投资的收入	
4. 当期确认为费用但没有确认为预算支出	
当期无偿划出股权投资费用	
筹资活动产生的差异：	
加：1. 当期确认为预算支出但没有确认为费用	
（1）当期转贷款支出	
（2）当期债务还本支出	
（3）拨付上年计提债务利息	
减：2. 当期确认为预算收入但没有确认为收入	
（1）当期债务收入	
（2）当期转贷款收入	
3. 当期确认为费用但没有确认为预算支出	
当期计提未拨付债务利息	
其他差异事项	
当期汇兑损益净额	
本期盈余（本年收入与费用的差额）	

第四十九条 总会计应当按照下列规定编制财务会计报表：

（一）收入费用表应当按月度和年度编制，资产负债表、现金流量表、本年预算结余与本期盈余调节表和附注应当至少按年度编制。

（二）总会计应当根据本制度编制并提供真实、完整的会计报表，切实做到账表一致，不得估列代编，弄虚作假。

（三）总会计要严格按照统一规定的种类、格式、内容、计算方法和编制口径填制会计报表，以保证全国统一汇总和分析。汇总报表的单位，要把所属单位的报表汇集齐全，防止漏报。

第五十条 财务会计报表编制说明如下：

一、资产负债表的编制说明

（一）本表"年初余额"栏内各项数字，应当根据上年年末资产负债表"期末余额"栏内数字填列。如果本年度资产负债表规定的各个项目的名称和内容同上年度不一致，应对上年年末资产负债表各项目的名称和数字按照本年度的规定进行调整，填入本表"年初余额"栏内。

（二）本表"期末余额"栏各项目的内容和填列方法

1. 资产类项目

（1）"国库存款"项目，反映政府财政期末存放在国库单一账户的款项金额。本项目应当根据"国库存款"科目的期末余额填列。

（2）"其他财政存款"项目，反映政府财政期末持有的其他财政存款金额。本项目应当根据"其他财政存款"科目的期末余额填列。

（3）"国库现金管理资产"项目，反映政府财政期末实行国库现金管理业务等持有的资产金额。本项目应当根据"国库现金管理资产"科目的期末余额填列。

（4）"有价证券"项目，反映政府财政期末持有的有价证券金额。本项目应当根据"有价证券"科目的期末余额填列。

（5）"应收非税收入"项目，反映政府财政期末向缴款人收取但尚未缴入国库的非税收入。本项目应当根据"应收非税收入"科目的期末余额填列。

（6）"应收股利"项目，反映政府财政期末尚未收回的现金股利或利润金额。本项目应当根据"应收股利"科目的期末余额填列。

（7）"借出款项"项目，反映政府财政期末借给预算单位尚未收回的款项金额。本项目应当根据"借出款项"科目的期末余额填列。

（8）"与下级往来"项目，正数反映下级政府财政欠本级政府财政的款项金额；负数反映本级政府财政欠下级政府财政的款项金额。本项目应当根据"与下级往来"科目的期末余额填列，期末余额如为借方则以正数填列，如为贷方则以负数填列。

（9）"预拨经费"项目，反映政府财政期末尚未转列支出或尚待收回的预拨经费金额。本项目应当根据"预拨经费"科目的期末余额填列。

（10）"在途款"项目，反映政府财政期末持有的在途款金额。本项目应当根据"在途款"科目的期末余额填列。

（11）"其他应收款"项目，反映政府财政期末尚未收回的其他应收款的金额。本项目应当根据"其他应收款"科目的期末余额填列。

（12）"应收利息"项目，反映政府财政期末应收未收的转贷款利息金额。本项目应当根据"应收地方政府债券转贷款""应收主权外债转贷款"科目下的"应收利息"明细科目期末余额填列。

（13）"一年内到期的非流动资产"项目，反映政府财政期末非流动资产项目中距离偿还本金日期1年以内（含1年）的转贷款本金。本项目应当根据"应收地方政府债券转贷款""应收主权外债转贷款"科目下的"应收本金"明细科目期末余额及债务管理部门提供的资料分析填列。

（14）"流动资产合计"项目，反映政府财政期末流动资产的合计数。本项目应当根据本表中"国库存款""其他财政存款""国库现金管理资产""有价证券""应收非税收入""应收股利""借出款项""与下级往来""预拨经费""在途款""其他应收款""应收利息""一年内到期的非流动资产"项目金额的合计数填列。

（15）"应收地方政府债券转贷款"项目，反映政府财政期末尚未收回的距离偿还本金日期超过1年的地方政府债券转贷款的本金金额。本项目应当根据"应收地方政府债券转贷款"科目下的"应收本金"明细科目期末余额及债务管理部门提供的资料分析填列。

（16）"应收主权外债转贷款"项目，反映政府财政期末尚未收回的距离偿还本金日期超过1年的主权外债转贷款的本金金额。本项目应当根据"应收主权外债转贷款"科目下的"应收本金"明细科目期末余额及债务管理部门提供的资料分析填列。

（17）"股权投资"项目，反映政府期末持有股权投资的金额。本项目应当根据"股权投资"科目的期末余额填列。

（18）"非流动资产合计"项目，反映政府财政期末非流动资产的合计数。本项目应当根据本表中"应收地方政府债券转贷款""应收主权外债转贷款""股权投资"项目金额的合计数填列。

（19）"资产总计"项目，反映政府财政期末资产的合计数。本项目应当根据本表中"流动资产合计""非流动资产合计"项目金额的合计数填列。

2. 负债类项目

（1）"应付短期政府债券"项目，反映政府财政期末尚未偿还的发行期不超过1年（含1年）的国债和地方政府债券本金金额。本项目应当根据"应付短期政府债券"科目的期末余额填列。

（2）"应付国库集中支付结余"项目，反映政府财政期末尚未支付的国库集中支付结余金额。本项目应当根据"应付国库集中支付结余"科目的期末余额填列。

（3）"与上级往来"项目，正数反映本级政府财政期末欠上级政府财政的款项金额；负数反映上级政府财政欠本级政府财政的款项金额。本项目应当根据"与上级往来"科目的期末余额填列，期末余额如为贷方则以正数填列，如为借方则以负数填列。

（4）"其他应付款"项目，反映政府财政期末尚未支付的其他应付款的金额。本项目应当根据"其他应付款"科目的期末余额填列。

（5）"应付代管资金"项目，反映政府财政期末尚未支付的代管资金金额。本项目应当根据"应付代管资金"科目的期末余额填列。

（6）"应付利息"项目，反映政府财政期末尚未支付的利息金额。省级以上（含省级）政府财政应当根据"应付利息"科目期末余额填列；市县政府财政应当根据"应付地方政府债券转贷款""应付主权外债转贷款"科目下的"应付利息"明细科目期末余额填列。

（7）"一年内到期的非流动负债"项目，反映政府财政期末承担的距离偿还本金日期1年以内（含1年）的非流动负债。省级以上（含省级）政府财政应当根据"应付长期政府债券""借入款项"科目余额，市县政府财政应当根据"应付地方政府债券转贷款""应付主权外债转贷款"科目下的"应付本金"明细科目期末余额及债务管理部门提供的资料分析填列。

（8）"流动负债合计"项目，反映政府财政期末流动负债合计数。本项目应当根据本表"应付短期政府债券""应付国库集中支付结余""与上级往来""其他应付款""应付代管资金""应付利息""一年内到期的非流动负债"项目金额的合计数填列。

（9）"应付长期政府债券"项目，反映政府财政期末承担的距离偿还本金日期超过1年的国债和地方政府债券本金金额。本项目应当根据"应付长期政府债券"科目期末余额及债务管理部门提供的资料分析填列。

（10）"借入款项"项目，反映政府财政期末承担的距离偿还本金日期超过1年的借入款项的本金金额。省级以上（含省级）政府财政应当根据"借入款项"科目的期末余额及债务管理部门提供的资料分析填列。

（11）"应付地方政府债券转贷款"项目，反映政府财政期末承担的距离偿还本金日期超过1年的地方政府债券转贷款的本金金额。本项目应当根据"应付地方政府债券转贷款"科目下的"应付本金"明细科目期末余额及债务管理部门提供的资料分析填列。

（12）"应付主权外债转贷款"项目，反映政府财政期末承担的距离偿还本金日期超过1年的主权外债转贷款的本金金额。本项目应当根据"应付主权外债转贷款"科目下的"应付本金"明细科目期末余额及债务管理部门提供的资料分析填列。

（13）"其他负债"项目，反映中央政府财政期末承担的其他负债金额。本项目应当根据"其他负债"科目的期末余额填列。

（14）"非流动负债合计"项目，反映政府财政期末非流动负债合计数。本项目应当根据本表中"应付长期政府债券""借入款项""应付地方政府债券转贷款""应付主权外债转贷款""其他负债"项目金额的合计数填列。

（15）"负债合计"项目，反映政府财政期末负债的合计数。本项目应当根据本表中"流动负债合计""非流动负债合计"项目金额的合计数填列。

3. 净资产类项目

（1）"累计盈余"项目，反映政府财政纳入一般公共预算、政府性基金预算、国有资本经营预算管理的预算资金，财政专户管理资金、专用基金历年实现的盈余滚存的金额。本项目应当根据"预算管理资金累计盈余""财政专户管理资金累计盈余""专用基金累计盈余"科目的期末余额填列。

(2)"预算稳定调节基金"项目,反映政府财政期末预算稳定调节基金的余额。本项目应当根据"预算稳定调节基金"科目的期末余额填列。

(3)"预算周转金"项目,反映政府财政期末预算周转金的余额。本项目应当根据"预算周转金"科目的期末余额填列。

(4)"权益法调整"项目,反映政府财政按照持股比例计算应享有的被投资主体除净损益和利润分配以外的其他权益变动的份额。本项目根据"权益法调整"科目的期末余额填列。

(5)"净资产合计"项目,反映政府财政期末净资产合计数。本项目应当根据本表中"累计盈余""预算稳定调节基金""预算周转金""权益法调整"项目金额的合计数填列。

(6)"负债和净资产总计"项目,应当根据本表中"负债合计""净资产合计"项目金额的合计数填列。

二、收入费用表的编制说明

(一)本表"本月数"栏反映各项目的本月实际发生数。

在编制年度收入费用表时,应将本栏改为"上年数"栏,反映上年度各项目的实际发生数;如果本年度收入费用表规定的各个项目的名称和内容同上年度不一致,应对上年度收入费用表各项目的名称和数字按照本年度的规定进行调整,填入本年度收入费用表的"上年数"栏。

本表"本年累计数"栏反映各项目自年初起至报告期末止的累计实际发生数。编制年度收入费用表时,应当将本栏改为"本年数"。

(二)本表"本月数"栏各项目的内容和填列方法

1."收入合计"项目,反映政府财政本期取得的各项收入合计金额。其中,预算管理资金的"收入合计"应当根据属于预算管理资金的"税收收入""非税收入""投资收益""补助收入""上解收入""地区间援助收入""其他收入"项目金额的合计填列;财政专户管理资金的"收入合计"应当根据"财政专户管理资金收入"项目的金额填列;专用基金的"收入合计"应当根据"专用基金收入"项目的金额填列。

2."税收收入"项目,反映政府财政本期取得的税收收入金额。本项目根据"税收收入"科目本期发生额填列。

3."非税收入"项目,反映政府财政本期取得的各项非税收入金额。本项目根据"非税收入"科目本期发生额填列。

4. "投资收益"项目，反映政府财政本期取得的各项投资收益金额。本项目根据"投资收益"科目本期发生额填列。

5. "补助收入"项目，反映政府财政本期取得的各类资金的补助收入金额。本项目根据"补助收入"科目本期发生额填列。

6. "上解收入"项目，反映政府财政本期取得的各类资金的上解收入金额。本项目根据"上解收入"科目本期发生额填列。

7. "地区间援助收入"项目，反映政府财政本期取得的地区间援助收入金额。本项目应当根据"地区间援助收入"科目的本期发生额填列。

8. "其他收入"项目，反映政府财政本期取得的除"税收收入""非税收入""投资收益""补助收入""上解收入""地区间援助收入""财政专户管理资金收入""专用基金收入"以外的收入金额。本项目应当根据"其他收入"科目本期发生额填列。

9. "财政专户管理资金收入"项目，反映政府财政本期取得的教育收费等资金收入金额。本项目根据"财政专户管理资金收入"科目本期发生额填列。

10. "专用基金收入"项目，反映政府财政本期取得的粮食风险基金等资金收入金额。本项目根据"专用基金收入"科目本期发生额填列。

11. "费用合计"项目，反映政府财政本期发生的各类费用合计金额。其中，预算管理资金的"费用合计"应当根据属于预算管理资金的"政府机关商品和服务拨款费用""政府机关工资福利拨款费用""对事业单位补助拨款费用""对企业补助拨款费用""对个人和家庭补助拨款费用""对社会保障基金补助拨款费用""资本性拨款费用""其他拨款费用""财务费用""补助费用""上解费用""地区间援助费用""其他费用"项目金额的合计填列；财政专户管理资金的"费用合计"应当根据"财政专户管理资金支出"项目的金额填列；专用基金的"费用合计"应当根据"专用基金支出"项目的金额填列。

12. "政府机关商品和服务拨款费用"项目，反映政府财政本期发生的购买商品和服务的各类费用金额。本项目根据"政府机关商品和服务拨款费用"科目本期发生额填列。

13. "政府机关工资福利拨款费用"项目，反映政府财政本期发生的支付给职工和长期聘用人员的各类劳动报酬及为上述人员缴纳的各项社会保险费等费用。本项目根据"政府机关工资福利拨款费用"科目本期发生额填列。

14. "对事业单位补助拨款费用"项目，反映政府财政本期发生的对事业单位的经常性补助费用金额。本项目根据"对事业单位补助拨款费用"科目本期发生额填列。

15. "对企业补助拨款费用"项目，反映政府财政本期发生的对企业补助拨款费用金额。本项目根据"对企业补助拨款费用"科目本期发生额填列。

16. "对个人和家庭补助拨款费用"项目，反映政府财政本期发生的对个人和家庭补助拨款费用金额。本项目根据"对个人和家庭补助拨款费用"科目本期发生额填列。

17. "对社会保障基金补助拨款费用"项目，反映政府财政本期发生的对社会保险基金的补助拨款以及补充全国社会保障基金费用的拨款金额。本项目根据"对社会保障基金补助拨款费用"科目本期发生额填列。

18. "资本性拨款费用"项目，反映政府财政本期发生的对行政事业单位的房屋建筑物购建、基础设施建设、公务用车购置、设备购置、物资储备等方面资本性拨款费用金额。本项目根据"资本性拨款费用"科目本期发生额填列。

19. "其他拨款费用"项目，反映政府财政未列入以上拨款费用项目的财政拨款费用金额。本项目根据"其他拨款费用"科目本期发生额填列。

20. "财务费用"项目，反映政府财政本期发生的偿还政府债务利息及支付政府债务发行、兑付、登记相关费用及汇兑损益金额。本项目根据"财务费用"科目本期发生额填列。

21. "补助费用"项目，反映政府财政本期发生的各类资金的补助费用金额。本项目根据"补助费用"科目本期发生额填列。

22. "上解费用"项目，反映政府财政本期发生的上缴上级各类资金产生的费用金额。本项目根据"上解费用"科目本期发生额填列。

23. "地区间援助费用"项目，反映政府财政本期发生的地区间援助费用金额。本项目根据"地区间援助费用"科目的本期发生额填列。

24. "其他费用"项目，反映政府财政本期股权划出、其他负债变动形成的费用金额。本项目根据"其他费用"科目的本期发生额填列。

25. "财政专户管理资金支出"项目，反映政府财政本期使用纳入财政专户管理的教育收费等资金产生的费用金额。本项目根据"财政专户管理资金支出"科目本期发生额填列。

26. "专用基金支出"项目，反映政府财政本期使用专用基金产生的费用金额。本项目根据"专用基金支出"科目本期发生额填列。

27. "本期盈余"项目，反映政府财政本年末收入减去费用的金额。本项目根据本表"收入合计"减去"费用合计"的差额填列。

三、现金流量表的编制说明

（一）本表中现金，是指政府财政的国库存款、其他财政存款及国库现金管理资产中的商业银行定期存款。本表中现金流量，是指现金的流入和流出。

（二）本表应当按照日常活动、投资活动、筹资活动的现金流量分别反映。

（三）本表"本年金额"栏反映各项目的本年实际发生数。本表"上年金额"栏反映各项目的上年实际发生数，应当根据上年现金流量表中"本年金额"栏内所列数字填列。

（四）本表"本年金额"栏各项目的填列方法。

1. 日常活动产生的现金流量

（1）现金流入项目

"组织税收收入收到的现金"项目，反映政府财政本年取得税收收入收到的现金。本项目应当根据会计账簿中"税收收入""在途款"科目发生额分析填列。

"组织非税收入收到的现金"项目，反映政府财政本年取得非税收入收到的现金。本项目应当根据会计账簿中"非税收入""应收非税收入""在途款"科目发生额分析填列。

"组织财政专户管理资金收入收到的现金"项目，反映政府财政本年取得财政专户管理资金收入收到的现金。本项目根据会计账簿中"财政专户管理资金收入"科目发生额分析填列。

"组织专用基金收入收到的现金"项目，反映政府财政本年取得专用基金收入收到的现金。本项目根据会计账簿中"专用基金收入"科目发生额分析填列。

"上下级政府财政资金往来收到的现金"项目,反映政府财政本年收到上下级政府财政转移支付、清算欠款、临时调度款等相关的现金。本项目根据会计账簿中"补助收入""上解收入""与下级往来""与上级往来"科目贷方发生额分析填列。

"收回暂付性款项相关的现金"项目,反映政府财政本年收回暂付性款项相关的现金。本项目根据会计账簿中"预拨经费""借出款项""其他应收款"科目贷方发生额分析填列。

"其他日常活动所收到的现金"项目,反映政府财政收到的除以上项目外与日常活动相关的现金。本项目根据会计账簿中"地区间援助收入""其他收入""其他应付款""应付代管资金""在途款""以前年度盈余调整"等科目贷方发生额分析填列。

(2)现金流出项目

"政府机关商品和服务拨款所支付的现金"项目,反映政府财政本年在日常活动中用于购买商品、接受劳务支付的现金。本项目根据会计账簿中"政府机关商品和服务拨款费用"科目和"应付国库集中支付结余"科目借方发生额分析填列。

"政府机关工资福利拨款所支付的现金"项目,反映政府财政本年承担职工劳务报酬及社会保险费等支付的现金。本项目根据会计账簿中"政府机关工资福利拨款费用"科目和"应付国库集中支付结余"科目借方发生额分析填列。

"对事业单位补助拨款所支付的现金"项目,反映政府财政本年对事业单位经常性补助所支付的现金。本项目根据会计账簿中"对事业单位补助拨款费用"科目和"应付国库集中支付结余"科目借方发生额分析填列。

"对企业补助拨款所支付的现金"项目,反映政府财政本年对企业资本性投资外的其他补助所支付的现金。本项目根据会计账簿中"对企业补助拨款费用"科目和"应付国库集中支付结余"科目借方发生额分析填列。

"对个人和家庭补助拨款所支付的现金"项目,反映政府财政本年对个人和家庭的补助所支付的现金。本项目根据会计账簿中"对个人和家庭补助拨款费用"科目和"应付国库集中支付结余"科目借方发生额分析填列。

"对社会保障基金补助拨款所支付的现金"项目，反映政府财政本年对社会保险基金的补助，以及补充全国社会保障基金所支付的现金。本项目根据会计账簿中"对社会保障基金补助拨款费用"科目和"应付国库集中支付结余"科目借方发生额分析填列。

"财政专户管理资金支出所支付的现金"项目，反映政府财政本年从财政专户管理资金中安排各项支出所支付的现金。本项目根据会计账簿中"财政专户管理资金支出"科目借方发生额分析填列。

"专用基金支出所支付的现金"项目，反映政府财政用专用基金收入安排的支出所支付的现金。本项目根据会计账簿中"专用基金支出"科目借方发生额分析填列。

"上下级政府财政资金往来所支付的现金"项目，反映政府财政本年支付上下级政府财政转移支付、清算欠款、临时调度款等相关的现金。本项目根据会计账簿中"补助费用""上解费用""与下级往来""与上级往来"科目借方发生额分析填列。

"资本性拨款所支付的现金"项目，反映政府财政本年支付行政事业单位和企业用于房屋建筑物构建、基础设施建设、公务用车购置、设备购置、物资储备等相关的现金。本项目根据会计账簿中"资本性拨款费用"科目和"应付国库集中支付结余"科目借方发生额分析填列。

"暂付性款项所支付的现金"项目，反映政府财政本年安排暂付性款项所支付的现金。本项目根据会计账簿中"预拨经费""借出款项""其他应收款"科目借方发生额分析填列。

"其他日常活动所支付的现金"项目，反映政府财政本年支付除以上项目外与日常活动相关的现金。本项目根据会计账簿中"其他拨款费用""地区间援助费用""其他应付款""应付代管资金""应付国库集中支付结余""在途款""以前年度盈余调整"等科目借方发生额分析填列。

2. 投资活动产生的现金流量

（1）现金流入项目

"收回股权投资所收到的现金"项目，反映政府财政本年出售、转让、处置股权等收回投资而收到的现金。本项目根据会计账簿中"股权投资"

科目下"投资成本""损益调整"明细科目贷方发生额分析填列。

"取得股权投资收益收到的现金"项目,反映政府财政本年因被投资单位分配股利、利润或处置股权、企业破产清算等产生收益而收到的现金。本项目根据会计账簿中"应收股利""投资收益"科目贷方发生额分析填列。

"收到的其他与投资活动有关的现金"项目,反映政府财政本年收到除以上项目外与投资活动相关的现金。本项目根据会计账簿中"有价证券""应收股利"等科目贷方发生额分析填列。

(2) 现金流出项目

"取得股权投资所支出的现金"项目,反映政府财政本年为取得股权投资而支付的现金。本项目根据会计账簿中"股权投资"科目借方发生额分析填列。

"支付其他与投资活动有关的现金"项目,反映政府财政本年支付除以上项目外与投资活动相关的现金。本项目根据会计账簿中"有价证券"等科目借方发生额分析填列。

(3) 投资活动产生的现金流量净额。本项目根据现金流入项目合计数减去现金流出项目合计数差额填列,差额小于零则以负数填列。

3. 筹资活动产生的现金流量

(1) 现金流入项目

"发行政府债券收到的现金"项目,反映政府财政本年发行国债和地方政府债券收到的现金。本项目根据会计账簿中"应付短期政府债券""应付长期政府债券"科目贷方发生额分析填列。

"借入款项收到的现金"项目,反映政府财政本年借入款项收到的现金。本项目根据会计账簿中"借入款项"科目贷方发生额分析填列。

"取得政府债券转贷款收到的现金"项目,反映政府财政本年取得政府债券转贷款收到的现金。本项目根据会计账簿中"应付地方政府债券转贷款"科目下"应付本金"明细科目贷方发生额分析填列。

"取得主权外债转贷款收到的现金"项目,反映政府财政本年取得主权外债转贷款收到的现金。本项目根据会计账簿中"应付主权外债转贷款"科目下"应付本金"明细科目贷方发生额分析填列。

"收回转贷款本金收到的现金"项目,反映政府财政本年收到下级政府财政归还政府债券转贷款及主权外债转贷款本金相关的现金。本项目根据会计账簿中"应收地方政府债券转贷款""应收主权外债转贷款"科目下"应收本金"明细科目贷方发生额分析填列。

"收到下级上缴转贷款利息相关的现金"项目,反映政府财政本年收到下级政府财政上缴政府债券转贷款及主权外债转贷款利息相关的现金。本项目根据会计账簿中"应收地方政府债券转贷款""应收主权外债转贷款"科目下"应收利息"明细科目贷方发生额分析填列。

"其他筹资活动收到的现金"项目,反映政府财政本年收到的其他与筹资活动相关的现金。本项目根据会计账簿中"其他应付款""其他应收款"等科目贷方发生额分析填列。

(2)现金流出项目

"转贷地方政府债券所支付的现金"项目,反映政府财政本年对下级政府财政转贷地方政府债券所支付的现金。本项目根据会计账簿中"应收地方政府债券转贷款"科目下"应收本金"明细科目借方发生额分析填列。

"转贷主权外债所支付的现金"项目,反映政府财政本年对下级政府财政转贷主权外债所支付的现金。本项目根据会计账簿中"应收主权外债转贷款"科目下"应收本金"明细科目借方发生额分析填列。

"支付债务本金相关的现金"项目,反映政府财政本年偿还政府债务本金所支付的现金。省级以上(含省级)政府财政根据会计账簿中"应付短期政府债券""应付长期政府债券""借入款项"科目借方发生额分析填列;市县政府财政根据会计账簿中"应付地方政府债券转贷款""应付主权外债转贷款"科目下"应付本金"明细科目借方发生额分析填列。

"支付债务利息相关的现金"项目,反映政府财政本年支付政府债务利息相关的现金。省级以上(含省级)政府财政根据会计账簿中"应付利息"科目借方发生额分析填列;市县政府财政根据会计账簿中"应付地方政府债券转贷款""应付主权外债转贷款"科目下"应付利息"明细科目、"财务费用"科目借方发生额分析填列。

"其他筹资活动支付的现金"项目,反映政府财政本年支付的政府债券发行、兑付、登记费用等其他与筹资活动相关的现金。本项目根据会计账簿中"财务费用""其他应付款""其他应收款"等科目借方发生额分析填列。

（3）筹资活动产生的现金流量净额。本项目根据现金流入项目合计数减去现金流出项目合计数差额填列，差额小于零则以负数填列。

4. 汇率变动对现金的影响额。反映政府财政外币现金流量折算为人民币时，所采用的即期汇率折算的人民币金额与期末汇率折算的人民币金额之间的差额。本项目根据"财务费用"科目下的"汇兑损益"明细科目发生额分析填列。

5. 现金净增加额。本项目反映政府财政本年现金变动的净额，根据本表中"日常活动产生的现金流量净额""投资活动产生的现金流量净额""筹资活动产生的现金流量净额""汇率变动对现金的影响额"项目金额的合计数填列，金额小于零则以负数填列。

四、本年预算结余与本期盈余调节表编制说明

（一）当期预算结余。本项目根据本年预算收入与预算支出的差额填列。

（二）日常活动产生的差异

1. "当期确认为收入但没有确认为预算收入"项目

主要为"当期应收未缴库非税收入"项目。本项目反映政府财政本年已确认非税收入但缴款人尚未缴入国库的各项非税款项。根据会计账簿中"应收非税收入"以及"非税收入"科目发生额分析填列。

2. "当期确认为预算收入但没有确认为收入"项目

主要为"当期收到上期应收未缴库非税收入"项目。本项目反映政府财政本年收到的上年应收非税收入。根据会计账簿中"应收非税收入"科目贷方发生额以及"国库存款"科目借方发生额分析填列，不含以前年度盈余调整事项和新增确认的非税收入。

3. "当期确认为预算支出收回但没有确认为费用收回"项目

（1）"当期收到退回以前年度已列支资金"项目。本项目反映政府财政收到退回的以前年度已列支资金而冲减预算支出的事项。根据会计账簿中"国库存款""其他财政存款"科目借方发生额以及"以前年度盈余调整"科目贷方发生额分析填列。

（2）"当期将以前年度国库集中支付结余收回预算"项目。本项目反映政府财政将以前年度应付国库集中支付结余资金收回预算而冲减预算支

出的事项。根据会计账簿中"应付国库集中支付结余"科目借方发生额以及"以前年度盈余调整"科目贷方发生额分析填列。

（三）投资活动产生的差异

1."当期确认为收入但没有确认为预算收入"项目

（1）"当期投资收益或损失"项目。本项目反映政府财政本年确认的股权投资收益。根据会计账簿中"投资收益"科目发生额分析填列。其中，投资损失以负数填列；不含清算、处置股权投资增加的收益。

（2）"当期无偿划入股权投资"项目。本项目反映政府财政本年接受无偿划入的股权投资。根据会计账簿中"股权投资"科目下"投资成本"明细科目借方发生额、"其他收入"科目贷方发生额分析填列。

2."当期确认为预算支出但没有确认为费用"项目

（1）"当期股权投资增支"项目。本项目反映政府财政本年新增股权投资增加的支出。根据会计账簿中"股权投资"科目下"投资成本"明细科目借方发生额以及"国库存款"科目贷方发生额分析填列，不含无偿划入或权益法调整增加的股权投资以及补记以前年度股权投资。

（2）"当期股权投资减支"项目。本项目反映政府财政本年退出、清算、处置股权投资减少的支出。根据会计账簿中"股权投资"科目下"投资成本"明细科目贷方发生额以及"国库存款"科目借方发生额分析，以负数填列，不含无偿划出或权益法调整减少的股权投资额。

3."当期确认为预算收入但没有确认为收入"项目

（1）"当期收到利润收入和股利股息收入"项目。本项目反映政府财政本年收到被投资主体上缴以前年度利润和股利股息。根据会计账簿中"资金结存——库款资金结存"科目借方发生额以及"一般公共预算收入——利润收入、股利股息收入""国有资本经营预算收入——利润收入、股利股息收入"贷方发生额分析填列，不含清算、处置股权投资增加的收益。

（2）"当期收到清算、处置股权投资的收入"项目。本项目反映政府财政本年清算、处置股权投资发生的收入，需根据"投资收益""国库存款"科目借方发生额、"股权投资"等科目贷方发生额分析填列。

4."当期确认为费用但没有确认为预算支出"项目

主要为"当期无偿划出股权投资费用"项目。本项目反映政府财政本年无偿划出的股权投资。根据会计账簿中"股权投资"科目下"投资成本"明细科目贷方发生额、"其他费用"科目借方发生额分析填列。

（四）筹资活动产生的差异

1. "当期确认为预算支出但没有确认为费用"项目

（1）"当期转贷款支出"项目。反映政府财政本年转贷下级政府财政的政府债券、主权外债资金。根据会计账簿中"债务转贷预算支出"科目借方发生额分析填列。

（2）"当期债务还本支出"项目。反映本级政府财政本年偿还的债务本金。根据会计账簿中"债务还本预算支出"科目借方发生额分析填列。

（3）"拨付上年计提债务利息"项目。反映政府财政本年偿还上年已计提的债务利息。根据会计账簿中"应付利息"科目年初贷方余额填列；市县政府财政根据会计账簿中"应付地方政府债券转贷款"和"应付主权外债转贷款"科目下"应付利息"明细科目年初贷方余额填列。

2. "当期确认为预算收入但没有确认为收入"项目

（1）"当期债务收入"项目。反映省级以上（含省级）政府财政本年发行政府债券、借入主权外债的收入。根据会计账簿中"债务预算收入"科目贷方发生额分析填列。

（2）"当期转贷款收入"项目。反映市县政府财政本年收到的地方政府债券、主权外债转贷款收入。根据会计账簿中"债务转贷预算收入"贷方发生额分析填列。

3. "当期确认为费用但没有确认为预算支出"项目

主要为"当期计提未拨付债务利息"项目。本项目反映政府财政本年已计提需在下一年度支付的利息。省级以上（含省级）政府财政根据会计账簿中"应付利息"科目年末贷方余额填列；市县政府财政根据会计账簿中"应付地方政府债券转贷款——应付利息"以及"应付主权外债转贷款—应付利息"科目年末贷方余额填列。

（五）其他差异事项。本项目反映政府财政其他活动事项产生的差异。其中，减少预算结余和增加本期盈余事项以正数反映，增加预算结余和减少本期盈余事项以负数反映。中央财政计提其他负债产生的费用也在本项目反映。

（六）当期汇兑损益净额。本项目根据"财务费用——汇兑损益"发生额分析填列,汇兑损失以负数反映,汇兑收益以正数反映。

(七)本期盈余(本年收入与费用的差额)。根据本表"当期预算结余""投资活动产生的差异""日常活动产生的差异""筹资活动产生的差异""其他差异事项""当期汇兑损益净额"金额汇总填列。本项目与"收入费用表"本期盈余合计数一致。

五、会计报表附注

总会计财务会计报表附注应当至少披露下列内容:

(一)遵循《财政总会计制度》的声明;

(二)本级政府财政财务状况的说明;

(三)会计报表中列示的重要项目的进一步说明,包括其主要构成、增减变动情况等;

(四)政府财政承担担保责任负债情况的说明;

(五)有助于理解和分析会计报表的其他需要说明的事项。

第五十一条 预算会计报表包括预算收入支出表、一般公共预算执行情况表、政府性基金预算执行情况表、国有资本经营预算执行情况表、财政专户管理资金收支情况表、专用基金收支情况表等会计报表和附注。

预算收入支出表是反映政府财政在某一会计期间各类财政资金收支余情况的报表。预算收入支出表根据资金性质按照收入、支出、结转结余的构成分类、分项列示。

一般公共预算执行情况表是反映政府财政在某一会计期间一般公共预算收支执行结果的报表,按照《政府收支分类科目》中一般公共预算收支科目列示。

政府性基金预算执行情况表是反映政府财政在某一会计期间政府性基金预算收支执行结果的报表,按照《政府收支分类科目》中政府性基金预算收支科目列示。

国有资本经营预算执行情况表是反映政府财政在某一会计期间国有资本经营预算收支执行结果的报表,按照《政府收支分类科目》中国有资本经营预算收支科目列示。

财政专户管理资金收支情况表是反映政府财政在某一会计期间纳入财政专户管理的资金收支情况的报表,按照相关政府收支分类科目列示。

专用基金收支情况表是反映政府财政在某一会计期间专用基金收支情

况的报表,按照专用基金类型分别列示。

附注是指对在会计报表中列示项目的文字描述或明细资料,以及对未能在会计报表中列示项目的说明。

第五十二条 预算会计报表的格式如下:

预算收入支出表

总会预 01 表

编制单位: 　　　　　　　　年　月　　　　　　　　单位:元

项 目	一般公共预算		政府性基金预算		国有资本经营预算		财政专户管理资金		专用基金	
	本月数	本年累计数	本月数	本年累计数	本月数	本年累计数	本月数	本年累计数	本月数	本年累计数
年初结转结余										
收入合计										
本级收入										
其中:来自预算安排的收入	—	—	—	—	—	—	—	—	—	—
补助预算收入							—	—	—	—
上解预算收入							—	—	—	—
地区间援助预算收入							—	—		
债务预算收入							—	—	—	—
债务转贷预算收入							—	—	—	—
动用预算稳定调节基金			—	—	—	—	—	—	—	—
调入预算资金							—	—		
支出合计										
本级支出										
其中:权责发生制列支							—	—	—	—
预算安排专用基金的支出			—	—	—	—	—	—		
补助预算支出							—	—	—	—
上解预算支出							—	—	—	—
地区间援助预算支出							—	—	—	—

续表

项目	一般公共预算		政府性基金预算		国有资本经营预算		财政专户管理资金		专用基金	
	本月数	本年累计数	本月数	本年累计数	本月数	本年累计数	本月数	本年累计数	本月数	本年累计数
债务还本预算支出					—	—	—	—	—	—
债务转贷预算支出										
安排预算稳定调节基金			—	—	—	—	—	—	—	—
调出预算资金										
结余转出										
其中：增设预算周转金			—	—	—	—	—	—	—	—
年末结转结余										

注：表中有"—"的部分不必填列。

一般公共预算执行情况表

总会预02-1表

编制单位：　　　　　　　年　月　日　　　　　　单位：元

项　目	本月（旬）数	本年（月）累计数
一般公共预算收入		
101 税收收入		
10101 增值税		
1010101 国内增值税		
……		
一般公共预算支出		
201 一般公共服务支出		
20101 人大事务		
2010101 行政运行		
……		

政府性基金预算执行情况表

总会预 02-2 表

编制单位：　　　　　　　　年　月　日　　　　　　　　单位：元

项目	本月（旬）数	本年（月）累计数
政府性基金预算收入		
10301 政府性基金收入		
1030102 农网还贷资金收入		
103010201 中央农网还贷资金收入		
……		
政府性基金预算支出		
206 科学技术支出		
20610 核电站乏燃料处理处置基金支出		
2061001 乏燃料运输		
……		

国有资本经营预算执行情况表

总会预 02-3 表

编制单位：　　　　　　　　年　月　日　　　　　　　　单位：元

项目	本月（旬）数	本年（月）累计数
国有资本经营预算收入		
10306 国有资本经营收入		
1030601 利润收入		
103060103 烟草企业利润收入		
……		

续表

项目	本月（旬）数	本年（月）累计数
国有资本经营预算支出		
208 社会保障和就业支出		
20804 补充全国社会保障基金		
2080451 国有资本经营预算补充社保基金支出		
……		

财政专户管理资金收支情况表

总会预 03 表

编制单位：　　　　　　年　月　日　　　　　　单位：元

项目	本月（旬）数	本年（月）累计数
财政专户管理资金收入		
财政专户管理资金支出		

专用基金收支情况表

总会预 04 表

编制单位：　　　　　　年　月　日　　　　　　单位：元

项目	本月（旬）数	本年（月）累计数
专用基金收入		
粮食风险基金		
……		

续表

项 目	本月（旬）数	本年（月）累计数
专用基金支出		
粮食风险基金		
……		

第五十三条 总会计应当按照下列规定编制预算会计报表：

（一）预算收入支出表应当按月度和年度编制，一般公共预算执行情况表、政府性基金预算执行情况表、国有资本经营预算执行情况表应当按旬、月度和年度编制，财政专户管理资金收支情况表、专用基金收支情况表应当按月度和年度编制。旬报、月报的报送期限及编报内容应当根据上级政府财政具体要求和本行政区域预算管理的需要办理。

（二）总会计应当根据本制度编制并提供真实、完整的会计报表，切实做到账表一致，不得估列代编，弄虚作假。

（三）总会计要严格按照统一规定的种类、格式、内容、计算方法和编制口径填制会计报表，以保证全国统一汇总和分析。汇总报表的单位，要把所属单位的报表汇集齐全，防止漏报。

第五十四条 预算会计报表的编制说明如下：

一、预算收入支出表的编制说明

（一）本表"本月数"栏反映各项目的本月实际发生数。在编制年度预算收入支出表时，应将本栏改为"上年数"栏，反映上年度各项目的实际发生数；如果本年度预算收入支出表规定的各个项目的名称和内容同上年度不一致，应对上年度预算收入支出表各项目的名称和数字按照本年度的规定进行调整，填入本年度预算收入支出表的"上年数"栏。

本表"本年累计数"栏反映各项目自年初起至报告期末止的累计实际发生数。编制年度预算收入支出表时，应当将本栏改为"本年数"。

(二)本表"本月数"栏各项目的内容和填列方法

1."年初结转结余"项目,反映政府财政本年初各类资金结转结余金额。其中,一般公共预算的"年初结转结余"应当根据"一般公共预算结转结余"科目的年初余额填列;政府性基金预算的"年初结转结余"应当根据"政府性基金预算结转结余"科目的年初余额填列;国有资本经营预算的"年初结转结余"应当根据"国有资本经营预算结转结余"科目的年初余额填列;财政专户管理资金的"年初结转结余"应当根据"财政专户管理资金结余"科目的年初余额填列;专用基金的"年初结转结余"应当根据"专用基金结余"科目的年初余额填列。

2."收入合计"项目,反映政府财政本期取得的各类资金的收入合计金额。其中,一般公共预算的"收入合计"应当根据属于一般公共预算的"本级收入""补助预算收入""上解预算收入""地区间援助预算收入""债务预算收入""债务转贷预算收入""动用预算稳定调节基金"和"调入预算资金"各行项目金额的合计填列;政府性基金预算的"收入合计"应当根据属于政府性基金预算的"本级收入""补助预算收入""上解预算收入""债务预算收入""债务转贷预算收入"和"调入预算资金"各行项目金额的合计填列;国有资本经营预算的"收入合计"应当根据属于国有资本经营预算的"本级收入""补助预算收入""上解预算收入"项目的金额填列;财政专户管理资金的"收入合计"应当根据属于财政专户管理资金的"本级收入"项目的金额填列;专用基金的"收入合计"应当根据属于专用基金的"本级收入"项目的金额填列。

3."本级收入"项目,反映政府财政本期取得的各类资金的本级收入金额。其中,一般公共预算的"本级收入"应当根据"一般公共预算收入"科目的本期发生额填列;政府性基金预算的"本级收入"应当根据"政府性基金预算收入"科目的本期发生额填列;国有资本经营预算的"本级收入"应当根据"国有资本经营预算收入"科目的本期发生额填列;财政专户管理资金的"本级收入"应当根据"财政专户管理资金收入"科目的本期发生额填列;专用基金的"本级收入"应当根据"专用基金收入"科目的本期发生额填列。

4."来自预算安排的收入"项目,反映政府财政本期通过预算安排取得专用基金收入的金额。本项目应当根据"专用基金收入"科目的本期发生额分析填列。

5."补助预算收入"项目,反映政府财政本期取得的各类资金的补助收入金额。其中,一般公共预算的"补助预算收入"应当根据"补助预算收入"科目下的"一般公共预算补助预算收入"明细科目的本期发生额填列;政府性基金预算的"补助预算收入"应当根据"补助预算收入"科目下的"政府性基金预算补助收入"明细科目的本期发生额填列;国有资本经营预算的"补助预算收入"应当根据"补助预算收入"科目下的"国有资本经营预算补助收入"明细科目的本期发生额填列。

6."上解预算收入"项目,反映政府财政本期取得的各类资金的上解预算收入金额。其中,一般公共预算的"上解预算收入"应当根据"上解预算收入"科目下的"一般公共预算上解收入"明细科目的本期发生额填列;政府性基金预算的"上解收入"应当根据"上解收入"科目下的"政府性基金预算上解收入"明细科目的本期发生额填列;国有资本经营预算的"上解收入"应当根据"上解预算收入"科目下的"国有资本经营预算上解收入"明细科目的本期发生额填列。

7."地区间援助预算收入"项目,反映政府财政本期取得的地区间援助预算收入金额。本项目应当根据"地区间援助预算收入"科目的本期发生额填列。

8."债务预算收入"项目,反映政府财政本期取得的债务预算收入金额。其中,一般公共预算的"债务预算收入"应当根据"债务预算收入"科目下除"专项债务收入"以外的其他明细科目的本期发生额填列;政府性基金预算的"债务预算收入"应当根据"债务预算收入"科目下的"专项债务收入"明细科目的本期发生额填列。

9."债务转贷预算收入"项目,反映政府财政本期取得的债务转贷预算收入金额。其中,一般公共预算的"债务转贷预算收入"应当根据"债务转贷预算收入"科目下"一般债务转贷收入"明细科目的本期发生额填列;政府性基金预算的"债务转贷收入"应当根据"债务转贷预算收入"科目下的"专项债务转贷收入"明细科目的本期发生额填列。

10."动用预算稳定调节基金"项目,反映政府财政本期动用的预算稳定调节基金金额。本项目应当根据"动用预算稳定调节基金"科目的本期发生额填列。

11."调入预算资金"项目,反映政府财政本期取得的调入预算资金金额。其中,一般公共预算的"调入预算资金"应当根据"调入预算资金"科目下"一般公共预算调入资金"明细科目的本期发生额填列;政府性基金预算的"调入预算资金"应当根据"调入预算资金"科目下"政府性基金预算调入资金"明细科目的本期发生额填列。

12."支出合计"项目,反映政府财政本期发生的各类资金的支出合计金额。其中,一般公共预算的"支出合计"应当根据属于一般公共预算的"本级支出""补助预算支出""上解预算支出""地区间援助预算支出""债务还本预算支出""债务转贷预算支出""安排预算稳定调节基金"和"调出预算资金"各行项目金额的合计填列;政府性基金预算的"支出合计"应当根据属于政府性基金预算的"本级支出""补助预算支出""上解预算支出""债务还本预算支出""债务转贷预算支出"和"调出预算资金"各行项目金额的合计填列;国有资本经营预算的"支出合计"应当根据属于国有资本经营预算的"本级支出""补助预算支出""上解预算支出"和"调出预算资金"项目金额的合计填列;财政专户管理资金的"支出合计"应当根据属于财政专户管理资金的"本级支出"项目的金额填列;专用基金的"支出合计"应当根据属于专用基金的"本级支出"项目的金额填列。

13."本级支出"项目,反映政府财政本期发生的各类资金的本级支出金额。其中,一般公共预算的"本级支出"应当根据"一般公共预算支出"科目的本期发生额填列;政府性基金预算的"本级支出"应当根据"政府性基金预算支出"科目的本期发生额填列;国有资本经营预算的"本级支出"应当根据"国有资本经营预算支出"科目的本期发生额填列;财政专户管理资金的"本级支出"应当根据"财政专户管理资金支出"科目的本期发生额填列;专用基金的"本级支出"应当根据"专用基金支出"科目的本期发生额填列。

14."权责发生制列支"项目,反映省级以上(含省级)政府财政国库集中支付中,应列为当年费用,但年末尚未支付需结转下一年度支付的款项。其中,一般公共预算的"权责发生制列支项目"应当根据"一般公共预算支出"科目的本期发生额分析填列;政府性基金预算的"权责发生制列支项目"应当根据"政府性基金预算支出"科目的本期发生额分析填列；国有资本经营预算的"权责发生制列支项目"应当根据"国有资本经营预算支出"科目的本期发生额分析填列。

15. "预算安排专用基金的支出"项目，反映政府财政本期通过预算安排取得专用基金收入的金额。本项目应当根据"一般公共预算支出"科目的本期发生额分析填列。

16. "补助预算支出"项目，反映政府财政本期发生的各类资金的补助预算支出金额。其中，一般公共预算的"补助预算支出"应当根据"补助预算支出"科目下的"一般公共预算补助支出"明细科目的本期发生额填列；政府性基金预算的"补助预算支出"应当根据"补助预算支出"科目下的"政府性基金预算补助支出"明细科目的本期发生额填列；国有资本经营预算的"补助预算支出"应当根据"补助预算支出"科目下的"国有资本经营预算补助支出"明细科目的本期发生额填列。

17. "上解预算支出"项目，反映政府财政本期发生的各类资金的上解预算支出金额。其中，一般公共预算的"上解预算支出"应当根据"上解预算支出"科目下的"一般公共预算上解支出"明细科目的本期发生额填列；政府性基金预算的"上解预算支出"应当根据"上解预算支出"科目下的"政府性基金预算上解支出"明细科目的本期发生额填列；国有资本经营预算的"上解预算支出"应当根据"上解预算支出"科目下的"国有资本经营预算上解支出"明细科目的本期发生额填列。

18. "地区间援助预算支出"项目，反映政府财政本期发生的地区间援助预算支出金额。本项目应当根据"地区间援助预算支出"科目的本期发生额填列。

19. "债务还本预算支出"项目，反映政府财政本期发生的债务还本预算支出金额。其中，一般公共预算的"债务还本预算支出"应当根据"债务还本预算支出"科目下除"专项债务还本支出"以外的其他明细科目的本期发生额填列；政府性基金预算的"债务还本预算支出"应当根据"债务还本预算支出"科目下的"专项债务还本支出"明细科目的本期发生额填列。

20. "债务转贷预算支出"项目，反映政府财政本期发生的债务转贷预算支出金额。其中，一般公共预算的"债务转贷预算支出"应当根据"债务转贷预算支出"科目下"一般债务转贷支出"明细科目的本期发生额填列;政府性基金预算的"债务转贷支出"应当根据"债务转贷支出"科目下的"专项债务转贷支出"明细科目的本期发生额填列。

21. "安排预算稳定调节基金"项目,反映政府财政本期安排的预算稳定调节基金金额。本项目根据"安排预算稳定调节基金"科目的本期发生额填列。

22. "调出预算资金"项目,反映政府财政本期发生的各类资金的调出资金金额。其中,一般公共预算的"调出预算资金"应当根据"调出预算资金"科目下"一般公共预算调出资金"明细科目的本期发生额填列;政府性基金预算的"调出预算资金"应当根据"调出预算资金"科目下"政府性基金预算调出资金"明细科目的本期发生额填列;国有资本经营预算的"调出预算资金"应当根据"调出预算资金"科目下"国有资本经营预算调出资金"明细科目的本期发生额填列。

23. "增设预算周转金"项目,反映政府财政本期设置或补充预算周转金的金额。本项目应当根据"预算周转金"科目的本期贷方发生额填列。

24. "年末结转结余"项目,反映政府财政本年末的各类资金的结转结余金额。其中,一般公共预算的"年末结转结余"应当根据"一般公共预算结转结余"科目的年末余额填列;政府性基金预算的"年末结转结余"应当根据"政府性基金预算结转结余"科目的年末余额填列;国有资本经营预算的"年末结转结余"应当根据"国有资本经营预算结转结余"科目的年末余额填列;财政专户管理资金的"年末结转结余"应当根据"财政专户管理资金结余"科目的年末余额填列;专用基金的"年末结转结余"应当根据"专用基金结余"科目的年末余额填列。

二、一般公共预算执行情况表的编制说明

(一)"一般公共预算收入"项目及所属各明细项目,应当根据"一般公共预算收入"科目及所属各明细科目的本期发生额填列。

(二)"一般公共预算支出"项目及所属各明细项目,应当根据"一般公共预算支出"科目及所属各明细科目的本期发生额填列。

三、政府性基金预算执行情况表的编制说明

(一)"政府性基金预算收入"项目及所属各明细项目,应当根据"政府性基金预算收入"科目及所属各明细科目的本期发生额填列。

（二）"政府性基金预算支出"项目及所属各明细项目，应当根据"政府性基金预算支出"科目及所属各明细科目的本期发生额填列。

四、国有资本经营预算执行情况表的编制说明

（一）"国有资本经营预算收入"项目及所属各明细项目，应当根据"国有资本经营预算收入"科目及所属各明细科目的本期发生额填列。

（二）"国有资本经营预算支出"项目及所属各明细项目，应当根据"国有资本经营预算支出"科目及所属各明细科目的本期发生额填列。

五、财政专户管理资金收支情况表的编制说明

（一）"财政专户管理资金收入"项目及所属各明细项目，应当根据"财政专户管理资金收入"科目及所属各明细科目的本期发生额填列。

（二）"财政专户管理资金支出"项目及所属各明细项目，应当根据"财政专户管理资金支出"科目及所属各明细科目的本期发生额填列。

六、专用基金收支情况表的编制说明

（一）"专用基金收入"项目及所属各明细项目，应当根据"专用基金收入"科目及所属各明细科目的本期发生额填列。

（二）"专用基金支出"项目及所属各明细项目，应当根据"专用基金支出"科目及所属各明细科目的本期发生额填列。

七、会计报表附注

总会计预算会计报表附注应当至少披露下列内容：

（一）遵循《财政总会计制度》的声明；

（二）本级政府财政预算执行情况的说明；

（三）会计报表中列示的重要项目的进一步说明，包括其主要构成、增减变动情况等；

（四）有助于理解和分析会计报表的其他需要说明的事项。

第六章 信息化管理

第五十五条 各级财政部门应当加强有关业务处理系统及网络的建设和运行维护，确保各级总会计采用的会计信息管理系统必须符合本制度规定的核算方法，系统运行安全稳定、业务办理规范有序、业务信息真实有效。

第五十六条 各级财政部门应不断推进会计信息化应用，加强会计信

息管理系统电子化改造，推进与其他有关业务系统的有效衔接，不断提高总会计账务处理及报表生成的自动化程度，并为会计档案电子化管理提供支撑。

第五十七条　各级总会计不得直接在会计信息管理系统中更改登记有误的账簿信息，应当采取冲销法或补充登记法重新填制调账记账凭证，复核无误后登记会计账簿。

第五十八条　信息系统储存的总会计原始数据应当由专人定期备份至专用存储设备。保存电子会计数据的存储介质应当纳入容灾备份体系妥善保管。

第七章　会 计 监 督

第五十九条　各级总会计应加强对各项财政业务的核算管理与会计监督。严格依法办事，对于不合法的会计事项，应及时予以纠正或按程序反映。

第六十条　各级总会计应加强对预算单位财政资金使用情况的管理，及时了解掌握有关单位的用款情况，发现问题及时按程序反映。

第六十一条　各级总会计应自觉接受人民代表大会、审计、监察部门，以及上级政府财政部门的监督，按规定向人民代表大会、审计、监察部门以及上级政府财政部门提供有关资料。

第八章　附　　则

第六十二条　本制度所称会计核算、财务会计、预算会计、收付实现制、权责发生制与《政府会计准则——基本准则》一致。

第六十三条　本制度未特殊规定的一般会计处理方法，按照财政部有关规定处理。会计档案的管理，按照财政部、国家档案局《会计档案管理办法》执行。

第六十四条　各级财政部门对不同类型资金活动根据管理需要可单独设账核算。

第六十五条　地方各级财政部门在与本制度不相违背的前提下，负责制定本地区总会计有关具体核算办法。

第六十六条　本制度自 2023 年 1 月 1 日起执行。《财政部关于印发

〈财政总预算会计制度〉的通知》(财库〔2015〕192号)、《财政部关于印发〈新旧财政总预算会计制度有关衔接问题的处理规定〉的通知》(财库〔2015〕205号)、《财政部关于收回财政存量资金预算会计处理有关问题的通知》(财预〔2015〕81号)、《财政部关于国债做市支持操作总预算会计账务处理的通知》(财库〔2017〕91号)同时废止。

企业会计制度

(2000年12月29日　财会〔2000〕25号)

第一章　总　　则

第一条　为了规范企业的会计核算，真实、完整地提供会计信息，根据《中华人民共和国会计法》及国家其他有关法律和法规，制定本制度。

第二条　除不对外筹集资金、经营规模较小的企业，以及金融保险企业以外，在中华人民共和国境内设立的企业（含公司，下同），执行本制度。

第三条　企业应当根据有关会计法律、行政法规和本制度的规定，在不违反本制度的前提下，结合本企业的具体情况，制定适合于本企业的会计核算办法。

第四条　企业填制会计凭证、登记会计账簿、管理会计档案等要求，按照《中华人民共和国会计法》、《会计基础工作规范》和《会计档案管理办法》的规定执行。

第五条　会计核算应当以企业发生的各项交易或事项为对象，记录和反映企业本身的各项生产经营活动。

第六条　会计核算应当以企业持续、正常的生产经营活动为前提。

第七条　会计核算应当划分会计期间，分期结算账目和编制财务会计报告。会计期间分为年度、半年度、季度和月度。年度、半年度、季度和月度均按公历起讫日期确定。半年度、季度和月度均称为会计中期。

本制度所称的期末和定期，是指月末、季末、半年末和年末。

第八条 企业的会计核算以人民币为记账本位币。

业务收支以人民币以外的货币为主的企业，可以选定其中一种货币作为记账本位币，但是编报的财务会计报告应当折算为人民币。

在境外设立的中国企业向国内报送的财务会计报告，应当折算为人民币。

第九条 企业的会计记账采用借贷记账法。

第十条 会计记录的文字应当使用中文。在民族自治地方，会计记录可以同时使用当地通用的一种民族文字。在中华人民共和国境内的外商投资企业、外国企业和其他外国组织的会计记录可以同时使用一种外国文字。

第十一条 企业在会计核算时，应当遵循以下基本原则：

（一）会计核算应当以实际发生的交易或事项为依据，如实反映企业的财务状况、经营成果和现金流量。

（二）企业应当按照交易或事项的经济实质进行会计核算，而不应当仅仅按照它们的法律形式作为会计核算的依据。

（三）企业提供的会计信息应当能够反映企业的财务状况、经营成果和现金流量，以满足会计信息使用者的需要。

（四）企业的会计核算方法前后各期应当保持一致，不得随意变更。如有必要变更，应当将变更的内容和理由、变更的累积影响数，以及累积影响数不能合理确定的理由等，在会计报表附注中予以说明。

（五）企业的会计核算应当按照规定的会计处理方法进行，会计指标应当口径一致、相互可比。

（六）企业的会计核算应当及时进行，不得提前或延后。

（七）企业的会计核算和编制的财务会计报告应当清晰明了，便于理解和利用。

（八）企业的会计核算应当以权责发生制为基础。凡是当期已经实现的收入和已经发生或应当负担的费用，不论款项是否收付，都应当作为当期的收入和费用；凡是不属于当期的收入和费用，即使款项已在当期收付，也不应当作为当期的收入和费用。

（九）企业在进行会计核算时，收入与其成本、费用应当相互配比，同一会计期间内的各项收入和与其相关的成本、费用，应当在该会计期间内确认。

（十）企业的各项财产在取得时应当按照实际成本计量。其后，各项财产如果发生减值，应当按照本制度规定计提相应的减值准备。除法律、行政法规和国家统一的会计制度另有规定者外，企业一律不得自行调整其账面价值。

（十一）企业的会计核算应当合理划分收益性支出与资本性支出的界限。凡支出的效益仅及于本年度（或一个营业周期）的，应当作为收益性支出；凡支出的效益及于几个会计年度（或几个营业周期）的，应当作为资本性支出。

（十二）企业在进行会计核算时，应当遵循谨慎性原则的要求，不得多计资产或收益、少计负债或费用，但不得计提秘密准备。

（十三）企业的会计核算应当遵循重要性原则的要求，在会计核算过程中对交易或事项应当区别其重要程度，采用不同的核算方式。对资产、负债、损益等有较大影响，并进而影响财务会计报告使用者据以作出合理判断的重要会计事项，必须按照规定的会计方法和程序进行处理，并在财务会计报告中予以充分、准确地披露；对于次要的会计事项，在不影响会计信息真实性和不至于误导财务会计报告使用者作出正确判断的前提下，可适当简化处理。

第二章 资　　产

第十二条　资产，是指过去的交易、事项形成并由企业拥有或者控制的资源，该资源预期会给企业带来经济利益。

第十三条　企业的资产应按流动性分为流动资产、长期投资、固定资产、无形资产和其他资产。

第一节　流 动 资 产

第十四条　流动资产，是指可以在1年或者超过1年的一个营业周期内变现或耗用的资产，主要包括现金、银行存款、短期投资、应收及预付款项、待摊费用、存货等。

本制度所称的投资，是指企业为通过分配来增加财富，或为谋求其他利益，而将资产让渡给其他单位所获得的另一项资产。

第十五条　企业应当设置现金和银行存款日记账。按照业务发生顺序逐日逐笔登记。银行存款应按银行和其他金融机构的名称和存款种类进行明细核算。

有外币现金和存款的企业，还应当分别按人民币和外币进行明细核算。

现金的账面余额必须与库存数相符；银行存款的账面余额应当与银行对账单定期核对，并按月编制银行存款余额调节表调节相符。

本制度所称的账面余额，是指某科目的账面实际余额，不扣除作为该科目备抵的项目（如累计折旧、相关资产的减值准备等）。

第十六条 短期投资，是指能够随时变现并且持有时间不准备超过1年（含1年）的投资，包括股票、债券、基金等。短期投资应当按照以下原则核算：

（一）短期投资在取得时应当按照投资成本计量。短期投资取得时的投资成本按以下方法确定：

1. 以现金购入的短期投资，按实际支付的全部价款，包括税金、手续费等相关费用作为短期投资成本。实际支付的价款中包含的已宣告但尚未领取的现金股利、或已到付息期但尚未领取的债券利息，应当单独核算，不构成短期投资成本。

已存入证券公司但尚未进行短期投资的现金，先作为其他货币资金处理，待实际投资时，按实际支付的价款或实际支付的价款减去已宣告但尚未领取的现金股利或已到付息期但尚未领取的债券利息，作为短期投资的成本。

2. 投资者投入的短期投资，按投资各方确认的价值，作为短期投资成本。

3. 企业接受的债务人以非现金资产抵偿债务方式取得的短期投资，或以应收债权换入的短期投资，按应收债权的账面价值加上应支付的相关税费，作为短期投资成本。如果所接受的短期投资中含有已宣告但尚未领取的现金股利，或已到付息期但尚未领取的债券利息，按应收债权的账面价值减去应收股利或应收利息，加上应支付的相关税费后的余额，作为短期投资成本。涉及补价的，按以下规定确定受让的短期投资成本：

（1）收到补价的，按应收债权账面价值减去补价，加上应支付的相关税费，作为短期投资成本；

（2）支付补价的，按应收债权的账面价值加上支付的补价和应支付的相关税费,作为短期投资成本。

本制度所称的"账面价值",是指某科目的账面余额减去相关的备抵项目后的净额。如短期投资科目的账面余额减去相应的跌价准备后的净额,为短期投资的账面价值。

4. 以非货币性交易换入的短期投资,按换出资产的账面价值加上应支付的相关税费,作为短期投资成本。涉及补价的,按以下规定确定换入的短期投资成本:

(1) 收到补价的,按换出资产的账面价值加上应确认的收益和应支付的相关税费减去补价后的余额,作为短期投资成本;

(2) 支付补价的,按换出资产的账面价值加上应支付的相关税费和补价,作为短期投资成本。

(二) 短期投资的现金股利或利息,应于实际收到时,冲减投资的账面价值,但已记入"应收股利"或"应收利息"科目的现金股利或利息除外。

(三) 企业应当在期末时对短期投资按成本与市价孰低计量,对市价低于成本的差额,应当计提短期投资跌价准备。

企业计提的短期投资跌价准备应当单独核算,在资产负债表中,短期投资项目按照减去其跌价准备后的净额反映。

(四) 处置短期投资时,应将短期投资的账面价值与实际取得价款的差额,作为当期投资损益。

企业的委托贷款,应视同短期投资进行核算。但是,委托贷款应按期计提利息,计入损益;企业按期计提的利息到付息期不能收回的,应当停止计提利息,并冲回原已计提的利息。期末时,企业的委托贷款应按资产减值的要求,计提相应的减值准备。

第十七条 应收及预付款项,是指企业在日常生产经营过程中发生的各项债权,包括:应收款项(包括应收票据、应收账款、其他应收款)和预付账款等。

第十八条 应收及预付款项应当按照以下原则核算:

(一) 应收及预付款项应当按照实际发生额记账,并按照往来户名等设置明细账,进行明细核算。

(二) 带息的应收款项,应于期末按照本金(或票面价值)与确定的利率计算的金额，增加其账面余额，并确认为利息收入，计入当期损益。

（三）到期不能收回的应收票据，应按其账面余额转入应收账款，并不再计提利息。

（四）企业与债务人进行债务重组的，按以下规定处理：

1. 债务人在债务重组时以低于应收债权的账面价值的现金清偿的，企业实际收到的金额小于应收债权账面价值的差额，计入当期营业外支出。

2. 以非现金资产清偿债务的，应按应收债权的账面价值等作为受让的非现金资产的入账价值。

如果接受多项非现金资产的，应按接受的各项非现金资产的公允价值占非现金资产公允价值总额的比例，对应收债权的账面价值进行分配，并按照分配后的价值作为所接受的各项非现金资产的入账价值。

3. 以债权转为股权的，应按应收债权的账面价值等作为受让的股权的入账价值。

如果涉及多项股权的，应按各项股权的公允价值占股权公允价值总额的比例，对应收债权的账面价值进行分配，并按照分配后的价值作为所接受的各项股权的入账价值。

4. 以修改其他债务条件清偿债务的，应将未来应收金额小于应收债权账面价值的差额，计入当期营业外支出；如果修改后的债务条款涉及或有收益的，则或有收益不应当包括在未来应收金额中。待实际收到或有收益时，计入收到当期的营业外收入。

如果修改其他债务条件后，未来应收金额等于或大于重组前应收债权账面余额的，则在债务重组时不作账务处理，但应当在备查簿中进行登记。修改债务条件后的应收债权，按本制度规定的一般应收债权进行会计处理。

本制度所称的债务重组，是指债权人按照其与债务人达成的协议或法院的裁决同意债务人修改债务条件的事项。或有收益，是指依未来某种事项出现而发生的收益。未来事项的出现具有不确定性。

（五）企业应于期末时对应收款项（不包括应收票据，下同）计提坏账准备。

坏账准备应当单独核算，在资产负债表中应收款项按照减去已计提的坏账准备后的净额反映。

第十九条 待摊费用，是指企业已经支出，但应当由本期和以后各期分别负担的、分摊期在1年以内（含1年）的各项费用，如低值易耗品摊销、预付保险费、一次性购买印花税票和一次性购买印花税税额较大需分摊的数额等。

待摊费用应按其受益期限在1年内分期平均摊销，计入成本、费用。如果某项待摊费用已经不能使企业受益，应当将其摊余价值一次全部转入当期成本、费用，不得再留待以后期间摊销。

待摊费用应按费用种类设置明细账，进行明细核算。

第二十条 存货，是指企业在日常生产经营过程中持有以备出售，或者仍然处在生产过程，或者在生产或提供劳务过程中将消耗的材料或物料等，包括各类材料、商品、在产品、半成品、产成品等。存货应当按照以下原则核算：

（一）存货在取得时，应当按照实际成本入账。实际成本按以下方法确定：

1. 购入的存货，按买价加运输费、装卸费、保险费、包装费、仓储费等费用、运输途中的合理损耗、入库前的挑选整理费用和按规定应计入成本的税金以及其他费用，作为实际成本。

商品流通企业购入的商品，按照进价和按规定应计入商品成本的税金，作为实际成本，采购过程中发生的运输费、装卸费、保险费、包装费、仓储费等费用、运输途中的合理损耗、入库前的挑选整理费用等，直接计入当期损益。

2. 自制的存货，按制造过程中的各项实际支出，作为实际成本。

3. 委托外单位加工完成的存货，以实际耗用的原材料或者半成品以及加工费、运输费、装卸费和保险费等费用以及按规定应计入成本的税金，作为实际成本。

商品流通企业加工的商品，以商品的进货原价、加工费用和按规定应计入成本的税金，作为实际成本。

4. 投资者投入的存货，按照投资各方确认的价值，作为实际成本。

5. 接受捐赠的存货，按以下规定确定其实际成本：

（1）捐赠方提供了有关凭据（如发票、报关单、有关协议）的，按凭据上标明的金额加上应支付的相关税费，作为实际成本。

（2）捐赠方没有提供有关凭据的，按如下顺序确定其实际成本：

①同类或类似存货存在活跃市场的，按同类或类似存货的市场价格估计的金额，加上应支付的相关税费，作为实际成本；

②同类或类似存货不存在活跃市场的，按该接受捐赠的存货的预计未来现金流量现值，作为实际成本。

6. 企业接受的债务人以非现金资产抵偿债务方式取得的存货，或以应收债权换入存货的，按照应收债权的账面价值减去可抵扣的增值税进项税额后的差额，加上应支付的相关税费，作为实际成本。涉及补价的，按以下规定确定受让存货的实际成本：

（1）收到补价的，按应收债权的账面价值减去可抵扣的增值税进项税额和补价，加上应支付的相关税费，作为实际成本；

（2）支付补价的，按应收债权的账面价值减去可抵扣的增值税进项税额，加上支付的补价和应支付的相关税费，作为实际成本。

7. 以非货币性交易换入的存货，按换出资产的账面价值减去可抵扣的增值税进项税额后的差额，加上应支付的相关税费，作为实际成本。涉及补价的，按以下规定确定换入存货的实际成本：

（1）收到补价的，按换出资产的账面价值减去可抵扣的增值税进项税额后的差额，加上应确认的收益和应支付的相关税费，减去补价后的余额，作为实际成本；

（2）支付补价的，按换出资产的账面价值减去可抵扣的增值税进项税额后的差额，加上应支付的相关税费和补价，作为实际成本。

8. 盘盈的存货，按照同类或类似存货的市场价格，作为实际成本。

（二）按照计划成本（或售价，下同）进行存货核算的企业，对存货的计划成本和实际成本之间的差异，应当单独核算。

（三）领用或发出的存货，按照实际成本核算的，应当采用先进先出法、加权平均法、移动平均法、个别计价法或后进先出法等确定其实际成本；按照计划成本核算的，应按期结转其应负担的成本差异，将计划成本调整为实际成本。

低值易耗品和周转使用的包装物、周转材料等应在领用时摊销，摊销方法可以采用一次摊销或者分次摊销。

（四）存货应当定期盘点，每年至少盘点一次。盘点结果如果与账面记录不符,应于期末前查明原因,并根据企业的管理权限,经股东大会或董事会,或经理(厂长)会议或类似机构批准后,在期末结账前处理完毕。盘盈的存货,应冲减当期的管理费用;盘亏的存货,在减去过失人或者保险公司等赔款和残料价值之后,计入当期管理费用,属于非常损失的,计入营业外支出。

盘盈或盘亏的存货,如在期末结账前尚未经批准的,应在对外提供财务会计报告时先按上述规定进行处理,并在会计报表附注中作出说明;如果其后批准处理的金额与已处理的金额不一致,应按其差额调整会计报表相关项目的年初数。

(五)企业的存货应当在期末时按成本与可变现净值孰低计量,对可变现净值低于存货成本的差额,计提存货跌价准备。

在资产负债表中,存货项目按照减去存货跌价准备后的净额反映。

第二节 长期投资

第二十一条 长期投资,是指除短期投资以外的投资,包括持有时间准备超过1年(不含1年)的各种股权性质的投资、不能变现或不准备随时变现的债券、其他债权投资和其他长期投资。

长期投资应当单独进行核算,并在资产负债表中单列项目反映。

第二十二条 长期股权投资应当按照以下原则核算:

(一)长期股权投资在取得时应当按照初始投资成本入账。初始投资成本按以下方法确定:

1. 以现金购入的长期股权投资,按实际支付的全部价款(包括支付的税金、手续费等相关费用),作为初始投资成本;实际支付的价款中包含已宣告但尚未领取的现金股利,按实际支付的价款减去已宣告但尚未领取的现金股利后的差额,作为初始投资成本。

2. 企业接受的债务人以非现金资产抵偿债务方式取得的长期股权投资,或以应收债权换入长期股权投资的,按应收债权的账面价值加上应支付的相关税费,作为初始投资成本。涉及补价的,按以下规定确定受让的长期股权投资的初始投资成本:

(1)收到补价的,按应收债权的账面价值减去补价,加上应支付的相关税费,作为初始投资成本;

（2）支付补价的，按应收债权的账面价值加上支付的补价和应支付的相关税费，作为初始投资成本。

3. 以非货币性交易换入的长期股权投资，按换出资产的账面价值加上应支付的相关税费，作为初始投资成本。涉及补价的，应按以下规定确定换入长期股权投资的初始投资成本：

（1）收到补价的，按换出资产的账面价值加上应确认的收益和应支付的相关税费减去补价后的余额，作为初始投资成本；

（2）支付补价的，按换出资产的账面价值加上应支付的相关税费和补价，作为初始投资成本。

4. 通过行政划拨方式取得的长期股权投资，按划出单位的账面价值，作为初始投资成本。

（二）企业的长期股权投资，应当根据不同情况，分别采用成本法或权益法核算。企业对被投资单位无控制、无共同控制且无重大影响的，长期股权投资应当采用成本法核算；企业对被投资单位具有控制、共同控制或重大影响的，长期股权投资应当采用权益法核算。通常情况下，企业对其他单位的投资占该单位有表决权资本总额20%或20%以上，或虽投资不足20%但具有重大影响的，应当采用权益法核算。企业对其他单位的投资占该单位有表决权资本总额20%以下，或对其他单位的投资虽占该单位有表决权资本总额20%或20%以上，但不具有重大影响的，应当采用成本法核算。

（三）采用成本法核算时，除追加投资、将应分得的现金股利或利润转为投资或收回投资外，长期股权投资的账面价值一般应当保持不变。被投资单位宣告分派的利润或现金股利，作为当期投资收益。企业确认的投资收益，仅限于所获得的被投资单位在接受投资后产生的累积净利润的分配额，所获得的被投资单位宣告分派的利润或现金股利超过上述数额的部分，作为初始投资成本的收回，冲减投资的账面价值。

（四）采用权益法核算时，投资最初以初始投资成本计量，投资企业的初始投资成本与应享有被投资单位所有者权益份额之间的差额，作为股权投资差额处理，按一定期限平均摊销，计入损益。

股权投资差额的摊销期限，合同规定了投资期限的，按投资期限摊销。合同没有规定投资期限的，初始投资成本超过应享有被投资单位所有者权益份额之间的差额，按不超过10年的期限摊销；初始投资成本低于应享有被投资单位所有者权益份额之间的差额，按不低于10年的期限摊销。

采用权益法核算时，企业应当在取得股权投资后，按应享有或应分担的被投资单位当年实现的净利润或发生的净亏损的份额（法律、法规或公司章程规定不属于投资企业的净利润除外，如承包经营企业支付的承包利润、外商投资企业按规定按照净利润的一定比例计提作为负债的职工奖励及福利基金等），调整投资的账面价值，并作为当期投资损益。企业按被投资单位宣告分派的利润或现金股利计算应分得的部分，减少投资的账面价值。企业在确认被投资单位发生的净亏损时，应以投资账面价值减记至零为限；如果被投资单位以后各期实现净利润，投资企业应在计算的收益分享额超过未确认的亏损分担额以后，按超过未确认的亏损分担额的金额，恢复投资的账面价值。

企业按被投资单位净损益计算调整投资的账面价值和确认投资损益时，应当以取得被投资单位股权后发生的净损益为基础。

对被投资单位除净损益以外的所有者权益的其他变动，也应当根据具体情况调整投资的账面价值。

（五）企业因追加投资等原因对长期股权投资的核算从成本法改为权益法，应当自实际取得对被投资单位控制、共同控制或对被投资单位实施重大影响时，按股权投资的账面价值作为初始投资成本，初始投资成本与应享有被投资单位所有者权益份额的差额，作为股权投资差额，并按本制度的规定摊销，计入损益。

企业因减少投资等原因对被投资单位不再具有控制、共同控制或重大影响时，应当中止采用权益法核算，改按成本法核算，并按投资的账面价值作为新的投资成本。其后，被投资单位宣告分派利润或现金股利时，属于已记入投资账面价值的部分，作为新的投资成本的收回，冲减投资的账面价值。

（六）企业改变投资目的，将短期投资划转为长期投资，应按短期投资的成本与市价孰低结转，并按此确定的价值作为长期投资初始投资成本。拟处置的长期投资不调整至短期投资，待处置时按处置长期投资进行会计处理。

（七）处置股权投资时，应将投资的账面价值与实际取得价款的差额，作为当期投资损益。

第二十三条 长期债权投资应当按照以下原则核算：

（一）长期债权投资在取得时，应按取得时的实际成本作为初始投资成本。初始投资成本按以下方法确定：

1. 以现金购入的长期债权投资，按实际支付的全部价款（包括税金、手续费等相关费用）减去已到付息期但尚未领取的债权利息，作为初始投资成本。如果所支付的税金、手续费等相关费用金额较小，可以直接计入当期财务费用，不计入初始投资成本。

2. 企业接受的债务人以非现金资产抵偿债务方式取得的长期债权投资，或以应收债权换入长期债权投资的，应按应收债权的账面价值，加上应支付的相关税费，作为初始投资成本。涉及补价的，应按以下规定确定换入长期债权投资的初始投资成本：

（1）收到补价的，按应收债权的账面价值减去补价，加上应支付的相关税费，作为初始投资成本；

（2）支付补价的，按应收债权的账面价值加上支付的补价和应支付的相关税费，作为初始投资成本。

3. 以非货币性交易换入的长期债权投资，按换出资产的账面价值加上应支付的相关税费，作为初始投资成本。涉及补价的，应按以下规定确定换入长期债权投资的初始投资成本：

（1）收到补价的，按换出资产的账面价值加上应确认的收益和应支付的相关税费减去补价后的余额，作为初始投资成本；

（2）支付补价的，按换出资产的账面价值加上应支付的相关税费和补价，作为初始投资成本。

（二）长期债权投资应当按照票面价值与票面利率按期计算确认利息收入。

长期债券投资的初始投资成本减去已到付息期但尚未领取的债券利息、未到期债券利息和计入初始投资成本的相关税费，与债券面值之间的差额，作为债券溢价或折价；债券的溢价或折价在债券存续期间内于确认相关债券利息收入时摊销。摊销方法可以采用直线法，也可以采用实际利率法。

（三）持有可转换公司债券的企业，可转换公司债券在购买以及转换为股份之前，应按一般债券投资进行处理。当企业行使转换权利，将其持有的债券投资转换为股份时，应按其账面价值减去收到的现金后的余额，作为股权投资的初始投资成本。

（四）处置长期债权投资时，按实际取得的价款与长期债权投资账面价值的差额，作为当期投资损益。

第二十四条 企业的长期投资应当在期末时按照其账面价值与可收回金额孰低计量，对可收回金额低于账面价值的差额，应当计提长期投资减值准备。

在资产负债表中，长期投资项目应当按照减去长期投资减值准备后的净额反映。

第三节 固定资产

第二十五条 固定资产，是指企业使用期限超过1年的房屋、建筑物、机器、机械、运输工具以及其他与生产、经营有关的设备、器具、工具等。不属于生产经营主要设备的物品，单位价值在2000元以上，并且使用年限超过2年的，也应当作为固定资产。

第二十六条 企业应当根据固定资产定义，结合本企业的具体情况，制定适合于本企业的固定资产目录、分类方法、每类或每项固定资产的折旧年限、折旧方法，作为进行固定资产核算的依据。

企业制定的固定资产目录、分类方法、每类或每项固定资产的预计使用年限、预计净残值、折旧方法等，应当编制成册，并按照管理权限，经股东大会或董事会，或经理（厂长）会议或类似机构批准，按照法律、行政法规的规定报送有关各方备案，同时备置于企业所在地，以供投资者等有关各方查阅。企业已经确定并对外报送，或备置于企业所在地的有关固定资产目录、分类方法、预计净残值、预计使用年限、折旧方法等，一经确定不得随意变更，如需变更，仍然应当按照上述程序，经批准后报送有关各方备案，并在会计报表附注中予以说明。

未作为固定资产管理的工具、器具等，作为低值易耗品核算。

第二十七条 固定资产在取得时，应按取得时的成本入账。取得时的成本包括买价、进口关税、运输和保险等相关费用，以及为使固定资产达到预定可使用状态前所必要的支出。固定资产取得时的成本应当根据具体情况分别确定：

（一）购置的不需要经过建造过程即可使用的固定资产，按实际支付的买价、包装费、运输费、安装成本、交纳的有关税金等，作为入账价值。

外商投资企业因采购国产设备而收到税务机关退还的增值税款，冲减固定资产的入账价值。

（二）自行建造的固定资产，按建造该项资产达到预定可使用状态前所发生的全部支出，作为入账价值。

（三）投资者投入的固定资产，按投资各方确认的价值，作为入账价值。

（四）融资租入的固定资产，按租赁开始日租赁资产的原账面价值与最低租赁付款额的现值两者中较低者，作为入账价值。

本制度所称的最低租赁付款额，是指在租赁期内，企业（承租人）应支付或可能被要求支付的各种款项（不包括或有租金和履约成本），加上由企业（承租人）或与其有关的第三方担保的资产余值。但是，如果企业（承租人）有购买租赁资产的选择权，所订立的购价预计将远低于行使选择权时租赁资产的公允价值，因而在租赁开始日就可以合理确定企业（承租人）将会行使这种选择权，则购买价格也应包括在内。其中，资产余值是指租赁开始日估计的租赁期届满时租赁资产的公允价值。

企业（承租人）在计算最低租赁付款额的现值时，如果知悉出租人的租赁内含利率，应采用出租人的内含利率作为折现率；否则，应采用租赁合同规定的利率作为折现率。如果出租人的租赁内含利率和租赁合同规定的利率均无法知悉，应当采用同期银行贷款利率作为折现率。

如果融资租赁资产占企业资产总额比例等于或低于30%的，在租赁开始日，企业也可按最低租赁付款额，作为固定资产的入账价值。

（五）在原有固定资产的基础上进行改建、扩建的，按原固定资产的账面价值，加上由于改建、扩建而使该项资产达到预定可使用状态前发生的支出，减去改建、扩建过程中发生的变价收入，作为入账价值。

（六）企业接受的债务人以非现金资产抵偿债务方式取得的固定资产，或以应收债权换入固定资产的，按应收债权的账面价值加上应支付的相关税费，作为入账价值。涉及补价的，按以下规定确定受让的固定资产的入账价值：

1. 收到补价的，按应收债权的账面价值减去补价，加上应支付的相关

税费,作为入账价值;

2. 支付补价的,按应收债权的账面价值加上支付的补价和应支付的相关税费,作为入账价值。

(七) 以非货币性交易换入的固定资产,按换出资产的账面价值加上应支付的相关税费,作为入账价值。涉及补价的,按以下规定确定换入固定资产的入账价值:

1. 收到补价的,按换出资产的账面价值加上应确认的收益和应支付的相关税费减去补价后的余额,作为入账价值;

2. 支付补价的,按换出资产的账面价值加上应支付的相关税费和补价,作为入账价值。

(八) 接受捐赠的固定资产,应按以下规定确定其入账价值:

1. 捐赠方提供了有关凭据的,按凭据上标明的金额加上应支付的相关税费,作为入账价值。

2. 捐赠方没有提供有关凭据的,按如下顺序确定其入账价值:

(1) 同类或类似固定资产存在活跃市场的,按同类或类似固定资产的市场价格估计的金额,加上应支付的相关税费,作为入账价值;

(2) 同类或类似固定资产不存在活跃市场的,按该接受捐赠的固定资产的预计未来现金流量现值,作为入账价值。

3. 如受赠的系旧的固定资产,按照上述方法确认的价值,减去按该项资产的新旧程度估计的价值损耗后的余额,作为入账价值。

(九) 盘盈的固定资产,按同类或类似固定资产的市场价格,减去按该项资产的新旧程度估计的价值损耗后的余额,作为入账价值。

(十) 经批准无偿调入的固定资产,按调出单位的账面价值加上发生的运输费、安装费等相关费用,作为入账价值。

固定资产的入账价值中,还应当包括企业为取得固定资产而交纳的契税、耕地占用税、车辆购置税等相关税费。

第二十八条 企业为在建工程准备的各种物资,应当按照实际支付的买价、增值税额、运输费、保险费等相关费用,作为实际成本,并按照各种专项物资的种类进行明细核算。

工程完工后剩余的工程物资,如转作本企业库存材料的,按其实际成本或计划成本,转作企业的库存材料。如可抵扣增值税进项税额的,应按减去增值税进项税额后的实际成本或计划成本，转作企业的库存材料。

盘盈、盘亏、报废、毁损的工程物资，减去保险公司、过失人赔偿部分后的差额，工程项目尚未完工的，计入或冲减所建工程项目的成本；工程已经完工的，计入当期营业外收支。

第二十九条 企业的在建工程，包括施工前期准备、正在施工中的建筑工程、安装工程、技术改造工程、大修理工程等。工程项目较多且工程支出较大的企业，应当按照工程项目的性质分项核算。

在建工程应当按照实际发生的支出确定其工程成本，并单独核算。

第三十条 企业的自营工程，应当按照直接材料、直接工资、直接机械施工费等计量；采用出包工程方式的企业，按照应支付的工程价款等计量。设备安装工程，按照所安装设备的价值、工程安装费用、工程试运转等所发生的支出等确定工程成本。

第三十一条 工程达到预定可使用状态前因进行试运转所发生的净支出，计入工程成本。企业的在建工程项目在达到预定可使用状态前所取得的试运转过程中形成的、能够对外销售的产品，其发生的成本，计入在建工程成本，销售或转为库存商品时，按实际销售收入或按预计售价冲减工程成本。

第三十二条 在建工程发生单项或单位工程报废或毁损，减去残料价值和过失人或保险公司等赔款后的净损失，计入继续施工的工程成本；如为非常原因造成的报废或毁损，或在建工程项目全部报废或毁损，应将其净损失直接计入当期营业外支出。

第三十三条 所建造的固定资产已达到预定可使用状态，但尚未办理竣工决算的，应当自达到预定可使用状态之日起，根据工程预算、造价或者工程实际成本等，按估计的价值转入固定资产，并按本制度关于计提固定资产折旧的规定，计提固定资产的折旧。待办理了竣工决算手续后再作调整。

第三十四条 下列固定资产应当计提折旧：

（一）房屋和建筑物；

（二）在用的机器设备、仪器仪表、运输工具、工具器具；

（三）季节性停用、大修理停用的固定资产；

（四）融资租入和以经营租赁方式租出的固定资产。

达到预定可使用状态应当计提折旧的固定资产，在年度内办理竣工决算手续的，按照实际成本调整原来的暂估价值，并调整已计提的折旧额，作为调整当月的成本、费用处理。如果在年度内尚未办理竣工决算的，应当按照估计价值暂估入账，并计提折旧；待办理了竣工决算手续后，再按照实际成本调整原来的暂估价值，调整原已计提的折旧额，同时调整年初留存收益各项目。

第三十五条　下列固定资产不计提折旧：

（一）房屋、建筑物以外的未使用、不需用固定资产；

（二）以经营租赁方式租入的固定资产；

（三）已提足折旧继续使用的固定资产；

（四）按规定单独估价作为固定资产入账的土地。

第三十六条　企业应当根据固定资产的性质和消耗方式，合理地确定固定资产的预计使用年限和预计净残值，并根据科技发展、环境及其他因素，选择合理的固定资产折旧方法，按照管理权限，经股东大会或董事会，或经理（厂长）会议或类似机构批准，作为计提折旧的依据。同时，按照法律、行政法规的规定报送有关各方备案，并备置于企业所在地，以供投资者等有关各方查阅。企业已经确定并对外报送，或备置于企业所在地的有关固定资产预计使用年限和预计净残值、折旧方法等，一经确定不得随意变更，如需变更，仍然应当按照上述程序，经批准后报送有关各方备案，并在会计报表附注中予以说明。

固定资产折旧方法可以采用年限平均法、工作量法、年数总和法、双倍余额递减法等。折旧方法一经确定，不得随意变更。如需变更，应当在会计报表附注中予以说明。

企业因更新改造等原因而调整固定资产价值的，应当根据调整后价值，预计尚可使用年限和净残值，按选用的折旧方法计提折旧。

对于接受捐赠旧的固定资产，企业应当按照确定的固定资产入账价值、预计尚可使用年限、预计净残值，按选用的折旧方法计提折旧。

融资租入的固定资产，应当采用与自有应计折旧资产相一致的折旧政策。能够合理确定租赁期届满时将会取得租赁资产所有权的，应当在租赁资产尚可使用年限内计提折旧；无法合理确定租赁期届满时能够取得租赁资产所有权的，应当在租赁期与租赁资产尚可使用年限两者中较短的期间内计提折旧。

第三十七条 企业一般应按月提取折旧，当月增加的固定资产，当月不提折旧，从下月起计提折旧；当月减少的固定资产，当月照提折旧，从下月起不提折旧。

固定资产提足折旧后，不论能否继续使用，均不再提取折旧；提前报废的固定资产，也不再补提折旧。所谓提足折旧，是指已经提足该项固定资产应提的折旧总额。应提的折旧总额为固定资产原价减去预计残值加上预计清理费用。

第三十八条 企业应当定期对固定资产进行大修理，大修理费用可以采用预提或待摊的方式核算。大修理费用采用预提方式的，应当在两次大修理间隔期内各期均衡地预提预计发生的大修理费用，并计入有关的成本、费用；大修理费用采用待摊方式的，应当将发生的大修理费用在下一次大修理前平均摊销，计入有关的成本、费用。

固定资产日常修理费用，直接计入当期成本、费用。

第三十九条 由于出售、报废或者毁损等原因而发生的固定资产清理净损益，计入当期营业外收支。

第四十条 企业对固定资产应当定期或者至少每年实地盘点一次。对盘盈、盘亏、毁损的固定资产，应当查明原因，写出书面报告，并根据企业的管理权限，经股东大会或董事会，或经理（厂长）会议或类似机构批准后，在期末结账前处理完毕。盘盈的固定资产，计入当期营业外收入；盘亏或毁损的固定资产，在减去过失人或者保险公司等赔款和残料价值之后，计入当期营业外支出。

如盘盈、盘亏或毁损的固定资产，在期末结账前尚未经批准的，在对外提供财务会计报告时应按上述规定进行处理，并在会计报表附注中作出说明；如果其后批准处理的金额与已处理的金额不一致，应按其差额调整会计报表相关项目的年初数。

第四十一条 企业对固定资产的购建、出售、清理、报废和内部转移等，都应当办理会计手续，并应当设置固定资产明细账（或者固定资产卡片）进行明细核算。

第四十二条 企业的固定资产应当在期末时按照账面价值与可收回金额孰低计量，对可收回金额低于账面价值的差额，应当计提固定资产减值准备。

在资产负债表中,固定资产减值准备应当作为固定资产净值的减项反映。

第四节 无形资产和其他资产

第四十三条 无形资产,是指企业为生产商品或者提供劳务、出租给他人、或为管理目的而持有的、没有实物形态的非货币供长期资产。无形资产分为可辨认无形资产和不可辨认无形资产。可辨认无形资产包括专利权、非专利技术、商标权、著作权、土地使用权等;不可辨认无形资产是指商誉。

企业自创的商誉,以及未满足无形资产确认条件的其他项目,不能作为无形资产。

第四十四条 企业的无形资产在取得时,应按实际成本计量。取得时的实际成本应按以下方法确定:

(一)购入的无形资产,按实际支付的价款作为实际成本。

(二)投资者投入的无形资产,按投资各方确认的价值作为实际成本。但是,为首次发行股票而接受投资者投入的无形资产,应按该无形资产在投资方的账面价值作为实际成本。

(三)企业接受的债务人以非现金资产抵偿债务方式取得的无形资产,或以应收债权换入无形资产的,按应收债权的账面价值加上应支付的相关税费,作为实际成本。涉及补价的,按以下规定确定受让的无形资产的实际成本:

1. 收到补价的,按应收债权的账面价值减去补价,加上应支付的相关税费,作为实际成本;

2. 支付补价的,按应收债权的账面价值加上支付的补价和应支付的相关税费,作为实际成本。

(四)以非货币性交易换入的无形资产,按换出资产的账面价值加上应支付的相关税费,作为实际成本。涉及补价的,按以下规定确定换入无形资产的实际成本:

1. 收到补价的,按换出资产的账面价值加上应确认的收益和应支付的相关税费减去补价后的余额,作为实际成本;

2. 支付补价的，接换出资产的账面价值加上应支付的相关税费和补价，作为实际成本。

（五）接受捐赠的无形资产，应按以下规定确定其实际成本：

1. 捐赠方提供了有关凭据的，按凭据上标明的金额加上应支付的相关税费，作为实际成本。

2. 捐赠方没有提供有关凭据的，按如下顺序确定其实际成本：

（1）同类或类似无形资产存在活跃市场的，按同类或类似无形资产的市场价格估计的金额，加上应支付的相关税费，作为实际成本；

（2）同类或类似无形资产不存在活跃市场的，按该接受捐赠的无形资产的预计未来现金流量现值，作为实际成本。

第四十五条 自行开发并按法律程序申请取得的无形资产，按依法取得时发生的注册费、聘请律师费等费用，作为无形资产的实际成本。在研究与开发过程中发生的材料费用、直接参与开发人员的工资及福利费、开发过程中发生的租金、借款费用等，直接计入当期损益。

已经计入各期费用的研究与开发费用，在该项无形资产获得成功并依法申请取得权利时，不得再将原已计入费用的研究与开发费用资本化。

第四十六条 无形资产应当自取得当月起在预计使用年限内分期平均摊销，计入损益。如预计使用年限超过了相关合同规定的受益年限或法律规定的有效年限，该无形资产的摊销年限按如下原则确定：

（一）合同规定受益年限但法律没有规定有效年限的，摊销年限不应超过合同规定的受益年限；

（二）合同没有规定受益年限但法律规定有效年限的，摊销年限不应超过法律规定的有效年限；

（三）合同规定了受益年限，法律也规定了有效年限的，摊销年限不应超过受益年限和有效年限两者之中较短者。

如果合同没有规定受益年限，法律也没有规定有效年限的，摊销年限不应超过 10 年。

第四十七条 企业购入或以支付土地出让金方式取得的土地使用权，在尚未开发或建造自用项目前，作为无形资产核算，并按本制度规定的期限分期摊销。房地产开发企业开发商品房时，应将土地使用权的账面价值全部转入开发成本；企业因利用土地建造自用某项目时，将土地使用权的账面价值全部转入在建工程成本。

第四十八条 企业出售无形资产，应将所得价款与该项无形资产的账面价值之间的差额，计入当期损益。

企业出租的无形资产，应当按照本制度有关收入确认原则确认所取得的租金收入；同时，确认出租无形资产的相关费用。

第四十九条 无形资产应当按照账面价值与可收回金额孰低计量，对可收回金额低于账面价值的差额，应当计提无形资产减值准备。

在资产负债表中，无形资产项目应当按照减去无形资产减值准备后的净额反映。

第五十条 其他资产，是指除上述资产以外的其他资产，如长期待摊费用。

长期待摊费用，是指企业已经支出，但摊销期限在1年以上（不含1年）的各项费用，包括固定资产大修理支出、租入固定资产的改良支出等。应当由本期负担的借款利息、租金等，不得作为长期待摊费用处理。

长期待摊费用应当单独核算，在费用项目的受益期限内分期平均摊销。大修理费用采用待摊方式的，应当将发生的大修理费用在下一次大修理前平均摊销；租入固定资产改良支出应当在租赁期限与租赁资产尚可使用年限两者孰短的期限内平均摊销；其他长期待摊费用应当在受益期内平均摊销。

股份有限公司委托其他单位发行股票支付的手续费或佣金等相关费用，减去股票发行冻结期间的利息收入后的余额，从发行股票的溢价中不够抵消的，或者无溢价的，若金额较小的，直接计入当期损益；若金额较大的，可作为长期待摊费用，在不超过2年的期限内平均摊销，计入损益。

除购建固定资产以外，所有筹建期间所发生的费用，先在长期待摊费用中归集，待企业开始生产经营当月起一次计入开始生产经营当月的损益。

如果长期待摊的费用项目不能使以后会计期间受益的，应当将尚未摊销的该项目的摊余价值全部转入当期损益。

第五节 资产减值

第五十一条 企业应当定期或者至少于每年年度终了，对各项资产进行全面检查，并根据谨慎性原则的要求，合理地预计各项资产可能发生的损失，对可能发生的各项资产损失计提资产减值准备。

企业应当合理地计提各项资产减值准备，但不得计提秘密准备。如有确凿证据表明企业不恰当地运用了谨慎性原则计提秘密准备的，应当作为重大会计差错予以更正，并在会计报表附注中说明事项的性质、调整金额，以及对企业财务状况、经营成果的影响。

第五十二条 企业应当在期末对各项短期投资进行全面检查。短期投资应按成本与市价孰低计量，市价低于成本的部分，应当计提短期投资跌价准备。

企业在运用短期投资成本与市价孰低时，可以根据其具体情况，分别采用按投资总体、投资类别或单项投资计提跌价准备，如果某项短期投资比较重大（如占整个短期投资10%及以上），应按单项投资为基础计算并确定计提的跌价准备。

企业应当对委托贷款本金进行定期检查，并按委托贷款本金与可收回金额孰低计量，可收回金额低于委托贷款本金的差额，应当计提减值准备。在资产负债表上，委托贷款的本金和应收利息减去计提的减值准备后的净额，并入短期投资或长期债权投资项目。

本制度所称的可收回金额，是指资产的销售净价与预期从该资产的持续使用和使用寿命结束时的处置中形成的预计未来现金流量的现值两者之中的较高者。其中，销售净价是指资产的销售价格减去所发生的资产处置费用后的余额。对于长期投资而言，可收回金额是指投资的出售净价与预期从该资产的持有和投资到期处置中形成的预计未来现金流量的现值两者之中较高者。其中，出售净价是指出售投资所得价款减去所发生的相关税费后的金额。

第五十三条 企业应当在期末分析各项应收款项的可收回性，并预计可能产生的坏账损失。对预计可能发生的坏账损失，计提坏账准备。企业计提坏账准备的方法由企业自行确定。企业应当制定计提坏账准备的政策，明确计提坏账准备的范围、提取方法、账龄的划分和提取比例，按照法律、行政法规的规定报有关各方备案，并备置于企业所在地。坏账准备计提方法一经确定，不得随意变更。如需变更，应当在会计报表附注中予以说明。

在确定坏账准备的计提比例时，企业应当根据以往的经验、债务单位的实际财务状况和现金流量等相关信息予以合理估计。除有确凿证据表明该项应收款项不能够收回或收回的可能性不大外（如债务单位已撤销、破产、资不抵债、现金流量严重不足、发生严重的自然灾害等导致停产而在短时间内无法偿付债务等，以及3年以上的应收款项），下列各种情况不能全额计提坏账准备：

（一）当年发生的应收款项；

（二）计划对应收款项进行重组；

（三）与关联方发生的应收款项；

（四）其他已逾期，但无确凿证据表明不能收回的应收款项。

企业的预付账款，如有确凿证据表明其不符合预付账款性质，或者因供货单位破产、撤销等原因已无望再收到所购货物的，应当将原计入预付账款的金额转入其他应收款，并按规定计提坏账准备。

企业持有的未到期应收票据，如有确凿证据证明不能够收回或收回的可能性不大时，应将其账面余额转入应收账款，并计提相应的坏账准备。

第五十四条 企业应当在期末对存货进行全面清查，如由于存货毁损、全部或部分陈旧过时或销售价格低于成本等原因，使存货成本高于可变现净值的，应按可变现净值低于存货成本部分，计提存货跌价准备。可变现净值，是指企业在正常经营过程中，以估计售价减去估计完工成本及销售所必须的估计费用后的价值。

存货跌价准备应按单个存货项目的成本与可变现净值计量，如果某些存货具有类似用途并与在同一地区生产和销售的产品系列相关，且实际上难以将其与该产品系列的其他项目区别开来进行估价的存货，可以合并计量成本与可变现净值；对于数量繁多、单价较低的存货，可以按存货类别计量成本与可变现净值。当存在以下一项或若干项情况时，应当将存货账面价值全部转入当期损益：

（一）已霉烂变质的存货；

（二）已过期且无转让价值的存货；

（三）生产中已不再需要，并且已无使用价值和转让价值的存货；

（四）其他足以证明已无使用价值和转让价值的存货。

第五十五条 当存在下列情况之一时，应当计提存货跌价准备：

（一）市价持续下跌，并且在可预见的未来无回升的希望；

（二）企业使用该项原材料生产的产品的成本大于产品的销售价格；

（三）企业因产品更新换代，原有库存原材料已不适应新产品的需要，而该原材料的市场价格又低于其账面成本；

（四）因企业所提供的商品或劳务过时或消费者偏好改变而使市场的需求发生变化，导致市场价格逐渐下跌；

（五）其他足以证明该项存货实质上已经发生减值的情形。

第五十六条　企业应当在期末对长期投资、固定资产、无形资产逐项进行检查，如果由于市价持续下跌、被投资单位经营状况恶化，或技术陈旧、损坏、长期闲置等原因，导致其可收回金额低于其账面价值的，应当计提长期投资、固定资产、无形资产减值准备。

长期投资、固定资产和无形资产减值准备，应按单项项目计提。

第五十七条　对有市价的长期投资可以根据下列迹象判断是否应当计提减值准备：

（一）市价持续2年低于账面价值；

（二）该项投资暂停交易1年或1年以上；

（三）被投资单位当年发生严重亏损；

（四）被投资单位持续2年发生亏损；

（五）被投资单位进行清理整顿、清算或出现其他不能持续经营的迹象。

第五十八条　对无市价的长期投资可以根据下列迹象判断是否应当计提减值准备：

（一）影响被投资单位经营的政治或法律环境的变化，如税收、贸易等法规的颁布或修订，可能导致被投资单位出现巨额亏损；

（二）被投资单位所供应的商品或提供的劳务因产品过时或消费者偏好改变而使市场的需求发生变化，从而导致被投资单位财务状况发生严重恶化；

（三）被投资单位所在行业的生产技术等发生重大变化，被投资单位已失去竞争能力，从而导致财务状况发生严重恶化，如进行清理整顿、清算等；

（四）有证据表明该项投资实质上已经不能再给企业带来经济利益的其他情形。

第五十九条　如果企业的固定资产实质上已经发生了减值，应当计提减值准备。对存在下列情况之一的固定资产，应当全额计提减值准备：

（一）长期闲置不用，在可预见的未来不会再使用，且已无转让价值的固定资产；

（二）由于技术进步等原因，已不可使用的固定资产；

（三）虽然固定资产尚可使用，但使用后产生大量不合格品的固定资产；

（四）已遭毁损，以至于不再具有使用价值和转让价值的固定资产；

（五）其他实质上已经不能再给企业带来经济利益的固定资产。

已全额计提减值准备的固定资产，不再计提折旧。

第六十条 当存在下列一项或若干项情况时，应当将该项无形资产的账面价值全部转入当期损益：

（一）某项无形资产已被其他新技术等所替代，并且该项无形资产已无使用价值和转让价值；

（二）某项无形资产已超过法律保护期限，并且已不能为企业带来经济利益；

（三）其他足以证明某项无形资产已经丧失了使用价值和转让价值的情形。

第六十一条 当存在下列一项或若干项情况时，应当计提无形资产的减值准备：

（一）某项无形资产已被其他新技术等所替代，使其为企业创造经济利益的能力受到重大不利影响；

（二）某项无形资产的市价在当期大幅下跌，在剩余摊销年限内预期不会恢复；

（三）某项无形资产已超过法律保护期限，但仍然具有部分使用价值；

（四）其他足以证明某项无形资产实质上已经发生了减值的情形。

第六十二条 企业计算的当期应计提的资产减值准备金额如果高于已提资产减值准备的账面余额，应按其差额补提减值准备；如果低于已提资产减值准备的账面余额，应按其差额冲回多提的资产减值准备，但冲减的资产减值准备，仅限于已计提的资产减值准备的账面余额。实际发生的资产损失，冲减已提的减值准备。

已确认并转销的资产损失，如果以后又收回，应当相应调整已计提的资产减值准备。

如果企业滥用会计估计，应当作为重大会计差错，按照重大会计差错更正的方法进行会计处理，即企业因滥用会计估计而多提的资产减值准备，在转回的当期，应当遵循原渠道冲回的原则（如原追溯调整的，当期转回时仍然追溯调整至以前各期；原从上期利润中计提的，当期转回时仍然调整上期利润），不得作为增加当期的利润处理。

第六十三条 处置已经计提减值准备的各项资产，以及债务重组、非货币性交易、以应收款项进行交换等，应当同时结转已计提的减值准备。

第六十四条 企业对于不能收回的应收款项、长期投资等应当查明原因，追究责任。对有确凿证据表明确实无法收回的应收款项、长期投资等，如债务单位或被投资单位已撤销、破产、资不抵债、现金流量严重不足等，根据企业的管理权限，经股东大会或董事会，或经理（厂长）会议或类似机构批准作为资产损失，冲销已计提的相关资产减值准备。

第六十五条 企业在建工程预计发生减值时，如长期停建并且预计在3年内不会重新开工的在建工程，也应当根据上述原则计提资产减值准备。

第三章 负 债

第六十六条 负债，是指过去的交易、事项形成的现时义务，履行该义务预期会导致经济利益流出企业。

第六十七条 企业的负债应按其流动性，分为流动负债和长期负债。

第一节 流 动 负 债

第六十八条 流动负债，是指将在1年（含1年）或者超过1年的一个营业周期内偿还的债务，包括短期借款、应付票据、应付账款、预收账款、应付工资、应付福利费、应付股利、应交税金、其他暂收应付款项、预提费用和一年内到期的长期借款等。

第六十九条 各项流动负债，应按实际发生额入账。短期借款、带息应付票据、短期应付债券应当按照借款本金或债券面值，按照确定的利率按期计提利息，计入损益。

第七十条 企业与债权人进行债务重组时，应按以下规定处理：

（一）以现金清偿债务的，支付的现金小于应付债务账面价值的差额，计入资本公积；

（二）以非现金资产清偿债务的，应按应付债务的账面价值结转。应付债务的账面价值与用于抵偿债务的非现金资产账面价值的差额，作为资本公积，或者作为损失计入当期营业外支出。

（三）以债务转为资本的，应当分别以下情况处理：

1. 股份有限公司，应按债权人放弃债权而享有股份的面值总额作为股本，按应付债务账面价值与转作股本的金额的差额，作为资本公积；

2. 其他企业，应按债权人放弃债权而享有的股权份额作为实收资本，按债务账面价值与转作实收资本的金额的差额，作为资本公积。

（四）以修改其他债务条件进行债务重组的，修改其他债务条件后未来应付金额小于债务重组前应付债务账面价值的，应将其差额计入资本公积；如果修改后的债务条款涉及或有支出的，应将或有支出包括在未来应付金额中，含或有支出的未来应付金额小于债务重组前应付债务账面价值的，应将其差额计入资本公积。在未来偿还债务期间内未满足债务重组协议所规定的或有支出条件，即或有支出没有发生的，其已记录的或有支出转入资本公积。

修改其他债务条件后未来应付金额等于或大于债务重组前应付债务账面价值的，在债务重组时不作账务处理。对于修改债务条件后的应付债务，应按本制度规定的一般应付债务进行会计处理。

本制度所称的或有支出，是指依未来某种事项出现而发生的支出。未来事项的出现具有不确定性。

第二节　长期负债

第七十一条　长期负债，是指偿还期在1年或者超过1年的一个营业周期以上的负债，包括长期借款、应付债券、长期应付款等。

各项长期负债应当分别进行核算，并在资产负债表中分列项目反映。将于1年内到期偿还的长期负债，在资产负债表中应当作为一项流动负债，单独反映。

第七十二条　长期负债应当以实际发生额入账。

长期负债应当按照负债本金或债券面值，按照确定的利率按期计提利息，并按本制度的规定，分别计入工程成本或当期财务费用。

按照纳税影响会计法核算所得税的企业，因时间性差异所产生的应纳税或可抵减时间性差异的所得税影响，单独核算，作为对当期所得税费用的调整。

第七十三条 发行债券的企业，应当按照实际的发行价格总额，作负债处理；债券发行价格总额与债券面值总额的差额，作为债券溢价或折价，在债券的存续期间内按实际利率法或直线法于计提利息时摊销，并按借款费用的处理原则处理。

第七十四条 发行可转换公司债券的企业，可转换公司债券在发行以及转换为股份之前，应按一般公司债券进行处理。当可转换公司债券持有人行使转换权利，将其持有的债券转换为股份或资本时，应按其账面价值结转；可转换公司债券账面价值与可转换股份面值的差额，减去支付的现金后的余额，作为资本公积处理。

企业发行附有赎回选择权的可转换公司债券，其在赎回日可能支付的利息补偿金，即债券约定赎回期届满日应当支付的利息减去应付债券票面利息的差额，应当在债券发行日至债券约定赎回届满日期间计提应付利息，计提的应付利息，按借款费用的处理原则处理。

第七十五条 融资租入的固定资产，应在租赁开始日按租赁资产的原账面价值与最低租赁付款额的现值两者较低者，作为融资租入固定资产的入账价值，按最低租赁付款额作为长期应付款的入账价值，并将两者的差额，作为未确认融资费用。

如果融资租赁资产占企业资产总额的比例等于或低于30%的，应在租赁开始日按最低租赁付款额作为融资租赁固定资产和长期应付款的入账价值。

第七十六条 企业收到的专项拨款作为专项应付款处理，待拨款项目完成后，属于应核销的部分，冲减专项应付款；其余部分转入资本公积。

第七十七条 企业所发生的借款费用，是指因借款而发生的利息、折价或溢价的摊销和辅助费用，以及因外币借款而发生的汇兑差额。因借款而发生的辅助费用包括手续费等。

除为购建固定资产的专门借款所发生的借款费用外，其他借款费用均应于发生当期确认为费用，直接计入当期财务费用。

本制度所称的专门借款，是指为购建固定资产而专门借入的款项。

为购建固定资产的专门借款所发生的借款费用，按以下规定处理：

（一）因借款而发生的辅助费用的处理：

1. 企业发行债券筹集资金专项用于购建固定资产的，在所购建的固定资产达到预定可使用状态前，将发生金额较大的发行费用（减去发行期间冻结资金产生的利息收入），直接计入所购建的固定资产成本；将发生金额较小的发行费用（减去发行期间冻结资金产生的利息收入），直接计入当期财务费用。

向银行借款而发生的手续费，按上述同一原则处理。

2. 因安排专门借款而发生的除发行费用和银行借款手续费以外的辅助费用，如果金额较大的，属于在所购建固定资产达到预定可使用状态之前发生的，应当在发生时计入所购建固定资产的成本；在所购建固定资产达到预定可使用状态后发生的，直接计入当期财务费用。对于金额较小的辅助费用，也可以于发生当期直接计入财务费用。

（二）借款利息、折价或溢价的摊销，汇兑差额的处理

1. 当同时满足以下三个条件时，企业为购建某项固定资产而借入的专门借款所发生的利息、折价或溢价的摊销、汇兑差额应当开始资本化，计入所购建固定资产的成本：

（1）资产支出（只包括为购建固定资产而以支付现金、转移非现金资产或者承担带息债务形式发生的支出）已经发生；

（2）借款费用已经发生；

（3）为使资产达到预定可使用状态所必要的购建活动已经开始。

2. 企业为购建固定资产而借入的专门借款所发生的借款利息、折价或溢价的摊销、汇兑差额，满足上述资本化条件的，在所购建的固定资产达到预定可使用状态前所发生的，应当予以资本化，计入所购建固定资产的成本；在所购建的固定资产达到预定可使用状态后所发生的，应于发生当期直接计入当期财务费用。每一会计期间利息资本化金额的计算公式如下：

每一会计期间利息的资本化金额＝至当期末止购建固定资产累计支出加权平均数×资本化率

累计支出加权平均数＝Σ（每笔资产支出金额×每笔资产支出实际占用的天数/会计期间涵盖的天数）

为简化计算，也可以月数作为计算累计支出加权平均数的权数。

资本化率的确定原则为：企业为购建固定资产只借入一笔专门借款，资本化率为该项借款的利率；企业为购建固定资产借入一笔以上的专门借款，资本化率为这些借款的加权平均利率。加权平均利率的计算公式如下：

加权平均利率=专门借款当期实际发生的利息之和/专门借款本金加权平均数×100%

专门借款本金加权平均数=Σ（每笔专门借款本金×每笔专门借款实际占用的天数/会计期间涵盖的天数）

为简化计算，也可以月数作为计算专门借款本金加权平均数的权数。

在计算资本化率时，如果企业发行债券发生债券折价或溢价的，应当将每期应摊销的折价或溢价金额，作为利息的调整额，对资本化率作相应调整，其加权平均利率的计算公式如下：加权平均利率=（专门借款当期实际发生的利息之和+（或-）折价（或溢价）摊销额）/专门借款本金加权平均数×100%

3. 企业为购建固定资产而借入的外币专门借款，其每一会计期间所产生的汇兑差额（指当期外币专门借款本金及利息所发生的汇兑差额），在所购建固定资产达到预定可使用状态前，予以资本化，计入所购建固定资产的成本；在该项固定资产达到预定可使用状态后，计入当期财务费用。

4. 企业发行债券，如果发行费用小于发行期间冻结资金所产生的利息收入，按发行期间冻结资金所产生的利息收入减去发行费用后的差额，视同发行债券的溢价收入，在债券存续期间于计提利息时摊销。

5. 企业每期利息和折价或溢价摊销的资本化金额，不得超过当期为购建固定资产的专门借款实际发生的利息和折价或溢价的摊销金额。

在确定借款费用资本化金额时，与专门借款有关的利息收入不得冲减所购建的固定资产成本，所发生的利息收入直接计入当期财务费用。

6. 企业以非借款方式募集的资金专项用于购建某项固定资产的，如专用拨款、发行股票募集的资金等，在募集资金尚未到达前借入的专门用于购建该项固定资产的资金，其发生的借款费用，在募集资金到达前，按借款费用的处理原则处理；募集资金到达后，在购建该项资产的实际支出未超过以非借款方式募集的资金时，所发生的借款费用直接计入当期财务费用。实际支出超过以非借款方式募集的资金时，专门借款所发生的借款费用，按借款费用的处理原则处理，但在计算该项资产的累计支出加权平均数时,应将以非借款方式募集的资金扣除。

7. 如果某项建造的固定资产的各部分分别完工(指每一单项工程或单位工程,下同),每部分在其他部分继续建造过程中可供使用,并且为使该部分达到预定可使用状态所必要的购建活动实质上已经完成,则这部分资产所发生的借款费用不再计入所建造的固定资产成本,直接计入当期财务费用;如果某项建造的固定资产的各部分分别完工,但必须等到整体完工后才可使用,则应当在该资产整体完工时,其所发生的借款费用不再计入所建造的固定资产成本,而直接计入当期财务费用。

8. 如果某项固定资产的购建发生非正常中断,并且中断时间连续超过3个月(含3个月),应当暂停借款费用的资本化,其中断期间所发生的借款费用,不计入所购建的固定资产成本,将其直接计入当期财务费用,直至购建重新开始,再将其后至固定资产达到预定可使用状态前所发生的借款费用,计入所购建固定资产的成本。

如果中断是使购建的固定资产达到预定可使用状态所必要的程序,则中断期间所发生的借款费用仍应计入该项固定资产的成本。

当所购建的固定资产达到预定可使用状态时,应当停止借款费用的资本化;以后发生的借款费用应于发生当期直接计入财务费用。

第七十八条 本制度所称的"达到预定可使用状态",是指固定资产已达到购买方或建造方预定的可使用状态。当存在下列情况之一时,可认为所购建的固定资产已达到预定可使用状态:

(一)固定资产的实体建造(包括安装)工作已经全部完成或者实质上已经全部完成;

(二)已经过试生产或试运行,并且其结果表明资产能够正常运行或者能够稳定地生产出合格产品时,或者试运行结果表明能够正常运转或营业时;

(三)该项建造的固定资产上的支出金额很少或者几乎不再发生;

(四)所购建的固定资产已经达到设计或合同要求,或与设计或合同要求相符或基本相符,即使有极个别地方与设计或合同要求不相符,也不足以影响其正常使用。

第四章 所有者权益

第七十九条 所有者权益，是指所有者在企业资产中享有的经济利益，其金额为资产减去负债后的余额。所有者权益包括实收资本（或者股本）、资本公积、盈余公积和未分配利润等。

第八十条 企业的实收资本是指投资者按照企业章程，或合同、协议的约定，实际投入企业的资本。

（一）一般企业实收资本应按以下规定核算：

1. 投资者以现金投入的资本，应当以实际收到或者存入企业开户银行的金额作为实收资本入账。实际收到或者存入企业开户银行的金额超过其在该企业注册资本中所占份额的部分，计入资本公积。

2. 投资者以非现金资产投入的资本，应按投资各方确认的价值作为实收资本入账。为首次发行股票而接受投资者投入的无形资产，应按该项无形资产在投资方的账面价值入账。

3. 投资者投入的外币，合同没有约定汇率的，按收到出资额当日的汇率折合；合同约定汇率的，按合同约定的汇率折合，因汇率不同产生的折合差额，作为资本公积处理。

4. 中外合作经营企业依照有关法律、法规的规定，在合作期间归还投资者投资的，对已归还的投资应当单独核算，并在资产负债表中作为实收资本的减项单独反映。

（二）股份有限公司的股本，应按以下规定核算：

1. 公司的股本应当在核定的股本总额及核定的股份总额的范围内发行股票取得。公司发行的股票，应按其面值作为股本，超过面值发行取得的收入，其超过面值的部分，作为股本溢价，计入资本公积。

2. 境外上市公司以及在境内发行外资股的公司，按确定的人民币股票面值和核定的股份总额的乘积计算的金额，作为股本入账，按收到股款当日的汇率折合的人民币金额与按人民币计算的股票面值总额的差额，作为资本公积处理。

第八十一条 企业资本（或股本）除下列情况外，不得随意变动：

（一）符合增资条件，并经有关部门批准增资的，在实际取得投资者的出资时，登记入账。

（二）企业按法定程序报经批准减少注册资本的，在实际发还投资时登记入账。采用收购本企业股票方式减资的，在实际购入本企业股票时，登记入账。

企业应当将因减资而注销股份、发还股款，以及因减资需更新股票的变动情况，在股本账户的明细账及有关备查簿中详细记录。

投资者按规定转让其出资的，企业应当于有关的转让手续办理完毕时，将出让方所转让的出资额，在资本（或股本）账户的有关明细账户及各备查登记簿中转为受让方。

第八十二条 资本公积包括资本（或股本）溢价、接受捐赠资产、拨款转入、外币资本折算差额等。资本公积项目主要包括：

（一）资本（或股本）溢价，是指企业投资者投入的资金超过其在注册资本中所占份额的部分；

（二）接受非现金资产捐赠准备，是指企业因接受非现金资产捐赠而增加的资本公积；

（三）接受现金捐赠，是指企业因接受现金捐赠而增加的资本公积；

（四）股权投资准备，是指企业对被投资单位的长期股权投资采用权益法核算时，因被投资单位接受捐赠等原因增加的资本公积，企业按其持股比例计算而增加的资本公积；

（五）拨款转入，是指企业收到国家拨入的专门用于技术改造、技术研究等的拨款项目完成后，按规定转入资本公积的部分。企业应按转入金额入账；

（六）外币资本折算差额，是指企业接受外币投资因所采用的汇率不同而产生的资本折算差额；

（七）其他资本公积，是指除上述各项资本公积以外所形成的资本公积，以及从资本公积各准备项目转入的金额。债权人豁免的债务也在本项目核算。

资本公积各准备项目不能转增资本（或股本）。

第八十三条 盈余公积按照企业性质，分别包括以下内容：

（一）一般企业和股份有限公司的盈余公积包括：

1. 法定盈余公积，是指企业按照规定的比例从净利润中提取的盈余公积；

2. 任意盈余公积，是指企业经股东大会或类似机构批准按照规定的比例从净利润中提取的盈余公积；

3. 法定公益金，是指企业按照规定的比例从净利润中提取的用于职工集体福利设施的公益金，法定公益金用于职工集体福利时，应当将其转入任意盈余公积。

企业的盈余公积可以用于弥补亏损、转增资本（或股本）。符合规定条件的企业，也可以用盈余公积分派现金股利。

（二）外商投资企业的盈余公积包括：

1. 储备基金，是指按照法律、行政法规规定从净利润中提取的、经批准用于弥补亏损和增加资本的储备基金；

2. 企业发展基金，是指按照法律、行政法规规定从净利润中提取的、用于企业生产发展和经批准用于增加资本的企业发展基金；

3. 利润归还投资，是指中外合作经营企业按照规定在合作期间以利润归还投资者的投资。

第五章 收 入

第八十四条 收入，是指企业在销售商品、提供劳务及让渡资产使用权等日常活动中所形成的经济利益的总流入，包括主营业务收入和其他业务收入。收入不包括为第三方或者客户代收的款项。

企业应当根据收入的性质，按照收入确认的原则，合理地确认和计量各项收入。

第一节 销售商品及提供劳务收入

第八十五条 销售商品的收入，应当在下列条件均能满足时予以确认：

（一）企业已将商品所有权上的主要风险和报酬转移给购货方；

（二）企业既没有保留通常与所有权相联系的继续管理权，也没有对已售出的商品实施控制；

（三）与交易相关的经济利益能够流入企业；

（四）相关的收入和成本能够可靠地计量。

第八十六条 销售商品的收入，应按企业与购货方签订的合同或协议金额或双方接受的金额确定。现金折扣在实际发生时作为当期费用；销售折让在实际发生时冲减当期收入。

现金折扣，是指债权人为鼓励债务人在规定的期限内付款，而向债务人提供的债务减让；销售折让，是指企业因售出商品的质量不合格等原因而在售价上给予的减让。

第八十七条 企业已经确认收入的售出商品发生销售退回的，应当冲减退回当期的收入；年度资产负债表日及以前售出的商品，在资产负债表日至财务会计报告批准报出日之间发生退回的，应当作为资产负债表日后调整事项处理，调整资产负债表日编制的会计报表有关收入、费用、资产、负债、所有者权益等项目的数字。

第八十八条 在同一会计年度内开始并完成的劳务，应当在完成劳务时确认收入。如劳务的开始和完成分属不同的会计年度，在提供劳务交易的结果能够可靠估计的情况下，企业应当在资产负债表日按完工百分比法确认相关的劳务收入。完工百分比法，是指按照劳务的完成程度确认收入和费用的方法。

当以下条件均能满足时，劳务交易的结果能够可靠地估计：

（一）劳务总收入和总成本能够可靠地计量；

（二）与交易相关的经济利益能够流入企业；

（三）劳务的完成程度能够可靠地确定。

劳务的完成程度应按下列方法确定：

（一）已完工作的测量；

（二）已经提供的劳务占应提供劳务总量的比例；

（三）已经发生的成本占估计总成本的比例。

第八十九条 在提供劳务交易的结果不能可靠估计的情况下，企业应当在资产负债表日对收入分别以下情况予以确认和计量：

（一）如果已经发生的劳务成本预计能够得到补偿，应按已经发生的劳务成本金额确认收入，并按相同金额结转成本；

（二）如果已经发生的劳务成本预计不能全部得到补偿，应按能够得到补偿的劳务成本金额确认收入，并按已经发生的劳务成本，作为当期费用，确认的金额小于已经发生的劳务成本的差额，作为当期损失；

（三）如果已经发生的劳务成本全部不能得到补偿，应按已经发生的劳务成本作为当期费用，不确认收入。

第九十条 提供劳务的总收入,应按企业与接受劳务方签订的合同或协议的金额确定。现金折扣应当在实际发生时作为当期费用。

第九十一条 让渡资产使用权而发生的收入包括利息收入和使用费收入。

(一)利息和使用费收入,应当在以下条件均能满足时予以确认:

1. 与交易相关的经济利益能够流入企业;

2. 收入的金额能够可靠地计量。

(二)利息和使用费收入,应按下列方法分别予以计量:

1. 利息收入,应按让渡现金使用权的时间和适用利率计算确定;

2. 使用费收入,应按有关合同或协议规定的收费时间和方法计算确定。

第二节 建造合同收入

第九十二条 建造合同,是指为建造一项资产或者在设计、技术、功能、最终用途等方面密切相关的数项资产而订立的合同。

(一)固定造价合同,是指按照固定的合同价或固定单价确定工程价款的建造合同。

(二)成本加成合同,是指以合同允许或其他方式议定的成本为基础,加上该成本的一定比例或定额费用确定工程价款的建造合同。

第九十三条 建造工程合同收入包括合同中规定的初始收入和因合同变更、索赔、奖励等形成的收入。

合同变更,是指客户为改变合同规定的作业内容而提出的调整。因合同变更而增加的收入,应当在客户能够认可因变更而增加的收入,并且收入能够可靠地计量时予以确认。

索赔款,是指因客户或第三方的原因造成的、由建造承包商向客户或第三方收取的、用以补偿不包括在合同造价中的成本的款项。企业只有在预计对方能够同意这项索赔(根据谈判情况判断),并且对方同意接受的金额能够可靠计量的情况下,才能将因索赔款而形成的收入予以确认。

奖励款,是指工程达到或超过规定的标准时,客户同意支付给建造承包商的额外款项。企业应当根据目前合同完成情况,足以判断工程进度和工程质量能够达到或超过既定的标准,并且奖励金额能够可靠地计量时,才能将因奖励而形成的收入予以确认。

第九十四条 建造承包商建造工程合同成本应当包括从合同签订开始至合同完成止所发生的、与执行合同有关的直接费用和间接费用。

直接费用包括耗用的人工费用、耗用的材料费用、耗用的机械使用费和与设计有关的技术援助费用、施工现场材料的二次搬运费、生产工具和用具使用费、检验试验费、工程定位复测费、工程点交费用、场地清理费用等其他直接费用。

间接费用是企业下属的施工单位或生产单位为组织和管理施工生产活动所发生的费用，包括临时设施摊销费用和施工、生产单位管理人员工资、奖金、职工福利费、劳动保护费、固定资产折旧费及修理费、物料消耗、低值易耗品摊销、取暖费、水电费、办公费、差旅费、财产保险费、工程保修费、排污费等。

企业行政管理部门为组织和管理生产经营活动所发生的管理费用、船舶等制造企业的销售费用、企业筹集生产经营所需资金而发生的财务费用和因订立合同而发生的有关费用，应当直接计入当期费用。

直接费用在发生时应当直接计入合同成本，间接费用应当在期末按照系统、合理的方法分摊计入合同成本。与合同有关的零星收益，如合同完成后处置残余物资取得的收益，应当冲减合同成本。

第九十五条 建造承包商建造工程合同收入及费用应按以下原则确认和计量：

（一）如果建造合同的结果能够可靠地估计，企业应当根据完工百分比法在资产负债表日确认合同收入和费用。完工百分比法，是指根据合同完工进度确认收入与费用的方法。

1. 固定造价合同的结果能够可靠估计，是指同时具备以下 4 项条件：

（1）合同总收入能够可靠地计量；

（2）与合同相关的经济利益能够流入企业；

（3）在资产负债表日合同完工进度和为完成合同尚需发生的成本能够可靠地确定；

（4）为完成合同已经发生的合同成本能够清楚地区分和可靠地计量，以便实际合同成本能够与以前的预计成本相比较。

2. 成本加成合同的结果能够可靠估计，是指同时具备以下 2 项条件：

（1）与合同相关的经济利益能够流入企业；

（2）实际发生的合同成本能够清楚地区分并且能够可靠地计量。

（二）当期完成的建造合同，应按实际合同总收入减去以前会计年度累计已确认的收入后的余额作为当期收入，同时按累计实际发生的合同成本减去以前会计年度累计已确认的费用后的余额作为当期费用。

（三）如果建造合同的结果不能可靠地估计，应当区别以下情况处理：

1. 合同成本能够收回的，合同收入根据能够收回的实际合同成本加以确认，合同成本在其发生的当期作为费用；

2. 合同成本不可能收回的，应当在发生时立即作为费用，不确认收入。

（四）在一个会计年度内完成的建造合同，应当在完成时确认合同收入和合同费用。

（五）如果合同预计总成本将超过合同预计总收入，应当将预计损失立即作为当期费用。

第九十六条 合同完工进度可以按累计实际发生的合同成本占合同预计总成本的比例、已经完成的合同工作量占合同预计总工作量的比例、已完合同工作的测量等方法确定。

采用累计实际发生的合同成本占合同预计总成本的比例确定合同完工进度时，累计实际发生的合同成本不包括：（1）与合同未来活动相关的合同成本；（2）在分包工程的工作量完成之前预付给分包单位的款项。

第九十七条 房地产开发企业自行开发商品房对外销售收入的确定，按照销售商品收入的确认原则执行；如果符合建造合同的条件，并且有不可撤销的建造合同的情况下，也可按照建造合同收入确认的原则，按照完工百分比法确认房地产开发业务的收入。

第九十八条 企业的收入，应当按照重要性原则，在利润表中反映。

第六章 成本和费用

第九十九条 费用，是指企业为销售商品、提供劳务等日常活动所发生的经济利益的流出；成本，是指企业为生产产品、提供劳务而发生的各种耗费。

企业应当合理划分期间费用和成本的界限。期间费用应当直接计入当期损益;成本应当计入所生产的产品、提供劳务的成本。

企业应将当期已销产品或已提供劳务的成本转入当期的费用;商品流通企业应将当期已销商品的进价转入当期的费用。

第一百条 企业在生产经营过程中所耗用的各项材料,应按实际耗用数量和账面单价计算,计入成本、费用。

第一百零一条 企业应支付职工的工资,应当根据规定的工资标准、工时、产量记录等资料,计算职工工资,计入成本、费用。企业按规定给予职工的各种工资性质的补贴,也应计入各工资项目。

企业应当根据国家规定,计算提取应付福利费,计入成本、费用。

第一百零二条 企业在生产经营过程中所发生的其他各项费用,应当以实际发生数计入成本、费用。凡应当由本期负担而尚未支出的费用,作为预提费用计入本期成本、费用;凡已支出,应当由本期和以后各期负担的费用,应当作为待摊费用,分期摊入成本、费用。

第一百零三条 企业应当根据本企业的生产经营特点和管理要求,确定适合本企业的成本核算对象、成本项目和成本计算方法。成本核算对象、成本项目以及成本计算方法一经确定,不得随意变更,如需变更,应当根据管理权限,经股东大会或董事会,或经理(厂长)会议或类似机构批准,并在会计报表附注中予以说明。

第一百零四条 企业的期间费用包括营业费用、管理费用和财务费用。期间费用应当直接计入当期损益,并在利润表中分别项目列示。

(一)营业费用,是指企业在销售商品过程中发生的费用,包括企业销售商品过程中发生的运输费、装卸费、包装费、保险费、展览费和广告费,以及为销售本企业商品而专设的销售机构(含销售网点、售后服务网点等)的职工工资及福利费、类似工资性质的费用、业务费等经营费用。

商品流通企业在购买商品过程中所发生的进货费用,也包括在内。

(二)管理费用,是指企业为组织和管理企业生产经营所发生的管理费用,包括企业的董事会和行政管理部门在企业的经营管理中发生的,或者应当由企业统一负担的公司经费(包括行政管理部门职工工资、修理费、物料消耗、低值易耗品摊销、办公费和差旅费等)、工会经费、待业保险费、劳动保险费、董事会费、聘请中介机构费、咨询费(含顾问费)、诉讼费、业务招待费、房产税、车船使用税、土地使用税、印花税、技术转让费、矿产资源补偿费、无形资产摊销、职工教育经费、研究与开发费、排污费、存货盘亏或盘盈（不包括应计入营业外支出的存货损失）、计提的坏账准备和存货跌价准备等。

（三）财务费用，是指企业为筹集生产经营所需资金等而发生的费用，包括应当作为期间费用的利息支出（减利息收入）、汇兑损失（减汇兑收益）以及相关的手续费等。

第一百零五条 企业必须分清本期成本、费用和下期成本、费用的界限，不得任意预提和摊销费用。工业企业必须分清各种产品成本的界限，分清在产品成本和产成品成本的界限，不得任意压低或提高在产品和产成品的成本。

第七章 利润及利润分配

第一百零六条 利润，是指企业在一定会计期间的经营成果，包括营业利润、利润总额和净利润。

（一）营业利润，是指主营业务收入减去主营业务成本和主营业务税金及附加，加上其他业务利润，减去营业费用、管理费用和财务费用后的金额。

（二）利润总额，是指营业利润加上投资收益、补贴收入、营业外收入，减去营业外支出后的金额。

（三）投资收益，是指企业对外投资所取得的收益，减去发生的投资损失和计提的投资减值准备后的净额。

（四）补贴收入，是指企业按规定实际收到退还的增值税，或按销量或工作量等依据国家规定的补助定额计算并按期给予的定额补贴，以及属于国家财政扶持的领域而给予的其他形式的补贴。

（五）营业外收入和营业外支出，是指企业发生的与其生产经营活动无直接关系的各项收入和各项支出。营业外收入包括固定资产盘盈、处置固定资产净收益、处置无形资产净收益、罚款净收入等。营业外支出包括固定资产盘亏、处置固定资产净损失、处置无形资产净损失、债务重组损失、计提的无形资产减值准备、计提的固定资产减值准备、计提的在建工程减值准备、罚款支出、捐赠支出、非常损失等。

营业外收入和营业外支出应当分别核算，并在利润表中分列项目反映。

营业外收入和营业外支出还应当按照具体收入和支出设置明细项目，进行明细核算。

（六）所得税，是指企业应计入当期损益的所得税费用。

（七）净利润，是指利润总额减去所得税后的金额。

第一百零七条 企业的所得税费用应当按照以下原则核算：

（一）企业应当根据具体情况，选择采用应付税款法或者纳税影响会计法进行所得税的核算。

1. 应付税款法，是指企业不确认时间性差异对所得税的影响金额，按照当期计算的应交所得税确认为当期所得税费用的方法。在这种方法下，当期所得税费用等于当期应交的所得税。

2. 纳税影响会计法，是指企业确认时间性差异对所得税的影响金额，按照当期应交所得税和时间性差异对所得税影响金额的合计，确认为当期所得税费用的方法。在这种方法下，时间性差异对所得税的影响金额，递延和分配到以后各期。采用纳税影响会计法的企业，可以选择采用递延法或者债务法进行核算。在采用递延法核算时，在税率变动或开征新税时，不需要对原已确认的时间性差异的所得税影响金额进行调整，但是，在转回时间性差异的所得税影响金额时，应当按照原所得税率计算转回；在采用债务法核算时，在税率变动或开征新税时，应当对原已确认的时间性差异的所得税影响金额进行调整，在转回时间性差异的所得税影响金额时，应当按照现行所得税率计算转回。

（二）在采用纳税影响会计法下，企业应当合理划分时间性差异和永久性差异的界限：

1. 时间性差异，是指由于税法与会计制度在确认收益、费用或损失时的时间不同而产生的税前会计利润与应纳税所得额的差异。时间性差异发生于某一会计期间，但在以后一期或若干期内能够转回。时间性差异主要有以下几种类型：

（1）企业获得的某项收益，按照会计制度规定应当确认为当期收益，但按照税法规定需待以后期间确认为应纳税所得额，从而形成应纳税时间性差异。这里的应纳税时间性差异是指未来应增加应纳税所得额的时间性差异。

（2）企业发生的某项费用或损失，按照会计制度规定应当确认为当期费用或损失，但按照税法规定待以后期间从应纳税所得额中扣减，从而形成可抵减时间性差异。这里的可抵减时间性差异是指未来可以从应纳税所得额中扣除的时间性差异。

（3）企业获得的某项收益，按照会计制度规定应当于以后期间确认收益，但按照税法规定需计入当期应纳税所得额，从而形成可抵减时间性差异。

（4）企业发生的某项费用或损失，按照会计制度规定应当于以后期间确认为费用或损失，但按照税法规定可以从当期应纳税所得额中扣减，从而形成应纳税时间性差异。

2. 永久性差异，是指某一会计期间，由于会计制度和税法在计算收益、费用或损失时的口径不同，所产生的税前会计利润与应纳税所得额之间的差异。这种差异在本期发生，不会在以后各期转回。永久性差异有以下几种类型：

（1）按会计制度规定核算时作为收益计入会计报表，在计算应纳税所得额时不确认为收益；

（2）按会计制度规定核算时不作为收益计入会计报表，在计算应纳税所得额时作为收益，需要交纳所得税；

（3）按会计制度规定核算时确认为费用或损失计入会计报表，在计算应纳税所得额时则不允许扣减；

（4）按会计制度规定核算时不确认为费用或损失，在计算应纳税所得额时则允许扣减。

（三）采用递延法时，一定时期的所得税费用包括：

1. 本期应交所得税；

2. 本期发生或转回的时间性差异所产生的递延税款贷项或借项。

上述本期应交所得税，是指按照应纳税所得额和现行所得税率计算的本期应交所得税；本期发生或转回的时间性差异所产生的递延税款贷项或借项，是指本期发生的时间性差异用现行所得税率计算的未来应交的所得税和未来可抵减的所得税金额，以及本期转回原确认的递延税款借项或贷项。按照上述本期所得税费用的构成内容，可列示公式如下：

本期所得税费用=本期应交所得税+本期发生的时间性差异所产生的递延税款贷项金额−本期发生的时间性差异所产生的递延税款借项金额+本期

转回的前期确认的递延税款借项金额-本期转回的前期确认的递延税款贷项金额

本期发生的时间性差异所产生的递延税款贷项金额=本期发生的应纳税时间性差异×现行所得税率

本期发生的时间性差异所产生的递延税款借项金额=本期发生的可抵减时间性差异×现行所得税率

本期转回的前期确认的递延税款借项金额=本期转回的可抵减本期应纳税所得额的时间性差异（即前期确认本期转回的可抵减时间性差异）×前期确认递延税款时的所得税率

本期转回的前期确认的递延税款贷项金额=本期转回的增加本期应纳税所得额的时间性差异（即前期确认本期转回的应纳税时间性差异）×前期确认递延税款时的所得税率

（四）采用债务法时，一定时期的所得税费用包括：

1. 本期应交所得税；

2. 本期发生或转回的时间性差异所产生的递延所得税负债或递延所得税资产；

3. 由于税率变更或开征新税，对以前各期确认的递延所得税负债或递延所得税资产账面余额的调整数。

按照上述本期所得税费用的构成内容，可列示公式如下：

本期所得税费用=本期应交所得税+本期发生的时间性差异所产生的递延所得税负债-本期发生的时间性差异所产生的递延所得税资产+本期转回的前期确认的递延所得税资产-本期转回的前期确认的递延所得税负债+本期由于税率变动或开征新税调减的递延所得税资产或调增的递延所得税负债-本期由于税率变动或开征新税调增的递延所得税资产或调减的递延所得税负债。

本期由于税率变动或开征新税调增或调减的递延所得税资产或递延所得税负债=累计应纳税时间性差异或累计可抵减时间性差异×（现行所得税率-前期确认应纳税时间性差异或可抵减时间性差异时适用的所得税率）

或者=递延税款账面余额-已确认递延税款金额的累计时间性差异×现行所得税率

（五）采用纳税影响会计法时，在时间性差异所产生的递延税款借方金额的情况下，为了慎重起见，如在以后转回时间性差异的时期内（一般为3年），有足够的应纳税所得额予以转回的，才能确认时间性差异的所得税影响金额，并作为递延税款的借方反映，否则，应于发生当期视同永久性差异处理。

投资于符合国家产业政策的技术改造项目的企业，其项目所需国产设备投资按一定比例可以从企业技术改造项目设备购置当年比前一年新增的企业所得税中抵免的部分，以及已经享受投资抵免的国产设备在规定期限内出租、转让应补交的所得税，均作为永久性差异处理；企业按规定以交纳所得税后的利润再投资所应退回的所得税，以及实行先征后返所得税的企业，应当于实际收到退回的所得税时，冲减退回当期的所得税费用。

第一百零八条 企业一般应按月计算利润，按月计算利润有困难的企业，可以按季或者按年计算利润。

第一百零九条 企业董事会或类似机构决议提请股东大会或类似机构批准的年度利润分配方案（除股票股利分配方案外），在股东大会或类似机构召开会议前，应当将其列入报告年度的利润分配表。股东大会或类似机构批准的利润分配方案，与董事会或类似机构提请批准的报告年度利润分配方案不一致时，其差额应当调整报告年度会计报表有关项目的年初数。

第一百一十条 企业当期实现的净利润，加上年初未分配利润（或减去年初未弥补亏损）和其他转入后的余额，为可供分配的利润。可供分配的利润，按下列顺序分配：

（一）提取法定盈余公积；

（二）提取法定公益金。

外商投资企业应当按照法律、行政法规的规定按净利润提取储备基金、企业发展基金、职工奖励及福利基金等。

中外合作经营企业按规定在合作期内以利润归还投资者的投资，以及国有工业企业按规定以利润补充的流动资本，也从可供分配的利润中扣除。

第一百一十一条 可供分配的利润减去提取的法定盈余公积、法定公益金等后，为可供投资者分配的利润。可供投资者分配的利润，按下列顺序分配：

（一）应付优先股股利，是指企业按照利润分配方案分配给优先股股东的现金股利。

（二）提取任意盈余公积，是指企业按规定提取的任意盈余公积。

（三）应付普通股股利，是指企业按照利润分配方案分配给普通股股东的现金股利。企业分配给投资者的利润，也在本项目核算。

（四）转作资本（或股本）的普通股股利，是指企业按照利润分配方案以分派股票股利的形式转作的资本（或股本）。企业以利润转增的资本，也在本项目核算。

可供投资者分配的利润，经过上述分配后，为未分配利润（或未弥补亏损）。未分配利润可留待以后年度进行分配。企业如发生亏损，可以按规定由以后年度利润进行弥补。

企业未分配的利润（或未弥补的亏损）应当在资产负债表的所有者权益项目中单独反映。

第一百一十二条 企业实现的利润和利润分配应当分别核算，利润构成及利润分配各项目应当设置明细账，进行明细核算。企业提取的法定盈余公积、法定公益金（或提取的储备基金、企业发展基金、职工奖励及福利基金）、分配的优先股股利、提取的任意盈余公积、分配的普通股股利、转作资本（或股本）的普通股股利，以及年初未分配利润（或未弥补亏损）、期末未分配利润（或未弥补亏损）等，均应当在利润分配表中分别列项予以反映。

第八章　非货币性交易

第一百一十三条 非货币性交易，是指交易双方以非货币性资产进行的交换（包括股权换股权，但不包括企业合并中所涉及的非货币性交易）。这种交换不涉及或只涉及少量的货币性资产。

货币性资产，是指持有的现金及将以固定或可确定金额的货币收取的资产，包括现金、应收账款和应收票据以及准备持有至到期的债券投资等。非货币性资产，是指货币性资产以外的资产，包括存货、固定资产、无形资产、股权投资以及不准备持有至到期的债券投资等。

在确定涉及补价的交易是否为非货币性交易时，收到补价的企业，应当按照收到的补价占换出资产公允价值的比例等于或低于25%确定；支付补价的企业，应当按照支付的补价占换出资产公允价值加上支付的补价之和的比例等于或低于25%确定。其计算公式如下：

收到补价的企业：收到的补价÷换出资产公允价值≤25%

支付补价的企业：支付的补价÷（支付的补价+换出资产公允价值）≤25%

第一百一十四条 在进行非货币性交易的核算时，无论是一项资产换入一项资产，或者一项资产同时换入多项资产，或者同时以多项资产换入一项资产，或者以多项资产换入多项资产，均按换出资产的账面价值加上应支付的相关税费，作为换入资产入账价值。

如果涉及补价，支付补价的企业，应当以换出资产账面价值加上补价和应支付的相关税费，作为换入资产入账价值；收到补价的企业，应当以换出资产账面价值减去补价，加上应确认的收益和应支付的相关税费，作为换入资产入账价值。换出资产应确认的收益按下列公式计算确定：

应确认的收益=（1－换出资产账面价值÷换出资产公允价值）×补价

本制度所称的公允价值，是指在公平交易中，熟悉情况的交易双方，自愿进行资产交换或债务清偿的金额。

上述换入的资产如为存货的，按上述规定确定的入账价值，还应减去可抵扣的增值税进项税额。

第一百一十五条 在非货币性交易中，如果同时换入多项资产，应当按照换入各项资产的公允价值与换入资产公允价值总额的比例，对换出资产的账面价值总额进行分配，以确定各项换入资产的入账价值。

第一百一十六条 在资产交换中，如果换入的资产中涉及应收款项的，应当分别以下情况处理：

（一）以一项资产换入的应收款项，或多项资产换入的应收款项，应当按照换出资产的账面价值作为换入应收款项的入账价值。如果换入的应收款项的原账面价值大于换出资产的账面价值的，应当按照换入应收款项的原账面价值作为换入应收款项的入账价值，换入应收款项的入账价值大于换出资产账面价值的差额，作为坏账准备。

（二）企业以一项资产同时换入应收款项和其他多项资产，或者以多项资产换入应收款项和其他多项资产的，应当按照换入应收款项的原账面价值作为换入应收款项的入账价值，换入除应收款项外的各项其他资产的入账价值，按照换入的各项其他资产的公允价值与换入的其他资产的公允价值总额的比例，对换出全部资产的账面价值总额加上应支付的相关税费，减去换入的应收款项入账价值后的余额进行分配,并按分配价值作为其换入的各项其他资产的入账价值。

涉及补价的,如收到的补价小于换出应收款项账面价值的,应将收到的补价先冲减换出应收款项的账面价值后,再按上述原则进行处理;如收到的补价大于换出应收款项账面价值的,应将收到的补价首先冲减换出应收款项的账面价值,再按非货币性交易的原则进行处理。

第九章 外 币 业 务

第一百一十七条 外币业务,是指以记账本位币以外的货币进行的款项收付、往来结算等业务。

第一百一十八条 企业在核算外币业务时,应当设置相应的外币账户。外币账户包括外币现金、外币银行存款、以外币结算的债权(如应收票据、应收账款、预付账款等)和债务(如短期借款、应付票据、应付账款、预收账款、应付工资、长期借款等),应当与非外币的各该相同账户分别设置,并分别核算。

第一百一十九条 企业发生外币业务时,应当将有关外币金额折合为记账本位币金额记账。除另有规定外,所有与外币业务有关的账户,应当采用业务发生时的汇率,也可以采用业务发生当期期初的汇率折合。

企业发生外币业务时,如无法直接采用中国人民银行公布的人民币对美元、日元、港币等的基准汇率作为折算汇率时,应当按照下列方法进行折算:

美元、日元、港币等以外的其他货币对人民币的汇率,根据美元对人民币的基准汇率和国家外汇管理局提供的纽约外汇市场美元对其他主要外币的汇率进行套算,按照套算后的汇率作为折算汇率。美元对人民币以外的其他货币的汇率,直接采用国家外汇管理局提供的纽约外汇市场美元对其他主要货币的汇率。

美元、人民币以外的其他货币之间的汇率,按国家外汇管理局提供的纽约外汇市场美元对其他主要外币的汇率进行套算,按套算后的汇率作为折算汇率。

第一百二十条 各种外币账户的外币金额,期末时应当按照期末汇率折合为记账本位币。按照期末汇率折合的记账本位币金额与账面记账本位币金额之间的差额,作为汇兑损益,计入当期损益;属于筹建期间的,计入长期待摊费用;属于与购建固定资产有关的借款产生的汇兑损益,按照借款费用资本化的原则进行处理。

第十章 会计调整

第一百二十一条 会计调整,是指企业因按照国家法律、行政法规和会计制度的要求,或者因特定情况下按照会计制度规定对企业原采用的会计政策、会计估计,以及发现的会计差错、发生的资产负债表日后事项等所作的调整。

会计政策,是指企业在会计核算时所遵循的具体原则以及企业所采纳的具体会计处理方法。具体原则,是指企业按照国家统一的会计核算制度所制定的、适合于本企业的会计制度中所采用的会计原则;具体会计处理方法,是指企业在会计核算中对于诸多可选择的会计处理方法中所选择的、适合于本企业的会计处理方法。例如,长期投资的具体会计处理方法、坏账损失的核算方法等。

会计估计,是指企业对其结果不确定的交易或事项以最近可利用的信息为基础所作的判断。例如,固定资产预计使用年限与预计净残值、预计无形资产的受益期等。

会计差错,是指在会计核算时,在确认、计量、记录等方面出现的错误。

资产负债表日后事项,是指自年度资产负债表日至财务会计报告批准报出日之间发生的需要调整或说明的事项,包括调整事项和非调整事项两类。

第一节 会计政策变更

第一百二十二条 会计政策的变更,必须符合下列条件之一:

(一)法律或会计制度等行政法规、规章的要求;

(二)这种变更能够提供有关企业财务状况、经营成果和现金流量等更可靠、更相关的会计信息。

第一百二十三条 下列各项不属于会计政策变更:

(一)本期发生的交易或事项与以前相比具有本质差别而采用新的会

计政策；

（二）对初次发生的或不重要的交易或事项采用新的会计政策。

第一百二十四条 企业按照法律或会计制度等行政法规、规章要求变更会计政策时，应按国家发布的相关会计处理规定执行，如果没有相关的会计处理规定，应当采用追溯调整法进行处理。企业为了能够提供更可靠、更相关的会计信息而变更会计政策时，应当采用追溯调整法进行处理。

追溯调整法，是指对某项交易或事项变更会计政策时，如同该交易或事项初次发生时就开始采用新的会计政策，并以此对相关项目进行调整的方法。在采用追溯调整法时，应当将会计政策变更的累积影响数调整期初留存收益，会计报表其他相关项目的期初数也应一并调整，但不需要重编以前年度的会计报表。

第一百二十五条 会计政策变更的累积影响数，是指按变更后的会计政策对以前各项追溯计算的变更年度期初留存收益应有的金额与现有的金额之间的差额。会计政策变更的累积影响数，是假设与会计政策变更相关的交易或事项在初次发生时即采用新的会计政策，而得出的变更年度期初留存收益应有的金额，与现有的金额之间的差额。本制度所称的会计政策变更的累积影响数，是变更会计政策所导致的对净损益的累积影响，以及由此导致的对利润分配及未分配利润的累积影响金额，不包括分配的利润或股利。留存收益包括法定盈余公积、法定公益金、任意盈余公积及未分配利润（外商投资企业包括储备基金、企业发展基金）。累积影响数通常可以通过以下各步计算获得：

第一步，根据新的会计政策重新计算受影响的前期交易或事项；

第二步，计算两种会计政策下的差异；

第三步，计算差异的所得税影响金额（如果需要调整所得税影响金额的）；

第四步，确定前期中的每一期的税后差异；

第五步，计算会计政策变更的累积影响数。

如果累积影响数不能合理确定，会计政策变更应当采用未来适用法。未来适用法，是指对某项交易或事项变更会计政策时，新的会计政策适用于变更当期及未来期间发生的交易或事项的方法。采用未来适用法时，不需要计算会计政策变更产生的累积影响数，也无须重编以前年度的会计报表。企业会计账簿记录及会计报表上反映的金额,变更之日仍然保留原有金额,不因会计政策变更而改变以前年度的既定结果,企业应当在现有金额的基础上按新的会计政策进行核算。

第一百二十六条 在编制比较会计报表时,对于比较会计报表期间的会计政策变更,应当调整各该期间的净损益和其他相关项目,视同该政策在比较会计报表期间一直采用。对于比较会计报表可比期间以前的会计政策变更的累积影响数,应当调整比较会计报表最早期间的期初留存收益,会计报表其他相关项目的数字也应一并调整。

第一百二十七条 企业应当在会计报表附注中披露会计政策变更的内容和理由、会计政策变更的影响数,以及累积影响数不能合理确定的理由。

第二节 会计估计变更

第一百二十八条 由于企业经营活动中内在不确定因素的影响,某些会计报表项目不能精确地计量,而只能加以估计。如果赖以进行估计的基础发生了变化,或者由于取得新的信息、积累更多的经验以及后来的发展变化,可能需要对会计估计进行修订。

第一百二十九条 会计估计变更时,不需要计算变更产生的累积影响数,也不需要重编以前年度会计报表,但应当对变更当期和未来期间发生的交易或事项采用新的会计估计进行处理。

第一百三十条 会计估计的变更,如果仅影响变更当期,会计估计变更的影响数应计入变更当期与前期相同的相关项目中;如果既影响变更当期又影响未来期间,会计估计变更的影响数应计入变更当期和未来期间与前期相同的相关项目中。

第一百三十一条 会计政策变更和会计估计变更很难区分时,应当按照会计估计变更的处理方法进行处理。

第一百三十二条 企业应当在会计报表附注中披露会计估计变更的内容和理由、会计估计变更的影响数,以及会计估计变更的影响数不能确定的理由。

第三节 会计差错更正

第一百三十三条 本期发现的会计差错,应按以下原则处理:

（一）本期发现的与本期相关的会计差错，应当调整本期相关项目。

（二）本期发现的与前期相关的非重大会计差错，如影响损益，应当直接计入本期净损益，其他相关项目也应当作为本期数一并调整；如不影响损益，应当调整本期相关项目。

重大会计差错，是指企业发现的使公布的会计报表不再具有可靠性的会计差错。重大会计差错一般是指金额比较大，通常某项交易或事项的金额占该类交易或事项的金额10%及以上，则认为金额比较大。

（三）本期发现的与前期相关的重大会计差错，如影响损益，应当将其对损益的影响数调整发现当期的期初留存收益，会计报表其他相关项目的期初数也应一并调整；如不影响损益，应当调整会计报表相关项目的期初数。

（四）年度资产负债表日至财务会计报告批准报出日之间发现的报告年度的会计差错及以前年度的非重大会计差错，应当按照资产负债表日后事项中的调整事项进行处理。

年度资产负债表日至财务会计报告批准报出日之间发现的以前年度的重大会计差错，应当调整以前年度的相关项目。

第一百三十四条 在编制比较会计报表时，对于比较会计报表期间的重大会计差错，应当调整各该期间的净损益和其他相关项目；对于比较会计报表期间以前的重大会计差错，应当调整比较会计报表最早期间的期初留存收益，会计报表其他相关项目的数字也应一并调整。

第一百三十五条 企业应当在会计报表附注中披露重大会计差错的内容和重大会计差错的更正金额。

第一百三十六条 企业滥用会计政策、会计估计及其变更，应当作为重大会计差错予以更正。

第四节 资产负债表日后事项

第一百三十七条 资产负债表日后获得新的或进一步的证据，有助于对资产负债表日存在状况的有关金额作出重新估计，应当作为调整事项，据此对资产负债表日所反映的收入、费用、资产、负债以及所有者权益进行调整。以下是调整事项的例子：

（一）已证实资产发生了减损；

(二)销售退回；

(三)已确定获得或支付的赔偿。

资产负债表日后董事会或者经理（厂长）会议，或者类似机构制订的利润分配方案中与财务会计报告所属期间有关的利润分配，也应当作为调整事项，但利润分配方案中的股票股利（或以利润转增资本）应当作为非调整事项处理。

第一百三十八条 资产负债表日后发生的调整事项，应当如同资产负债表所属期间发生的事项一样，作出相关账务处理，并对资产负债表日已编制的会计报表作相应的调整。这里的会计报表包括资产负债表、利润表及其相关附表和现金流量表的补充资料内容，但不包括现金流量表正表。资产负债表日后发生的调整事项，应当分别以下情况进行账务处理：

(一)涉及损益的事项，通过"以前年度损益调整"科目核算。调整增加以前年度收益或调整减少以前年度亏损的事项，及其调整减少的所得税，记入"以前年度损益调整"科目的贷方；调整减少以前年度收益或调整增加以前年度亏损的事项，以及调整增加的所得税，记入"以前年度损益调整"科目的借方。"以前年度损益调整"科目的贷方或借方余额，转入"利润分配—未分配利润"科目。

(二)涉及利润分配调整的事项，直接通过"利润分配—未分配利润"科目核算。

(三)不涉及损益以及利润分配的事项，调整相关科目。

(四)通过上述账务处理后，还应同时调整会计报表相关项目的数字，包括：

1. 资产负债表日编制的会计报表相关项目的数字；

2. 当期编制的会计报表相关项目的年初数；

3. 提供比较会计报表时，还应调整有关会计报表的上年数；

4. 经过上述调整后，如果涉及会计报表附注内容的，还应当调整会计报表附注相关项目的数字。

第一百三十九条 资产负债表日以后才发生或存在的事项，不影响资产负债表日存在状况，但如不加以说明，将会影响财务会计报告使用者作出正确估计和决策，这类事项应当作为非调整事项，在会计报表附注中予以披露。以下是非调整事项的例子：

（一）股票和债券的发行；
（二）对一个企业的巨额投资；
（三）自然灾害导致的资产损失；
（四）外汇汇率发生较大变动。

非调整事项，应当在会计报表附注中说明其内容、估计对财务状况、经营成果的影响；如无法作出估计，应当说明其原因。

第十一章 或 有 事 项

第一百四十条 或有事项，是指过去的交易或事项形成的一种状况，其结果须通过未来不确定事项的发生或不发生予以证实。

或有负债，是指过去的交易或事项形成的潜在义务，其存在须通过未来不确定事项的发生或不发生予以证实；或过去的交易或事项形成的现时义务，履行该义务不是很可能导致经济利益流出企业或该义务的金额不能可靠地计量。

或有资产，是指过去的交易或事项形成的潜在资产，其存在须通过未来不确定事项的发生或不发生予以证实。

第一百四十一条 如果与或有事项相关的义务同时符合以下条件，企业应当将其作为负债：
（一）该义务是企业承担的现时义务；
（二）该义务的履行很可能导致经济利益流出企业；
（三）该义务的金额能够可靠地计量。

符合上述确认条件的负债，应当在资产负债表中单列项目反映。

第一百四十二条 符合上述确认条件的负债，其金额应当是清偿该负债所需支出的最佳估计数。如果所需支出存在一个金额范围，则最佳估计数应按该范围的上、下限金额的平均数确定；如果所需支出不存在一个金额范围，则最佳估计数应按如下方法确定：
（一）或有事项涉及单个项目时，最佳估计数按最可能发生的金额确定；
（二）或有事项涉及多个项目时，最佳估计数按各种可能发生额及其发生概率计算确定。

第一百四十三条 如果清偿符合上述确认条件的负债所需支出全部或

部分预期由第三方或其他方补偿,则补偿金额只能在基本确定能收到时,作为资产单独确认,但确认的补偿金额不应当超过所确认负债的账面价值。

符合上述确认条件的资产,应当在资产负债表中单列项目反映。

第一百四十四条 企业不应当确认或有负债和或有资产。

第一百四十五条 企业应当在会计报表附注中披露如下或有负债形成的原因,预计产生的财务影响(如无法预计,应当说明理由),以及获得补偿的可能性:

(一)已贴现商业承兑汇票形成的或有负债;

(二)未决诉讼、仲裁形成的或有负债;

(三)为其他单位提供债务担保形成的或有负债;

(四)其他或有负债(不包括极小可能导致经济利益流出企业的或有负债)。

第一百四十六条 或有资产一般不应当在会计报表附注中披露。但或有资产很可能会给企业带来经济利益时,应当在会计报表附注中披露其形成的原因;如果能够预计其产生的财务影响,还应当作相应披露。

在涉及未决诉讼、仲裁的情况下,按本章规定如果披露全部或部分信息预期会对企业造成重大不利影响,则企业无需披露这些信息,但应披露未决诉讼、仲裁的形成原因。

第十二章 关联方关系及其交易

第一百四十七条 在企业财务和经营决策中,如果一方有能力直接或间接控制、共同控制另一方或对另一方施加重大影响,则他们之间存在关联方关系;如果两方或多方同受一方控制,则他们之间也存在关联方关系。关联方关系主要存在于:

(一)直接或间接地控制其他企业或受其他企业控制,以及同受某一企业控制的两个或多个企业(例如,母公司、子公司、受同一母公司控制的子公司之间)。

母公司,是指能直接或间接控制其他企业的企业;子公司,是指被母公司控制的企业。

(二)合营企业。

合营企业,是指按合同规定经济活动由投资双方或若干方共同控制的企业。

（三）联营企业。

联营企业，是指投资者对其具有重大影响，但不是投资者的子公司或合营企业的企业。

（四）主要投资者个人、关键管理人员或与其关系密切的家庭成员。

主要投资者个人，是指直接或间接地控制一个企业 10% 或以上表决权资本的个人投资者；关键管理人员，是指有权力并负责进行计划、指挥和控制企业活动的人员；关系密切的家庭成员，是指在处理与企业的交易时有可能影响某人或受其影响的家庭成员。

（五）受主要投资者个人、关键管理人员或与其关系密切的家庭成员直接控制的其他企业。

国家控制的企业间不应当仅仅因为彼此同受国家控制而成为关联方，但企业间存有上述（一）至（三）的关系，或根据上述（五）受同一关键管理人员或与其关系密切的家庭成员直接控制时，彼此应视为关联方。

第一百四十八条 在存在控制关系的情况下，关联方如为企业时，不论他们之间有无交易，都应当在会计报表附注中披露企业类型、名称、法定代表人、注册地、注册资本及其变化、企业的主营业务、所持股份或权益及其变化。

第一百四十九条 在企业与关联方发生交易的情况下，企业应当在会计报表附注中披露关联方关系的性质、交易类型及其交易要素。这些要素一般包括：交易的金额或相应比例、未结算项目的金额或相应比例、定价政策（包括没有金额或只有象征性金额的交易）。

关联方交易应当分别关联方以及交易类型予以披露，类型相同的关联方交易，在不影响财务会计报告使用者正确理解的情况下可以合并披露。

第一百五十条 下列关联方交易不需要披露：

（一）在合并会计报表中披露包括在合并会计报表中的企业集团成员之间的交易；

（二）在与合并会计报表一同提供的母公司会计报表中披露关联方交易。

第十三章 财务会计报告

第一百五十一条 企业应当按照《企业财务会计报告条例》的规定,编制和对外提供真实、完整的财务会计报告。

第一百五十二条 企业的财务会计报告分为年度、半年度、季度和月度财务会计报告。月度、季度财务会计报告是指月度和季度终了提供的财务会计报告;半年度财务会计报告是指在每个会计年度的前6个月结束后对外提供的财务会计报告;年度财务会计报告是指年度终了对外提供的财务会计报告。

本制度将半年度、季度和月度财务会计报告统称为中期财务会计报告。

第一百五十三条 企业的财务会计报告由会计报表、会计报表附注和财务情况说明书组成(不要求编制和提供财务情况说明书的企业除外)。企业对外提供的财务会计报告的内容、会计报表种类和格式、会计报表附注的主要内容等,由本制度规定;企业内部管理需要的会计报表由企业自行规定。

季度、月度中期财务会计报告通常仅指会计报表,国家统一的会计制度另有规定的除外。

半年度中期财务会计报告中的会计报表附注至少应当披露所有重大的事项,如转让子公司等。半年度中期财务会计报告报出前发生的资产负债表日后事项、或有事项等,除特别重大事项外,可不作调整或披露。

第一百五十四条 企业向外提供的会计报表包括:

(一)资产负债表;

(二)利润表;

(三)现金流量表;

(四)资产减值准备明细表;

(五)利润分配表;

(六)股东权益增减变动表;

(七)分部报表;

(八)其他有关附表。

第一百五十五条 会计报表附注至少应当包括下列内容:

(一)不符合会计核算基本前提的说明;

（二）重要会计政策和会计估计的说明；

（三）重要会计政策和会计估计变更的说明；

（四）或有事项和资产负债表日后事项的说明；

（五）关联方关系及其交易的披露；

（六）重要资产转让及其出售的说明；

（七）企业合并、分立的说明；

（八）会计报表中重要项目的明细资料；

（九）有助于理解和分析会计报表需要说明的其他事项。

第一百五十六条 财务情况说明书至少应当对下列情况作出说明：

（一）企业生产经营的基本情况；

（二）利润实现和分配情况；

（三）资金增减和周转情况；

（四）对企业财务状况、经营成果和现金流量有重大影响的其他事项。

第一百五十七条 月度中期财务会计报告应当于月度终了后6天内（节假日顺延，下同）对外提供；季度中期财务会计报告应当于季度终了后15天内对外提供；半年度中期财务会计报告应当于年度中期结束后60天内（相当于两个连续的月份）对外提供；年度财务会计报告应当于年度终了后4个月内对外提供。

会计报表的填列，以人民币"元"为金额单位，"元"以下填至"分"。

第一百五十八条 企业对其他单位投资如占该单位资本总额50%以上（不含50%），或虽然占该单位注册资本总额不足50%但具有实质控制权的，应当编制合并会计报表。合并会计报表的编制原则和方法，按照国家统一的会计制度中有关合并会计报表的规定执行。

企业在编制合并会计报表时，应当将合营企业合并在内，并按照比例合并方法对合营企业的资产、负债、收入、费用、利润等予以合并。

第一百五十九条 企业对外提供的会计报表应当依次编定页数，加具封面，装订成册，加盖公章。封面上应当注明：企业名称、企业统一代码、组织形式、地址、报表所属年度或者月份、报出日期，并由企业负责人和主管会计工作的负责人、会计机构负责人（会计主管人员）签名并盖章；设置总会计师的企业，还应当由总会计师签名并盖章。

第十四章　附　　则

第一百六十条　本制度自 2001 年 1 月 1 日起施行。

财政部关于印发外商投资企业执行《企业会计制度》问题解答的通知

（2002 年 5 月 26 日　财会〔2002〕5 号）

国务院有关部委，各省、自治区、直辖市、计划单列市财政厅（局）：

外商投资企业自 2002 年 1 月 1 日起执行《企业会计制度》，现将外商投资企业执行《企业会计制度》中的有关问题解答印发给你们，请布置执行。执行中有何问题，请及时反馈我部。

外商投资企业执行《企业会计制度》有关问题解答

2001 年 11 月 29 日，财政部发布了《外商投资企业执行〈企业会计制度〉有关问题的规定》。（财会〔2001〕62 号），要求外商投资企业自 2002 年 1 月 1 日起执行《企业会计制度》。近日，我部收到一些来信来函，就外商投资企业执行《企业会计制度》中提出了一些问题，现就有关问题答复如下：

一、问：外商投资企业在执行《企业会计制度》时，对长期股权投资原制度采用成本法核算，按《企业会计制度》规定应采用权益法核算的，在从成本法改为权益法核算时，是否要追溯调整？

答：对于原《外商投资企业会计制度》规定按成本法核算的长期股权投资，如满足《企业会计制度》关于应用权益法的条件，应改按权益法核算，并作为会计政策变更进行追溯调整。按追溯调整后的账面价值作为执行权益法时的初始投资成本，并在此基础上计算股权投资差额。

二、问：对于外商投资企业在执行《企业会计制度》前，按原制度规定尚未完全摊销的"递延投资损失"科目余额，在按财政部财会（2001）62号文件的规定，转入"长期待摊费用"或"递延收益"科目后，是否仍继续摊销？如继续摊销，应如何确定摊销期限？"递延收益"科目期末余额在资产负债表上应如何列示？

答：对于外商投资企业在执行《企业会计制度》前按原制度规定尚未摊完的"递延投资损失"科目余额，在按财政部财会（2001）62号文件的规定转入"长期待摊费用"或"递延收益"后，可继续按原确定的摊销年限进行摊销。执行《企业会计制度》后，新产生的以非现金资产对外投资，按《企业会计制度》规定进行处理。

"递延收益"科目的期末余额在资产负债表"预计负债"项目下单列项目反映。

三、问：外商投资企业的会计年度与境外母公司的会计年度不一致的，外商投资企业能否采用母公司的会计年度？

答：根据《中华人民共和国会计法》第十一条规定"会计年度自公历1月1日起至12月31日止"，因此，外商投资企业应当执行《会计法》中规定的会计年度，不能采用母公司会计年度。所有外商投资企业均应自2002年1月1日起开始执行《企业会计制度》。

如果外商投资企业的会计年度与境外母公司不一致的，在向境外母公司提供会计报表时，可在原报表基础上进行调整后提供。

四、问：外商投资企业执行《企业会计制度》后，"待转销汇兑损益"科目余额应如何处理？

答：1994年汇率并轨时产生的"待转销汇兑损益"科目的借方发生额按规定在5年期限内摊销完毕，因此，一般情况下，2002年1月1日的"待转销汇兑损益"科目不存在借方余额。如果"待转销汇兑损益"借方发生额较大，经批准在超过5年的期限内摊销的，可继续按经批准的摊销年限摊销。

对于可继续摊销的"待转销汇兑损益"科目的借方余额，以及"待转销汇兑损益"科目的贷方余额，可继续通过"1951待转销汇兑损益"科目进行核算。

对于留待弥补以后年度亏损的汇兑净收益，在以后年度弥补亏损时，应借记"待转销汇兑损益"科目,贷记"利润分配-未分配利润"科目;留待清算时处理的,应当保留在"待转销汇兑损益"科目,待清算时并入清算损益;如为按不短于5年的期限摊销,则应按原定期限继续摊销。

在资产负债表中,"待转销汇兑损益"科目期末借方余额应当列入"其他长期资产"项目中反映,并单列其中项目反映;贷方余额应当列入"其他长期负债"项目中反映,并单列其中项目反映。

五、问:外商投资金融企业应执行何种制度?

答:外商投资金融企业应自2002年1月1日起执行《金融企业会计制度》。

六、问:外商投资企业执行《企业会计制度》,应付福利费是否按14%计提?

答:按财政部财会(2001)62号文件规定,外商投资企业应设置"应付福利费"科目,核算从原"应付工资"科目转入的属于应付中方职工的退休养老等项基金,保险福利费和国家的各项补贴、原职工奖励及福利基金余额,以及外商投资企业按规定从税后利润中提取的职工奖励及福利基金及其使用。根据《国家税务总局关于外商投资企业和外国企业为其雇员提存医疗保险等三项基金以外的职工集体福利类费用税务处理问题的通知》(国税函〔1999〕709号)的规定,外商投资企业除为雇员提存医疗保险等三项基金和按照现行财务会计制度规定计提职工教育经费和工会经费外,不得在税前预提其他职工福利类费用。因此,外商投资企业执行《企业会计制度》,也不再按14%计提福利费,除医疗保险等三项基金外,企业当期发生的福利费,先冲减"应付福利费"科目余额,"应付福利费"不足冲减的,直接计入当期管理费用。

七、问:以某种外币作为记账本位币的外商投资企业,期末对外币报表应以何种汇率折算?对于因会计报表折算产生的差额应如何反映?

答:以某种外币作为记账本位币的外商投资企业,期末对外币报表进行折算时,应按以下规定进行折算。

1. 资产负债表

(1)所有资产、负债类项目均按照期末汇率折合为人民币。

(2)所有者权益类项目除"未分配利润"项目外,均按业务发生时的汇率折合为人民币。

（3）"未分配利润"项目以折算后的利润分配表中该项目的数额作为其数额列示。

（4）折算后资产类项目和负债类项目和所有者权益类项目合计数的差额，作为报表折算差额在"未分配利润"项下单列项目反映。

（5）年初数按照上年折算后的资产负债表的数额列示。

2. 利润表和利润分配表

（1）利润表所有项目和利润分配表中有关反映发生额的项目应当按照会计报表列报期间的平均汇率折算为人民币。也可以采用期末汇率折算为人民币。在采用期末汇率折算时，应在会计报表附注中说明。

（2）利润分配表中"净利润"项目，按折算后利润表该项目的数额列示。

（3）利润分配表中"年初未分配利润"项目，按上一年折算后的期末"未分配利润"项目的数额列示。

（4）利润分配表中"未分配利润"项目，按折算后的利润分配表中的其他各项目的数额计算列示。

（5）上年实际数按照上期折算后的利润表和利润分配表的数额列示。

3. 现金流量表

现金流量表所有项目均按期末汇率折算为人民币。

以某种外币作为记账本位币的外商投资企业，对由于会计报表折算而产生的差额，应当在资产负债表"未分配利润"项下设置"外币会计报表折算差额"项目单独反映。

八、问：外商投资企业执行《企业会计制度》后，中外合作经营企业应如何核算？

答：合作各方分别纳税的中外合作经营企业，对于合作各方共有的财产和债务以及共同的收入和费用，应当比照《企业会计制度》设置联合账簿，合作各方还应相应设置各自的有关账簿进行核算。

农村集体经济组织会计制度

(2023年9月5日　财会〔2023〕14号)

第一章　总　　则

第一条　为规范农村集体经济组织会计工作，加强农村集体经济组织会计核算，根据《中华人民共和国会计法》等有关法律法规，结合农村集体经济组织的实际情况，制定本制度。

第二条　中华人民共和国境内依法设立的农村集体经济组织适用本制度，包括乡镇级集体经济组织、村级集体经济组织、组级集体经济组织。依法代行农村集体经济组织职能的村民委员会、村民小组等参照执行本制度。

第三条　农村集体经济组织应当根据本制度规定和会计业务需要，设置会计机构，或者在有关机构中设置会计人员并指定会计主管人员，或者按照规定委托代理记账，进行会计核算。

第四条　为适应双层经营的需要，农村集体经济组织实行统一核算和分散核算相结合的两级核算体制。农村集体经济组织发生的经济业务应当按照本制度的规定进行会计核算。农村集体经济组织投资设立的企业等应当按照相关会计准则制度单独核算。

第五条　农村集体经济组织应当按照本制度及附录的相关规定，设置和使用会计科目，填制会计凭证，登记会计账簿，编制财务会计报告。

第六条　农村集体经济组织的会计核算应当以持续经营为前提。

第七条　农村集体经济组织的会计核算应当划分会计期间，分期结算账目和编制财务会计报告。会计年度自公历1月1日起至12月31日止。

第八条　农村集体经济组织的会计核算应当以货币计量，以人民币为记账本位币，"元"为金额单位，"元"以下填至"分"。

第九条　农村集体经济组织的会计核算原则上采用权责发生制，会计记账方法采用借贷记账法。

第十条　农村集体经济组织的会计要素包括资产、负债、所有者权益、收入、费用和收益。

第十一条 农村集体经济组织应当以实际发生的交易或者事项为依据进行会计核算，如实反映其财务状况和经营成果。

第十二条 农村集体经济组织应当按照规定的会计处理方法进行会计核算。会计处理方法前后各期应当保持一致，一经确定不得随意变更。

第十三条 农村集体经济组织应当及时进行会计核算，不得提前或者延后。

第十四条 农村集体经济组织在进行会计核算时应当保持应有的谨慎，不得多计或少计资产、负债、收入、费用。

第十五条 农村集体经济组织提供的会计信息应当清晰明了，便于理解和使用。

第十六条 农村集体经济组织的法定代表人应当对本集体经济组织的会计工作和会计资料的真实性、完整性负责。

第二章 资　　产

第十七条 农村集体经济组织的资产，是指农村集体经济组织过去的交易或者事项形成的、由农村集体经济组织拥有或者控制的、预期会给农村集体经济组织带来经济利益或者承担公益服务功能的资源。

第十八条 农村集体经济组织的资产按照流动性分为流动资产和非流动资产。农村集体经济组织的资产应当按照成本计量。

流动资产是指在 1 年内（含 1 年）或超过 1 年的一个营业周期内变现、出售或耗用的资产，包括货币资金、短期投资、应收款项、存货、消耗性生物资产等。

非流动资产是指流动资产以外的资产，包括长期投资、生产性生物资产、固定资产、无形资产、公益性生物资产、长期待摊费用等。

第十九条 农村集体经济组织的应收款项包括与成员、非成员（包括单位及个人，下同）之间发生的各种应收及暂付款项。

应收款项应按实际发生额入账。确实无法收回的款项，按规定程序批准核销后，应当计入其他支出。

第二十条 农村集体经济组织的存货包括种子、化肥、燃料、农药、原材料、机械零配件、低值易耗品、在产品、农产品、工业产成品等。

存货按照下列原则计价：

（一）购入的存货，应当按照购买价款、应支付的相关税费、运输费、装卸费、保险费以及外购过程中发生的其他直接费用计价。

（二）在产品以及生产完工入库的农产品和工业产成品，应当按照生产过程中发生的实际支出成本计价。

（三）收到政府补助的存货或者他人捐赠的存货，应当按照有关凭据注明的金额加上相关税费、运输费等计价；没有相关凭据的，按照资产评估价值或者比照同类或类似存货的市场价格，加上相关税费、运输费等计价。如无法采用上述方法计价的，应当按照名义金额（人民币1元，下同）计价，相关税费、运输费等计入其他支出，同时在备查簿中登记说明。

（四）提供劳务的成本，按照与劳务提供直接相关的人工费、材料费和应分摊的间接费用计价。

（五）盘盈的存货，应当按照同类或类似存货的市场价格或评估价值计价。

第二十一条　农村集体经济组织应当采用先进先出法、加权平均法或者个别计价法确定领用或出售的出库存货成本。计价方法一经确定，不得随意变更。

第二十二条　农村集体经济组织的存货发生毁损或报废时，按规定程序报经批准后，处置收入、赔偿金额（含可收回的责任人和保险公司赔偿的金额等，下同）扣除其成本、相关税费和清理费用后的净额，应当计入其他收入或其他支出。

盘盈存货实现的收益应当计入其他收入。

盘亏存货发生的损失应当计入其他支出。

第二十三条　农村集体经济组织的对外投资包括短期投资和长期投资。短期投资是指能够随时变现并且持有时间不准备超过1年（含1年）的投资。长期投资是指除短期投资以外的投资，即持有时间准备超过1年（不含1年）的投资。

对外投资按照下列原则计价：

（一）以货币资金方式投资的，应当按照实际支付的价款和相关税费计价。

（二）以实物资产、无形资产等非货币性资产方式投资的，应当按照评估确认或者合同、协议约定的价值和相关税费计价,实物资产、无形资产等重估确认价值与其账面价值之间的差额,计入公积公益金。

第二十四条 农村集体经济组织对外投资取得的现金股利、利润或利息等计入投资收益。

处置对外投资时,应当将处置价款扣除其账面价值、相关税费后的净额,计入投资收益。

第二十五条 农村集体经济组织的生物资产包括消耗性生物资产、生产性生物资产和公益性生物资产。消耗性生物资产包括生长中的大田作物、蔬菜、用材林以及存栏待售的牲畜、鱼虾贝类等为出售而持有的、或在将来收获为农产品的生物资产。生产性生物资产包括经济林、薪炭林、产役畜等为产出农产品、提供劳务或出租等目的而持有的生物资产。公益性生物资产包括防风固沙林、水土保持林和水源涵养林等以防护、环境保护为主要目的的生物资产。

生物资产按照下列原则计价:

(一)购入的生物资产应当按照购买价款、应支付的相关税费、运输费以及外购过程发生的其他直接费用计价。

(二)自行栽培、营造、繁殖或养殖的消耗性生物资产,应当按照下列规定确定其成本:

自行栽培的大田作物和蔬菜的成本,包括在收获前耗用的种子、肥料、农药等材料费、人工费和应分摊的间接费用等必要支出。

自行营造的林木类消耗性生物资产的成本,包括郁闭前发生的造林费、抚育费、营林设施费、良种试验费、调查设计费和应分摊的间接费用等必要支出。

自行繁殖的育肥畜的成本,包括出售前发生的饲料费、人工费和应分摊的间接费用等必要支出。

水产养殖的动物和植物的成本,包括在出售或入库前耗用的苗种、饲料、肥料等材料费、人工费和应分摊的间接费用等必要支出。

(三)自行营造或繁殖的生产性生物资产,应当按照下列规定确定其成本:

自行营造的林木类生产性生物资产的成本,包括达到预定生产经营目的前发生的造林费、抚育费、营林设施费、良种试验费、调查设计费和应分摊的间接费用等必要支出。

自行繁殖的产畜和役畜的成本,包括达到预定生产经营目的(成龄)前发生的饲料费、人工费和应分摊的间接费用等必要支出。

达到预定生产经营目的,是指生产性生物资产进入正常生产期,可以多年连续稳定产出农产品、提供劳务或出租。

(四)自行营造的公益性生物资产,应当按照郁闭前发生的造林费、抚育费、森林保护费、营林设施费、良种试验费、调查设计费和应分摊的间接费用等必要支出计价。

(五)收到政府补助的生物资产或者他人捐赠的生物资产,应当按照有关凭据注明的金额加上相关税费、运输费等计价;没有相关凭据的,按照资产评估价值或者比照同类或类似生物资产的市场价格,加上相关税费、运输费等计价。如无法采用上述方法计价的,应当按照名义金额计价,相关税费、运输费等计入其他支出,同时在备查簿中登记说明。

第二十六条 农村集体经济组织应当对所有达到预定生产经营目的的生产性生物资产计提折旧,但以名义金额计价的生产性生物资产除外。

对于达到预定生产经营目的的生产性生物资产,农村集体经济组织应当对生产性生物资产原价(成本)扣除其预计净残值后的金额在生产性生物资产使用寿命内按照年限平均法或工作量法等计提折旧,并根据其受益对象计入相关资产成本或者当期损益。

农村集体经济组织应当根据生产性生物资产的性质、使用情况和与该生物资产有关的经济利益的预期消耗方式,合理确定生产性生物资产的使用寿命、预计净残值和折旧方法。生产性生物资产的使用寿命、预计净残值和折旧方法一经确定,不得随意变更。

农村集体经济组织应当按月计提生产性生物资产折旧,当月增加的生产性生物资产,当月不计提折旧,从下月起计提折旧;当月减少的生产性生物资产,当月仍计提折旧,从下月起不再计提折旧。生产性生物资产提足折旧后,不论能否继续使用,均不再计提折旧;提前处置的生产性生物资产,也不再补提折旧。

第二十七条 农村集体经济组织的生物资产死亡或毁损时,按规定程序报经批准后,处置收入、赔偿金额扣除其账面价值、相关税费和清理费用后的净额,应当计入其他收入或其他支出。

生产性生物资产的账面价值，是指生产性生物资产原价（成本）扣减累计折旧后的金额。

第二十八条 农村集体经济组织的固定资产包括使用年限在1年以上的房屋、建筑物、机器、设备、工具、器具、生产设施和农业农村基础设施等。

固定资产按照下列原则计价：

（一）购入的固定资产，不需要安装的，应当按照购买价款和采购费、应支付的相关税费、包装费、运输费、装卸费、保险费以及外购过程中发生的其他直接费用计价；需要安装或改装的，还应当加上安装调试费或改装费。

（二）自行建造的固定资产，应当按照其成本即该项资产至交付使用前所发生的全部必要支出计价。已交付使用但尚未办理竣工决算手续的固定资产，应当按照估计价值入账，待办理竣工决算后再按照实际成本调整原来的暂估价值。

（三）收到政府补助的固定资产或者他人捐赠的固定资产，应当按照有关凭据注明的金额加上相关税费、运输费等计价；没有相关凭据的，按照资产评估价值或者比照同类或类似固定资产的市场价格，加上相关税费、运输费等计价。如无法采用上述方法计价的，应当按照名义金额计价，相关税费、运输费等计入其他支出，同时在备查簿中登记说明。

（四）盘盈的固定资产，应当按照同类或类似全新固定资产的市场价格或评估价值，扣除按照该固定资产新旧程度估计的折旧后的余额计价。

第二十九条 农村集体经济组织应当对所有的固定资产计提折旧，但以名义金额计价的固定资产除外。

农村集体经济组织应当在固定资产预计使用寿命内，对固定资产原价（成本）扣除预计净残值后的金额，按照年限平均法或工作量法等计提折旧，并根据该固定资产的受益对象计入相关资产成本或者当期损益。

农村集体经济组织应当根据固定资产的性质、使用情况和与该固定资产有关的经济利益的预期消耗方式，合理确定固定资产的使用寿命、预计净残值和折旧方法。固定资产的使用寿命、预计净残值和折旧方法一经确定，不得随意变更。

农村集体经济组织应当按月计提固定资产折旧，当月增加的固定资产，当月不计提折旧，从下月起计提折旧；当月减少的固定资产，当月仍计提折旧，从下月起不再计提折旧。固定资产提足折旧后，不论能否继续使用，均不再计提折旧；提前报废的固定资产，也不再补提折旧。

第三十条　农村集体经济组织固定资产的后续支出应当区分修理费用和改扩建支出。固定资产的改扩建支出，是指改变固定资产结构、延长使用年限等发生的支出。

固定资产的改扩建支出，应当计入固定资产的成本，并按照重新确定的固定资产成本以及重新确定的折旧年限（预计尚可使用年限）计算折旧额；但已提足折旧的固定资产改扩建支出应当计入长期待摊费用，并按照固定资产预计尚可使用年限采用年限平均法分期摊销。固定资产的修理费用按照用途直接计入有关支出项目。

第三十一条　农村集体经济组织处置固定资产时，处置收入扣除其账面价值、相关税费和清理费用后的净额，应当计入其他收入或其他支出。

固定资产的账面价值，是指固定资产原价（成本）扣减累计折旧后的金额。

盘盈固定资产实现的收益应当计入其他收入。

盘亏固定资产发生的损失应当计入其他支出。

第三十二条　农村集体经济组织的在建工程是指尚未完工的工程项目。在建工程按实际发生的支出或应支付的工程价款计价。形成固定资产的，待完工交付使用后，计入固定资产。未形成固定资产的，待项目完成后，计入经营支出、公益支出或其他支出。

在建工程部分发生报废或毁损，按规定程序批准后，按照扣除残料价值和赔偿金额后的净损失，计入在建工程成本。单项工程报废以及由于自然灾害等非常原因造成的报废或毁损，其净损失计入其他支出。

第三十三条　农村集体经济组织的无形资产包括专利权、商标权、著作权、非专利技术、土地经营权、林权、草原权等由其拥有或控制的、没有实物形态的可辨认非货币性资产。

无形资产按照下列原则计价：

（一）购入的无形资产应当按照购买价款、应支付的相关税费以及相关的其他直接费用计价。

（二）自行开发并按法律程序申请取得的无形资产，应当按照依法取得时发生的注册费、代理费等实际支出计价。

（三）收到政府补助的无形资产或者他人捐赠的无形资产，应当按照有关凭据注明的金额加上相关税费等计价；没有相关凭据的，按照资产评估价值或者比照同类或类似无形资产的市场价格，加上相关税费等计价。如无法采用上述方法计价的，应当按照名义金额计价，相关税费等计入其他支出，同时在备查簿中登记说明。

第三十四条　农村集体经济组织的无形资产应当从使用之日起在其预计使用寿命内采用年限平均法等合理方法进行摊销，并根据无形资产的受益对象计入相关资产成本或者当期损益。名义金额计价的无形资产不应摊销。无形资产的摊销期自可供使用时开始至停止使用或出售时止，并应当符合有关法律法规规定或合同约定的使用年限。无形资产的使用寿命和摊销方法一经确定，不得随意变更。

农村集体经济组织应当按月对无形资产进行摊销，当月增加的无形资产，当月开始摊销；当月减少的无形资产，当月不再摊销。

不能可靠估计无形资产使用寿命的，摊销期不得低于10年。

第三十五条　农村集体经济组织处置无形资产时，处置收入扣除其账面价值、相关税费等后的净额，应当计入其他收入或其他支出。

无形资产的账面价值，是指无形资产成本扣减累计摊销后的金额。

第三十六条　农村集体经济组织接受政府补助和他人捐赠等形成的资产（含扶贫项目资产），应当设置备查簿进行登记管理。

第三十七条　农村集体经济组织应当在每年年度终了，对应收款项、存货、对外投资、生物资产、固定资产、在建工程、无形资产等资产进行全面清查，做到账实相符；对于已发生损失但尚未批准核销的相关资产，应当在会计报表附注中予以披露。

第三章　负　　债

第三十八条　农村集体经济组织的负债，是指农村集体经济组织过去的交易或者事项形成的、预期会导致经济利益流出农村集体经济组织的现时义务。

第三十九条　农村集体经济组织的负债按照流动性分为流动负债和非流动负债。农村集体经济组织的负债按照实际发生额计价。

流动负债是指偿还期在1年以内（含1年）或超过1年的一个营业周

期内的债务，包括短期借款、应付款项、应付工资、应付劳务费、应交税费等。

非流动负债是指流动负债以外的负债，包括长期借款及应付款、一事一议资金、专项应付款等。

第四十条 农村集体经济组织的借款应当根据本金和合同利率按期计提利息，计入其他支出。农村集体经济组织的借款分为短期借款和长期借款，分别核算农村集体经济组织向银行等金融机构或相关单位、个人等借入的期限在1年以内（含1年）、1年以上（不含1年）的借款。

第四十一条 农村集体经济组织的应付款项包括与成员、非成员之间发生的各种应付及暂收款项。对发生因债权人特殊原因等确实无法偿还的或者债权人对农村集体经济组织债务豁免的应付款项，应当计入其他收入。

第四十二条 农村集体经济组织的应付工资，是指农村集体经济组织为获得管理人员、固定员工等职工提供的服务而应付给职工的各种形式的报酬以及其他相关支出。

第四十三条 农村集体经济组织的应付劳务费，是指农村集体经济组织为获得季节性用工等临时性工作人员提供的劳务而应支付的各种形式的报酬以及其他相关支出。

第四十四条 农村集体经济组织的一事一议资金，是指农村集体经济组织兴办村民直接受益的集体生产生活等公益事业，按一事一议的形式筹集的专项资金。

第四十五条 农村集体经济组织的专项应付款，是指农村集体经济组织获得政府给予的具有专门用途且未来应支付用于专门用途（如建造长期资产等）的专项补助资金。农村集体经济组织获得政府给予的保障村级组织和村务运转的补助资金以及贷款贴息等经营性补助资金，作为补助收入，不在专项应付款中核算。

第四章 所有者权益

第四十六条 农村集体经济组织的所有者权益，是指农村集体经济组织资产扣除负债后由全体成员享有的剩余权益。

农村集体经济组织的所有者权益包括资本、公积公益金、未分配收益等。

第四十七条 农村集体经济组织的资本，是指农村集体经济组织按照章程等确定的属于本集体经济组织成员集体所有的相关权益金额。

第四十八条 农村集体经济组织的公积公益金，包括按照章程确定的计提比例从本年收益中提取的公积公益金，政府补助或接受捐赠的资产（计入补助收入的资金除外），对外投资中资产重估确认价值与原账面价值的差额，一事一议筹资筹劳转入，收到的征用土地补偿费等。

农村集体经济组织按照有关规定用公积公益金弥补亏损等，应当冲减公积公益金。

第五章 成本、收入和费用

第四十九条 农村集体经济组织的生产（劳务）成本，是指农村集体经济组织直接组织生产或对外提供劳务等活动所发生的各项生产费用和劳务支出。

第五十条 农村集体经济组织的收入，是指农村集体经济组织在日常活动中形成的、会导致所有者权益增加的、与成员投入资本无关的经济利益总流入，包括经营收入、投资收益、补助收入、其他收入等。

第五十一条 经营收入，是指农村集体经济组织进行各项生产销售、提供劳务、让渡集体资产资源使用权等经营活动取得的收入，包括销售收入、劳务收入、出租收入、发包收入等。

销售收入，是指农村集体经济组织销售产品物资等取得的收入。劳务收入，是指农村集体经济组织对外提供劳务或服务等取得的收入。农村集体经济组织应当根据合同或协议约定，于产品物资已经发出、劳务已经提供，同时收讫价款或取得收款凭据时，确认销售收入、劳务收入。

出租收入，是指农村集体经济组织出租固定资产、无形资产等取得的租金收入。发包收入，是指农村集体经济组织取得的，由成员、其他单位或个人因承包集体土地等集体资产资源上交的承包金或利润等。农村集体经济组织应当根据合同或协议约定，于收讫价款或取得收款凭据时，确认出租收入、发包收入。一次收取多期款项的，应当将收款金额分摊至各个受益期，分期确认出租收入、发包收入。

第五十二条 投资收益，是指农村集体经济组织对外投资所取得的收益扣除发生的投资损失后的净额。投资所取得的收益包括对外投资取得的现金股利、利润或利息等,以及对外投资到期收回或中途转让取得款项高于账面余额、相关税费的差额等;投资损失是指对外投资到期收回或中途转让取得款项低于账面余额、相关税费的差额等。

第五十三条 补助收入,是指农村集体经济组织获得的政府给予的保障村级组织和村务运转的补助资金以及贷款贴息等经营性补助资金。农村集体经济组织应当按实际收到的金额确认补助收入。政府给予农户的经营性补贴不确认为农村集体经济组织的补助收入。

第五十四条 其他收入,是指农村集体经济组织取得的除经营收入、投资收益、补助收入以外的收入,包括盘盈收益、确实无法支付的应付款项、存款利息收入等。农村集体经济组织应当于收入实现时确认其他收入。

第五十五条 农村集体经济组织的费用,是指农村集体经济组织在日常活动中发生的、会导致所有者权益减少的、与向成员分配无关的经济利益的总流出,包括经营支出、税金及附加、管理费用(含运转支出)、公益支出、其他支出等。农村集体经济组织的费用一般应当在发生时按照其发生额计入当期损益。

第五十六条 经营支出,是指农村集体经济组织因销售商品、提供劳务、让渡集体资产资源使用权等经营活动而发生的实际支出,包括销售商品的成本、对外提供劳务的成本、维修费、运输费、保险费、生产性生物资产的管护饲养费用及其成本摊销、出租固定资产或无形资产的折旧或摊销等。

第五十七条 税金及附加,是指农村集体经济组织从事生产经营活动按照税法的有关规定应负担的消费税、城市维护建设税、资源税、房产税、城镇土地使用税、车船税、印花税、教育费附加及地方教育附加等相关税费。

第五十八条 管理费用,是指农村集体经济组织管理活动发生的各项支出,包括管理人员及固定员工的工资、办公费、差旅费、管理用固定资产修理费、管理用固定资产折旧、管理用无形资产摊销、聘请中介机构费、咨询费、诉讼费等,以及保障村级组织和村务运转的各项支出。

第五十九条 公益支出,是指农村集体经济组织发生的用于本集体经济组织内部公益事业、集体福利或成员福利的各项支出,以及公益性固定资产折旧和修理费等。

第六十条　其他支出，是指农村集体经济组织发生的除经营支出、税金及附加、管理费用、公益支出、所得税费用以外的支出，包括生物资产的死亡毁损支出、损失，固定资产及存货等的盘亏、损失，防灾抢险支出，罚款支出，捐赠支出，确实无法收回的应收款项损失，借款利息支出等。

第六章　收益及收益分配

第六十一条　农村集体经济组织的收益，是指农村集体经济组织在一定会计期间的经营成果。

农村集体经济组织的收益总额按照下列公式计算：

收益总额＝经营收益＋其他收入－公益支出－其他支出

其中：经营收益＝经营收入＋投资收益＋补助收入－经营支出－税金及附加－管理费用

净收益，是指收益总额减去所得税费用后的净额。

第六十二条　农村集体经济组织应当按照税法有关规定计算的应纳所得税额，按期确认所得税费用。

农村集体经济组织应当在收益总额基础上，按照税法有关规定进行纳税调整，计算当期应纳税所得额，按照应纳税所得额与适用所得税税率为基础计算确定当期应纳所得税额。

第六十三条　农村集体经济组织当年收益加上年初未分配收益为本年可分配收益，主要用于弥补亏损、提取公积公益金、向成员分配等。在提取公积公益金、向成员实际分配收益等时，应当减少本年可分配收益。

第七章　财务会计报告

第六十四条　农村集体经济组织财务会计报告是对其财务状况、经营成果等的结构性表述，包括会计报表和会计报表附注。

第六十五条　农村集体经济组织的会计报表包括资产负债表、收益及收益分配表。

资产负债表，是指反映农村集体经济组织在某一特定日期财务状况的报表。

收益及收益分配表，是指反映农村集体经济组织在一定会计期间内收益实现及其分配情况的报表。

第六十六条　农村集体经济组织可以根据需要编制月度或季度科目余额表和收支明细表。科目余额表，反映农村集体经济组织资产类、负债类、所有者权益类和成本类会计科目在月末或季度末的期末余额。收支明细表，反映农村集体经济组织损益类会计科目在各月或各季度的本期发生额。

第六十七条　会计报表附注，是指对在资产负债表、收益及收益分配表等会计报表中列示项目的文字表述或明细资料，以及对未能在这些会计报表中列示项目的说明等。

会计报表附注应当按照下列顺序披露：

（一）遵循农村集体经济组织会计制度的声明。

（二）农村集体经济组织的基本情况。

（三）农村集体经济组织的资本形成情况、成员享有的经营性财产收益权份额结构及成员权益变动情况。

（四）会计报表重要项目的进一步说明。

（五）已发生损失但尚未批准核销的相关资产名称、金额等情况及说明。

（六）以名义金额计量的资产名称、数量等情况，以及以名义金额计量理由的说明；若涉及处置的，还应披露以名义金额计量的资产的处置价格、处置程序等情况。

（七）对已在资产负债表、收益及收益分配表中列示项目与企业所得税法规定存在差异的纳税调整过程。

（八）根据国家有关法律法规和集体经济组织章程等规定，需要在会计报表附注中说明的其他重要事项。

第六十八条　农村集体经济组织对会计政策变更、会计估计变更和前期差错更正应当采用未来适用法进行会计处理。

会计政策变更，是指农村集体经济组织在会计确认、计量和报告中所采用的原则、基础和会计处理方法的变更。会计估计变更，是指由于资产和负债的当前状况及预期经济利益和义务发生了变化，从而对资产或负债的账面价值或者资产的定期消耗金额进行调整。前期差错更正，是指对前期差错包括计算错误、应用会计政策错误、应用会计估计错误等进行更正。未来适用法，是指将变更后的会计政策和会计估计应用于变更日及以后发生的交易或者事项，或者在会计差错发生或发现的当期更正差错的方法。

第八章 附 则

第六十九条 农村集体经济组织填制会计凭证、登记会计账簿、管理会计档案等，应当按照《会计基础工作规范》、《会计档案管理办法》等规定执行。

第七十条 本制度自 2024 年 1 月 1 日起施行。《村集体经济组织会计制度》（财会〔2004〕12 号）同时废止。

附录：农村集体经济组织会计科目、会计报表和会计报表附注（略）

民间非营利组织会计制度

（2004 年 8 月 18 日　财会〔2004〕7 号）

第一章 总 则

第一条 为了规范民间非营利组织的会计核算，保证会计信息的真实、完整，根据《中华人民共和国会计法》及国家其他有关法律、行政法规的规定，制定本制度。

第二条 本制度适用于在中华人民共和国境内依法设立的符合本制度规定特征的民间非营利组织。民间非营利组织包括依照国家法律、行政法规登记的社会团体、基金会、民办非企业单位和寺院、宫观、清真寺、教堂等。

适用本制度的民间非营利组织应当同时具备以下特征：

（一）该组织不以营利为宗旨和目的；

（二）资源提供者向该组织投入资源不取得经济回报；

（三）资源提供者不享有该组织的所有权。

第三条 会计核算应当以民间非营利组织的交易或者事项为对象，记录和反映该组织本身的各项业务活动。

第四条 会计核算应当以民间非营利组织的持续经营为前提。

第五条 会计核算应当划分会计期间，分期结算账目和编制财务会计报告。

第六条 会计核算应当以人民币作为记账本位币。业务收支以人民币以外的货币为主的民间非营利组织,可以选定其中一种货币作为记账本位币,但是编制的财务会计报告应当折算为人民币。

民间非营利组织在核算外币业务时,应当设置相应的外币账户。外币账户包括外币现金、外币银行存款、以外币结算的债权和债务账户等,这些账户应当与非外币的各该相同账户分别设置,并分别核算。

民间非营利组织发生外币业务时,应当将有关外币金额折算为记账本位币金额记账。除另有规定外,所有与外币业务有关的账户,应当采用业务发生时的汇率。当汇率波动较小时,也可以采用业务发生当期期初的汇率进行折算。

各种外币账户的外币余额,期末时应当按照期末汇率折合为记账本位币。按照期末汇率折合的记账本位币金额与账面记账本位币金额之间的差额,作为汇兑损益计入当期费用。但是,属于在借款费用应予资本化的期间内发生的与购建固定资产有关的外币专门借款本金及其利息所产生的汇兑差额,应当予以资本化,计入固定资产成本。借款费用应予资本化的期间依照本制度第三十五条加以确定。

本制度所称外币业务是指以记账本位币以外的货币进行的款项收付、往来结算等业务。

本制度所称的专门借款是指为购建固定资产而专门借入的款项。

第七条 会计核算应当以权责发生制为基础。

第八条 民间非营利组织在会计核算时,应当遵循以下基本原则:

(一)会计核算应当以实际发生的交易或者事项为依据,如实反映民间非营利组织的财务状况、业务活动情况和现金流量等信息。

(二)会计核算所提供的信息应当能够满足会计信息使用者(如捐赠人、会员、监管者等)的需要。

(三)会计核算应当按照交易或者事项的实质进行,而不应当仅仅按照它们的法律形式作为其依据。

(四)会计政策前后各期应当保持一致,不得随意变更。如有必要变更,应当在会计报表附注中披露变更的内容和理由、变更的累积影响数,以及累积影响数不能合理确定的理由等。

(五)会计核算应当按照规定的会计处理方法进行,会计信息应当口径一致、相互可比。

（六）会计核算应当及时进行，不得提前或延后。

（七）会计核算和编制的财务会计报告应当清晰明了，便于理解和使用。

（八）在会计核算中，所发生的费用应当与其相关的收入相配比，同一会计期间内的各项收入和与其相关的费用，应当在该会计期间内确认。

（九）资产在取得时应当按照实际成本计量，但本制度有特别规定的，按照特别规定的计量基础进行计量。其后，资产账面价值的调整，应当按照本制度的规定执行；除法律、行政法规和国家统一的会计制度另有规定外，民间非营利组织一律不得自行调整资产账面价值。

（十）会计核算应当遵循谨慎性原则。

（十一）会计核算应当合理划分应当计入当期费用的支出和应当予以资本化的支出。

（十二）会计核算应当遵循重要性原则，对资产、负债、净资产、收入、费用等有较大影响，并进而影响财务会计报告使用者据以做出合理判断的重要会计事项，必须按照规定的会计方法和程序进行处理，并在财务会计报告中予以充分披露；对于非重要的会计事项，在不影响会计信息真实性和不致于误导会计信息使用者做出正确判断的前提下，可适当简化处理。

第九条 会计记账应当采用借贷记账法。

第十条 会计记录的文字应当使用中文。在民族自治地区，会计记录可以同时使用当地通用的一种民族文字。境外民间非营利组织在中华人民共和国境内设立的代表处、办事处等机构，也可以同时使用一种外国文字记账。

第十一条 民间非营利组织应当根据有关会计法律、行政法规和本制度的规定，在不违反本制度的前提下，结合其具体情况，制定会计核算办法。

第十二条 民间非营利组织填制会计凭证、登记会计账簿、管理会计档案等，按照《中华人民共和国会计法》、《会计基础工作规范》和《会计档案管理办法》等规定执行。

第十三条 民间非营利组织应当根据国家有关法律、行政法规和内部会计控制规范，结合本单位的业务活动特点，制定相适应的内部会计控制制度，以加强内部会计监督，提高会计信息质量和管理水平。

第二章 资　　产

第十四条　资产是指过去的交易或者事项形成并由民间非营利组织拥有或者控制的资源，该资源预期会给民间非营利组织带来经济利益或者服务潜力。资产应当按其流动性分为流动资产、长期投资、固定资产、无形资产和受托代理资产等。

第十五条　民间非营利组织应当定期或者至少于每年年度终了，对短期投资、应收款项、存货、长期投资等资产是否发生了减值进行检查，如果这些资产发生了减值，应当计提减值准备，确认减值损失，并计入当期费用。对于固定资产、无形资产等其他资产，如果发生了重大减值，也应当计提减值准备，确认减值损失，并计入当期费用。如果已计提减值准备的资产价值在以后会计期间得以恢复，则应当在该资产已计提减值准备的范围内部分或全部转回已确认的减值损失，冲减当期费用。

第十六条　对于民间非营利组织接受捐赠的现金资产，应当按照实际收到的金额入账。对于民间非营利组织接受捐赠的非现金资产，如接受捐赠的短期投资、存货、长期投资、固定资产和无形资产等，应当按照以下方法确定其入账价值：

（一）如果捐赠方提供了有关凭据（如发票、报关单、有关协议等）的，应当按照凭据上标明的金额作为入账价值。如果凭据上标明的金额与受赠资产公允价值相差较大，受赠资产应当以其公允价值作为其入账价值。

（二）如果捐赠方没有提供有关凭据的，受赠资产应当以其公允价值作为入账价值。

对于民间非营利组织接受的劳务捐赠，不予确认，但应当在会计报表附注中作相关披露。

第十七条　本制度中所称的公允价值是指在公平交易中，熟悉情况的交易双方自愿进行资产交换或者债务清偿的金额。公允价值的确定顺序如下：

（一）如果同类或者类似资产存在活跃市场的，应当按照同类或者类似资产的市场价格确定公允价值。

（二）如果同类或类似资产不存在活跃市场，或者无法找到同类或者类似资产的，应当采用合理的计价方法确定资产的公允价值。

在本制度规定应当采用公允价值的情况下，如果有确凿的证据表明资产的公允价值确实无法可靠计量，则民间非营利组织应当设置辅助账，单独登记所取得资产的名称、数量、来源、用途等情况，并在会计报表附注中作相关披露。在以后会计期间，如果该资产的公允价值能够可靠计量，民间非营利组织应当在其能够可靠计量的会计期间予以确认，并以公允价值计量。

第十八条 民间非营利组织如发生非货币性交易，应当按照以下原则处理：

（一）以换出资产的账面价值，加上应支付的相关税费，作为换入资产的入账价值。

（二）非货币性交易中如果发生补价，应区别不同情况处理：

1. 支付补价的民间非营利组织，应以换出资产的账面价值加上补价和应支付的相关税费，作为换入资产的入账价值。

2. 收到补价的民间非营利组织，应按以下公式确定换入资产的入账价值和应确认的收入或费用：

换入资产入账价值＝换出资产账面价值－（补价÷换出资产公允价值）×换出资产账面价值－（补价÷换出资产公允价值）×应交税金＋应支付的相关税费

应确认的收入或费用＝补价×［1－（换出资产账面价值＋应交税金）÷换出资产公允价值］

（三）在非货币性交易中，如果同时换入多项资产，应按换入各项资产的公允价值占换入资产公允价值总额的比例，对换出资产的账面价值总额和应支付的相关税费进行分配，以确定各项换入资产的入账价值。

本制度所称非货币性交易是指交易双方以非货币性资产进行的交换，这种交换不涉及或只涉及少量的货币性资产（即补价）。其中，货币性资产是指持有的现金及将以固定或可确定金额的货币收取的资产；非货币性资产是指货币性资产以外的资产。

第一节 流动资产

第十九条 流动资产是指预期可在 1 年内（含 1 年）变现或者耗用的资产，主要包括现金、银行存款、短期投资、应收款项、预付账款、存货、待摊费用等。

第二十条 民间非营利组织应当设置现金和银行存款日记账，按照业务发生顺序逐日逐笔登记。有外币现金和存款的民间非营利组织，还应当分别按人民币和外币进行明细核算。

现金的核算应当做到日清月结，其账面余额必须与库存数相符；银行存款的账面余额应当与银行对账单定期核对，并与按月编制的银行存款余额调节表调节相符。

本制度所称的账面余额是指会计科目的账面实际余额，不扣除作为该科目备抵的项目（如累计折旧、资产减值准备等）。

第二十一条 短期投资是指能够随时变现并且持有时间不准备超过 1 年（含 1 年）的投资，包括股票、债券投资等。

（一）短期投资在取得时应当按照投资成本计量。短期投资取得时的投资成本按以下方法确定：

1. 以现金购入的短期投资，按照实际支付的全部价款，包括税金、手续费等相关税费作为其投资成本。实际支付的价款中包含的已宣告但尚未领取的现金股利或已到付息期但尚未领取的债券利息，应当作为应收款项单独核算，不构成短期投资成本。

2. 接受捐赠的短期投资，按照本制度第十六条的规定确定其投资成本。

3. 通过非货币性交易换入的短期投资，按照本制度第十八条的规定确定其投资成本。

（二）短期投资的利息或现金股利应当于实际收到时冲减投资的账面价值，但在购买时已计入应收款项的现金股利或者利息除外。

（三）期末，民间非营利组织应当按照本制度第十五条的规定对短期投资是否发生了减值进行检查。如果短期投资的市价低于其账面价值，应当按照市价低于账面价值的差额计提短期投资跌价准备，确认短期投资跌价损失并计入当期费用。如果短期投资的市价高于其账面价值，应当在该短期投资期初已计提跌价准备的范围内转回市价高于账面价值的差额，冲减当期费用。

（四）处置短期投资时，应当将实际取得价款与短期投资账面价值的差额确认为当期投资损益。

本制度所称的账面价值是指某会计科目的账面余额减去相关的备抵项目后的净额。

民间非营利组织的委托贷款和委托投资（包括委托理财）应当区分期限长短，分别作为短期投资和长期投资核算和列报。

第二十二条　应收款项是指民间非营利组织在日常业务活动过程中发生的各项应收未收债权，包括应收票据、应收账款和其他应收款等。

（一）应收款项应当按照实际发生额入账，并按照往来单位或个人等设置明细账，进行明细核算。

（二）期末，应当分析应收款项的可收回性，对预计可能产生的坏账损失计提坏账准备，确认坏账损失并计入当期费用。

第二十三条　预付账款是指民间非营利组织预付给商品供应单位或者服务提供单位的款项。

预付账款应当按照实际发生额入账，并按照往来单位或个人等设置明细账，进行明细核算。

第二十四条　存货是指民间非营利组织在日常业务活动中持有以备出售或捐赠的，或者为了出售或捐赠仍处在生产过程中的，或者将在生产、提供服务或日常管理过程中耗用的材料、物资、商品等。

（一）存货在取得时，应当以其实际成本入账。存货成本包括采购成本、加工成本和其他成本。其中，采购成本一般包括实际支付的采购价款、相关税费、运输费、装卸费、保险费以及其他可直接归属于存货采购的费用。加工成本包括直接人工以及按照合理方法分配的与存货加工有关的间接费用。其他成本是指除采购成本、加工成本以外的，使存货达到目前场所和状态所发生的其他支出。接受捐赠的存货，按照本制度第十六条的规定确定其成本。通过非货币性交易换入的存货，按照本制度第十八条的规定确定其成本。

（二）存货在发出时，应当根据实际情况采用个别计价法、先进先出法或者加权平均法，确定发出存货的实际成本。

（三）存货应当定期进行清查盘点，每年至少盘点一次。对于发生的盘盈、盘亏以及变质、毁损等存货，应当及时查明原因，并根据民间非营利组织的管理权限，经理事会、董事会或类似权力机构批准后，在期末结账前处理完毕。对于盘盈的存货，应当按照其公允价值入账，并确认为当期收入；对于盘亏或者毁损的存货，应先扣除残料价值、可以收回的保险赔偿和过失人的赔偿等，将净损失确认为当期费用。

（四）期末，民间非营利组织应当按照本制度第十五条的规定对存货是否发生了减值进行检查。如果存货的可变现净值低于其账面价值，应当按照可变现净值低于账面价值的差额计提存货跌价准备，确认存货跌价损失并计入当期费用。如果存货的可变现净值高于其账面价值，应当在该存货期初已计提跌价准备的范围内转回可变现净值高于账面价值的差额，冲减当期费用。

本制度所称的可变现净值是指在正常业务活动中，以存货的估计售价减去至完工将要发生的成本以及销售所必需的费用后的金额。

第二十五条 待摊费用是指民间非营利组织已经支出，但应当由本期和以后各期分别负担的、分摊期在1年以内（含1年）的各项费用，如预付保险费、预付租金等。

待摊费用应当按其受益期限在1年内分期平均摊销，计入有关费用。

第二节　长期投资

第二十六条 长期投资，是指除短期投资以外的投资，包括长期股权投资和长期债权投资等。

第二十七条 长期股权投资应当按照以下原则核算。

（一）长期股权投资在取得时，应当按取得时的实际成本作为初始投资成本。初始投资成本按以下方法确定：

1. 以现金购入的长期股权投资，按照实际支付的全部价款，包括税金、手续费等相关费用，作为初始投资成本。实际支付的价款中包含的已宣告但尚未领取的现金股利，应当作为应收款项单独核算，不构成初始投资成本。

2. 接受捐赠的长期股权投资，按照本制度第十六条的规定，确定其初始投资成本。

3. 通过非货币性交易换入的长期股权投资,按照本制度第十八条的规定确定其初始投资成本。

(二)长期股权投资应当区别不同情况,分别采用成本法或者权益法核算。如果民间非营利组织对被投资单位无控制、无共同控制且无重大影响,长期股权投资应当采用成本法进行核算;如果民间非营利组织对被投资单位具有控制、共同控制或重大影响,长期股权投资应当采用权益法进行核算。

采用成本法核算时,被投资单位经股东大会或者类似权力机构批准宣告发放的利润或现金股利,作为当期投资收益。

采用权益法核算时,按应当享有或应当分担的被投资单位当年实现的净利润或发生的净亏损的份额调整投资账面价值,并作为当期投资损益。按被投资单位宣告分派的利润或现金股利计算分得的部分,减少投资账面价值。

被投资单位宣告分派的股票股利不作账务处理,但应当设置辅助账进行数量登记。

本制度所称的控制是指有权决定被投资单位的财务和经营政策,并能据以从该单位的经营活动中获得利益;本制度所称的共同控制,是指按合同约定对某项经济活动所共有的控制;本制度所称的重大影响,是指对被投资单位的财务和经营政策有参与决策的权力,但并不决定这些政策。

(三)处置长期股权投资时,应当将实际取得价款与投资账面价值的差额确认为当期投资损益。

第二十八条 长期债权投资应当按照以下原则核算。

(一)长期债权投资在取得时,应当按取得时的实际成本作为初始投资成本。初始投资成本按以下方法确定:

1. 以现金购入的长期债权投资,按照实际支付的全部价款,包括税金、手续费等相关费用,作为初始投资成本。实际支付的价款中包含的已到付息期但尚未领取的债券利息,应当作为应收款项单独核算,不构成初始投资成本。

2. 接受捐赠取得的长期债权投资,按照本制度第十六条的规定确定其初始投资成本。

3. 通过非货币性交易换入的长期债权投资,按照本制度第十八条的规定确定其初始投资成本。

（二）长期债权投资应当按照票面价值与票面利率按期计算确认利息收入。长期债券投资的初始投资成本与债券面值之间的差额，应当在债券存续期间，按照直线法于确认相关债券利息收入时予以摊销。

（三）持有可转换公司债券的民间非营利组织，可转换公司债券在转换为股份之前，应当按一般债券投资进行处理。当民间非营利组织行使转换权利，将其持有的债券投资转换为股份时，应当按其账面价值减去收到的现金后的余额，作为股权投资的初始投资成本。

（四）处置长期债权投资时，应当将实际取得价款与投资账面价值的差额，确认为当期投资损益。

第二十九条 民间非营利组织改变投资目的，将短期投资划转为长期投资，应当按短期投资的成本与市价孰低结转。

第三十条 期末，民间非营利组织应当按照本制度第十五条的规定对长期投资是否发生了减值进行检查。如果长期投资的可收回金额低于其账面价值，应当按照可收回金额低于账面价值的差额计提长期投资减值准备，确认长期投资减值损失并计入当期费用。如果长期投资的可收回金额高于其账面价值，应当在该长期投资期初已计提减值准备的范围内转回可收回金额高于账面价值的差额，冲减当期费用。

本制度所称可收回金额是指资产的销售净价与预期从该资产的持续使用和使用寿命结束时的处置中形成的预计未来现金流量的现值两者之中的较高者，其中销售净价是指销售价值减资产处置费用后的余额。

第三节 固定资产

第三十一条 固定资产，是指同时具有以下特征的有形资产：

（一）为行政管理、提供服务、生产商品或者出租目的而持有的；

（二）预计使用年限超过1年；

（三）单位价值较高。

第三十二条 固定资产在取得时，应当按取得时的实际成本入账。取得时的实际成本包括买价、包装费、运输费、交纳的有关税金等相关费用，以及为使固定资产达到预定可使用状态前所必要的支出。固定资产取得时的实际成本应当根据具体情况分别确定：

（一）外购的固定资产，按照实际支付的买价、相关税费以及为使固定资产达到预定可使用状态前所发生的可直接归属于该固定资产的其他支出（如运输费、安装费、装卸费等）确定其成本。

如果以一笔款项购入多项没有单独标价的固定资产，按各项固定资产公允价值的比例对总成本进行分配，分别确定各项固定资产的成本。

（二）自行建造的固定资产，按照建造该项资产达到预定可使用状态前所发生的全部必要支出确定其成本。

（三）接受捐赠的固定资产，应当按照本制度第十六条的规定确定其成本。

（四）通过非货币性交易换入的固定资产，按照本制度第十八条的规定确定其成本。

（五）融资租入的固定资产，按照租赁协议或者合同确定的价款、运输款、途中保险费、安装调试费以及融资租入固定资产达到预定可使用状态前发生的借款费用等确定其成本。

第三十三条　在建工程，包括施工前期准备、正在施工中的建筑工程、安装工程、技术改造工程等。工程项目较多且工程支出较大的，应当按照工程项目的性质分项核算。

第三十四条　在建工程应当按照所建造工程达到预定可使用状态前实际发生的全部必要支出确定其工程成本，并单独核算。在建工程的工程成本应当根据以下具体情况分别确定：

（一）对于自营工程，按照直接材料、直接人工、直接机械使用费等确定其成本。

（二）对于出包工程，按照应支付的工程价款等确定其成本。

第三十五条　为购建固定资产而发生的专门借款的借款费用在规定的允许资本化的期间内，应当按照专门借款的借款费用的实际发生额予以资本化，计入在建工程成本。这里的借款费用包括因借款而发生的利息、辅助费用以及因外币借款而发生的汇兑差额。

只有在以下三个条件同时具备时，因专门借款所发生的借款费用才允许开始资本化：

（一）资产支出已经发生；

（二）借款费用已经发生；

（三）为使资产达到预定可使用状态所必要的购建活动已经开始。

如果固定资产的购建活动发生非正常中断，并且中断时间连续超过3个月（含3个月），应当暂停借款费用的资本化，将中断期间内所发生的借款费用确认为当期费用，直至资产的购建活动重新开始。但是，如果中断是使购建的固定资产达到预定可使用状态所必要的程序，则借款费用的资本化应当继续进行。

当所购建的固定资产达到预定可使用状态时，应当停止借款费用的资本化，之后所发生的借款费用应当于发生时计入当期费用。通常所购建的固定资产达到以下状态时，应当视为所购建的固定资产已经达到预定可使用状态：

（一）固定资产的实体建造（包括安装）工作已经全部完成或者实质上已经完成；

（二）所购建的固定资产与设计要求或者合同要求相符或者基本相符，即使有极个别与设计或者合同要求不相符的地方，也不影响其正常使用；

（三）继续发生在所购建固定资产上的支出金额很少或者几乎不再发生。

第三十六条　所购建的固定资产已达到预定可使用状态时，应当自达到预定可使用状态之日起，将在建工程成本转入固定资产核算。

第三十七条　民间非营利组织应当对固定资产计提折旧，在固定资产的预计使用寿命内系统地分摊固定资产的成本。

民间非营利组织应当根据固定资产的性质和消耗方式，合理地确定固定资产的预计使用年限和预计净残值。

民间非营利组织应当按照固定资产所含经济利益或者服务潜力的预期实现方式选择折旧方法，可选用的折旧方法包括年限平均法、工作量法、双倍余额递减法和年数总和法。折旧方法一经确定，不得随意变更。如果由于固定资产所含经济利益或者服务潜力预期实现方式发生重大改变而确实需要变更的，应当在会计报表附注中披露相关信息。

第三十八条　民间非营利组织应当按月提取折旧，当月增加的固定资产，当月不提折旧，从下月起计提折旧；当月减少的固定资产，当月照提折旧，从下月起不提折旧。

第三十九条　与固定资产有关的后续支出，如果使可能流入民间非营利组织的经济利益或者服务潜力超过了原先的估计，如延长了固定资产的使用寿命，或者使服务质量实质性提高，或者使商品成本实质性降低，则应当计入固定资产账面价值，但其增计后的金额不应当超过该固定资产的可收回金额。其他后续支出，应当计入当期费用。

第四十条　民间非营利组织由于出售、报废或者毁损等原因而发生的固定资产清理净损益，应当计入当期收入或者费用。

第四十一条　用于展览、教育或研究等目的的历史文物、艺术品以及其他具有文化或者历史价值并作长期或者永久保存的典藏等，作为固定资产核算，但不必计提折旧。在资产负债表中，应当单列"文物文化资产"项目予以单独反映。

第四十二条　民间非营利组织对固定资产应当定期或者至少每年实地盘点一次。对盘盈、盘亏的固定资产，应当及时查明原因，写出书面报告，并根据管理权限经董事会、理事会或类似权力机构批准后，在期末结账前处理完毕。盘盈的固定资产应当按照其公允价值入账，并计入当期收入；盘亏的固定资产在减去过失人或者保险公司等赔款和残料价值之后计入当期费用。

第四十三条　民间非营利组织对固定资产的购建、出售、清理、报废和内部转移等都应当办理会计手续，并应当设置固定资产明细账（或者固定资产卡片）进行明细核算。

第四节　无形资产

第四十四条　无形资产是指民间非营利组织为开展业务活动、出租给他人或为管理目的而持有的且没有实物形态的非货币性长期资产，包括专利权、非专利技术、商标权、著作权、土地使用权等。

第四十五条　无形资产在取得时，应当按照取得时的实际成本入账。

（一）购入的无形资产，按照实际支付的价款确定其实际成本。

（二）自行开发并按法律程序申请取得的无形资产，按依法取得时发生的注册费、聘请律师费等费用，作为无形资产的实际成本。依法取得前，在研究与开发过程中发生的材料费用、直接参与开发人员的工资及福利费、开发过程中发生的租金、借款费用等直接计入当期费用。

（三）接受捐赠的无形资产，按照本制度第十六条的规定确定其实际成本。

（四）通过非货币性交易换入的无形资产，按照本制度第十八条的规定确定其实际成本。

第四十六条 无形资产应当自取得当月起在预计使用年限内分期平均摊销，计入当期费用。如预计使用年限超过了相关合同规定的受益年限或法律规定的有效年限，该无形资产的摊销年限按如下原则确定：

（一）合同规定了受益年限但法律没有规定有效年限的，摊销期不应超过合同规定的受益年限；

（二）合同没有规定受益年限但法律规定了有效年限的，摊销期不应超过法律规定的有效年限；

（三）合同规定了受益年限，法律也规定了有效年限的，摊销期不应超过受益年限和有效年限两者之中较短者。

如果合同没有规定受益年限，法律也没有规定有效年限的，摊销期不应超过 10 年。

第四十七条 民间非营利组织处置无形资产，应当将实际取得的价款与该项无形资产的账面价值之间的差额，计入当期收入或者费用。

第五节 受托代理资产

第四十八条 受托代理资产是指民间非营利组织接受委托方委托从事受托代理业务而收到的资产。在受托代理过程中，民间非营利组织通常只是从委托方收到受托资产，并按照委托人的意愿将资产转赠给指定的其他组织或者个人。民间非营利组织本身只是在委托代理过程中起中介作用，无权改变受托代理资产的用途或者变更受益人。

民间非营利组织应当对受托代理资产比照接受捐赠资产的原则进行确认和计量，但在确认一项受托代理资产时，应当同时确认一项受托代理负债。

第三章 负 债

第四十九条 负债是指过去的交易或者事项形成的现时义务，履行该义务预期会导致含有经济利益或者服务潜力的资源流出民间非营利组织。负债应当按其流动性分为流动负债、长期负债和受托代理负债等。

第五十条 或有事项是指过去的交易或者事项形成的一种状况，其结果须通过未来不确定事项的发生或不发生予以证实。

如果与或有事项相关的义务同时符合以下条件，应当将其确认为负债，以清偿该负债所需支出的最佳估计数予以计量，并在资产负债表中单列项目予以反映：

（一）该义务是民间非营利组织承担的现时义务；

（二）该义务的履行很可能导致含有经济利益或者服务潜力的资源流出民间非营利组织；

（三）该义务的金额能够可靠地计量。

第五十一条 流动负债是指将在1年内（含1年）偿还的负债，包括短期借款、应付款项、应付工资、应交税金、预收账款、预提费用和预计负债等。

（一）短期借款是指民间非营利组织向银行或其他金融机构等借入的期限在1年以下（含1年）的各种借款。

（二）应付款项是指民间非营利组织在日常业务活动过程中发生的各项应付票据、应付账款和其他应付款等应付未付款项。

（三）应付工资是指民间非营利组织应付未付的员工工资。

（四）应交税金是指民间非营利组织应交未交的各种税费。

（五）预收账款是指民间非营利组织向服务和商品购买单位预收的各种款项。

（六）预提费用是指民间非营利组织预先提取的已经发生但尚未支付的费用，如预提的租金、保险费、借款利息等。

（七）预计负债是指民间非营利组织对因或有事项所产生的现时义务而确认的负债。

第五十二条 各项流动负债应当按实际发生额入账。

短期借款应当按照借款本金和确定的利率按期计提利息，计入当期费用。

第五十三条 长期负债是指偿还期限在1年以上（不含1年）的负债，包括长期借款、长期应付款和其他长期负债。

（一）长期借款是指民间非营利组织向银行或其他金融机构等借入的期限在1年以上（不含1年）的各种借款。

（二）长期应付款主要是指民间非营利组织融资租入固定资产发生的应付租赁款。

（三）其他长期负债是指除长期借款和长期应付款外的长期负债。

第五十四条 各项长期负债应当按实际发生额入账。

第五十五条 受托代理负债是指民间非营利组织因从事受托代理交易、接受受托代理资产而产生的负债。受托代理负债应当按照相对应的受托代理资产的金额予以确认和计量。

第四章 净 资 产

第五十六条 民间非营利组织的净资产是指资产减去负债后的余额。净资产应当按照其是否受到限制，分为限定性净资产和非限定性净资产等。

如果资产或者资产所产生的经济利益（如资产的投资收益和利息等）的使用受到资产提供者或者国家有关法律、行政法规所设置的时间限制或（和）用途限制，则由此形成的净资产即为限定性净资产，国家有关法律、行政法规对净资产的使用直接设置限制的，该受限制的净资产亦为限定性净资产；除此之外的其他净资产，即为非限定性净资产。

本制度所称的时间限制，是指资产提供者或者国家有关法律、行政法规要求民间非营利组织在收到资产后的特定时期之内或特定日期之后使用该项资产，或者对资产的使用设置了永久限制。

本制度所称的用途限制，是指资产提供者或者国家有关法律、行政法规要求民间非营利组织将收到的资产用于某一特定的用途。

民间非营利组织的董事会、理事会或类似权力机构对净资产的使用所作的限定性决策、决议或拨款限额等，属于民间非营利组织内部管理上对资产使用所作的限制，不属于本制度所界定的限定性净资产。

第五十七条 如果限定性净资产的限制已经解除，应当对净资产进行重新分类，将限定性净资产转为非限定性净资产。

当存在下列情况之一时，可以认为限定性净资产的限制已经解除：

（一）所限定净资产的限制时间已经到期；

（二）所限定净资产规定的用途已经实现（或者目的已经达到）；

（三）资产提供者或者国家有关法律、行政法规撤销了所设置的限制。

如果限定性净资产受到两项或两项以上的限制，应当在最后一项限制解除时，才能认为该项限定性净资产的限制已经解除。

第五章 收 入

第五十八条 收入是指民间非营利组织开展业务活动取得的、导致本期净资产增加的经济利益或者服务潜力的流入。收入应当按其来源分为捐赠收入、会费收入、提供服务收入、政府补助收入、投资收益、商品销售收入等主要业务活动收入和其他收入等。

（一）捐赠收入是指民间非营利组织接受其他单位或者个人捐赠所取得的收入。

（二）会费收入是指民间非营利组织根据章程等的规定向会员收取的会费。

（三）提供服务收入是指民间非营利组织根据章程等的规定向其服务对象提供服务取得的收入，包括学费收入、医疗费收入、培训收入等。

（四）政府补助收入是指民间非营利组织接受政府拨款或者政府机构给予的补助而取得的收入。

（五）商品销售收入是指民间非营利组织销售商品（如出版物、药品等）等所形成的收入。

（六）投资收益是指民间非营利组织因对外投资取得的投资净损益。

民间非营利组织如果有除上述捐赠收入、会费收入、提供服务收入、政府补助收入、商品销售收入、投资收益之外的其他主要业务活动收入，也应当单独核算。

（七）其他收入，是指除上述主要业务活动收入以外的其他收入，如固定资产处置净收入、无形资产处置净收入等。

对于民间非营利组织接受的劳务捐赠，不予确认，但应当在会计报表附注中作相关披露。

第五十九条 民间非营利组织在确认收入时，应当区分交换交易所形成的收入和非交换交易所形成的收入。

（一）交换交易是指按照等价交换原则所从事的交易，即当某一主体取得资产、获得服务或者解除债务时，需要向交易对方支付等值或者大致等值的现金，或者提供等值或者大致等值的货物、服务等的交易。如按照等价交换原则销售商品、提供劳务等均属于交换交易。

对于因交换交易所形成的商品销售收入，应当在下列条件下同时满足时予以确认：

1. 已将商品所有权上的主要风险和报酬转移给购货方；
2. 既没有保留通常与所有权相联系的继续管理权，也没有对已售出的商品实施控制；
3. 与交易相关的经济利益能够流入民间非营利组织；
4. 相关的收入和成本能够可靠地计量。

对于因交换交易所形成的提供劳务收入，应当按以下规定予以确认：

1. 在同一会计年度内开始并完成的劳务，应当在完成劳务时确认收入；
2. 如果劳务的开始和完成分属不同的会计年度，可以按完工进度或完成的工作量确认收入。

对于因交换交易所形成的因让渡资产使用权而发生的收入应当在下列条件同时满足时予以确认：

1. 与交易相关的经济利益能够流入民间非营利组织；
2. 收入的金额能够可靠地计量。

（二）非交换交易是指除交换交易之外的交易。在非交换交易中，某一主体取得资产、获得服务或者解除债务时，不必向交易对方支付等值或者大致等值的现金，或者提供等值或者大致等值的货物、服务等；或者某一主体在对外提供货物、服务等时，没有收到等值或者大致等值的现金、货物等。如捐赠、政府补助等均属于非交换交易。

对于因非交换交易所形成的收入，应当在同时满足下列条件时予以确认：

1. 与交易相关的含有经济利益或者服务潜力的资源能够流入民间非营利组织并为其所控制，或者相关的债务能够得到解除；
2. 交易能够引起净资产的增加；
3. 收入的金额能够可靠地计量。

一般情况下，对于无条件的捐赠或政府补助，应当在捐赠或政府补助收到时确认收入；对于附条件的捐赠或政府补助，应当在取得捐赠资产或政府补助资产控制权时确认收入，但当民间非营利组织存在需要偿还全部或部分捐赠资产（或者政府补助资产）或者相应金额的现时义务时，应当根据需要偿还的金额同时确认一项负债和费用。

第六十条 民间非营利组织对于各项收入应当按是否存在限定区分为非限定性收入和限定性收入进行核算。

如果资产提供者对资产的使用设置了时间限制或者（和）用途限制，则所确认的相关收入为限定性收入；除此之外的其他收入，为非限定性收入。

民间非营利组织的会费收入、提供服务收入、商品销售收入和投资收益等一般为非限定性收入，除非相关资产提供者对资产的使用设置了限制。民间非营利组织的捐赠收入和政府补助收入，应当视相关资产提供者对资产的使用是否设置了限制，分别限定性收入和非限定性收入进行核算。

第六十一条 期末，民间非营利组织应当将本期限定性收入和非限定性收入分别结转至净资产项下的限定性净资产和非限定性净资产。

第六章 费 用

第六十二条 费用是指民间非营利组织为开展业务活动所发生的、导致本期净资产减少的经济利益或者服务潜力的流出。费用应当按照其功能分为业务活动成本、管理费用、筹资费用和其他费用等。

（一）业务活动成本，是指民间非营利组织为了实现其业务活动目标、开展其项目活动或者提供服务所发生的费用。如果民间非营利组织从事的项目、提供的服务或者开展的业务比较单一，可以将相关费用全部归集在"业务活动成本"项目下进行核算和列报；如果民间非营利组织从事的项目、提供的服务或者开展的业务种类较多，民间非营利组织应当在"业务活动成本"项目下分别项目、服务或者业务大类进行核算和列报。

（二）管理费用，是指民间非营利组织为组织和管理其业务活动所发生的各项费用，包括民间非营利组织董事会（或者理事会或者类似权力机构）经费和行政管理人员的工资、奖金、福利费、住房公积金、住房补贴、社会保障费、离退休人员工资及补助，以及办公费、水电费、邮电费、物业管理费、差旅费、折旧费、修理费、租赁费、无形资产摊销费、资产盘亏损失、资产减值损失、因预计负债所产生的损失、聘请中介机构费和应偿还的受赠资产等。其中，福利费应当依法根据民间非营利组织的管理权限，按照董事会、理事会或类似权力机构等的规定据实列支。

(三）筹资费用，是指民间非营利组织为筹集业务活动所需资金而发生的费用，它包括民间非营利组织为了获得捐赠资产而发生的费用以及应当计入当期费用的借款费用、汇兑损失（减汇兑收益）等。民间非营利组织为了获得捐赠资产而发生的费用包括举办募款活动费、准备、印刷和发放募款宣传资料费以及其他与募款或者争取捐赠资产有关的费用。

（四）其他费用，是指民间非营利组织发生的、无法归属到上述业务活动成本、管理费用或者筹资费用中的费用，包括固定资产处置净损失、无形资产处置净损失等。

民间非营利组织的某些费用如果属于多项业务活动或者属于业务活动、管理活动和筹资活动等共同发生的，而且不能直接归属于某一类活动，应当将这些费用按照合理的方法在各项活动中进行分配。

第六十三条 民间非营利组织发生的业务活动成本、管理费用、筹资费用和其他费用，应当在发生时按其发生额计入当期费用。

第六十四条 期末，民间非营利组织应当将本期发生的各项费用结转至净资产项下的非限定性净资产，作为非限定性净资产的减项。

第七章　财务会计报告

第六十五条 财务会计报告是反映民间非营利组织财务状况、业务活动情况和现金流量等的书面文件。

第六十六条 财务会计报告分为年度财务会计报告和中期财务会计报告。以短于一个完整的会计年度的期间（如半年度、季度和月度）编制的财务会计报告称为中期财务会计报告。年度财务会计报告则是以整个会计年度为基础编制的财务会计报告。

第六十七条 财务会计报告由会计报表、会计报表附注和财务情况说明书组成。民间非营利组织对外提供的财务会计报告的内容、会计报表的种类和格式、会计报表附注应予披露的主要内容等，由本制度规定；民间非营利组织内部管理需要的会计报表由单位自行规定。

民间非营利组织在编制中期财务会计报告时，应当采用与年度会计报表相一致的确认与计量原则。中期财务会计报告的内容相对于年度财务会计报告而言可以适当简化，但仍应保证包括与理解中期期末财务状况和中期业务活动情况及其现金流量相关的重要财务信息。

第六十八条 民间非营利组织采用的会计政策前后各期应当保持一致，不得随意变更，除非符合下列条件之一：

（一）法律或会计制度等行政法规、规章的要求；

（二）这种变更能够提供有关民间非营利组织财务状况、业务活动情况和现金流量等更可靠、更相关的会计信息。

民间非营利组织应当采用追溯调整法核算会计政策的变更，如果追溯调整法不可行，则应当采用未来适用法核算；如果相关法律或会计制度等另有规定，则应当按照相关规定进行核算。

本制度中所称追溯调整法，是指对某项交易或者事项变更会计政策时，如同该交易或者事项初次发生时就开始采用新的会计政策，并以此对相关项目进行调整的方法。本制度所称未来适用法，是指对某项交易或者事项变更会计政策时，新的会计政策适用于变更当期及未来期间发生的交易或者事项的方法。

第六十九条 资产负债表日至财务会计报告批准报出日之间发生的需要调整或说明的有利或不利事项，属于资产负债表日后事项。对于资产负债表日后事项，应当区分调整事项和非调整事项进行处理。

调整事项，是指资产负债表日后至财务会计报告批准报出日之间发生的，为资产负债表日已经存在的情况提供了新的或进一步证据，有助于对资产负债表日存在情况有关的金额作出重新估计的事项。民间非营利组织应当就调整事项，对资产负债表日所确认的相关资产、负债和净资产，以及资产负债表日所属期间的相关收入、费用等进行调整。

非调整事项，是指资产负债表日后至财务会计报告批准报出日之间才发生的，不影响资产负债表日的存在情况，但不加以说明将会影响财务会计报告使用者作出正确估计和决策的事项。民间非营利组织应当在会计报表附注中披露非调整事项的性质、内容，以及对财务状况和业务活动情况的影响。如无法估计其影响，应当说明理由。

第七十条 财务会计报告中的会计报表至少应当包括以下三张报表：

（一）资产负债表；

（二）业务活动表；

（三）现金流量表。

第七十一条 会计报表附注至少应当包括下列内容：

（一）重要会计政策及其变更情况的说明；

（二）董事会（或者理事会或者类似权力机构）成员和员工的数量、变动情况以及获得的薪金等报酬情况的说明；

（三）会计报表重要项目及其增减变动情况的说明；

（四）资产提供者设置了时间或用途限制的相关资产情况的说明；

（五）受托代理交易情况的说明，包括受托代理资产的构成、计价基础和依据、用途等；

（六）重大资产减值情况的说明；

（七）公允价值无法可靠取得的受赠资产和其他资产的名称、数量、来源和用途等情况的说明；

（八）对外承诺和或有事项情况的说明；

（九）接受劳务捐赠情况的说明；

（十）资产负债表日后非调整事项的说明；

（十一）有助于理解和分析会计报表需要说明的其他事项。

第七十二条 财务情况说明书至少应当对下列情况作出说明：

（一）民间非营利组织的宗旨、组织结构以及人员配备等情况；

（二）民间非营利组织业务活动基本情况，年度计划和预算完成情况，产生差异的原因分析，下一会计期间业务活动计划和预算等；

（三）对民间非营利组织业务活动有重大影响的其他事项。

第七十三条 民间非营利组织对外投资，而且占对被投资单位资本总额50%以上（不含50%），或者虽然占该单位资本总额不足50%但具有实质上的控制权的，或者对被投资单位具有控制权的，应当编制合并会计报表。

第七十四条 民间非营利组织的年度财务会计报告至少应当于年度终了后4个月内对外提供。如果民间非营利组织被要求对外提供中期财务会计报告的，应当在规定的时间内对外提供。

会计报表的填列，以人民币"元"为金额单位，"元"以下填至"分"。

第七十五条 民间非营利组织对外提供的财务会计报告应当依次编定页数，加具封面，装订成册，加盖公章。封面上应当注明：组织名称、组织登记证号、组织形式、地址、报表所属年度或者中期、报出日期，并由单位负责人和主管会计工作的负责人、会计机构负责人（会计主管人员）签名并盖章；设置总会计师的单位，还应当由总会计师签名并盖章。

第八章　附　　则

第七十六条　本制度自 2005 年 1 月 1 日起施行。

《民间非营利组织会计制度》若干问题的解释

（2020 年 6 月 15 日　财会〔2020〕9 号）

一、关于社会服务机构等非营利组织的会计核算

根据《民间非营利组织会计制度》（财会〔2004〕7 号，以下简称《民非制度》）第二条规定，同时具备《民非制度》第二条第二款所列三项特征的非营利性民办学校、医疗机构等社会服务机构，境外非政府组织在中国境内依法登记设立的代表机构应当按照《民非制度》进行会计核算。

二、关于接受非现金资产捐赠

（一）对于民间非营利组织接受捐赠的存货、固定资产等非现金资产，应当按照《民非制度》第十六条的规定确定其入账价值。

（二）对于以公允价值作为其入账价值的非现金资产，民间非营利组织应当按照《民非制度》第十七条所规定的顺序确定公允价值。

《民非制度》第十七条第一款第（一）项规定的"市场价格"，一般指取得资产当日捐赠方自产物资的出厂价、捐赠方所销售物资的销售价、政府指导价、知名大型电商平台同类或者类似商品价格等。

《民非制度》第十七条第一款第（二）项规定的"合理的计价方法"，包括由第三方机构进行估价等。

（三）对于民间非营利组织接受非现金资产捐赠时发生的应归属于其自身的相关税费、运输费等，应当计入当期费用，借记"筹资费用"科目，贷记"银行存款"等科目。

（四）民间非营利组织接受捐赠资产的有关凭据或公允价值以外币计

量的,应当按照取得资产当日的市场汇率将外币金额折算为人民币金额记账。当汇率波动较小时,也可以采用当期期初的汇率进行折算。

三、关于受托代理业务

(一)《民非制度》第四十八条规定的"受托代理业务"是指有明确的转赠或者转交协议,或者虽然无协议但同时满足以下条件的业务:

1. 民间非营利组织在取得资产的同时即产生了向具体受益人转赠或转交资产的现时义务,不会导致自身净资产的增加。

2. 民间非营利组织仅起到中介而非主导发起作用,帮助委托人将资产转赠或转交给指定的受益人,并且没有权利改变受益人,也没有权利改变资产的用途。

3. 委托人已明确指出了具体受益人个人的姓名或受益单位的名称,包括从民间非营利组织提供的名单中指定一个或若干个受益人。

(二)民间非营利组织从事受托代理业务时发生的应归属于其自身的相关税费、运输费等,应当计入当期费用,借记"其他费用"科目,贷记"银行存款"等科目。

四、关于长期股权投资

(一)对于因接受股权捐赠形成的表决权、分红权与股权比例不一致的长期股权投资,民间非营利组织应当根据《民非制度》第二十七条的规定,并结合经济业务实质判断是否对被投资单位具有控制、共同控制或重大影响关系。

(二)民间非营利组织因对外投资对被投资单位具有控制权的,应当按照《民非制度》第二十七条的规定采用权益法进行核算,并在会计报表附注中披露投资净损益和被投资单位财务状况、经营成果等信息。

五、关于限定性净资产

(一)《民非制度》第五十六条规定的限定性净资产中所称的"限制",是指由民间非营利组织之外的资产提供者或者国家有关法律、行政法规所设置的。该限制只有在比民间非营利组织的宗旨、目的或章程等关于资产使用的要求更为具体明确时,才能成为《民非制度》所称的"限制"。

(二)民间非营利组织应当根据《民非制度》第五十七条的规定,区分以下限制解除的不同情况,确定将限定性净资产转为非限定性净资产的金额:

1. 对于因资产提供者或者国家有关法律、行政法规要求在收到资产后的特定时期之内使用该项资产而形成的限定性净资产，应当在相应期间之内按照实际使用的相关资产金额转为非限定性净资产。

2. 对于因资产提供者或者国家有关法律、行政法规要求在收到资产后的特定日期之后使用该项资产而形成的限定性净资产，应当在该特定日期全额转为非限定性净资产。

3. 对于因资产提供者或者国家有关法律、行政法规设置用途限制而形成的限定性净资产，应当在使用时按照实际用于规定用途的相关资产金额转为非限定性净资产。

其中，对固定资产、无形资产仅设置用途限制的，应当自取得该资产开始，按照计提折旧或计提摊销的金额，分期将相关限定性净资产转为非限定性净资产。在处置固定资产、无形资产时，应当将尚未重分类的相关限定性净资产全额转为非限定性净资产。

4. 如果资产提供者或者国家有关法律、行政法规要求民间非营利组织在特定时期之内或特定日期之后将限定性净资产用于特定用途，应当在相应期间之内或相应日期之后按照实际用于规定用途的相关资产金额转为非限定性净资产。

其中，要求在收到固定资产、无形资产后的某个特定时期之内将该项资产用于特定用途的，应当在该规定时期内，对相关限定性净资产金额按期平均分摊，转为非限定性净资产。

要求在收到固定资产、无形资产后的某个特定日期之后将该项资产用于特定用途的，应当在特定日期之后，自资产用于规定用途开始，在资产预计剩余使用年限内，对相关限定性净资产金额按期平均分摊，转为非限定性净资产。

与限定性净资产相关的固定资产、无形资产，应当按照《民非制度》规定计提折旧或计提摊销。

5. 对于资产提供者或者国家有关法律、行政法规撤销对限定性净资产所设置限制的，应当在撤销时全额转为非限定性净资产。

（三）资产提供者或者国家有关法律、行政法规对以前期间未设置限制的资产增加限制时，应当将相关非限定性净资产转为限定性净资产，借记"非限定性净资产"科目，贷记"限定性净资产"科目。

六、关于注册资金

（一）执行《民非制度》的社会团体、基金会、社会服务机构设立时取得的注册资金，应当直接计入净资产。注册资金的使用受到时间限制或用途限制的，在取得时直接计入限定性净资产；其使用没有受到时间限制和用途限制的，在取得时直接计入非限定性净资产。

前款规定的注册资金，应当在现金流量表"收到的其他与业务活动有关的现金"项目中填列。

（二）社会团体、基金会、社会服务机构变更登记注册资金属于自愿采取的登记事项变更，并不引起资产和净资产的变动，无需进行会计处理。

七、关于承接政府购买服务取得的收入

按照《民非制度》第五十九条的规定，民间非营利组织承接政府购买服务属于交换交易，取得的相关收入应当记入"提供服务收入"等收入类科目，不应当记入"政府补助收入"科目。

八、关于存款利息

民间非营利组织取得的存款利息，属于《民非制度》第三十五条规定的"为购建固定资产而发生的专门借款"产生且在"允许资本化的期间内"的，应当冲减在建工程成本；除此以外的存款利息应当计入其他收入。

九、关于境外非政府组织代表机构的总部拨款收入

（一）执行《民非制度》的境外非政府组织代表机构（下同）应当增设"4701 总部拨款收入"科目，核算从其总部取得的拨款收入。

（二）境外非政府组织代表机构取得总部拨款收入时，按照取得的金额，借记"现金"、"银行存款"等科目，贷记本科目。

（三）期末，将本科目本期发生额转入非限定性净资产，借记本科目，贷记"非限定性净资产"科目。

如果存在限定性总部拨款收入，则应当在本科目设置"限定性收入"、"非限定收入"明细科目，在期末将"限定性收入"明细科目本期发生额转入限定性净资产。

（四）境外非政府组织代表机构应当在业务活动表收入部分"投资收益"项目与"其他收入"项目之间增加"总部拨款收入"项目。本项目应当根据"总部拨款收入"科目的本期发生额填列。

十、关于资产减值损失

（一）按照《民非制度》第七十一条第（六）项规定，会计报表附注应当披露"重大资产减值情况的说明"。民间非营利组织应当在"管理费用"科目下设置"资产减值损失"明细科目，核算因提取资产减值准备而确认的资产减值损失。

（二）长期投资、固定资产、无形资产的资产减值损失一经确认，在以后会计期间不得转回。

十一、关于出资设立其他民间非营利组织

（一）民间非营利组织按规定出资设立其他民间非营利组织，不属于《民非制度》规定的长期股权投资，应当计入当期费用。设立与实现本组织业务活动目标相关的民间非营利组织的，相关出资金额记入"业务活动成本"科目；设立与实现本组业务活动目标不相关的民间非营利组织的，相关出资金额记入"其他费用"科目。

（二）本解释施行前民间非营利组织出资设立其他民间非营利组织并将出资金额计入长期股权投资的，应当自本解释施行之日，将原"长期股权投资"科目余额中对其他民间非营利组织的出资金额转入"非限定性净资产"科目（以前年度出资）或"业务活动成本"、"其他费用"科目（本年度出资）。

十二、关于关联方关系及其交易的披露

民间非营利组织与关联方发生关联方交易的，应当按照《民非制度》第七十一条第（十一）项规定，在会计报表附注中披露该关联方关系的性质、交易类型及交易要素。

（一）本解释所称的交易要素，至少应当包括：

1. 交易的金额。
2. 未结算项目的金额、条款和条件。
3. 未结算应收项目的坏账准备金额。
4. 定价政策。

（二）本解释所称关联方，是指一方控制、共同控制另一方或对另一方施加重大影响，以及两方或两方以上同受一方控制、共同控制或重大影响的相关各方。以下各方构成民间非营利组织的关联方：

1. 该民间非营利组织的设立人及其所属企业集团的其他成员单位。

2. 该民间非营利组织控制、共同控制或施加重大影响的企业。

3. 该民间非营利组织设立的其他民间非营利组织。

4. 由该民间非营利组织的设立人及其所属企业集团的其他成员单位共同控制或施加重大影响的企业。

5. 由该民间非营利组织的设立人及其所属企业集团的其他成员单位设立的其他民间非营利组织。

6. 该民间非营利组织的关键管理人员及与其关系密切的家庭成员。关键管理人员，是指有权力并负责计划、指挥和控制民间非营利组织活动的人员。与关键管理人员关系密切的家庭成员，是指在处理与该组织的交易时可能影响该个人或受该个人影响的家庭成员。关键管理人员一般包括：民间非营利组织负责人、理事、监事、分支（代表）机构负责人等。

7. 该民间非营利组织的关键管理人员或与其关系密切的家庭成员控制、共同控制或施加重大影响的企业。

8. 该民间非营利组织的关键管理人员或与其关系密切的家庭成员设立的其他民间非营利组织。

此外，以面向社会开展慈善活动为宗旨的民间非营利组织（包括社会团体、基金会、社会服务机构等），与《中华人民共和国慈善法》所规定的主要捐赠人也构成关联方。

（三）本解释所称关联方交易，是指关联方之间转移资源、劳务或义务的行为，而不论是否收取价款。关联方交易的类型通常包括以下各项：

1. 购买或销售商品及其他资产。

2. 提供或接受劳务。

3. 提供或接受捐赠。

4. 提供资金。

5. 租赁。

6. 代理。

7. 许可协议。

8. 代表民间非营利组织或由民间非营利组织代表另一方进行债务结算。

9. 关键管理人员薪酬。

十三、关于生效日期

本解释自公布之日起施行。

企业财务通则

(2006年12月4日财政部令第41号公布 自2007年1月1日起施行)

第一章 总 则

第一条 为了加强企业财务管理，规范企业财务行为，保护企业及其相关方的合法权益，推进现代企业制度建设，根据有关法律、行政法规的规定，制定本通则。

第二条 在中华人民共和国境内依法设立的具备法人资格的国有及国有控股企业适用本通则。金融企业除外。

其他企业参照执行。

第三条 国有及国有控股企业（以下简称企业）应当确定内部财务管理体制，建立健全财务管理制度，控制财务风险。

企业财务管理应当按照制定的财务战略，合理筹集资金，有效营运资产，控制成本费用，规范收益分配及重组清算财务行为，加强财务监督和财务信息管理。

第四条 财政部负责制定企业财务规章制度。

各级财政部门（以下通称主管财政机关）应当加强对企业财务的指导、管理、监督，其主要职责包括：

（一）监督执行企业财务规章制度，按照财务关系指导企业建立健全内部财务制度。

（二）制定促进企业改革发展的财政财务政策，建立健全支持企业发展的财政资金管理制度。

（三）建立健全企业年度财务会计报告审计制度，检查企业财务会计报告质量。

（四）实施企业财务评价，监测企业财务运行状况。

（五）研究、拟订企业国有资本收益分配和国有资本经营预算的制度。

（六）参与审核属于本级人民政府及其有关部门、机构出资的企业重要改革、改制方案。

（七）根据企业财务管理的需要提供必要的帮助、服务。

第五条 各级人民政府及其部门、机构、企业法人、其他组织或者自然人等企业投资者（以下通称投资者），企业经理、厂长或者实际负责经营管理的其他领导成员（以下通称经营者），依照法律、法规、本通则和企业章程的规定，履行企业内部财务管理职责。

第六条 企业应当依法纳税。企业财务处理与税收法律、行政法规规定不一致的，纳税时应当依法进行调整。

第七条 各级人民政府及其部门、机构出资的企业，其财务关系隶属同级财政机关。

第二章 企业财务管理体制

第八条 企业实行资本权属清晰、财务关系明确、符合法人治理结构要求的财务管理体制。

企业应当按照国家有关规定建立有效的内部财务管理级次。企业集团公司自行决定集团内部财务管理体制。

第九条 企业应当建立财务决策制度，明确决策规则、程序、权限和责任等。法律、行政法规规定应当通过职工（代表）大会审议或者听取职工、相关组织意见的财务事项，依照其规定执行。

企业应当建立财务决策回避制度。对投资者、经营者个人与企业利益有冲突的财务决策事项，相关投资者、经营者应当回避。

第十条 企业应当建立财务风险管理制度，明确经营者、投资者及其他相关人员的管理权限和责任，按照风险与收益均衡、不相容职务分离等原则，控制财务风险。

第十一条 企业应当建立财务预算管理制度，以现金流为核心，按照实现企业价值最大化等财务目标的要求，对资金筹集、资产营运、成本控制、收益分配、重组清算等财务活动，实施全面预算管理。

第十二条 投资者的财务管理职责主要包括：

（一）审议批准企业内部财务管理制度、企业财务战略、财务规划和财务预算。

（二）决定企业的筹资、投资、担保、捐赠、重组、经营者报酬、利润分配等重大财务事项。

（三）决定企业聘请或者解聘会计师事务所、资产评估机构等中介机构事项。

（四）对经营者实施财务监督和财务考核。

（五）按照规定向全资或者控股企业委派或者推荐财务总监。

投资者应当通过股东（大）会、董事会或者其他形式的内部机构履行财务管理职责，可以通过企业章程、内部制度、合同约定等方式将部分财务管理职责授予经营者。

第十三条 经营者的财务管理职责主要包括：

（一）拟订企业内部财务管理制度、财务战略、财务规划，编制财务预算。

（二）组织实施企业筹资、投资、担保、捐赠、重组和利润分配等财务方案，诚信履行企业偿债义务。

（三）执行国家有关职工劳动报酬和劳动保护的规定，依法缴纳社会保险费、住房公积金等，保障职工合法权益。

（四）组织财务预测和财务分析，实施财务控制。

（五）编制并提供企业财务会计报告，如实反映财务信息和有关情况。

（六）配合有关机构依法进行审计、评估、财务监督等工作。

第三章　资　金　筹　集

第十四条 企业可以接受投资者以货币资金、实物、无形资产、股权、特定债权等形式的出资。其中，特定债权是指企业依法发行的可转换债券、符合有关规定转作股权的债权等。

企业接受投资者非货币资产出资时，法律、行政法规对出资形式、程序和评估作价等有规定的，依照其规定执行。

企业接受投资者商标权、著作权、专利权及其他专有技术等无形资产出资的，应当符合法律、行政法规规定的比例。

第十五条 企业依法以吸收直接投资、发行股份等方式筹集权益资金的，应当拟订筹资方案，确定筹资规模，履行内部决策程序和必要的报批手续，控制筹资成本。

企业筹集的实收资本，应当依法委托法定验资机构验资并出具验资报告。

第十六条　企业应当执行国家有关资本管理制度，在获准工商登记后30日内，依据验资报告等向投资者出具出资证明书，确定投资者的合法权益。

企业筹集的实收资本，在持续经营期间可以由投资者依照法律、行政法规以及企业章程的规定转让或者减少，投资者不得抽逃或者变相抽回出资。

除《公司法》等有关法律、行政法规另有规定外，企业不得回购本企业发行的股份。企业依法回购股份，应当符合有关条件和财务处理办法，并经投资者决议。

第十七条　对投资者实际缴付的出资超出注册资本的差额（包括股票溢价），企业应当作为资本公积管理。

经投资者审议决定后，资本公积用于转增资本。国家另有规定的，从其规定。

第十八条　企业从税后利润中提取的盈余公积包括法定公积金和任意公积金，可以用于弥补企业亏损或者转增资本。法定公积金转增资本后留存企业的部分，以不少于转增前注册资本的25%为限。

第十九条　企业增加实收资本或者以资本公积、盈余公积转增实收资本，由投资者履行财务决策程序后，办理相关财务事项和工商变更登记。

第二十条　企业取得的各类财政资金，区分以下情况处理：

（一）属于国家直接投资、资本注入的，按照国家有关规定增加国家资本或者国有资本公积。

（二）属于投资补助的，增加资本公积或者实收资本。国家拨款时对权属有规定的，按规定执行；没有规定的，由全体投资者共同享有。

（三）属于贷款贴息、专项经费补助的，作为企业收益处理。

（四）属于政府转贷、偿还性资助的，作为企业负债管理。

（五）属于弥补亏损、救助损失或者其他用途的，作为企业收益处理。

第二十一条　企业依法以借款、发行债券、融资租赁等方式筹集债务资金的，应当明确筹资目的，根据资金成本、债务风险和合理的资金需求，进行必要的资本结构决策，并签订书面合同。

企业筹集资金用于固定资产投资项目的，应当遵守国家产业政策、行业规划、自有资本比例及其他规定。

企业筹集资金，应当按规定核算和使用，并诚信履行合同，依法接受监督。

第四章 资产营运

第二十二条 企业应当根据风险与收益均衡等原则和经营需要，确定合理的资产结构，并实施资产结构动态管理。

第二十三条 企业应当建立内部资金调度控制制度，明确资金调度的条件、权限和程序，统一筹集、使用和管理资金。企业支付、调度资金，应当按照内部财务管理制度的规定，依据有效合同、合法凭证，办理相关手续。

企业向境外支付、调度资金应当符合国家有关外汇管理的规定。

企业集团可以实行内部资金集中统一管理，但应当符合国家有关金融管理等法律、行政法规规定，并不得损害成员企业的利益。

第二十四条 企业应当建立合同的财务审核制度，明确业务流程和审批权限，实行财务监控。

企业应当加强应收款项的管理，评估客户信用风险，跟踪客户履约情况，落实收账责任，减少坏账损失。

第二十五条 企业应当建立健全存货管理制度，规范存货采购审批、执行程序，根据合同的约定以及内部审批制度支付货款。

企业选择供货商以及实施大宗采购，可以采取招标等方式进行。

第二十六条 企业应当建立固定资产购建、使用、处置制度。

企业自行选择、确定固定资产折旧办法，可以征询中介机构、有关专家的意见，并由投资者审议批准。固定资产折旧办法一经选用，不得随意变更。确需变更的，应当说明理由，经投资者审议批准。

企业购建重要的固定资产、进行重大技术改造，应当经过可行性研究，按照内部审批制度履行财务决策程序，落实决策和执行责任。

企业在建工程项目交付使用后，应当在一个年度内办理竣工决算。

第二十七条 企业对外投资应当遵守法律、行政法规和国家有关政策的规定，符合企业发展战略的要求，进行可行性研究，按照内部审批制度履行批准程序,落实决策和执行的责任。

企业对外投资应当签订书面合同,明确企业投资权益,实施财务监管。依据合同支付投资款项,应当按照企业内部审批制度执行。

企业向境外投资的,还应当经投资者审议批准,并遵守国家境外投资项目核准和外汇管理等相关规定。

第二十八条 企业通过自创、购买、接受投资等方式取得的无形资产,应当依法明确权属,落实有关经营、管理的财务责任。

无形资产出现转让、租赁、质押、授权经营、连锁经营、对外投资等情形时,企业应当签订书面合同,明确双方的权利义务,合理确定交易价格。

第二十九条 企业对外担保应当符合法律、行政法规及有关规定,根据被担保单位的资信及偿债能力,按照内部审批制度采取相应的风险控制措施,并设立备查账簿登记,实行跟踪监督。

企业对外捐赠应当符合法律、行政法规及有关财务规定,制定实施方案,明确捐赠的范围和条件,落实执行责任,严格办理捐赠资产的交接手续。

第三十条 企业从事期货、期权、证券、外汇交易等业务或者委托其他机构理财,不得影响主营业务的正常开展,并应当签订书面合同,建立交易报告制度,定期对账,控制风险。

第三十一条 企业从事代理业务,应当严格履行合同,实行代理业务与自营业务分账管理,不得挪用客户资金、互相转嫁经营风险。

第三十二条 企业应当建立各项资产损失或者减值准备管理制度。各项资产损失或者减值准备的计提标准,一经选用,不得随意变更。企业在制订计提标准时可以征询中介机构、有关专家的意见。

对计提损失或者减值准备后的资产,企业应当落实监管责任。能够收回或者继续使用以及没有证据证明实际损失的资产,不得核销。

第三十三条 企业发生的资产损失,应当及时予以核实、查清责任,追偿损失,按照规定程序处理。

企业重组中清查出的资产损失,经批准后依次冲减未分配利润、盈余公积、资本公积和实收资本。

第三十四条 企业以出售、抵押、置换、报废等方式处理资产时,应当按照国家有关规定和企业内部财务管理制度规定的权限和程序进行。其中，处理主要固定资产涉及企业经营业务调整或者资产重组的，应当根据投资者审议通过的业务调整或者资产重组方案实施。

第三十五条 企业发生关联交易的，应当遵守国家有关规定，按照独立企业之间的交易计价结算。投资者或者经营者不得利用关联交易非法转移企业经济利益或者操纵关联企业的利润。

第五章　成本控制

第三十六条 企业应当建立成本控制系统，强化成本预算约束，推行质量成本控制办法，实行成本定额管理、全员管理和全过程控制。

第三十七条 企业实行费用归口、分级管理和预算控制，应当建立必要的费用开支范围、标准和报销审批制度。

第三十八条 企业技术研发和科技成果转化项目所需经费，可以通过建立研发准备金筹措，据实列入相关资产成本或者当期费用。

符合国家规定条件的企业集团，可以集中使用研发费用，用于企业主导产品和核心技术的自主研发。

第三十九条 企业依法实施安全生产、清洁生产、污染治理、地质灾害防治、生态恢复和环境保护等所需经费，按照国家有关标准列入相关资产成本或者当期费用。

第四十条 企业发生销售折扣、折让以及支付必要的佣金、回扣、手续费、劳务费、提成、返利、进场费、业务奖励等支出的，应当签订相关合同，履行内部审批手续。

企业开展进出口业务收取或者支付的佣金、保险费、运费，按照合同规定的价格条件处理。

企业向个人以及非经营单位支付费用的，应当严格履行内部审批及支付的手续。

第四十一条 企业可以根据法律、法规和国家有关规定，对经营者和核心技术人员实行与其他职工不同的薪酬办法，属于本级人民政府及其部门、机构出资的企业，应当将薪酬办法报主管财政机关备案。

第四十二条 企业应当按照劳动合同及国家有关规定支付职工报酬，并为从事高危作业的职工缴纳团体人身意外伤害保险费，所需费用直接作为成本（费用）列支。

经营者可以在工资计划中安排一定数额，对企业技术研发、降低能源消耗、治理"三废"、促进安全生产、开拓市场等作出突出贡献的职工给予奖励。

第四十三条 企业应当依法为职工支付基本医疗、基本养老、失业、工伤等社会保险费，所需费用直接作为成本（费用）列支。

已参加基本医疗、基本养老保险的企业，具有持续盈利能力和支付能力的，可以为职工建立补充医疗保险和补充养老保险，所需费用按照省级以上人民政府规定的比例从成本（费用）中提取。超出规定比例的部分，由职工个人负担。

第四十四条 企业为职工缴纳住房公积金以及职工住房货币化分配的财务处理，按照国家有关规定执行。

职工教育经费按照国家规定的比例提取，专项用于企业职工后续职业教育和职业培训。

工会经费按照国家规定比例提取并拨缴工会。

第四十五条 企业应当依法缴纳行政事业性收费、政府性基金以及使用或者占用国有资源的费用等。

企业对没有法律法规依据或者超过法律法规规定范围和标准的各种摊派、收费、集资，有权拒绝。

第四十六条 企业不得承担属于个人的下列支出：

（一）娱乐、健身、旅游、招待、购物、馈赠等支出。

（二）购买商业保险、证券、股权、收藏品等支出。

（三）个人行为导致的罚款、赔偿等支出。

（四）购买住房、支付物业管理费等支出。

（五）应由个人承担的其他支出。

第六章　收　益　分　配

第四十七条 投资者、经营者及其他职工履行本企业职务或者以企业名义开展业务所得的收入，包括销售收入以及对方给予的销售折扣、折让、佣金、回扣、手续费、劳务费、提成、返利、进场费、业务奖励等收入，全部属于企业。

企业应当建立销售价格管理制度，明确产品或者劳务的定价和销售价格调整的权限、程序与方法，根据预期收益、资金周转、市场竞争、法律规范约束等要求，采取相应的价格策略，防范销售风险。

第四十八条 企业出售股权投资，应当按照规定的程序和方式进行。股权投资出售底价，参照资产评估结果确定，并按照合同约定收取所得价款。在履行交割时，对尚未收款部分的股权投资，应当按照合同的约定结算，取得受让方提供的有效担保。

上市公司国有股减持所得收益，按照国务院的规定处理。

第四十九条 企业发生的年度经营亏损，依照税法的规定弥补。税法规定年限内的税前利润不足弥补的，用以后年度的税后利润弥补，或者经投资者审议后用盈余公积弥补。

第五十条 企业年度净利润，除法律、行政法规另有规定外，按照以下顺序分配：

（一）弥补以前年度亏损。

（二）提取10%法定公积金。法定公积金累计额达到注册资本50%以后，可以不再提取。

（三）提取任意公积金。任意公积金提取比例由投资者决议。

（四）向投资者分配利润。企业以前年度未分配的利润，并入本年度利润，在充分考虑现金流量状况后，向投资者分配。属于各级人民政府及其部门、机构出资的企业，应当将应付国有利润上缴财政。

国有企业可以将任意公积金与法定公积金合并提取。股份有限公司依法回购后暂未转让或者注销的股份，不得参与利润分配；以回购股份对经营者及其他职工实施股权激励的，在拟订利润分配方案时，应当预留回购股份所需利润。

第五十一条 企业弥补以前年度亏损和提取盈余公积后，当年没有可供分配的利润时，不得向投资者分配利润，但法律、行政法规另有规定的除外。

第五十二条 企业经营者和其他职工以管理、技术等要素参与企业收益分配的，应当按照国家有关规定在企业章程或者有关合同中对分配办法作出规定，并区别以下情况处理：

（一）取得企业股权的，与其他投资者一同进行企业利润分配。

（二）没有取得企业股权的，在相关业务实现的利润限额和分配标准内，从当期费用中列支。

第七章　重组清算

第五十三条　企业通过改制、产权转让、合并、分立、托管等方式实施重组，对涉及资本权益的事项，应当由投资者或者授权机构进行可行性研究，履行内部财务决策程序，并组织开展以下工作：

（一）清查财产，核实债务，委托会计师事务所审计。

（二）制订职工安置方案，听取重组企业的职工、职工代表大会的意见或者提交职工代表大会审议。

（三）与债权人协商，制订债务处置或者承继方案。

（四）委托评估机构进行资产评估，并以评估价值作为净资产作价或者折股的参考依据。

（五）拟订股权设置方案和资本重组实施方案，经过审议后履行报批手续。

第五十四条　企业采取分立方式进行重组，应当明晰分立后的企业产权关系。

企业划分各项资产、债务以及经营业务，应当按照业务相关性或者资产相关性原则制订分割方案。对不能分割的整体资产，在评估机构评估价值的基础上，经分立各方协商，由拥有整体资产的一方给予他方适当经济补偿。

第五十五条　企业可以采取新设或者吸收方式进行合并重组。企业合并前的各项资产、债务以及经营业务，由合并后的企业承继，并应当明确合并后企业的产权关系以及各投资者的出资比例。

企业合并的资产税收处理应当符合国家有关税法的规定，合并后净资产超出注册资本的部分，作为资本公积；少于注册资本的部分，应当变更注册资本或者由投资者补足出资。

对资不抵债的企业以承担债务方式合并的，合并方应当制定企业重整措施，按照合并方案履行偿还债务责任，整合财务资源。

第五十六条　企业实行托管经营，应当由投资者决定，并签订托管协议，明确托管经营的资产负债状况、托管经营目标、托管资产处置权限以及收益分配办法等，并落实财务监管措施。

受托企业应当根据托管协议制订相关方案，重组托管企业的资产与债务。未经托管企业投资者同意，不得改组、改制托管企业，不得转让托管企业及转移托管资产、经营业务，不得以托管企业名义或者以托管资产对外担保。

第五十七条　企业进行重组时，对已占用的国有划拨土地应当按照有关规定进行评估，履行相关手续，并区别以下情况处理：

（一）继续采取划拨方式的，可以不纳入企业资产管理，但企业应当明确划拨土地使用权权益，并按规定用途使用，设立备查账簿登记。国家另有规定的除外。

（二）采取作价入股方式的，将应缴纳的土地出让金转作国家资本，形成的国有股权由企业重组前的国有资本持有单位或者主管财政机关确认的单位持有。

（三）采取出让方式的，由企业购买土地使用权，支付出让费用。

（四）采取租赁方式的，由企业租赁使用，租金水平参照银行同期贷款利率确定，并在租赁合同中约定。

企业进行重组时，对已占用的水域、探矿权、采矿权、特许经营权等国有资源，依法可以转让的，比照前款处理。

第五十八条　企业重组过程中，对拖欠职工的工资和医疗、伤残补助、抚恤费用以及欠缴的基本社会保险费、住房公积金，应当以企业现有资产优先清偿。

第五十九条　企业被责令关闭、依法破产、经营期限届满而终止经营的，或者经投资者决议解散的，应当按照法律、法规和企业章程的规定实施清算。清算财产变卖底价，参照资产评估结果确定。国家另有规定的，从其规定。

企业清算结束，应当编制清算报告，委托会计师事务所审计，报投资者或者人民法院确认后，向相关部门、债权人以及其他的利益相关人通告。其中，属于各级人民政府及其部门、机构出资的企业，其清算报告应当报送主管财政机关。

第六十条　企业解除职工劳动关系，按照国家有关规定支付的经济补偿金或者安置费，除正常经营期间发生的列入当期费用以外，应当区别以下情况处理：

（一）企业重组中发生的，依次从未分配利润、盈余公积、资本公积、实收资本中支付。

（二）企业清算时发生的，以企业扣除清算费用后的清算财产优先清偿。

第八章　信息管理

第六十一条　企业可以结合经营特点，优化业务流程，建立财务和业务一体化的信息处理系统，逐步实现财务、业务相关信息一次性处理和实时共享。

第六十二条　企业应当逐步创造条件，实行统筹企业资源计划，全面整合和规范财务、业务流程，对企业物流、资金流、信息流进行一体化管理和集成运作。

第六十三条　企业应当建立财务预警机制，自行确定财务危机警戒标准，重点监测经营性净现金流量与到期债务、企业资产与负债的适配性，及时沟通企业有关财务危机预警的信息，提出解决财务危机的措施和方案。

第六十四条　企业应当按照有关法律、行政法规和国家统一的会计制度的规定，按时编制财务会计报告，经营者或者投资者不得拖延、阻挠。

第六十五条　企业应当按照规定向主管财政机关报送月份、季度、年度财务会计报告等材料，不得在报送的财务会计报告等材料上作虚假记载或者隐瞒重要事实。主管财政机关应当根据企业的需要提供必要的培训和技术支持。

企业对外提供的年度财务会计报告，应当依法经过会计师事务所审计。国家另有规定的，从其规定。

第六十六条　企业应当在年度内定期向职工公开以下信息：

（一）职工劳动报酬、养老、医疗、工伤、住房、培训、休假等信息。

（二）经营者报酬实施方案。

（三）年度财务会计报告审计情况。

（四）企业重组涉及的资产评估及处置情况。

（五）其他依法应当公开的信息。

第六十七条 主管财政机关应当建立健全企业财务评价体系,主要评估企业内部财务控制的有效性,评价企业的偿债能力、盈利能力、资产营运能力、发展能力和社会贡献。评估和评价的结果可以通过适当方式向社会发布。

第六十八条 主管财政机关及其工作人员应当恰当使用所掌握的企业财务信息,并依法履行保密义务,不得利用企业的财务信息谋取私利或者损害企业利益。

第九章　财务监督

第六十九条 企业应当依法接受主管财政机关的财务监督和国家审计机关的财务审计。

第七十条 经营者在经营过程中违反本通则有关规定的,投资者可以依法追究经营者的责任。

第七十一条 企业应当建立、健全内部财务监督制度。

企业设立监事会或者监事人员的,监事会或者监事人员依照法律、行政法规、本通则和企业章程的规定,履行企业内部财务监督职责。

经营者应当实施内部财务控制,配合投资者或者企业监事会以及中介机构的检查、审计工作。

第七十二条 企业和企业负有直接责任的主管人员和其他人员有以下行为之一的,县级以上主管财政机关可以责令限期改正、予以警告,有违法所得的,没收违法所得,并可以处以不超过违法所得3倍、但最高不超过3万元的罚款;没有违法所得的,可以处以1万元以下的罚款。

(一) 违反本通则第三十九条、四十条、四十二条第一款、四十三条、四十六条规定列支成本费用的。

(二) 违反本通则第四十七条第一款规定截留、隐瞒、侵占企业收入的。

(三) 违反本通则第五十条、五十一条、五十二条规定进行利润分配的。但依照《公司法》设立的企业不按本通则第五十条第一款第二项规定提取法定公积金的,依照《公司法》的规定予以处罚。

(四) 违反本通则第五十七条规定处理国有资源的。

(五) 不按本通则第五十八条规定清偿职工债务的。

第七十三条　企业和企业负有直接责任的主管人员和其他人员有以下行为之一的，县级以上主管财政机关可以责令限期改正、予以警告。

（一）未按本通则规定建立健全各项内部财务管理制度的。

（二）内部财务管理制度明显与法律、行政法规和通用的企业财务规章制度相抵触，且不按主管财政机关要求修正的。

第七十四条　企业和企业负有直接责任的主管人员和其他人员不按本通则第六十四条、第六十五条规定编制、报送财务会计报告等材料的，县级以上主管财政机关可以依照《公司法》、《企业财务会计报告条例》的规定予以处罚。

第七十五条　企业在财务活动中违反财政、税收等法律、行政法规的，依照《财政违法行为处罚处分条例》（国务院令第427号）及有关税收法律、行政法规的规定予以处理、处罚。

第七十六条　主管财政机关以及政府其他部门、机构有关工作人员，在企业财务管理中滥用职权、玩忽职守、徇私舞弊或者泄露国家机密、企业商业秘密的，依法进行处理。

第十章　附　　则

第七十七条　实行企业化管理的事业单位比照适用本通则。

第七十八条　本通则自2007年1月1日起施行。

事业单位财务规则

（2022年1月7日财政部令第108号公布　自2022年3月1日起施行）

第一章　总　　则

第一条　为了进一步规范事业单位的财务行为，加强事业单位财务管理和监督，提高资金使用效益，保障事业单位健康发展，制定本规则。

第二条　本规则适用于各级各类事业单位（以下简称事业单位）的财务活动。

第三条 事业单位财务管理的基本原则是：执行国家有关法律、法规和财务规章制度；坚持勤俭办一切事业的方针；正确处理事业发展需要和资金供给的关系，社会效益和经济效益的关系，国家、单位和个人三者利益的关系。

第四条 事业单位财务管理的主要任务是：合理编制单位预算，严格预算执行，完整、准确编制单位决算报告和财务报告，真实反映单位预算执行情况、财务状况和运行情况；依法组织收入，努力节约支出；建立健全财务制度，加强经济核算，全面实施绩效管理，提高资金使用效益；加强资产管理，合理配置和有效利用资产，防止资产流失；加强对单位经济活动的财务控制和监督，防范财务风险。

第五条 事业单位的财务活动在单位负责人的领导下，由单位财务部门统一管理。

第六条 事业单位的各项经济业务事项按照国家统一的会计制度进行会计核算。

第二章 单位预算管理

第七条 事业单位预算是指事业单位根据事业发展目标和计划编制的年度财务收支计划。

事业单位预算由收入预算和支出预算组成。

第八条 国家对事业单位实行核定收支、定额或者定项补助、超支不补、结转和结余按规定使用的预算管理办法。

定额或者定项补助根据国家有关政策和财力可能，结合事业单位改革要求、事业特点、事业发展目标和计划、事业单位收支及资产状况等确定。定额或者定项补助可以为零。

非财政补助收入大于支出较多的事业单位，可以实行收入上缴办法。具体办法由财政部门会同有关主管部门制定。

第九条 事业单位参考以前年度预算执行情况，根据预算年度的收入增减因素和措施，以及以前年度结转和结余情况，测算编制收入预算草案；根据事业发展需要与财力可能，测算编制支出预算草案。

事业单位预算应当自求收支平衡，不得编制赤字预算。

第十条 事业单位应当根据国家宏观调控总体要求、年度事业发展目标和计划以及预算编制的规定,提出预算建议数,经主管部门审核汇总报财政部门(一级预算单位直接报财政部门,下同)。事业单位根据财政部门下达的预算控制数编制预算草案,由主管部门审核汇总报财政部门,经法定程序审核批复后执行。

第十一条 事业单位应当严格执行批准的预算。预算执行中,国家对财政补助收入和财政专户管理资金的预算一般不予调剂,确需调剂的,由事业单位报主管部门审核后报财政部门调剂;其他资金确需调剂的,按照国家有关规定办理。

第十二条 事业单位决算是指事业单位预算收支和结余的年度执行结果。

第十三条 事业单位应当按照规定编制年度决算草案,由主管部门审核汇总后报财政部门审批。

第十四条 事业单位应当加强决算审核和分析,保证决算数据的真实、准确,规范决算管理工作。

第十五条 事业单位应当全面加强预算绩效管理,提高资金使用效益。

第三章 收入管理

第十六条 收入是指事业单位为开展业务及其他活动依法取得的非偿还性资金。

第十七条 事业单位收入包括:

(一)财政补助收入,即事业单位从本级财政部门取得的各类财政拨款。

(二)事业收入,即事业单位开展专业业务活动及其辅助活动取得的收入。其中:按照国家有关规定应当上缴国库或者财政专户的资金,不计入事业收入;从财政专户核拨给事业单位的资金和经核准不上缴国库或者财政专户的资金,计入事业收入。

(三)上级补助收入,即事业单位从主管部门和上级单位取得的非财政补助收入。

(四)附属单位上缴收入,即事业单位附属独立核算单位按照有关规定上缴的收入。

(五)经营收入,即事业单位在专业业务活动及其辅助活动之外开展非独立核算经营活动取得的收入。

（六）其他收入，即本条上述规定范围以外的各项收入，包括投资收益、利息收入、捐赠收入、非本级财政补助收入、租金收入等。

第十八条　事业单位应当将各项收入全部纳入单位预算，统一核算，统一管理，未纳入预算的收入不得安排支出。

第十九条　事业单位对按照规定上缴国库或者财政专户的资金，应当按照国库集中收缴的有关规定及时足额上缴，不得隐瞒、滞留、截留、占用、挪用、拖欠或坐支。

第四章　支出管理

第二十条　支出是指事业单位开展业务及其他活动发生的资金耗费和损失。

第二十一条　事业单位支出包括：

（一）事业支出，即事业单位开展专业业务活动及其辅助活动发生的基本支出和项目支出。基本支出，是指事业单位为保障其单位正常运转、完成日常工作任务所发生的支出，包括人员经费和公用经费；项目支出，是指事业单位为完成其特定的工作任务和事业发展目标所发生的支出。

（二）经营支出，即事业单位在专业业务活动及其辅助活动之外开展非独立核算经营活动发生的支出。

（三）对附属单位补助支出，即事业单位用财政补助收入之外的收入对附属单位补助发生的支出。

（四）上缴上级支出，即事业单位按照财政部门和主管部门的规定上缴上级单位的支出。

（五）其他支出，即本条上述规定范围以外的各项支出，包括利息支出、捐赠支出等。

第二十二条　事业单位应当将各项支出全部纳入单位预算，实行项目库管理，建立健全支出管理制度。

第二十三条　事业单位的支出应当厉行节约，严格执行国家有关财务规章制度规定的开支范围及开支标准；国家有关财务规章制度没有统一规定的，由事业单位规定，报主管部门和财政部门备案。事业单位的规定违反法律制度和国家政策的，主管部门和财政部门应当责令改正。

第二十四条　事业单位从财政部门和主管部门取得的有指定项目和用途的专项资金,应当专款专用、单独核算,并按照规定报送专项资金使用情况的报告,接受财政部门或者主管部门的检查、验收。

第二十五条　事业单位应当加强经济核算,可以根据开展业务活动及其他活动的实际需要,实行成本核算。成本核算的具体办法按照国务院财政部门相关规定执行。

第二十六条　事业单位应当严格执行国库集中支付制度和政府采购制度等有关规定。

第二十七条　事业单位应当依法加强各类票据管理,确保票据来源合法、内容真实、使用正确,不得使用虚假票据。

第五章　结转和结余管理

第二十八条　结转和结余是指事业单位年度收入与支出相抵后的余额。

结转资金是指当年预算已执行但未完成,或者因故未执行,下一年度需要按照原用途继续使用的资金。结余资金是指当年预算工作目标已完成,或者因故终止,当年剩余的资金。

经营收支结转和结余应当单独反映。

第二十九条　财政拨款结转和结余的管理,应当按照国家有关规定执行。

第三十条　非财政拨款结转按照规定结转下一年度继续使用。非财政拨款结余可以按照国家有关规定提取职工福利基金,剩余部分用于弥补以后年度单位收支差额;国家另有规定的,从其规定。

第三十一条　事业单位应当加强非财政拨款结余的管理,盘活存量,统筹安排、合理使用,支出不得超出非财政拨款结余规模。

第六章　专用基金管理

第三十二条　专用基金是指事业单位按照规定提取或者设置的有专门用途的资金。

专用基金管理应当遵循先提后用、专款专用的原则,支出不得超出基金规模。

第三十三条　专用基金包括职工福利基金和其他专用基金。

职工福利基金是指按照非财政拨款结余的一定比例提取以及按照其他规定提取转入，用于单位职工的集体福利设施、集体福利待遇等的资金。

其他专用基金是指除职工福利基金外，按照有关规定提取或者设置的专用资金。

第三十四条　事业单位应当将专用基金纳入预算管理，结合实际需要按照规定提取，保持合理规模，提高使用效益。专用基金余额较多的，应当降低提取比例或者暂停提取；确需调整用途的，由主管部门会同本级财政部门确定。

第三十五条　各项基金的提取比例和管理办法，国家有统一规定的，按照统一规定执行；没有统一规定的，由主管部门会同本级财政部门确定。

第七章　资产管理

第三十六条　资产是指事业单位依法直接支配的各类经济资源。

第三十七条　事业单位的资产包括流动资产、固定资产、在建工程、无形资产、对外投资、公共基础设施、政府储备物资、文物文化资产、保障性住房等。

第三十八条　事业单位应当建立健全单位资产管理制度，明确资产使用人和管理人的岗位责任，按照国家规定设置国有资产台账，加强和规范资产配置、使用和处置管理，维护资产安全完整，提高资产使用效率。涉及资产评估的，按照国家有关规定执行。

事业单位应当汇总编制本单位行政事业性国有资产管理情况报告。

事业单位应当定期或者不定期对资产进行盘点、对账。出现资产盘盈盘亏的，应当按照财务、会计和资产管理制度有关规定处理，做到账实相符和账账相符。

事业单位对需要办理权属登记的资产应当依法及时办理。

第三十九条　事业单位应当根据依法履行职能和事业发展的需要，结合资产存量、资产配置标准、绩效目标和财政承受能力配置资产。优先通过调剂方式配置资产。不能调剂的，可以采用购置、建设、租用等方式。

第四十条　流动资产是指可以在一年以内变现或者耗用的资产，包括现金、各种存款、应收及预付款项、存货等。

前款所称存货是指事业单位在开展业务活动及其他活动中为耗用或出

售而储存的资产，包括材料、燃料、包装物和低值易耗品以及未达到固定资产标准的用具、装具、动植物等。

事业单位货币性资产损失核销，应当经主管部门审核同意后报本级财政部门审批。

第四十一条 固定资产是指使用期限超过一年，单位价值在1000元以上，并在使用过程中基本保持原有物质形态的资产。单位价值虽未达到规定标准，但是耐用时间在一年以上的大批同类物资，作为固定资产管理。

行业事业单位的固定资产明细目录由国务院主管部门制定，报国务院财政部门备案。

第四十二条 在建工程是指已经发生必要支出，但尚未达到交付使用状态的建设工程。

在建工程达到交付使用状态时，应当按照规定办理工程竣工财务决算和资产交付使用，期限最长不得超过1年。

第四十三条 无形资产是指不具有实物形态而能为使用者提供某种权利的资产，包括专利权、商标权、著作权、土地使用权、非专利技术以及其他财产权利。

事业单位转让无形资产取得的收入、取得无形资产发生的支出，应当按照国家有关规定处理。

第四十四条 对外投资是指事业单位依法利用货币资金、实物、无形资产等方式向其他单位的投资。

事业单位应当严格控制对外投资。利用国有资产对外投资应当有利于事业发展和实现国有资产保值增值，符合国家有关规定，经可行性研究和集体决策，按照规定的权限和程序进行。事业单位不得使用财政拨款及其结余进行对外投资，不得从事股票、期货、基金、企业债券等投资，国家另有规定的除外。

事业单位应当明确对外投资形成的股权及其相关权益管理责任，按照国家有关规定将对外投资形成的股权纳入经营性国有资产集中统一监管体系。

第四十五条 公共基础设施、政府储备物资、文物文化资产、保障性住房等资产管理的具体办法，由国务院财政部门会同有关部门制定。

第四十六条 事业单位资产处置应当遵循公开、公平、公正和竞争、择优的原则，严格履行相关审批程序。

事业单位出租、出借资产应当严格履行相关审批程序。

第四十七条 事业单位应当在确保安全使用的前提下，推进本单位大型设备等国有资产共享共用工作，可以对提供方给予合理补偿。

第八章 负债管理

第四十八条 负债是指事业单位所承担的能以货币计量，需要以资产或者劳务偿还的债务。

第四十九条 事业单位的负债包括借入款项、应付款项、暂存款项、应缴款项等。

应缴款项包括事业单位按照国家有关规定收取的应当上缴国库或者财政专户的资金、应缴税费，以及其他应当上缴的款项。

第五十条 事业单位应当对不同性质的负债分类管理，及时清理并按照规定办理结算，保证各项负债在规定期限内偿还。

第五十一条 事业单位应当建立健全财务风险预警和控制机制，规范和加强借入款项管理，如实反映依法举借债务情况，严格执行审批程序，不得违反规定融资或者提供担保。

第九章 事业单位清算

第五十二条 事业单位发生划转、改制、撤销、合并、分立时，应当进行清算。

第五十三条 事业单位清算，应当在主管部门和财政部门的监督指导下，对单位的财产、债权、债务等进行全面清理，编制财产目录和债权、债务清单，提出财产作价依据和债权、债务处理办法，做好资产和负债的移交、接收、划转和管理工作，并妥善处理各项遗留问题。

第五十四条 事业单位清算结束后，经主管部门审核并报财政部门批准，其资产和负债分别按照下列办法处理：

（一）因隶属关系改变，成建制划转的事业单位，全部资产和负债无偿移交，并相应划转经费指标。

（二）转为企业的事业单位，全部资产扣除负债后，转作国家资本金。

（三）撤销的事业单位，全部资产和负债由主管部门和财政部门核准处理。

（四）合并的事业单位，全部资产和负债移交接收单位或者新组建单位，合并后多余的资产由主管部门和财政部门核准处理。

（五）分立的事业单位，全部资产和负债按照有关规定移交分立后的事业单位，并相应划转经费指标。

第十章 财务报告和决算报告

第五十五条 事业单位应当按国家有关规定向主管部门和财政部门以及其他有关的报告使用者提供财务报告、决算报告。

事业单位财务会计和预算会计要素的确认、计量、记录、报告应当遵循政府会计准则制度的规定。

第五十六条 财务报告主要以权责发生制为基础编制，综合反映事业单位特定日期财务状况和一定时期运行情况等信息。

第五十七条 财务报告由财务报表和财务分析两部分组成。财务报表主要包括资产负债表、收入费用表等会计报表和报表附注。财务分析的内容主要包括财务状况分析、运行情况分析和财务管理情况等。

第五十八条 决算报告主要以收付实现制为基础编制，综合反映事业单位年度预算收支执行结果等信息。

第五十九条 决算报告由决算报表和决算分析两部分组成。决算报表主要包括收入支出表、财政拨款收入支出表等。决算分析的内容主要包括收支预算执行分析、资金使用效益分析和机构人员情况等。

第十一章 财务监督

第六十条 事业单位财务监督主要包括对预算管理、收入管理、支出管理、结转和结余管理、专用基金管理、资产管理、负债管理等的监督。

第六十一条 事业单位财务监督应当实行事前监督、事中监督、事后监督相结合，日常监督与专项监督相结合。

第六十二条 事业单位应当建立健全内部控制制度、经济责任制度、财务信息披露制度等监督制度，依法公开财务信息。

第六十三条 事业单位应当遵守财经纪律和财务制度，依法接受主管部门和财政、审计部门的监督。

第六十四条 各级事业单位、主管部门和财政部门及其工作人员存在违反本规则规定的行为,以及其他滥用职权、玩忽职守、徇私舞弊等违法违规行为的,依法追究相应责任。

第十二章 附 则

第六十五条 事业单位基本建设投资的财务管理,应当执行本规则,但国家基本建设投资财务管理制度另有规定的,从其规定。

第六十六条 参照公务员法管理的事业单位财务制度的适用,由国务院财政部门另行规定。

第六十七条 接受国家经常性资助的社会力量举办的公益服务性组织和社会团体,依照本规则执行;其他社会力量举办的公益服务性组织和社会团体,可以参照本规则执行。

第六十八条 下列事业单位或者事业单位特定项目,执行企业财务制度,不执行本规则:

(一)纳入企业财务管理体系的事业单位和事业单位附属独立核算的生产经营单位;

(二)事业单位经营的接受外单位要求投资回报的项目;

(三)经主管部门和财政部门批准的具备条件的其他事业单位。

第六十九条 行业特点突出,需要制定行业事业单位财务管理制度的,由国务院财政部门会同有关主管部门根据本规则制定。

第七十条 省、自治区、直辖市人民政府财政部门可以根据本规则结合本地区实际情况制定事业单位具体财务管理办法。

第七十一条 本规则自 2022 年 3 月 1 日起施行。《事业单位财务规则》(财政部令第 68 号)同时废止。

行政单位财务规则

（2023年1月28日财政部令第113号公布　自2023年3月1日起施行）

第一章　总　　则

第一条　为了规范行政单位的财务行为，加强行政单位财务管理和监督，提高资金使用效益，保障行政单位工作任务的完成，制定本规则。

第二条　本规则适用于各级各类国家机关、政党组织（以下统称行政单位）的财务活动。

第三条　行政单位财务管理的基本原则是：艰苦奋斗，厉行节约；量入为出，保障重点；从严从简，勤俭办一切事业；制止奢侈浪费，降低行政成本，注重资金使用效益。

第四条　行政单位财务管理的主要任务是：

（一）科学、合理编制预算，严格预算执行，完整、准确、及时编制决算；

（二）建立健全财务制度，实施内部控制管理，加强对行政单位财务活动的控制和监督；

（三）全面实施绩效管理，提高资金使用效益；

（四）加强资产管理，合理配置、有效利用、规范处置资产，防止国有资产流失；

（五）按照规定编制决算报告和财务报告，真实反映单位预算执行情况、财务状况和运行情况；

（六）对行政单位所属并归口行政财务管理的单位的财务活动实施指导、监督；

（七）加强对非独立核算的机关后勤服务部门的财务管理，实行内部核算办法。

第五条　行政单位的财务活动在单位负责人领导下，由单位财务部门统一管理。

行政单位应当实行独立核算，明确承担相关职责的机构，配备与履职相适应的财务、会计人员力量。不具备配备条件的，可以委托经批准从事代理记账业务的中介机构代理记账。

行政单位的各项经济业务事项应当按照国家统一的会计制度进行会计核算。

第二章 单位预算管理

第六条 行政单位预算由收入预算和支出预算组成。

第七条 按照预算管理权限，行政单位预算管理分为下列级次：

（一）向本级财政部门申报预算的行政单位，为一级预算单位；

（二）向一级预算单位申报预算并有下级预算单位的行政单位，为二级预算单位，依次类推；

（三）向上一级预算单位申报预算，且没有下级预算单位的行政单位，为基层预算单位。

一级预算单位有下级预算单位的，为主管预算单位。

第八条 各级预算单位应当按照预算管理级次申报预算，并按照批准的预算组织实施，定期将预算执行情况向上一级预算单位或者本级财政部门报告。

第九条 国家对行政单位实行收支统一管理、结转和结余按照规定使用的预算管理办法。

第十条 行政单位编制预算，应当综合考虑以下因素：

（一）年度工作计划和收支预测；

（二）以前年度预算执行情况；

（三）以前年度结转和结余情况；

（四）资产配置标准和存量资产情况；

（五）有关绩效结果；

（六）其他因素。

第十一条 行政单位预算依照下列程序编报和审批：

（一）行政单位测算、提出预算建议数，逐级汇总后报送本级财政部门；

（二）财政部门审核行政单位提出的预算建议数，下达预算控制数；

（三）行政单位根据预算控制数正式编制年度预算草案，逐级汇总后报送本级财政部门；

（四）经法定程序批准后，财政部门批复行政单位预算。

第十二条 行政单位应当严格执行预算，按照收支平衡的原则，合理安排各项资金，不得超预算安排支出。

预算在执行中应当严格控制调剂。确需调剂的，行政单位应当按照规定程序办理。

第十三条 行政单位应当按照规定编制决算草案，逐级审核汇总后报本级财政部门审批。

第十四条 行政单位应当加强决算审核和分析，规范决算管理工作，保证决算数据的完整、真实、准确。

第十五条 行政单位应当全面实施预算绩效管理，加强绩效结果应用，提高资金使用效益。

第三章 收入管理

第十六条 收入是指行政单位依法取得的非偿还性资金，包括财政拨款收入和其他收入。

财政拨款收入，是指行政单位从本级财政部门取得的预算资金。

其他收入，是指行政单位依法取得的除财政拨款收入以外的各项收入。

行政单位依法取得的应当上缴财政的罚没收入、行政事业性收费收入、政府性基金收入、国有资源（资产）有偿使用收入等，不属于行政单位的收入。

第十七条 行政单位取得各项收入，应当符合国家规定，按照财务管理的要求，分项如实核算。

第十八条 行政单位应当将各项收入全部纳入单位预算，统一核算，统一管理，未纳入预算的收入不得安排支出。

第四章 支出管理

第十九条 支出是指行政单位为保障机构正常运转和完成工作任务所发生的资金耗费和损失，包括基本支出和项目支出。

基本支出，是指行政单位为保障其机构正常运转和完成日常工作任务所发生的支出，包括人员经费和公用经费。

项目支出，是指行政单位为完成其特定的工作任务所发生的支出。

第二十条 行政单位应当将各项支出全部以项目形式纳入预算项目库，实施项目全生命周期管理，未纳入预算项目库的项目一律不得安排预算。

各项支出由单位财务部门按照批准的预算和有关规定审核办理。

第二十一条 行政单位应当严格执行国家规定的开支范围及标准，不得擅自扩大开支范围、提高开支标准，建立健全支出管理制度，合理安排支出进度，严控一般性支出。

第二十二条 行政单位从财政部门或者上级预算单位取得的项目资金，应当按照批准的项目和用途使用，专款专用，在单位统一会计账簿中按项目明细单独核算，并按照有关规定报告资金使用情况，接受财政部门和上级预算单位的监督。

第二十三条 行政单位应当严格执行国库集中支付制度和政府采购法律制度等规定。

第二十四条 行政单位可以根据机构运转和完成工作任务的实际需要，实行成本核算。成本核算的具体办法按照国务院财政部门有关规定执行。

第二十五条 行政单位应当依法依规加强各类票据管理，确保票据来源合法、内容真实、使用正确，不得使用虚假票据。

第五章 结转和结余管理

第二十六条 结转资金，是指当年预算已执行但未完成，或者因故未执行，下一年度需要按照原用途继续使用的资金。

第二十七条 结余资金，是指当年预算工作目标已完成，或者因故终止，当年剩余的资金。

结转资金在规定使用年限未使用或者未使用完的，视为结余资金。

第二十八条 财政拨款结转和结余的管理，应当按照国家有关规定执行。

第六章 资产管理

第二十九条 资产是指行政单位依法直接支配的、能以货币计量的各类经济资源，包括流动资产、固定资产、在建工程、无形资产、公共基础设施、政府储备物资、文物文化资产、保障性住房等。

第三十条 流动资产是指预计在一年以内耗用或者可以变现的资产，包括货币资金、应收及预付款项、存货等。

前款所称存货是指行政单位在工作中为耗用而储存的资产，包括材料、产品、包装物和低值易耗品以及未达到固定资产标准的用具、装具、动植物等。

第三十一条 固定资产是指使用期限超过一年，单位价值在1000元以上，并且在使用过程中基本保持原有物质形态的资产。单位价值虽未达到规定标准，但是耐用时间在一年以上的大批同类物资，作为固定资产管理。

第三十二条 在建工程是指已经发生必要支出，但尚未达到交付使用状态的建设项目工程。

在建工程达到交付使用状态时，应当按照规定办理工程竣工财务决算和资产交付使用，期限最长不得超过1年。

第三十三条 无形资产是指不具有实物形态而能为使用者提供某种权利的资产，包括专利权、商标权、著作权、土地使用权、非专利技术等。

第三十四条 行政单位应当建立健全单位资产管理制度，明确资产使用人和管理人的岗位责任，按照国家规定设置国有资产台账，加强和规范资产配置、使用和处置管理，维护资产安全完整。涉及资产评估的，按照国家有关规定执行。

行政单位应当汇总编制本单位行政事业性国有资产管理情况报告。

第三十五条 行政单位应当根据依法履行职能和完成工作任务的需要，结合资产存量和价值、资产配置标准、绩效目标和财政承受能力，优先通过调剂方式配置资产。不能调剂的，可以采用购置、建设、租用等方式。

第三十六条 行政单位应当加强资产日常管理工作，做好资产建账、核算和登记工作，定期或者不定期进行清查盘点、对账，保证账账相符、账实相符。出现资产盘盈盘亏的，应当按照财务、会计和资产管理制度有关规定处理。

行政单位对需要办理权属登记的资产应当依法及时办理。

第三十七条 行政单位开设银行存款账户，应当报本级财政部门审批或者备案，并由财务部门统一管理。

第三十八条 行政单位应当加强应收及预付款项的管理，严格控制规模，并及时进行清理，不得长期挂账。

第三十九条 行政单位的资产增加时，应当及时登记入账；减少时，应当按照资产处置规定办理报批手续，进行账务处理。

行政单位货币性资产损失核销，按照本级财政部门预算及财务管理有关规定执行。

第四十条 除法律另有规定外，行政单位不得以任何形式用其依法直接支配的国有资产对外投资或者设立营利性组织。对于未与行政单位脱钩的营利性组织，行政单位应当按照有关规定进行监管。

除法律、行政法规另有规定外，行政单位不得以任何方式举借债务，不得以任何方式对外提供担保。

第四十一条 行政单位对外出租、出借国有资产，应当按照有关规定履行相关审批程序。未经批准，不得对外出租、出借。

第四十二条 行政单位应当在确保安全使用的前提下，推进本单位大型设备等国有资产共享共用工作，可以对提供方给予合理补偿。

第四十三条 行政单位资产处置应当遵循公开、公平、公正和竞争、择优的原则，依法进行资产评估，严格履行相关审批程序。

第四十四条 公共基础设施、政府储备物资、文物文化资产、保障性住房等国有资产管理的具体办法，由国务院财政部门会同有关部门制定。

第七章 负债管理

第四十五条 负债是指行政单位过去的经济业务事项形成的、预期会导致经济资源流出的现时义务，包括应缴款项、暂存款项、应付款项等。

第四十六条 应缴款项是指行政单位依法取得的应当上缴财政的资金，包括罚没收入、行政事业性收费收入、政府性基金收入、国有资源（资产）有偿使用收入等。

第四十七条 行政单位取得罚没收入、行政事业性收费收入、政府性基金收入、国有资源（资产）有偿使用收入等，应当按照国库集中收缴的有关规定及时足额上缴，不得隐瞒、滞留、截留、占用、挪用、拖欠或者坐支。

第四十八条 暂存款项是行政单位在业务活动中与其他单位或者个人发生的预收、代管等待结算的款项。

第四十九条 行政单位应当加强对暂存款项的管理，不得将应当纳入单位收入管理的款项列入暂存款项；对各种暂存款项应当及时清理、结算，不得长期挂账。

第八章　行政单位划转撤并的财务处理

第五十条 行政单位划转撤并的财务处理，应当在财政部门、主管预算单位等部门的监督指导下进行。

划转撤并的行政单位应当对单位的财产、债权、债务等进行全面清理，编制财产目录和债权、债务清单，提出财产作价依据和债权、债务处理办法，做好资产和负债的移交、接收、划转和管理工作，并妥善处理各项遗留问题。

第五十一条 划转撤并的行政单位的资产和负债经主管预算单位审核并上报财政部门和有关部门批准后，分别按照下列规定处理：

（一）转为事业单位和改变隶属关系的行政单位，其资产和负债无偿移交，并相应调整、划转经费指标。

（二）转为企业的行政单位，其资产按照有关规定进行评估作价并扣除负债后，转作企业的国有资本。

（三）撤销的行政单位，其全部资产和负债由财政部门或者财政部门授权的单位处理。

（四）合并的行政单位，其全部资产和负债移交接收单位或者新组建单位，并相应划转经费指标；合并后多余的资产，由财政部门或者财政部门授权的单位处理。

（五）分立的行政单位，其资产和负债按照有关规定移交分立后的行政单位，并相应划转经费指标。

第九章　财务报告和决算报告

第五十二条 行政单位应当按照国家有关规定向主管预算单位和财政部门以及其他有关的报告使用者提供财务报告、决算报告。

行政单位财务会计和预算会计要素的确认、计量、记录、报告应当遵循政府会计准则制度的规定。

第五十三条 财务报告主要以权责发生制为基础编制，以财务会计核算生成的数据为准，综合反映行政单位特定日期财务状况和一定时期运行情况等信息。

第五十四条 财务报告由财务报表和财务分析两部分组成。财务报表主要包括资产负债表、收入费用表等会计报表和报表附注。财务分析的内容主要包括财务状况分析、运行情况分析和财务管理情况等。

第五十五条 决算报告主要以收付实现制为基础编制，以预算会计核算生成的数据为准，综合反映行政单位年度预算收支执行结果等信息。

第五十六条 决算报告由决算报表和决算分析两部分组成。决算报表主要包括收入支出表、财政拨款收入支出表等。决算分析的内容主要包括收支预算执行分析、资金使用效益分析和机构人员情况等。

第十章 财务监督

第五十七条 行政单位财务监督主要包括对预算管理、收入管理、支出管理、结转和结余管理、资产管理、负债管理等的监督。

第五十八条 行政单位财务监督应当实行事前监督、事中监督、事后监督相结合，日常监督与专项监督相结合，并对违反财务规章制度的问题进行检查处理。

第五十九条 行政单位应当建立健全内部控制制度、经济责任制度、财务信息披露制度等监督制度，按照规定编制内部控制报告，依法依规公开财务信息，做好预决算公开工作。

第六十条 行政单位应当遵守财经纪律和财务制度，依法接受主管预算单位和财政、审计部门的监督。

第六十一条 财政部门、行政单位及其工作人员存在违反本规则规定的行为，以及其他滥用职权、玩忽职守、徇私舞弊等违法违规行为的，依法追究相应责任。

第十一章 附 则

第六十二条 行政单位基本建设投资的财务管理，应当执行本规则，但国家基本建设投资财务管理制度另有规定的，从其规定。

第六十三条 行政单位应当严格按照《中华人民共和国保守国家秘密法》等法律法规和有关规定，做好涉密事项的财务管理工作。

第六十四条 行政单位所属独立核算的企业、事业单位分别执行相应的财务制度,不执行本规则。

第六十五条 省、自治区、直辖市人民政府财政部门可以依据本规则结合本地区实际情况制定实施办法。

第六十六条 本规则自2023年3月1日起施行。《行政单位财务规则》(财政部令第71号)同时废止。

三、会计核算

企业财务会计报告条例

(2000年6月21日中华人民共和国国务院令第287号公布 自2001年1月1日起施行)

第一章 总 则

第一条 为了规范企业财务会计报告,保证财务会计报告的真实、完整,根据《中华人民共和国会计法》,制定本条例。

第二条 企业(包括公司,下同)编制和对外提供财务会计报告,应当遵守本条例。

本条例所称财务会计报告,是指企业对外提供的反映企业某一特定日期财务状况和某一会计期间经营成果、现金流量的文件。

第三条 企业不得编制和对外提供虚假的或者隐瞒重要事实的财务会计报告。

企业负责人对本企业财务会计报告的真实性、完整性负责。

第四条 任何组织或者个人不得授意、指使、强令企业编制和对外提供虚假的或者隐瞒重要事实的财务会计报告。

第五条 注册会计师、会计师事务所审计企业财务会计报告,应当依照有关法律、行政法规以及注册会计师执业规则的规定进行,并对所出具的审计报告负责。

第二章 财务会计报告的构成

第六条 财务会计报告分为年度、半年度、季度和月度财务会计报告。

第七条 年度、半年度财务会计报告应当包括:

(一)会计报表;

(二)会计报表附注;

(三) 财务情况说明书。

会计报表应当包括资产负债表、利润表、现金流量表及相关附表。

第八条 季度、月度财务会计报告通常仅指会计报表，会计报表至少应当包括资产负债表和利润表。国家统一的会计制度规定季度、月度财务会计报告需要编制会计报表附注的，从其规定。

第九条 资产负债表是反映企业在某一特定日期财务状况的报表。资产负债表应当按照资产、负债和所有者权益（或者股东权益，下同）分类分项列示。其中，资产、负债和所有者权益的定义及列示应当遵循下列规定：

(一) 资产，是指过去的交易、事项形成并由企业拥有或者控制的资源，该资源预期会给企业带来经济利益。在资产负债表上，资产应当按照其流动性分类分项列示，包括流动资产、长期投资、固定资产、无形资产及其他资产。银行、保险公司和非银行金融机构的各项资产有特殊性的，按照其性质分类分项列示。

(二) 负债，是指过去的交易、事项形成的现时义务，履行该义务预期会导致经济利益流出企业。在资产负债表上，负债应当按照其流动性分类分项列示，包括流动负债、长期负债等。银行、保险公司和非银行金融机构的各项负债有特殊性的，按照其性质分类分项列示。

(三) 所有者权益，是指所有者在企业资产中享有的经济利益，其金额为资产减去负债后的余额。在资产负债表上，所有者权益应当按照实收资本（或者股本）、资本公积、盈余公积、未分配利润等项目分项列示。

第十条 利润表是反映企业在一定会计期间经营成果的报表。利润表应当按照各项收入、费用以及构成利润的各个项目分类分项列示。其中，收入、费用和利润的定义及列示应当遵循下列规定：

(一) 收入，是指企业在销售商品、提供劳务及让渡资产使用权等日常活动中所形成的经济利益的总流入。收入不包括为第三方或者客户代收的款项。在利润表上，收入应当按照其重要性分项列示。

(二) 费用，是指企业为销售商品、提供劳务等日常活动所发生的经济利益的流出。在利润表上，费用应当按照其性质分项列示。

(三) 利润，是指企业在一定会计期间的经营成果。在利润表上，利润应当按照营业利润、利润总额和净利润等利润的构成分类分项列示。

第十一条　现金流量表是反映企业一定会计期间现金和现金等价物（以下简称现金）流入和流出的报表。现金流量表应当按照经营活动、投资活动和筹资活动的现金流量分类分项列示。其中，经营活动、投资活动和筹资活动的定义及列示应当遵循下列规定：

（一）经营活动，是指企业投资活动和筹资活动以外的所有交易和事项。在现金流量表上，经营活动的现金流量应当按照其经营活动的现金流入和流出的性质分项列示；银行、保险公司和非银行金融机构的经营活动按照其经营活动特点分项列示。

（二）投资活动，是指企业长期资产的购建和不包括在现金等价物范围内的投资及其处置活动。在现金流量表上，投资活动的现金流量应当按照其投资活动的现金流入和流出的性质分项列示。

（三）筹资活动，是指导致企业资本及债务规模和构成发生变化的活动。在现金流量表上，筹资活动的现金流量应当按照其筹资活动的现金流入和流出的性质分项列示。

第十二条　相关附表是反映企业财务状况、经营成果和现金流量的补充报表，主要包括利润分配表以及国家统一的会计制度规定的其他附表。

利润分配表是反映企业一定会计期间对实现净利润以及以前年度未分配利润的分配或者亏损弥补的报表。利润分配表应当按照利润分配各个项目分类分项列示。

第十三条　年度、半年度会计报表至少应当反映两个年度或者相关两个期间的比较数据。

第十四条　会计报表附注是为便于会计报表使用者理解会计报表的内容而对会计报表的编制基础、编制依据、编制原则和方法及主要项目等所作的解释。会计报表附注至少应当包括下列内容：

（一）不符合基本会计假设的说明；

（二）重要会计政策和会计估计及其变更情况、变更原因及其对财务状况和经营成果的影响；

（三）或有事项和资产负债表日后事项的说明；

（四）关联方关系及其交易的说明；

（五）重要资产转让及其出售情况；

（六）企业合并、分立；

（七）重大投资、融资活动；

（八）会计报表中重要项目的明细资料；

（九）有助于理解和分析会计报表需要说明的其他事项。

第十五条 财务情况说明书至少应当对下列情况作出说明：

（一）企业生产经营的基本情况；

（二）利润实现和分配情况；

（三）资金增减和周转情况；

（四）对企业财务状况、经营成果和现金流量有重大影响的其他事项。

第三章 财务会计报告的编制

第十六条 企业应当于年度终了编报年度财务会计报告。国家统一的会计制度规定企业应当编报半年度、季度和月度财务会计报告的，从其规定。

第十七条 企业编制财务会计报告，应当根据真实的交易、事项以及完整、准确的账簿记录等资料，并按照国家统一的会计制度规定的编制基础、编制依据、编制原则和方法。

企业不得违反本条例和国家统一的会计制度规定，随意改变财务会计报告的编制基础、编制依据、编制原则和方法。

任何组织或者个人不得授意、指使、强令企业违反本条例和国家统一的会计制度规定，改变财务会计报告的编制基础、编制依据、编制原则和方法。

第十八条 企业应当依照本条例和国家统一的会计制度规定，对会计报表中各项会计要素进行合理的确认和计量，不得随意改变会计要素的确认和计量标准。

第十九条 企业应当依照有关法律、行政法规和本条例规定的结账日进行结账，不得提前或者延迟。年度结账日为公历年度每年的 12 月 31 日；半年度、季度、月度结账日分别为公历年度每半年、每季、每月的最后 1 天。

第二十条 企业在编制年度财务会计报告前，应当按照下列规定，全面清查资产、核实债务：

（一）结算款项，包括应收款项、应付款项、应交税金等是否存在，与债务、债权单位的相应债务、债权金额是否一致；

（二）原材料、在产品、自制半成品、库存商品等各项存货的实存数量与账面数量是否一致，是否有报废损失和积压物资等；

（三）各项投资是否存在，投资收益是否按照国家统一的会计制度规定进行确认和计量；

（四）房屋建筑物、机器设备、运输工具等各项固定资产的实存数量与账面数量是否一致；

（五）在建工程的实际发生额与账面记录是否一致；

（六）需要清查、核实的其他内容。

企业通过前款规定的清查、核实，查明财产物资的实存数量与账面数量是否一致、各项结算款项的拖欠情况及其原因、材料物资的实际储备情况、各项投资是否达到预期目的、固定资产的使用情况及其完好程度等。企业清查、核实后，应当将清查、核实的结果及其处理办法向企业的董事会或者相应机构报告，并根据国家统一的会计制度的规定进行相应的会计处理。

企业应当在年度中间根据具体情况，对各项财产物资和结算款项进行重点抽查、轮流清查或者定期清查。

第二十一条 企业在编制财务会计报告前，除应当全面清查资产、核实债务外，还应当完成下列工作：

（一）核对各会计账簿记录与会计凭证的内容、金额等是否一致，记账方向是否相符；

（二）依照本条例规定的结账日进行结账，结出有关会计账簿的余额和发生额，并核对各会计账簿之间的余额；

（三）检查相关的会计核算是否按照国家统一的会计制度的规定进行；

（四）对于国家统一的会计制度没有规定统一核算方法的交易、事项，检查其是否按照会计核算的一般原则进行确认和计量以及相关账务处理是否合理；

（五）检查是否存在因会计差错、会计政策变更等原因需要调整前期或者本期相关项目。

在前款规定工作中发现问题的，应当按照国家统一的会计制度的规定进行处理。

第二十二条　企业编制年度和半年度财务会计报告时，对经查实后的资产、负债有变动的，应当按照资产、负债的确认和计量标准进行确认和计量，并按照国家统一的会计制度的规定进行相应的会计处理。

第二十三条　企业应当按照国家统一的会计制度规定的会计报表格式和内容，根据登记完整、核对无误的会计账簿记录和其他有关资料编制会计报表，做到内容完整、数字真实、计算准确，不得漏报或者任意取舍。

第二十四条　会计报表之间、会计报表各项目之间，凡有对应关系的数字，应当相互一致；会计报表中本期与上期的有关数字应当相互衔接。

第二十五条　会计报表附注和财务情况说明书应当按照本条例和国家统一的会计制度的规定，对会计报表中需要说明的事项作出真实、完整、清楚的说明。

第二十六条　企业发生合并、分立情形的，应当按照国家统一的会计制度的规定编制相应的财务会计报告。

第二十七条　企业终止营业的，应当在终止营业时按照编制年度财务会计报告的要求全面清查资产、核实债务、进行结账，并编制财务会计报告；在清算期间，应当按照国家统一的会计制度的规定编制清算期间的财务会计报告。

第二十八条　按照国家统一的会计制度的规定，需要编制合并会计报表的企业集团，母公司除编制其个别会计报表外，还应当编制企业集团的合并会计报表。

企业集团合并会计报表，是指反映企业集团整体财务状况、经营成果和现金流量的会计报表。

第四章　财务会计报告的对外提供

第二十九条　对外提供的财务会计报告反映的会计信息应当真实、完整。

第三十条　企业应当依照法律、行政法规和国家统一的会计制度有关财务会计报告提供期限的规定，及时对外提供财务会计报告。

第三十一条　企业对外提供的财务会计报告应当依次编定页数，加具封面，装订成册，加盖公章。封面上应当注明：企业名称、企业统一代码、组织形式、地址、报表所属年度或者月份、报出日期，并由企业负责人和主管会计工作的负责人、会计机构负责人（会计主管人员）签名并盖章；设置总会计师的企业，还应当由总会计师签名并盖章。

第三十二条　企业应当依照企业章程的规定，向投资者提供财务会计报告。

国务院派出监事会的国有重点大型企业、国有重点金融机构和省、自治区、直辖市人民政府派出监事会的国有企业，应当依法定期向监事会提供财务会计报告。

第三十三条　有关部门或者机构依照法律、行政法规或者国务院的规定，要求企业提供部分或者全部财务会计报告及其有关数据的，应当向企业出示依据，并不得要求企业改变财务会计报告有关数据的会计口径。

第三十四条　非依照法律、行政法规或者国务院的规定，任何组织或者个人不得要求企业提供部分或者全部财务会计报告及其有关数据。

违反本条例规定，要求企业提供部分或者全部财务会计报告及其有关数据的，企业有权拒绝。

第三十五条　国有企业、国有控股的或者占主导地位的企业，应当至少每年一次向本企业的职工代表大会公布财务会计报告，并重点说明下列事项：

（一）反映与职工利益密切相关的信息，包括：管理费用的构成情况，企业管理人员工资、福利和职工工资、福利费用的发放、使用和结余情况，公益金的提取及使用情况，利润分配的情况以及其他与职工利益相关的信息；

（二）内部审计发现的问题及纠正情况；

（三）注册会计师审计的情况；

（四）国家审计机关发现的问题及纠正情况；

（五）重大的投资、融资和资产处置决策及其原因的说明；

（六）需要说明的其他重要事项。

第三十六条　企业依照本条例规定向有关各方提供的财务会计报告，其编制基础、编制依据、编制原则和方法应当一致，不得提供编制基础、编制依据、编制原则和方法不同的财务会计报告。

第三十七条　财务会计报告须经注册会计师审计的，企业应当将注册会计师及其会计师事务所出具的审计报告随同财务会计报告一并对外提供。

第三十八条　接受企业财务会计报告的组织或者个人，在企业财务会计报告未正式对外披露前,应当对其内容保密。

第五章 法 律 责 任

第三十九条 违反本条例规定,有下列行为之一的,由县级以上人民政府财政部门责令限期改正,对企业可以处 3000 元以上 5 万元以下的罚款;对直接负责的主管人员和其他直接责任人员,可以处 2000 元以上 2 万元以下的罚款;属于国家工作人员的,并依法给予行政处分或者纪律处分:

(一)随意改变会计要素的确认和计量标准的;

(二)随意改变财务会计报告的编制基础、编制依据、编制原则和方法的;

(三)提前或者延迟结账日结账的;

(四)在编制年度财务会计报告前,未按照本条例规定全面清查资产、核实债务的;

(五)拒绝财政部门和其他有关部门对财务会计报告依法进行的监督检查,或者不如实提供有关情况的。

会计人员有前款所列行为之一,情节严重的,由县级以上人民政府财政部门吊销会计从业资格证书。

第四十条 企业编制、对外提供虚假的或者隐瞒重要事实的财务会计报告,构成犯罪的,依法追究刑事责任。

有前款行为,尚不构成犯罪的,由县级以上人民政府财政部门予以通报,对企业可以处 5000 元以上 10 万元以下的罚款;对直接负责的主管人员和其他直接责任人员,可以处 3000 元以上 5 万元以下的罚款;属于国家工作人员的,并依法给予撤职直至开除的行政处分或者纪律处分;对其中的会计人员,情节严重的,并由县级以上人民政府财政部门吊销会计从业资格证书。

第四十一条 授意、指使、强令会计机构、会计人员及其他人员编制、对外提供虚假的或者隐瞒重要事实的财务会计报告,或者隐匿、故意销毁依法应当保存的财务会计报告,构成犯罪的,依法追究刑事责任;尚不构成犯罪的,可以处 5000 元以上 5 万元以下的罚款;属于国家工作人员的,并依法给予降级、撤职、开除的行政处分或者纪律处分。

第四十二条 违反本条例的规定,要求企业向其提供部分或者全部财务会计报告及其有关数据的,由县级以上人民政府责令改正。

第四十三条 违反本条例规定,同时违反其他法律、行政法规规定的,由有关部门在各自的职权范围内依法给予处罚。

第六章 附 则

第四十四条 国务院财政部门可以根据本条例的规定,制定财务会计报告的具体编报办法。

第四十五条 不对外筹集资金、经营规模较小的企业编制和对外提供财务会计报告的办法,由国务院财政部门根据本条例的原则另行规定。

第四十六条 本条例自2001年1月1日起施行。

财政部关于进一步加强财政总会计核算管理有关事项的通知

(2024年10月18日 财库〔2024〕23号)

各省、自治区、直辖市、计划单列市财政厅(局),新疆生产建设兵团财政局:

财政总会计是财政管理重要基础性工作。为进一步加强财政总会计核算管理,充分发挥财政总会计职能作用,更好支撑财政管理各项工作顺利开展,现就有关事项通知如下:

一、充分发挥财政总会计职能作用

《财政总会计制度》(以下简称《制度》)夯实完善了以收付实现制为基础的预算会计,建立了以权责发生制为基础的财务会计,财政总会计以"平行记账"方式对财政经济业务事项进行核算管理。《制度》施行以来,各级财政总会计工作质量明显提升,但与改革目标仍然存在一定差距。例如,财政总会计账套体系尚未统一,部分科目设置可以进一步细化,暂存性款项、暂付性款项等业务核算落实《制度》不到位,核算时效性有待提升等。地方各级财政部门要进一步提高政治站位,从健全现代财政预算制度、夯实财政管理基础的高度,不断加强财政总会计核算管理,严格执行

《制度》,充分发挥财政总会计职能作用,全面核算财政经济业务事项,真实反映财政运行情况及结果,有效监督财政财务活动过程,为政府财政预算管理、财务管理、财会监督提供坚实保障。

二、统一财政总会计账套

(一)统一账套设置。全国各级财政总会计统一设置财政总会计账、教育收费专户账、非税收入收缴专户账、财政代管资金专户账、社保基金专户账、支付中心账、专用基金账、专项支出类专户账、外币类专户账等9个类型账套开展总会计核算。各类账套实行全国统一的账套名称和账套编码。各地确有需要增设账套的,需向财政部(国库司)备案,新设账套的核算内容不能与上述9个账套交叉重复。

(二)明确账套核算内容。财政总会计账核算一般公共预算、政府性基金预算和国有资本经营预算资金有关的经济业务活动或事项;教育收费专户账核算纳入预算管理的教育收费资金收支业务;非税收入收缴专户账核算通过收入收缴管理系统收取、确认、划转的非税资金业务;财政代管资金专户账核算财政部门代为管理的预算单位资金,以及其他需要在专户管理的非财政预算资金收支业务;社保基金专户账核算社会保障基金财政专户资金收支业务;支付中心账核算单独设立的国库支付执行机构发生的资金收支业务;专用基金账核算根据财政管理要求,需单独核算的专用基金收支业务;专项支出类专户账核算根据财政管理要求,需单独核算的专项支出类资金收支业务等;外币类专户账核算以外币原币作为记账本位币的外币收支业务等。

三、增设部分明细会计科目

(三)增设财务会计明细科目。在"国库存款"科目下增设"金库存款"和"待划转社会保险费"明细科目。在"其他应付款"科目下增设"待划转社会保险费"、"收回存量资金"、"国库集中支付待清算资金"和"其他"明细科目。在"应收地方政府债券转贷款—应收本金"下增设"未到期本金"和"已到期本金"。在"应付地方政府债券转贷款—应付本金"下增设"未到期本金"和"已到期本金"。

(四)增设预算会计明细科目。在"资金结存—待处理结存"科目下增设"待处理收入结存"、"待处理支出结存"、"国库集中支付待清算资金"和"其他待处理事项"明细科目。

四、规范重点核算事项

（五）规范使用"其他应收款"等科目。无实际资金流入的情况下，严禁通过预算会计科目"资金结存"、财务会计科目"其他应收款"冲减已列预算支出（费用）；严禁通过预算会计科目"资金结存"、财务会计科目"其他应收款"虚增收入。

（六）规范债务还本付息资金核算。财政总会计应严格按照《制度》规定进行核算。省级政府财政偿还地方政府债券本息时，使用"应付长期（短期）政府债券"、"应付（应收）利息"等科目；上级政府财政收到或扣缴下级政府财政应偿还的地方政府债券转贷款本息时，使用"应收地方政府债券转贷款"、"应收利息"等科目；下级政府财政向上级政府财政上缴或上级政府财政扣缴应偿还的地方政府债券转贷款本息时，使用"应付地方政府债券转贷款"、"应付利息"等科目。不得使用"其他应付款"、"其他应收款"科目归集、确认债务还本付息资金。

（七）清晰反映国库待清算资金。国库集中支付资金拨付时，财政总会计依据代理银行国库集中支付回单确认预算支出，同时确认"国库集中支付待清算资金"；实际进行资金清算时，财政总会计依据中国人民银行国库集中支付清算回单冲减"国库集中支付待清算资金"。

五、提高财政总会计核算时效性

（八）提升核算电子化程度。加快推进财政总会计核算电子化进程，打通财政与中国人民银行电子数据传输渠道，实现财政与中国人民银行全部业务事项线上办理，全部业务数据线上传输。

（九）实现财政总会计"T+1"日记账。在预算管理一体化系统中确保财政总会计"T+1"日完成核算，实现"日清月结"，完善财政总会计与中国人民银行、代理银行自动对账机制。

六、加强组织实施

（十）做好督促指导。根据本通知要求，强化组织领导，省级财政部门要充分发挥主体作用，加强统筹协调，督促指导本地区推进各项工作落实到位。

（十一）加强技术保障。省级财政部门要扎实做好本地区预算管理一体化系统财政总会计核算功能升级改造，积极推动财政总会计核算功能模块与政府债务、资产管理功能模块衔接贯通，信息共享。

（十二）开展业务培训。地方各级财政部门要结合本地区实际，通过线上或线下方式，开展业务培训，确保各级财政总会计熟悉掌握《制度》及本通知各项规定和具体要求。

本通知自 2025 年 1 月 1 日起执行。

附件：1. 财政总会计账套分类情况表（略）
　　　2. 财政总会计增设明细会计科目及使用说明（略）

道路交通事故社会救助基金会计核算办法

（2022 年 6 月 16 日　财会〔2022〕15 号）

第一部分　总　说　明

一、为了规范道路交通事故社会救助基金（以下简称救助基金）的会计核算，提高会计信息质量，根据《中华人民共和国会计法》、《道路交通事故社会救助基金管理办法》等法律法规，制定本办法。

二、本办法所称救助基金，是指《道路交通事故社会救助基金管理办法》规定的，依法筹集用于垫付机动车道路交通事故中受害人人身伤亡的丧葬费用、部分或者全部抢救费用的社会专项基金。

三、本办法适用于救助基金管理机构（以下简称管理机构）负责管理的救助基金。

四、救助基金应当作为独立的会计主体进行会计核算。救助基金应当独立于管理机构的固有财产及其管理的其他财产，实行分账核算。

五、救助基金的会计核算采用收付实现制，但按照本办法规定应当采用权责发生制的除外。

六、救助基金的会计要素包括资产、负债、净资产、收入和支出。

七、救助基金的会计记账采用借贷记账法。

八、救助基金的会计核算应当划分会计期间，分期结算账目和编制财务报表。会计期间的起讫日期采用公历制，会计年度自公历 1 月 1 日起至 12 月 31 日止。

九、救助基金的会计核算应当遵循下列基本原则：

（一）救助基金的会计核算应当以实际发生的经济业务为依据，如实反映救助基金的财务状况和收支情况等信息，保证会计信息真实可靠、内容完整。

（二）救助基金的会计核算应当采用规定的会计政策，确保会计信息口径一致、相互可比。

（三）救助基金的会计核算应当及时进行，不得提前或者延后。

十、救助基金管理机构对救助基金应当按照下列规定运用会计科目：

（一）救助基金管理机构应当按照本办法的规定设置和使用会计科目。

（二）救助基金管理机构应当执行本办法统一规定的会计科目编号，以便于填制会计凭证、登记账簿、查阅账目，实行会计信息化管理。

（三）救助基金管理机构在填制会计凭证、登记会计账簿时，应当填列会计科目的名称，或者同时填列会计科目的名称和编号，不得只填列会计科目编号、不填列会计科目名称。

（四）救助基金管理机构可以根据核算和管理工作需要，对明细科目设置予以补充，但不得违反本办法的规定。

十一、救助基金管理机构应当按照下列规定编制救助基金财务报表：

（一）救助基金财务报表包括资产负债表、收支表、救助基金垫付情况表及附注。

（二）救助基金的资产负债表、收支表及附注应当按照季度编制，救助基金垫付情况表应当至少按照年度编制。

（三）救助基金财务报表应当根据登记完整、核对无误的账簿记录和其他有关资料编制，做到数字真实、计算准确、内容完整、编报及时。

（四）救助基金管理机构可以根据管理工作需要，在本办法规定的救助基金财务报表项目下增设有关明细项目。

十二、救助基金相关会计基础工作、会计档案管理以及内部控制等，应当按照《中华人民共和国会计法》、《会计基础工作规范》、《会计档案管理办法》及国家有关内部控制规范等相关法律法规规定执行。

救助基金相关会计信息化工作，应当符合财政部制定的相关会计信息化工作规范和标准，确保利用现代信息技术手段开展会计核算及生成的会计信息符合本办法的规定。

十三、本办法自 2023 年 1 月 1 日起施行。

第二部分 会计科目名称和编号

序号	科目编号	科目名称
一、资产类		
1	1001	库存现金
2	1101	银行存款
3	1201	备用金
4	1301	救助基金垫付款
二、负债类		
5	2001	暂存款
三、净资产类		
6	3001	资产基金
7	3101	救助基金结余
四、收入类		
8	4001	保险费提取收入
9	4101	罚款收入
10	4201	利息收入
11	4301	财政补助收入
12	4401	捐赠收入
13	4501	上级补助收入
14	4901	其他收入
五、支出类		
15	5001	抢救费支出
16	5101	丧葬费支出
17	5201	补助下级支出
18	5901	其他支出

第三部分　会计科目使用说明

一、资产类

1001　库存现金

一、本科目核算救助基金的库存现金。

二、管理机构应当严格按照国家有关现金管理的规定以及救助基金相关管理和财务制度规定收支现金。

三、库存现金的主要账务处理如下：

（一）收到现金，按照实际收到的金额，借记本科目，贷记"捐赠收入"等科目。

（二）将现金存入银行，按照实际存入的金额，借记"银行存款"科目，贷记本科目。从银行提取现金，按照实际提取的金额，借记本科目，贷记"银行存款"科目。

（三）支出现金，按照实际支出的金额，借记"抢救费支出"、"丧葬费支出"等科目，贷记本科目。

（四）追偿本年度垫付的救助基金，按照实际收到的现金金额，借记本科目，贷记"抢救费支出"、"丧葬费支出"科目；同时，借记"资产基金"科目，贷记"救助基金垫付款"科目。追偿以前年度垫付的救助基金，按照实际收到的现金金额，借记本科目，贷记"救助基金结余"科目；同时，借记"资产基金"科目，贷记"救助基金垫付款"科目。

四、管理机构应当设置"库存现金日记账"，由出纳人员根据收付款凭证，逐笔顺序登记。每日终了，应当计算当日的现金收入合计数、现金支出合计数和结余数，并将结余数与实际库存数进行核对，做到账款相符。

五、本科目借方余额，反映救助基金的库存现金余额。

1101　银行存款

一、本科目核算救助基金按规定存入银行的各种存款。

二、管理机构应当严格按照救助基金有关财务管理规定办理银行存款的收支业务。

三、本科目可以根据实际情况按照开户银行、存款种类、存储期限等进行明细核算。

四、银行存款的主要账务处理如下:

(一)收到转入银行的存款,按照实际收到的金额,借记本科目,贷记"保险费提取收入"、"罚款收入"、"财政补助收入"、"上级补助收入"等科目。

(二)将现金存入银行,按照实际存入的金额,借记本科目,贷记"库存现金"科目。从银行提取现金,按照实际提取的金额,借记"库存现金"科目,贷记本科目。

(三)收到银行存款利息,按照实际收到的金额,借记本科目,贷记"利息收入"科目。

(四)以银行存款支付相关款项,按照实际支付的金额,借记"抢救费支出"、"丧葬费支出"、"补助下级支出"等科目,贷记本科目。

(五)追偿本年度垫付的救助基金,按照实际收到的银行存款金额,借记本科目,贷记"抢救费支出"、"丧葬费支出"科目;同时,借记"资产基金"科目,贷记"救助基金垫付款"科目。追偿以前年度垫付的救助基金,按照实际收到的银行存款金额,借记本科目,贷记"救助基金结余"科目;同时,借记"资产基金"科目,贷记"救助基金垫付款"科目。

五、管理机构应当按照开户银行设置"银行存款日记账",由出纳人员根据收付款凭证,按照业务的发生顺序逐笔登记,每日终了应结出余额。"银行存款日记账"应定期与"银行对账单"核对,至少每月核对一次。月度终了,银行存款日记账账面余额与银行对账单余额之间如有差额,应当逐笔查明原因并进行处理,按月编制"银行存款余额调节表",调节相符。

六、本科目期末借方余额,反映救助基金的银行存款余额。

1201 备用金

一、本科目核算救助基金拨付给具体负责垫付工作的专业机构的备用金。

本科目适用于经救助基金主管部门批准,管理机构按照核定额度将救助基金拨付专业机构,委托其具体负责垫付工作的情形。

二、专业机构使用备用金以后应当及时报销并补足备用金。

三、备用金的主要账务处理如下:

(一)救助基金核定并向专业机构拨付备用金,按照实际拨付的金额,借记本科目,贷记"银行存款"科目。

（二）救助基金根据专业机构报销数补足备用金定额，按照实际报销的金额，借记"救助基金垫付款"科目的相关明细科目，贷记"资产基金"科目；同时，借记"抢救费支出"、"丧葬费支出"科目，贷记"银行存款"科目。除了增加或减少拨付的备用金外，使用和报销备用金时不再通过本科目核算。

（三）救助基金收回备用金，按照实际收回的金额，借记"银行存款"科目，贷记本科目。

四、本科目期末借方余额，反映救助基金拨付给具体负责垫付工作的专业机构的备用金。

1301 救助基金垫付款

一、本科目核算救助基金按规定垫付的款项。

二、本科目应当设置"抢救费垫付款"、"丧葬费垫付款"明细科目，并可按照医疗机构、殡葬机构和受害人进行明细核算或辅助核算。

三、救助基金垫付款的主要账务处理如下：

（一）垫付救助基金，按照实际垫付的金额，借记本科目的相关明细科目，贷记"资产基金"科目；同时，借记"抢救费支出"、"丧葬费支出"科目，贷记"银行存款"等科目。

（二）追偿本年度垫付的救助基金，按照实际收到的金额，借记"银行存款"等科目，贷记"抢救费支出"、"丧葬费支出"科目；同时，借记"资产基金"科目，贷记本科目的相关明细科目。

（三）追偿以前年度垫付的救助基金，按照实际收到的金额，借记"银行存款"等科目，贷记"救助基金结余"科目；同时，借记"资产基金"科目，贷记本科目的相关明细科目。

（四）按规定核销垫付的救助基金，按照核销的金额，借记"资产基金"科目，贷记本科目的相关明细科目。

四、本科目期末借方余额，反映尚未收回的救助基金垫付款。

二、负债类

2001 暂存款

一、本科目核算救助基金业务活动中形成的各种暂存款项，包括管理机构代为保管的扣除垫付抢救费用和丧葬费用后，身份无法确认或者其受益人不明的道路交通事故死亡人员所得赔偿款等。

二、本科目可按照暂存款的种类和对象进行明细核算或辅助核算。

三、暂存款的主要账务处理如下：

（一）收到赔偿款，按照实际收到的金额，借记"银行存款"等科目，按照从赔偿款中扣除的垫付抢救费用和丧葬费用的金额，贷记"抢救费支出"、"丧葬费支出"科目（本年度垫付）或"救助基金结余"科目（以前年度垫付），按照其差额，贷记本科目；同时，按照从赔偿款中扣除的垫付抢救费和丧葬费用的金额，借记"资产基金"科目，贷记"救助基金垫付款"科目的相关明细科目。

（二）收到其他暂存款项，按照实际收到的金额，借记"银行存款"等科目，贷记本科目。

（三）按规定支付暂存款项，按照实际支付的金额，借记本科目，贷记"银行存款"等科目。

四、本科目期末贷方余额，反映尚未支付的暂存款项。

三、净资产类

3001　资产基金

一、本科目核算救助基金垫付款在净资产中占用的金额。

二、资产基金的主要账务处理如下：

（一）垫付救助基金，按照实际垫付的金额，借记"抢救费支出"、"丧葬费支出"科目，贷记"银行存款"等科目；同时，借记"救助基金垫付款"科目的相关明细科目，贷记本科目。

（二）追偿本年度垫付的救助基金，按照实际收到的金额，借记"银行存款"等科目，贷记"抢救费支出"、"丧葬费支出"科目；同时，借记本科目，贷记"救助基金垫付款"科目的相关明细科目。

（三）追偿以前年度垫付的救助基金，按照实际收到的金额，借记"银行存款"等科目，贷记"救助基金结余"科目；同时，借记本科目，贷记"救助基金垫付款"科目的相关明细科目。

（四）按规定核销垫付的救助基金，按照核销的金额，借记本科目，贷记"救助基金垫付款"科目的相关明细科目。

三、本科目期末贷方余额，反映救助基金垫付款在净资产中占用的金额。

3101　救助基金结余

一、本科目核算救助基金收支相抵后剩余的滚存资金，以及因收回以前年度垫付的救助基金增加的资金金额。

二、救助基金结余的主要账务处理如下：

（一）期末，将各类收入科目的本期发生额转入本科目，借记"保险费提取收入"、"罚款收入"、"利息收入"、"财政补助收入"、"捐赠收入"、"上级补助收入"、"其他收入"科目，贷记本科目；将各类支出科目的本期发生额转入本科目，借记本科目，贷记"抢救费支出"、"丧葬费支出"、"补助下级支出"、"其他支出"科目。

（二）追偿以前年度垫付的救助基金，按照实际收到的金额，借记"银行存款"等科目，贷记本科目；同时，借记"资产基金"科目，贷记"救助基金垫付款"科目的相关明细科目。

三、本科目期末贷方余额，反映滚存的救助基金结余金额。

四、收入类

4001　保险费提取收入

一、本科目核算救助基金取得的按规定从机动车交通事故责任强制保险（以下简称交强险）保险费提取的资金。

二、保险费提取收入的主要账务处理如下：

（一）收到转入省级救助基金账户的交强险保险费提取资金，按照实际收到的金额，借记"银行存款"科目，贷记本科目。

（二）期末，将本科目本期发生额转入救助基金结余，借记本科目，贷记"救助基金结余"科目。

三、期末结转后，本科目应无余额。

4101　罚款收入

一、本科目核算救助基金取得的对未按照规定投保交强险的所有人、管理人的罚款。

二、罚款收入的主要账务处理如下：

（一）收到转入省级救助基金账户的未按照规定投保交强险的罚款，按照实际收到的金额，借记"银行存款"科目，贷记本科目。

（二）期末，将本科目本期发生额转入救助基金结余，借记本科目，贷记"救助基金结余"科目。

三、期末结转后，本科目应无余额。

4201　利息收入

一、本科目核算救助基金取得的利息收入。

二、利息收入的主要账务处理如下：

（一）收到利息，按照实际收到的金额，借记"银行存款"科目，贷记本科目。

（二）期末，将本科目本期发生额转入救助基金结余，借记本科目，贷记"救助基金结余"科目。

三、期末结转后，本科目应无余额。

4301　财政补助收入

一、本科目核算救助基金从本级政府财政部门取得的财政临时补助。

二、财政补助收入的主要账务处理如下：

（一）收到财政临时补助，按照实际收到的金额，借记"银行存款"科目，贷记本科目。

（二）期末，将本科目本期发生额转入救助基金结余，借记本科目，贷记"救助基金结余"科目。

三、期末结转后，本科目应无余额。

4401　捐赠收入

一、本科目核算救助基金接受社会捐赠取得的款项。

二、捐赠收入的主要账务处理如下：

（一）收到社会捐款，按照实际收到的金额，借记"银行存款"等科目，贷记本科目。

（二）期末，将本科目本期发生额转入救助基金结余，借记本科目，贷记"救助基金结余"科目。

三、期末结转后，本科目应无余额。

4501　上级补助收入

一、本科目核算救助基金从上级救助基金取得的补助资金。

二、本科目可按照资金来源进行明细核算。

三、上级补助收入的主要账务处理如下：

（一）收到上级补助资金，按照实际收到的金额，借记"银行存款"科目，贷记本科目。

（二）期末，将本科目本期发生额转入救助基金结余，借记本科目，贷记"救助基金结余"科目。

四、期末结转后，本科目应无余额。

4901　其他收入

一、本科目核算救助基金取得的除保险费提取收入、罚款收入、利息收入、财政补助收入、捐赠收入、上级补助收入以外的其他资金流入。

已核销的救助基金垫付款在以后期间又收回的，也通过本科目核算。

二、其他收入的主要账务处理如下：

（一）收到其他收入，按照实际收到的金额，借记"银行存款"等科目，贷记本科目。

（二）期末，将本科目本期发生额转入救助基金结余，借记本科目，贷记"救助基金结余"科目。

三、期末结转后，本科目应无余额。

五、支出类

5001　抢救费支出

一、本科目核算救助基金垫付道路交通事故中受害人抢救费用的资金流出。

二、抢救费支出的主要账务处理如下：

（一）垫付抢救费用，按照实际垫付的金额，借记本科目，贷记"银行存款"等科目；同时，借记"救助基金垫付款——抢救费垫付款"科目，贷记"资产基金"科目。

（二）追偿本年垫付的抢救费用，按照实际收到的金额，借记"银行存款"等科目，贷记本科目；同时，借记"资产基金"科目，贷记"救助基金垫付款——抢救费垫付款"科目。

（三）期末，将本科目本期发生额转入救助基金结余，借记"救助基金结余"科目，贷记本科目。

三、期末结转后，本科目应无余额。

5101　丧葬费支出

一、本科目核算救助基金垫付道路交通事故中受害人丧葬费用的资金流出。

二、丧葬费支出的主要账务处理如下：

（一）垫付丧葬费用，按照实际垫付的金额，借记本科目，贷记"银行存款"等科目；同时，借记"救助基金垫付款——丧葬费垫付款"科目,贷记"资产基金"科目。

(二)追偿本年垫付的丧葬费用,按照实际收到的金额,借记"银行存款"等科目,贷记本科目;同时,借记"资产基金"科目,贷记"救助基金垫付款——丧葬费垫付款"科目。

(三)期末,将本科目本期发生额转入救助基金结余,借记"救助基金结余"科目,贷记本科目。

三、期末结转后,本科目应无余额。

5201 补助下级支出

一、本科目核算本级救助基金补助下级救助基金的支出。

二、本科目应当按照补助对象进行明细核算。

三、补助下级支出的主要账务处理如下:

(一)发生对下级救助基金补助支出,按照实际支出的金额,借记本科目,贷记"银行存款"科目。

(二)期末,将本科目本期发生额转入救助基金结余,借记"救助基金结余"科目,贷记本科目。

四、期末结转后,本科目应无余额。

5901 其他支出

一、本科目核算救助基金发生的除抢救费支出、丧葬费支出、补助下级支出以外的其他资金流出,包括汇款手续费支出等。

二、本科目应当按照支出的类别进行明细核算。

三、其他支出的主要账务处理如下:

(一)发生其他支出,按照实际支出的金额,借记本科目,贷记"银行存款"等科目。

(二)期末,将本科目本期发生额转入救助基金结余,借记"救助基金结余"科目,贷记本科目。

四、期末结转后,本科目应无余额。

第四部分　财务报表格式

编号	财务报表名称	编制期
会救助 01 表	资产负债表	季度、年度
会救助 02 表	收支表	季度、年度
会救助 03 表	救助基金垫付情况表	年度

资产负债表

资金名称：<u>XX 救助基金</u>　　　　　　　　　　会救助 01 表

编制单位：_____　　___年___月___日　　单位：元

资产	年初余额	期末余额	负债和净资产	年初余额	期末余额
一、资产：			二、负债：		
库存现金			暂存款		
银行存款			负债合计		
备用金			三、净资产：		
救助基金垫付款			资产基金		
			救助基金结余		
			净资产合计		
资产总计			负债和净资产总计		

收 支 表

资金名称：<u>XX 救助基金</u>　　　　　　　　　　会救助 02 表

编制单位：_____　　___年___季度　　单位：元

项　目	本季数	本年累计数
一、本期收入		

续表

项　目	本季数	本年累计数
保险费提取收入		
罚款收入		
利息收入		
财政补助收入		
捐赠收入		
上级补助收入		
其他收入		
二、本期支出		
抢救费支出		
丧葬费支出		
补助下级支出		
其他支出		
三、本期结余		

救助基金垫付情况表

资金名称：XX 救助基金　　　　　　　　　　　　会救助 03 表

编制单位：_____　　____年　　　　　　　　单位：元

项　目	抢救费垫付款	丧葬费垫付款	垫付款合计
一、本年年初余额			
二、本年变动金额（减少以"-"号填列）			
（一）本年垫付金额			
（二）本年追偿金额			

续表

项　目	抢救费垫付款	丧葬费垫付款	垫付款合计
（三）本年核销金额			
三、本年年末余额			

第五部分　财务报表编制说明

一、资产负债表编制说明

（一）本表反映救助基金在某一特定日期全部资产、负债和净资产的情况。

（二）本表"年初余额"栏内各项数字，应当根据上年年末资产负债表"期末余额"栏内数字填列。

（三）本表中"资产总计"项目期末（年初）余额应当与"负债和净资产总计"项目期末（年初）余额相等。

（四）本表"期末余额"栏各项目的内容和填列方法如下：

1. "库存现金"项目，反映救助基金期末库存现金余额。本项目应当根据"库存现金"科目期末借方余额填列。

2. "银行存款"项目，反映救助基金期末银行存款余额。本项目应当根据"银行存款"科目期末借方余额填列。

3. "备用金"项目，反映期末救助基金拨付给具体负责垫付工作的专业机构的备用金。本项目应当根据"备用金"科目期末借方余额填列。

4. "救助基金垫付款"项目，反映救助基金期末尚未收回的垫付款。本项目应当根据"救助基金垫付款"科目期末借方余额填列。

5. "资产总计"项目，反映救助基金期末资产的合计数。本项目应当根据本表中"库存现金"、"银行存款"、"备用金"、"救助基金垫付款"项目金额的合计数填列。

6. "暂存款"项目，反映救助基金业务活动中形成的各种暂存款项。本项目应当根据"暂存款"科目期末贷方余额填列。

7. "负债合计"项目，反映救助基金期末负债的合计数。本项目应当根据本表中"暂存款"项目金额填列。

8. "资产基金"项目,反映救助基金期末垫付款在净资产中占用的金额。本项目应当根据"资产基金"科目期末贷方余额填列。

9. "救助基金结余"项目,反映救助基金期末滚存的结余金额。本项目应根据"救助基金结余"科目期末贷方余额填列。

10. "净资产合计"项目,反映救助基金期末净资产的合计数。本项目应当根据本表中"资产基金"、"救助基金结余"项目金额的合计数填列。

11. "负债和净资产总计"项目,反映救助基金期末负债和净资产的合计数。本项目应当根据本表中"负债合计"、"净资产合计"项目金额的合计数填列。

二、收支表编制说明

(一)本表反映救助基金在某一会计期间(季度、年度)内发生的收入、支出及当期结余情况。

(二)本表"本季数"栏反映各项目的本季实际发生数。编制年度收支表时,应当将本栏改为"本年数",反映本年度各项目的实际发生数。

本表"本年累计数"栏反映各项目自年初至报告期期末的累计实际发生数。编制年度收支表时,应当将本栏改为"上年数",反映上年度各项目的实际发生数,"上年数"栏应当根据上年年度收支表中"本年数"栏内所列数字填列。

(三)本表"本季数"栏各项目的内容和填列方法如下:

1. "本期收入"项目,反映救助基金本期收入总额。本项目应当根据本表中"保险费提取收入"、"罚款收入"、"利息收入"、"财政补助收入"、"捐赠收入"、"上级补助收入"、"其他收入"项目金额的合计数填列。

2. "保险费提取收入"项目,反映救助基金本期按照交强险保险费一定比例提取资金所取得的收入。本项目应当根据"保险费提取收入"科目的本期发生额填列。

3. "罚款收入"项目,反映救助基金本期对未按照规定投保交强险的机动车所有人、管理人罚款所取得的收入。本项目应当根据"罚款收入"科目的本期发生额填列。

4. "利息收入"项目,反映救助基金本期取得的利息收入。本项目应当根据"利息收入"科目的本期发生额填列。

5. "财政补助收入"项目,反映救助基金本期从本级政府财政部门取得的财政临时补助收入。本项目应当根据"财政补助收入"科目的本期发生额填列。

6. "捐赠收入"项目,反映救助基金本期接受社会捐赠取得的收入。本项目应当根据"捐赠收入"科目的本期发生额填列。

7. "上级补助收入"项目,反映救助基金本期从上级救助基金取得的补助收入。本项目应当根据"上级补助收入"科目的本期发生额填列。

8. "其他收入"项目,反映救助基金本期取得的除以上收入项目外的其他收入总额。本项目应当根据"其他收入"科目的本期发生额填列。

9. "本期支出"项目,反映救助基金本期支出总额。本项目应当根据本表中"抢救费支出"、"丧葬费支出"、"补助下级支出"、"其他支出"项目金额的合计数填列。

10. "抢救费支出"项目,反映救助基金本期垫付抢救费用的支出。本项目应当根据"抢救费支出"科目的本期发生额填列。

11. "丧葬费支出"项目,反映救助基金本期垫付丧葬费用的支出。本项目应当根据"丧葬费支出"科目的本期发生额填列。

12. "补助下级支出"项目,反映救助基金本期补助下级救助基金的支出。本项目应当根据"补助下级支出"科目的本期发生额填列。

13. "其他支出"项目,反映救助基金本期发生的除以上支出项目外的其他支出总额。本项目应当根据"其他支出"科目的本期发生额填列。

14. "本期结余"项目,反映本期救助基金收入扣除支出后的净额。本项目应当根据本表中"本期收入"项目金额减去"本期支出"项目金额后的差额填列;如为负数,以"-"号填列。

三、救助基金垫付情况表编制说明

(一)本表反映救助基金在某一会计年度内垫付、追偿、核销的情况。

(二)本表各项目的内容和填列方法如下:

1. "本年年初余额"行,反映救助基金垫付款各项目的本年年初余额。本行各项目应当根据"救助基金垫付款——抢救费垫付款"、"救助基金垫付款——丧葬费垫付款"科目上年末余额填列。

2. "本年变动金额"行,反映救助基金垫付款各项目本年变动总金额。本行"抢救费垫付款"、"丧葬费垫付款"项目应当根据其各自在"本年垫付金额"行对应项目金额,减去"本年追偿金额"、"本年核销金额"行对应项目金额后的差额填列;如为负数,以"-"号填列。

3. "本年垫付金额"行,反映本年按规定垫付的费用。本项目应当根据"救助基金垫付款"科目相关明细科目的本年借方发生额填列。

4. "本年追偿金额"行,反映本年依法向机动车道路交通事故责任人追偿的资金。本项目应当根据"救助基金垫付款"科目相关明细科目的本年贷方发生额分析填列。

5. "本年核销金额"行,反映本年按规定由救助基金主管部门批准核销的垫付款。本项目应当根据"救助基金垫付款"科目相关明细科目的本年贷方发生额分析填列。

6. "本年年末余额"行,反映救助基金垫付款各项目的本年年末余额。本行各项目应当根据其各自在"本年年初余额"、"本年变动金额"行对应项目金额的合计数填列。

7. 本表各行"垫付款合计"项目,应当根据所在行"抢救费垫付款"、"丧葬费垫付款"项目金额的合计数填列。

四、附注

附注是救助基金财务报表的重要组成部分,至少应当披露下列内容:

(一)财务报表列示的重要项目的进一步说明,包括其主要构成、增减变动情况等。

(二)救助基金垫付、追偿和核销的历年累计金额。

(三)其他支出的具体类别和相应的金额。

(四)未能在财务报表中列示项目的说明。

(五)管理政策和会计政策变动对财务报表影响的说明。

(六)其他对财务报表数据有重大影响的事项说明。

住宅专项维修资金会计核算办法

(2020年4月20日 财会〔2020〕7号)

第一部分 总 说 明

一、为了规范住宅专项维修资金的会计核算,保证会计信息质量,根据《中华人民共和国会计法》、《物业管理条例》、《住宅专项维修资金管理办法》等法律法规，制定本办法。

二、本办法所称住宅专项维修资金，是指《住宅专项维修资金管理办法》规定的专项用于住宅共用部位、共用设施设备保修期满后的维修和更新、改造的资金。

三、《住宅专项维修资金管理办法》规定的代管机构和管理机构（以下统称代管机构）负责管理的住宅专项维修资金的会计核算依照本办法执行。

已划转至业主大会管理的住宅专项维修资金，可参照执行本办法。

四、住宅专项维修资金应当作为独立的会计主体进行会计核算。

五、代管机构应当将其管理的住宅专项维修资金按照商品住宅、已售公有住房分别建账、分别核算。确需合并建账的，应当在有关会计科目下按照商品住宅和已售公有住房进行明细核算。

六、住宅专项维修资金的会计核算采用收付实现制，但按照本办法规定应当采用权责发生制的除外。

七、住宅专项维修资金的会计要素包括资产、负债、净资产、收入和支出。

八、住宅专项维修资金的会计记账采用借贷记账法。

九、住宅专项维修资金的会计核算应当划分会计期间，分期结算账目和编制财务报表。会计期间的起讫日期采用公历制。

十、住宅专项维修资金的会计核算应当遵循下列基本原则：

（一）住宅专项维修资金的会计核算应当以实际发生的经济业务为依据，如实反映住宅专项维修资金的财务状况和收支情况等信息，保证会计信息真实可靠、内容完整。

（二）住宅专项维修资金的会计核算应当采用规定的会计政策，确保会计信息口径一致、相互可比。

（三）住宅专项维修资金的会计核算应当及时进行，不得提前或者延后。

十一、代管机构对住宅专项维修资金应当按照下列规定运用会计科目：

（一）代管机构应当按照本办法的规定设置和使用会计科目。

（二）代管机构应当执行本办法统一规定的会计科目编号，以便于填制会计凭证、登记账簿、查阅账目，实行会计信息化管理。

（三）代管机构在填制会计凭证、登记会计账簿时，应当填列会计科目的名称，或者同时填列会计科目的名称和编号，不得只填列会计科目编号、不填列会计科目名称。

（四）代管机构可以根据核算和管理工作需要，对明细科目设置予以补充，但不得违反本办法的规定。

十二、代管机构应当按照下列规定编制住宅专项维修资金财务报表：

（一）住宅专项维修资金可以区分商品住宅、已售公有住房分别编制财务报表，具备会计核算条件的还可以按小区或幢编制财务报表。

（二）住宅专项维修资金财务报表包括资产负债表、收支表、净资产变动表及附注。

（三）住宅专项维修资金财务报表应当按照月度和年度编制。

（四）住宅专项维修资金财务报表应当根据登记完整、核对无误的账簿记录和其他有关资料编制，做到数字真实、计算准确、内容完整、编报及时。

十三、住宅专项维修资金相关会计基础工作、会计档案管理以及内部控制等，应当按照《中华人民共和国会计法》、《会计基础工作规范》、《会计档案管理办法》及国家有关内部控制规范等相关法律法规规定执行。

住宅专项维修资金相关会计信息化工作，应当符合财政部制定的相关会计信息化工作规范和标准，确保利用现代信息技术手段开展会计核算及生成的会计信息符合本办法的规定。

十四、本办法自 2021 年 1 月 1 日起施行。

第二部分　会计科目名称和编号

序号	科目编号	科目名称
一、资产类		
1	1001	银行存款
2	1101	国债投资
3	1201	备用金

续表

序号	科目编号	科目名称
二、负债类		
4	2001	应付房屋灭失返还资金
三、净资产类		
5	3001	商品住宅维修资金
6	3002	已售公有住房维修资金
7	3101	待分配累计收益
四、收入类		
8	4001	交存收入
9	4101	存款利息收入
10	4102	国债利息收入
11	4201	经营收入
12	4301	共用设施处置收入
13	4901	其他收入
五、支出类		
14	5001	维修支出
15	5101	返还支出
16	5901	其他支出

第三部分 会计科目使用说明

一、资产类

1001 银行存款

一、本科目核算住宅专项维修资金按规定存入维修资金专户的各种存款。

二、本科目可以根据实际情况按照开户银行、存款种类、存储期限等进行明细核算。

三、银行存款的主要账务处理如下：

（一）将款项存入维修资金专户，按照实际存入的金额，借记本科目，贷记"交存收入"、"经营收入"、"共用设施处置收入"、"国债投资"等科目。

（二）收到银行存款利息，按照实际收到的金额，借记本科目，贷记"存款利息收入"科目。

（三）收到分期付息的国债利息，按照实际收到的利息金额，借记本科目，贷记"国债利息收入"科目。

（四）以银行存款支付相关款项，按照实际支付的金额，借记"维修支出"、"返还支出"、"应付房屋灭失返还资金"等科目，贷记本科目。

（五）退回本年交存的住宅专项维修资金，按照实际退回的金额，借记"交存收入"科目，贷记本科目。退回以前年度多交的住宅专项维修资金，按照实际退回的金额，借记"商品住宅维修资金"、"已售公有住房维修资金"科目，贷记本科目。

（六）收到维修单位退回本年的维修支出，按照实际收到的金额，借记本科目，贷记"维修支出"科目。收到维修单位退回以前年度的维修支出，按照实际收到的金额，借记本科目，贷记"商品住宅维修资金"、"已售公有住房维修资金"科目。

（七）将住宅专项维修资金划转至业主大会等管理，按照实际划转转出的金额，借记"商品住宅维修资金"、"已售公有住房维修资金"等科目，贷记本科目。划转转入住宅专项维修资金的，做相反会计分录。

四、本科目应当按照开户银行、存款种类等，分别设置"银行存款日记账"，由出纳人员根据收付款凭证，按照业务的发生顺序逐笔登记，每日终了应结出余额。"银行存款日记账"应定期与"银行对账单"核对，至少每月核对一次。月度终了，银行存款日记账账面余额与银行对账单余额之间如有差额，应当逐笔查明原因并进行处理，按月编制"银行存款余额调节表"，调节相符。

五、本科目期末借方余额，反映住宅专项维修资金实际存放在维修资金专户的款项。

1101 国债投资

一、本科目核算住宅专项维修资金按规定购入国债的成本。

二、本科目应当按照国债的种类进行明细核算。

三、国债投资的主要账务处理如下：

（一）按规定购买国债，按照实际支付的金额（包括购买价款以及税金、手续费等相关税费），借记本科目，贷记"银行存款"科目。

（二）到期收回国债本息，按照实际收回或收到的金额，借记"银行存款"科目，按照债券账面余额，贷记本科目，按照其差额，贷记"国债利息收入"科目。

四、本科目期末借方余额，反映住宅专项维修资金持有的国债购入成本。

1201 备用金

一、本科目核算代管机构拨付给分支机构的备用金。

实行备用金制度的代管机构设置和使用本科目。

二、分支机构使用备用金以后应当及时报销并补足备用金。

三、备用金的主要账务处理如下：

（一）代管机构核定并向分支机构拨付备用金，按照实际拨付的金额，借记本科目，贷记"银行存款"科目。

（二）代管机构根据分支机构报销数补足备用金定额，按照实际报销的金额，借记"维修支出"、"返还支出"等科目，贷记"银行存款"科目。除了增加或减少拨付的备用金外，使用和报销备用金时不再通过本科目核算。

（三）代管机构收回备用金，按照实际收回的金额，借记"银行存款"科目，贷记本科目。

四、本科目期末借方余额，反映代管机构拨付给分支机构的备用金。

二、负债类

2001 应付房屋灭失返还资金

一、本科目核算房屋灭失后，按规定应返还业主、售房单位或上缴国库的住宅专项维修资金。

二、本科目可按照返还的对象进行明细核算。

三、应付房屋灭失返还资金的主要账务处理如下：

（一）房屋灭失，按规定应将住宅专项维修资金返还业主、售房单位或上缴国库的，按照应返还的金额，借记"返还支出"科目，贷记本科目。

（二）支付房屋灭失返还资金，按照实际支付的金额，借记本科目，贷记"银行存款"科目。

四、本科目期末贷方余额，反映应当支付但尚未支付的房屋灭失返还资金。

三、净资产类

3001　商品住宅维修资金

一、本科目核算商品住宅应明确到户的住宅专项维修资金。

二、本科目可按照小区、幢、房屋户门号等进行明细核算或辅助核算。

三、商品住宅维修资金的主要账务处理如下：

（一）期末，将"交存收入"、"经营收入"、"共用设施处置收入"科目的本期发生额转入商品住宅维修资金，借记"交存收入"、"经营收入"、"共用设施处置收入"科目，贷记本科目；将"维修支出"、"返还支出"科目的本期发生额转入商品住宅维修资金，借记本科目，贷记"维修支出"、"返还支出"科目。

（二）按规定将待分配累计收益转入商品住宅维修资金（如将利息分配到户等），按照转入的金额，借记"待分配累计收益"科目，贷记本科目。

（三）退回以前年度多交的商品住宅维修资金，按照实际退回的金额，借记本科目，贷记"银行存款"科目。

（四）收到维修单位退回以前年度的维修支出，按照实际收到的金额，借记"银行存款"科目，贷记本科目。

（五）将商品住宅维修资金划转至业主大会等管理，按照实际划转转出的金额，借记本科目，贷记"银行存款"科目。划转转入商品住宅维修资金的，做相反会计分录。

四、本科目期末贷方余额，反映商品住宅应明确到户的住宅专项维修资金的结余。

3002　已售公有住房维修资金

一、本科目核算已售公有住房应明确到户或幢的住宅专项维修资金。

二、本科目应当设置"售房单位"、"业主"明细科目，并可在"售房单位"明细科目下按照具体单位进行明细核算或辅助核算。本科目可按照小区、幢、房屋户门号等进行明细核算或辅助核算。

三、已售公有住房维修资金的主要账务处理如下:

(一)期末,将"交存收入"、"经营收入"、"共用设施处置收入"科目的本期发生额转入已售公有住房维修资金,借记"交存收入"、"经营收入"、"共用设施处置收入"科目的相关明细科目,贷记本科目的相关明细科目;将"维修支出"、"返还支出"科目的本期发生额转入已售公有住房维修资金,借记本科目的相关明细科目,贷记"维修支出"、"返还支出"科目的相关明细科目。

(二)按规定将待分配累计收益转入已售公有住房维修资金(如将利息分配到户或幢等),按照转入的金额,借记"待分配累计收益"科目,贷记本科目。

(三)退回以前年度多交的已售公有住房维修资金,按照实际退回的金额,借记本科目,贷记"银行存款"科目。

(四)收到维修单位退回以前年度的维修支出,按照实际收到的金额,借记"银行存款"科目,贷记本科目。

(五)将已售公有住房维修资金划转至业主大会等管理,按照实际划转转出的金额,借记本科目,贷记"银行存款"科目。划转转入已售公有住房维修资金的,做相反会计分录。

四、本科目期末贷方余额,反映已售公有住房应明确到户或幢的住宅专项维修资金的结余。

3101 待分配累计收益

一、本科目核算住宅专项维修资金尚未分配到商品住宅或已售公有住房维修资金的累计收益。

二、待分配累计收益的主要账务处理如下:

(一)期末,将"存款利息收入"、"国债利息收入"、"其他收入"科目的本期发生额转入待分配累计收益,借记"存款利息收入"、"国债利息收入"、"其他收入"科目,贷记本科目;将"其他支出"科目的本期发生额转入待分配累计收益,借记本科目,贷记"其他支出"科目。

(二)按规定将待分配累计收益转入商品住宅或已售公有住房维修资金(如将利息分配到户或幢等),借记本科目,贷记"商品住宅维修资金"、"已售公有住房维修资金"科目。

三、本科目期末贷方余额,反映住宅专项维修资金尚未分配到商品住宅或已售公有住房维修资金的累计收益。

四、收入类

4001　交存收入

一、本科目核算业主、公有住房售房单位等按规定交存的住宅专项维修资金收入。

二、在核算已售公有住房时,本科目应当设置"售房单位"、"业主"明细科目,并在"售房单位"明细科目下按照具体单位进行明细核算。

本科目可按照所归属的小区、幢、房屋户门号等进行明细核算或辅助核算。

三、交存收入的主要账务处理如下:

(一)收到业主等交存的属于业主所有的维修资金,按照实际收到的金额,借记"银行存款"科目,贷记本科目(业主)。

收到公有住房售房单位交存的从售房款中一次性提取的住宅专项维修资金,按照实际收到的金额,借记"银行存款"科目,贷记本科目(售房单位)。

(二)退回本年交存的住宅专项维修资金,按照实际退回的金额,借记本科目,贷记"银行存款"科目。

(三)期末,将本科目本期发生额转入商品住宅或已售公有住房维修资金,借记本科目,贷记"商品住宅维修资金"、"已售公有住房维修资金"科目。

四、期末结转后,本科目应无余额。

4101　存款利息收入

一、本科目核算住宅专项维修资金取得的银行存款利息收入。

二、存款利息收入的主要账务处理如下:

(一)收到银行存款利息,按照实际收到的利息金额,借记"银行存款"科目,贷记本科目。

(二)期末,将本科目本期发生额转入待分配累计收益,借记本科目,贷记"待分配累计收益"科目。

三、期末结转后,本科目应无余额。

4102 国债利息收入

一、本科目核算住宅专项维修资金购买国债取得的利息收入。

二、国债利息收入的主要账务处理如下：

（一）收到分期付息的国债利息，按照实际收到的利息金额，借记"银行存款"科目，贷记本科目。

（二）到期收回国债本息，按照实际收回或收到的金额，借记"银行存款"科目，按照债券账面余额，贷记"国债投资"科目，按照其差额，贷记本科目。

（三）期末，将本科目本期发生额转入待分配累计收益，借记本科目，贷记"待分配累计收益"科目。

三、期末结转后，本科目应无余额。

4201 经营收入

一、本科目核算按规定转入住宅专项维修资金的，利用住宅共用部位、共用设施设备进行经营的业主所得收益。

二、经营收入的主要账务处理如下：

（一）按规定转入利用住宅共用部位、共用设施设备进行经营的业主所得收益，按照实际转入的金额，借记"银行存款"科目，贷记本科目。

（二）期末，将本科目本期发生额转入商品住宅或已售公有住房维修资金，借记本科目，贷记"商品住宅维修资金"、"已售公有住房维修资金"科目。

三、期末结转后，本科目应无余额。

4301 共用设施处置收入

一、本科目核算按规定转入住宅专项维修资金的，住宅共用设施设备报废后回收的残值收入。

按规定转入住宅专项维修资金的住宅共用部位的拆迁补偿款，也通过本科目核算。

二、共用设施处置收入的主要账务处理如下：

（一）按规定转入住宅共用设施设备报废后回收的残值收入、住宅共用部位的拆迁补偿款等，按照实际转入的金额，借记"银行存款"科目，贷记本科目。

（二）期末，将本科目本期发生额转入商品住宅或已售公有住房维修资金，借记本科目，贷记"商品住宅维修资金"、"已售公有住房维修资金"科目。

三、期末结转后，本科目应无余额。

4901 其他收入

一、本科目核算住宅专项维修资金取得的除交存收入、存款利息收入、国债利息收入、经营收入、共用设施处置收入以外的各项收入。

二、其他收入的主要账务处理如下：

（一）收到其他收入，按照实际收到的金额，借记"银行存款"科目，贷记本科目。

（二）期末，将本科目本期发生额转入待分配累计收益，借记本科目，贷记"待分配累计收益"科目。

三、期末结转后，本科目应无余额。

五、支出类

5001 维修支出

一、本科目核算将住宅专项维修资金用于住宅共用部位、共用设施设备保修期满后的维修和更新、改造的支出。

维修和更新、改造过程中发生的相关税费支出，也通过本科目核算。

二、在核算已售公有住房时，本科目应当设置"售房单位"、"业主"明细科目，并在"售房单位"明细科目下按照具体单位进行明细核算。

本科目可按照支出的类别以及分摊的小区、幢、房屋户门号等进行明细核算或辅助核算。

三、维修支出的主要账务处理如下：

（一）使用住宅专项维修资金进行维修和更新、改造，按照实际支付的金额，借记本科目，贷记"银行存款"科目。

（二）收到维修单位退回本年的维修支出，按照实际收到的金额，借记"银行存款"科目，贷记本科目。

（三）期末，将本科目本期发生额转入商品住宅或已售公有住房维修资金，借记"商品住宅维修资金"、"已售公有住房维修资金"科目，贷记本科目。

四、期末结转后，本科目应无余额。

5101 返还支出

一、本科目核算因业主退房、房屋灭失将住宅专项维修资金返还业主、售房单位等的支出。

二、在核算已售公有住房时，本科目应当设置"售房单位"、"业主"明细科目，并在"售房单位"明细科目下按照具体单位进行明细核算。

本科目可按照所归属的小区、幢、房屋户门号等进行明细核算或辅助核算。

三、返还支出的主要账务处理如下：

（一）因业主退房退回以前年度交存的住宅专项维修资金，按照实际退回的金额，借记本科目，贷记"银行存款"科目。

（二）房屋灭失，按规定应将住宅专项维修资金返还业主、售房单位或上缴国库的，按照应返还的金额，借记本科目，贷记"应付房屋灭失返还资金"科目。

（三）期末，将本科目本期发生额转入商品住宅或已售公有住房维修资金，借记"商品住宅维修资金"、"已售公有住房维修资金"科目，贷记本科目。

四、期末结转后，本科目应无余额。

5901 其他支出

一、本科目核算住宅专项维修资金发生的除维修支出、返还支出以外的各项支出。

二、本科目应当按照支出的类别进行明细核算。

三、其他支出的主要账务处理如下：

（一）发生其他支出，按照实际支出的金额，借记本科目，贷记"银行存款"科目。

（二）期末，将本科目本期发生额转入待分配累计收益，借记"待分配累计收益"科目，贷记本科目。

四、期末结转后，本科目应无余额。

第四部分 财务报表格式

编号	财务报表名称	编制期
会住维01表	资产负债表	月度、年度

续表

编号	财务报表名称	编制期
会住维 02 表	收支表	月度、年度
会住维 03 表	净资产变动表	年度

资产负债表

资金名称：<u>XX 住宅专项维修资金</u>　　　　　　　　会住维 01 表

编制单位：＿＿＿＿＿＿＿　＿＿年＿月＿日　　　　单位：元

资产	年初余额	期末余额	负债和净资产	年初余额	期末余额
一、资产：			二、负债：		
银行存款			应付房屋灭失返还资金		
国债投资			**负债合计**		
备用金			三、净资产：		
			维修资金		
			其中：商品住宅		
			已售公有住房		
			待分配累计收益		
			净资产合计		
资产总计			负债和净资产总计		

收 支 表

资金名称：<u>XX 住宅专项维修资金</u>

编制单位：_____ ____年____月

会住维 02 表

单位：元

项　目	本月数	本年累计数
一、本期收入		
交存收入		
存款利息收入		
国债利息收入		
经营收入		
共用设施处置收入		
其他收入		
二、本期支出		
维修支出		
返还支出		
其他支出		
三、本期收支差额		

净资产变动表

资金名称：<u>XX 住宅专项维修资金</u>

编制单位：_____ ____年

会住维 03 表

单位：元

项　目	商品住宅维修资金	已售公有住房维修资金	待分配累计收益	净资产合计
一、上年年末余额				
二、以前年度调整（减少以"-"号填列）				
三、本年年初余额				

续表

项目	商品住宅维修资金	已售公有住房维修资金	待分配累计收益	净资产合计
四、本年变动金额（减少以"-"号填列）				
（一）本年收支差额				
（二）本年分配累计收益				
（三）本年划转				
五、本年年末余额				

注：不同时管理商品住宅和已售公有住房维修资金的，不设置非适用维修资金相关栏目。

第五部分 财务报表编制说明

一、资产负债表编制说明

（一）本表反映住宅专项维修资金在某一特定日期全部资产、负债和净资产的情况。

（二）本表"年初余额"栏内各项数字，应当根据上年年末资产负债表"期末余额"栏内数字填列。

如果本年度发生了调整以前年度净资产的事项，还应当对"年初余额"栏中的有关项目金额进行相应调整。

（三）本表中"资产总计"项目期末（年初）余额应当与"负债和净资产总计"项目期末（年初）余额相等。

（四）本表"期末余额"栏各项目的内容和填列方法如下：

1. "银行存款"项目，反映住宅专项维修资金期末存款余额。本项目应当根据"银行存款"科目期末借方余额填列。

2. "国债投资"项目，反映住宅专项维修资金期末持有的国债的账面余额。本项目应当根据"国债投资"科目期末借方余额填列。

3. "备用金"项目，反映期末代管机构拨付给分支机构的备用金。本项目应当根据"备用金"科目期末借方余额填列。

4. "资产总计"项目，反映住宅专项维修资金期末资产的合计数。本项目应当根据本表中"银行存款"、"国债投资"、"备用金"项目金额的合计数填列。

5. "应付房屋灭失返还资金"项目，反映房屋灭失后，按规定应返还业主、售房单位或上缴国库但尚未支付的住宅专项维修资金。本项目应当根据"应付房屋灭失返还资金"科目期末贷方余额填列。

6. "负债合计"项目，反映住宅专项维修资金期末负债的合计数。本项目应当根据本表中"应付房屋灭失返还资金"项目金额填列。

7. "维修资金"项目，反映期末应明确到户或幢的住宅专项维修资金的结余。本项目应当根据"商品住宅维修资金"和"已售公有住房维修资金"科目期末贷方余额的合计数填列。

本项目下"商品住宅"项目反映期末商品住宅应明确到户的住宅专项维修资金的结余，应当根据"商品住宅维修资金"科目期末贷方余额填列。

本项目下"已售公有住房"项目反映期末已售公有住房应明确到户或幢的住宅专项维修资金的结余，应当根据"已售公有住房维修资金"科目期末贷方余额填列。

8. "待分配累计收益"项目，反映住宅专项维修资金期末尚未分配的累计收益。本项目应根据"待分配累计收益"科目期末贷方余额填列。

9. "净资产合计"项目，反映住宅专项维修资金期末净资产的合计数。本项目应当根据本表中"维修资金"、"待分配累计收益"项目金额的合计数填列。

10. "负债和净资产总计"项目，反映住宅专项维修资金期末负债和净资产的合计数。本项目应当根据本表中"负债合计"、"净资产合计"项目金额的合计数填列。

二、收支表编制说明

（一）本表反映住宅专项维修资金在某一会计期间（月度、年度）内发生的收入、支出及当期收支差额情况。

（二）本表"本月数"栏反映各项目的本月实际发生数。编制年度收支表时，应当将本栏改为"本年数"，反映本年度各项目的实际发生数。

本表"本年累计数"栏反映各项目自年初至报告期期末的累计实际发

生数。编制年度收支表时，应当将本栏改为"上年数"，反映上年度各项目的实际发生数，"上年数"栏应当根据上年年度收支表中"本年数"栏内所列数字填列。

（三）本表"本月数"栏各项目的内容和填列方法如下：

1. "本期收入"项目，反映住宅专项维修资金本期收入总额。本项目应当根据本表中"交存收入"、"存款利息收入"、"国债利息收入"、"经营收入"、"共用设施处置收入"、"其他收入"项目金额的合计数填列。

2. "交存收入"项目，反映本期业主、公有住房售房单位等按规定交存的住宅专项维修资金收入总额。本项目应当根据"交存收入"科目的本期发生额填列。

3. "存款利息收入"项目，反映本期住宅专项维修资金取得的银行存款利息收入。本项目应当根据"存款利息收入"科目的本期发生额填列。

4. "国债利息收入"项目，反映本期住宅专项维修资金购买国债取得的利息收入。本项目应当根据"国债利息收入"科目的本期发生额填列。

5. "经营收入"项目，反映本期按规定转入住宅专项维修资金的，利用住宅共用部位、共用设施设备进行经营的业主所得收益。本项目应当根据"经营收入"科目的本期发生额填列。

6. "共用设施处置收入"项目，反映本期按规定转入住宅专项维修资金的，住宅共用设施设备报废后回收的残值收入和住宅共用部位的拆迁补偿款。本项目应当根据"共用设施处置收入"科目的本期发生额填列。

7. "其他收入"项目，反映本期住宅专项维修资金取得的除以上收入项目外的其他收入的总额。本项目应当根据"其他收入"科目的本期发生额填列。

8. "本期支出"项目，反映本期住宅专项维修资金支出总额。本项目应当根据本表中"维修支出"、"返还支出"、"其他支出"项目金额的合计数填列。

9. "维修支出"项目，反映本期使用住宅专项维修资金，用于住宅共用部位、共用设施设备保修期满后的维修和更新、改造的支出。本项目应当根据"维修支出"科目的本期发生额填列。

10. "返还支出"项目，反映本期因业主退房、房屋灭失将住宅专项维修资金返还业主、售房单位等的支出。本项目应当根据"返还支出"科目的本期发生额填列。

11. "其他支出"项目，反映本期住宅专项维修资金发生的除以上支出项目外的其他支出的总额。本项目应当根据"其他支出"科目的本期发生额填列。

12. "本期收支差额"项目，反映本期住宅专项维修资金收入扣除支出后的净额。本项目应当根据本表中"本期收入"项目金额减去"本期支出"项目金额后的差额填列；如为负数，以"-"号填列。

三、净资产变动表编制说明

（一）本表反映住宅专项维修资金在某一会计年度内净资产项目的变动情况。

（二）本表各项目的内容和填列方法如下：

1. "上年年末余额"行，反映住宅专项维修资金净资产各项目上年年末的余额。本行各项目应当根据"商品住宅维修资金"、"已售公有住房维修资金"、"待分配累计收益"科目上年年末余额填列。

2. "以前年度调整"行，反映退回以前年度多交的住宅专项维修资金，以及收到维修单位退回以前年度的维修支出等事项对净资产进行调整的金额。本行各项目应当根据"商品住宅维修资金"、"已售公有住房维修资金"、"待分配累计收益"科目的相关信息分析填列，如为减少以"-"号填列。

3. "本年年初余额"行，反映经过以前年度调整后，住宅专项维修资金净资产各项目的本年年初余额。本行各项目应当根据其各自在"上年年末余额"、"以前年度调整"行对应项目金额的合计数填列。

4. "本年变动金额"行，反映住宅专项维修资金净资产各项目本年变动总金额。本行"商品住宅维修资金"、"已售公有住房维修资金"、"待分配累计收益"项目应当根据其各自在"本年收支差额"、"本年分配累计收益"、"本年划转"行对应项目金额的合计数填列。

5. "本年收支差额"行，反映住宅专项维修资金本年发生的收入、支出对净资产的影响。本行"商品住宅维修资金"、"已售公有住房维修资金"项目，应当分别根据本年由"交存收入"、"经营收入"、"共用设施处置收入"、"维修支出"、"返还支出"科目转入"商品住宅维修资金"、"已售公有住房维修资金"科目的金额填列，如为减少以"-"号填列。本行"待分配累计收益"项目,应当根据本年由"存款利息收入"、"国债利息收入"、"其他收入"、"其他支出"科目转入"待分配累计收益"科目的金额填列。

6."本年分配累计收益"行,反映本年按规定将待分配累计收益转入商品住宅或已售公有住房维修资金对净资产的影响。本行"商品住宅维修资金"、"已售公有住房维修资金"、"待分配累计收益"项目应当分别根据从"待分配累计收益"科目转入"商品住宅维修资金"、"已售公有住房维修资金"科目的金额分析填列;本行"待分配累计收益"项目以"-"号填列。

7."本年划转"行,反映本年划转住宅专项维修资金对净资产的影响。本行各项目应当根据"商品住宅维修资金"、"已售公有住房维修资金"、"待分配累计收益"科目的相关信息分析填列,如为减少以"-"号填列。

8."本年年末余额"行,反映住宅专项维修资金本年各净资产项目的年末余额。本行各项目应当根据其各自在"本年年初余额"、"本年变动金额"行对应项目金额的合计数填列。

9.本表各行"净资产合计"项目,应当根据所在行"商品住宅维修资金"、"已售公有住房维修资金"、"待分配累计收益"项目金额的合计数填列。

四、附注

附注是住宅专项维修资金财务报表的重要组成部分,由代管机构根据住宅专项维修资金相关管理和财务制度要求编制,所披露的信息应当包括但不限于:

(一)财务报表列示的重要项目的进一步说明,包括其主要构成、增减变动情况等。

(二)其他支出的具体类别和相应的金额。

(三)未能在财务报表中列示项目的说明。

(四)国家政策和会计政策变动对财务报表影响的说明。

(五)其他对财务报表数据有重大影响的事项说明。

社会保障基金财政专户会计核算办法

(2018年12月29日 财办〔2018〕43号)

第一部分 总 则

一、为了规范社会保障基金财政专户(以下简称"财政专户")的会计核算,根据《中华人民共和国会计法》《中华人民共和国社会保险法》,结合《社会保险基金财务制度》(财社〔2017〕144号)、《社会保险基金会计制度》(财会〔2017〕28号)等制定本办法。

二、本办法适用于各级财政部门财政专户的核算和管理工作,核算范围包括在中华人民共和国境内依据《中华人民共和国社会保险法》建立的企业职工基本养老保险基金、城乡居民基本养老保险基金、机关事业单位基本养老保险基金、职工基本医疗保险基金、城乡居民基本医疗保险基金(包括城镇居民基本医疗保险基金、新型农村合作医疗基金、合并实施的城乡居民基本医疗保险基金)、工伤保险基金、失业保险基金、生育保险基金(职工基本医疗保险与生育保险合并实施的地区,不再单列生育保险基金),及城乡医疗救助基金、疾病应急救助基金等基金(以下统称社会保障基金)。

三、财政部门应当将社会保障基金按照险种及不同制度分账核算。

四、财政专户的会计核算一般采用收付实现制,基本养老保险基金委托投资等部分业务或者事项的会计核算应当采用权责发生制。

五、财政专户的会计要素包括资产、负债、净资产、收入和支出。

六、财政专户的会计记账采用借贷记账法。

七、财政专户的会计核算应当划分会计期间,分期结算账目和编制会计报表。会计期间的起讫日期采用公历制。

八、财政专户的会计核算以人民币为本位币。

九、财政专户的会计核算应当遵循以下基本原则:

(一)财政专户的会计核算应当以实际发生的业务为依据,如实反映社会保障基金的财务状况和收支情况等信息,保证会计信息真实可靠、内容完整。

（二）财政专户的会计核算应当采用规定的会计政策，确保会计信息口径一致、相互可比。

（三）财政专户的会计核算应当及时进行。

十、财政部门应当按照下列规定运用会计科目对社会保障基金进行会计核算：

（一）财政部门应当区分险种及不同制度，按照本办法的规定设置和使用会计科目、填制会计凭证、登记会计账簿。

（二）财政部门原则上应当执行本办法统一规定的会计科目编号，以便于填制会计凭证、登记账簿、查阅账目。

（三）在填制会计凭证、登记账簿时，财政部门应当填列会计科目的名称，或者同时填列会计科目的名称和编号，不得只填列科目编号而不填列科目名称。

（四）在不违反本办法的前提下，财政部门可以根据核算和管理工作需要对明细科目的设置作必要的补充。

十一、财政部门应当按照下列规定编制财政专户会计报表：

（一）财政部门应当按照本办法的规定，区分基金险种及不同制度分别编制财政专户会计报表。

（二）财政专户会计报表包括资产负债表、收支表。

（三）财政专户会计报表应当按照月度和年度编制。

（四）财政专户会计报表应当根据登记完整、核对无误的账簿记录和其他有关资料编制，做到数字真实、计算准确、内容完整、编报及时。

十二、财政专户相关会计基础工作、会计档案管理以及内部控制等，应当遵循《中华人民共和国会计法》《会计基础工作规范》《会计档案管理办法》《财政总预算会计管理基础工作规定》及国家有关内部控制规范等相关法律、规章和制度规定。

财政专户相关会计信息化工作，应当符合财政部制定的相关社会保障资金信息化工作规范和标准，确保利用现代信息技术手段开展会计核算及生成的会计信息符合本办法的规定。

十三、本办法自 2019 年 1 月 1 日起施行。《社会保障基金财政专户会计核算暂行办法》（财社字〔1999〕118 号）同时废止。

第二部分　会计科目名称和编号

序号	科目编号	科目名称	备注
一、资产类			
1	1003	银行存款	
2	1101	暂付款	
3	1201	债券投资	
4	1202	委托投资	企业职工、城乡居民、机关事业单位基本养老保险基金（省级）专用科目
二、负债类			
5	2001	暂收款	
6	2101	借入款项	
三、净资产类			
7	3001	财政专户结余	
四、收入类			
8	4001	社会保险费收入	包括职工基本医疗保险待转社会保险费收入
9	4101	财政补贴收入	
10	4102	集体补助收入	城乡居民基本养老保险基金专用科目
11	4201	利息收入	包括职工基本医疗保险待转利息收入
12	4202	委托投资收益	企业职工、城乡居民、机关事业单位基本养老保险基金专用科目
13	4301	转移收入	

续表

序号	科目编号	科目名称	备注
14	4401	上级补助收入	
15	4402	下级上解收入	
16	4501	其他收入	
五、支出类			
17	5001	社会保险待遇支出	
18	5101	大病保险支出	职工、城乡居民基本医疗保险基金专用科目
19	5102	劳动能力鉴定支出	工伤保险基金专用科目
20	5103	工伤预防费用支出	工伤保险基金专用科目
21	5104	稳定岗位补贴支出	失业保险基金专用科目
22	5105	技能提升补贴支出	失业保险基金专用科目
23	5106	城乡医疗救助补助支出	城乡医疗救助基金专用科目
24	5107	疾病应急救助支出	疾病应急救助基金专用科目
25	5201	转移支出	
26	5301	上解上级支出	
27	5302	补助下级支出	
28	5401	其他支出	

第三部分 会计科目使用说明

第一节 资 产 类

1003 银行存款

一、本科目核算财政部门在银行开设的财政专户中各项社会保障基金的存款金额。

二、本科目可以根据实际情况按照开户银行、活期定期存款、存储期限等进行明细核算。

三、银行存款的主要账务处理如下：

（一）按规定财政专户接收社会保险费收入、接收税务机关、收入户、支出户、国库"待划转社会保险费"分户缴入的利息收入、接收委托投资运营资金、接收委托投资收益、接收财政补贴收入、接收转移收入、接收上级财政专户划拨或下级财政专户上解基金、接收跨省异地就医资金等时，按照实际收到金额，借记本科目，贷记相关科目。

（二）按规定从财政专户向上级或下级财政专户上缴或划拨基金、根据经办机构用款计划和预算或实际支出明细清单向支出户拨付基金、拨付委托投资运营资金、支付跨省异地就医资金等时，按照实际划拨或支付金额，借记相关科目，贷记本科目。

四、"银行存款"账应当定期与经办机构、开户银行核对，原则上每月核对一次。月度终了，银行存款账面余额与经办机构、开户银行提供的对账凭证余额之间如有差额，应当逐笔查明原因进行处理，并按月编制"银行存款余额调节表"，调节相符。

五、本科目期末借方余额，反映财政专户银行存款余额。

1101 暂付款

一、本科目核算财政专户在社会保障基金业务活动中形成的各类暂付、应收款项，包括财政专户各类预付、预拨、先行支付、垫付款项等。

企业职工、城乡居民、机关事业单位基本养老保险基金向上级归集的委托投资资金，以及职工、城乡居民基本医疗保险基金跨省异地就医的预付资金，通过本科目核算。

基本医疗保险基金、工伤保险基金按规定先行支付的医疗、工伤保险待遇支出通过本科目核算。

城乡医疗救助基金按规定向定点医疗机构提供一定预付资金额度，减免救助对象住院押金，通过本科目核算。

疾病应急救助基金按规定向经常承担急救工作的定点医疗机构预拨部分资金，通过本科目核算。

二、本科目应当按照暂付款种类进行核算。

（一）对于企业职工、城乡居民、机关事业单位基本养老保险基金向上级归集的委托投资资金，应当在本科目下设置"委托上级投资"明细科目，核算向上级归集的委托投资资金的本金、委托投资资金所产生的存款利息、投资收益。

（二）对于职工、城乡居民基本医疗保险基金异地就医的预付资金，应当在本科目下设置"异地就医预付金"明细科目，并在该明细科目下按照预付对方地区进行明细核算，核算参保地区向就医地区划拨的异地就医预付资金。

三、暂付款的主要账务处理如下：

（一）企业职工、城乡居民、机关事业单位基本养老保险基金将委托投资资金归集到上级基金，按照实际划出的金额，借记本科目（委托上级投资），贷记"银行存款"科目。

非省级基金收到归集到上级基金的委托投资资金的存款利息通知，按照应确认的总金额，借记本科目（委托上级投资），按照本级委托投资资金产生的利息金额，贷记"利息收入"科目，按照下级归集的委托投资资金产生的利息金额，贷记"暂收款（下级归集委托投资）"科目。

非省级基金收到归集到上级基金的委托投资资金的投资收益通知，按照应确认的投资收益或投资损失总金额，借记或贷记本科目（委托上级投资），按照本级委托投资资金形成的投资收益或投资损失，贷记或借记"委托投资收益"科目，按照下级归集的委托投资资金形成的投资收益或投资损失，贷记或借记"暂收款（下级归集委托投资）"科目。

收到上级基金划回的委托投资资金本金、利息和投资收益，按照实际收到的金额，借记"银行存款"科目，按照应收回的委托投资资金本金金额，贷记本科目（委托上级投资），按照应收回的委托投资资金存款利息，贷记本科目（委托上级投资）科目，按照实际收回的金额与应收回的委托投资资金本金和利息之间的差额，贷记或借记本科目（委托上级投资）科目。

（二）职工、城乡居民基本医疗保险基金增加异地就医暂付款时，按照实际发生金额，借记本科目（异地就医预付金），贷记"银行存款"等科目；冲销异地就医暂付款时，按照实际发生金额，借记"银行存款"等科目，贷记本科目（异地就医预付金）。

（三）支付其他各类预付、预拨、先行支付、垫付等款项，按照实际支付的金额，借记本科目，贷记"银行存款"等科目。

收回、结算各类预付、预拨、先行支付、垫付等款项，按照实际收回或结算的金额，借记"银行存款""社会保险待遇支出"等科目，贷记本科目。

（四）因债务人等特殊原因确实无法收回的暂付款，按照报经批准后列作其他支出的金额，借记"其他支出"科目，贷记本科目。

四、本科目期末借方余额，反映财政专户尚未结清的暂付款项。

1201　债券投资

一、本科目核算财政专户按规定购入国债的成本。

二、本科目应当按照国债的种类设置明细账，进行明细核算。

三、债券投资的主要账务处理如下：

（一）按规定购买国债，按照实际支付的金额（包括购买价款以及税金、手续费等相关税费），借记本科目，贷记"银行存款"科目。

（二）到期收回国债本息或按规定转让国债，按照实际收回的金额，借记"银行存款"科目，按照债券账面余额，贷记本科目，按照其差额，贷记"利息收入"科目。

四、本科目期末借方余额，反映社会保险基金持有的国债购入成本。

1202　委托投资

一、本科目核算企业职工、城乡居民、机关事业单位基本养老保险基金的省级基金按规定及委托投资合同约定划拨给受托机构的委托投资资金本金，以及委托投资资金形成的投资收益或投资损失。

二、本科目应当设置"本金""投资收益"两个明细科目，并按照受托机构、委托投资资金来源等进行明细核算。

三、委托投资的主要账务处理如下：

（一）省级基金从财政专户向受托机构划拨委托投资资金，按照实际划转的金额，借记本科目（本金）科目，贷记"银行存款"科目。

（二）省级基金收到受托机构提供的关于委托投资资金投资收益的相关通知，按照应确认的投资收益或投资损失金额，借记或贷记本科目（投资收益）科目，按照本级委托投资资金形成的投资收益或投资损失，贷记或借记"委托投资收益"科目，按照下级归集的委托投资资金形成的投资收益或投资损失，贷记或借记"暂收款（下级归集委托投资）"科目。

（三）省级基金收回委托投资资金的本金和投资收益，按照实际转入的金额，借记"银行存款"科目，按照应收回的委托投资本金金额，贷记本科目（本金），按照实际收回的金额与应收回的委托投资资金本金之间的差额，贷记或借记"委托投资（投资收益）"科目。

（四）省级基金将已确认的委托投资收益转作委托投资本金，按照实际划转的金额，借记本科目（本金），贷记本科目（投资收益）科目。

四、本科目期末借方余额，反映企业职工、城乡居民、机关事业单位基本养老保险基金省级委托投资资金的本金及投资损益余额。

第二节 负 债 类

2001 暂收款

一、本科目核算社会保障基金业务活动中形成的各类暂收款项。

企业职工、城乡居民、机关事业单位基本养老保险基金收到下级归集的委托投资资金，以及职工、城乡居民基本医疗保险基金收支活动中形成的暂收款，跨省异地就医的预收和清算资金，国库"待划转社会保险费"分户转入财政专户待拆分的利息收入等通过本科目核算。

二、本科目应当按照暂收款的种类进行明细核算。财政部门按照经办机构的缴存明细核算暂收款项。

对于企业职工、城乡居民、机关事业单位基本养老保险基金收到下级归集的委托投资资金，应当在本科目下设置"下级归集委托投资"明细科目，核算下级归集的委托投资资金本金、委托投资资金产生的存款利息、投资收益。

对于职工、城乡居民基本医疗保险基金异地就医的预付和清算资金，应当在本科目下设置"异地就医暂收款"明细科目，用于核算参保地区上级经办机构收到下级经办机构归集的异地就医预付金、清算资金，以及就医地区接收参保地区划拨的异地就医预付金和清算资金。

对于国库"待划转社会保险费"分户转入财政专户待拆分的利息收入应当在本科目下设置"待拆分利息收入"明细科目，用于核算转入财政专户待拆分的利息收入。

三、暂收款的主要账务处理如下：

（一）企业职工、城乡居民、机关事业单位基本养老保险基金收到下级归集的委托投资资金，按照实际收到的金额，借记"银行存款"科目，贷记本科目（下级归集委托投资）。

省级基金收到下级基金归集的委托投资资金所产生的存款利息，根据实际收到的金额，借记"银行存款"科目，贷记本科目（下级归集委托投资）。

省级基金收到受托机构提供的委托投资资金投资收益确认通知，按照应确认的投资收益或投资损失金额，借记或贷记"委托投资（投资收益）"科目，按照本级委托投资资金形成的投资收益或投资损失金额，贷记或借记"委托投资收益"科目，按照下级归集的委托投资资金形成的投资收益或投资损失金额，贷记或借记本科目（下级归集委托投资）。

非省级基金收到归集到上级基金的委托投资资金的存款利息通知，按照确认的总金额，借记"暂付款（委托上级投资）"科目，按照本级委托投资资金产生的利息金额，贷记"利息收入"科目，按照下级归集的委托投资资金产生的利息金额，贷记本科目（下级归集委托投资）。

非省级基金收到归集到上级的委托投资资金的投资收益通知，按照应确认的投资收益或投资损失总金额，借记或贷记"暂付款（委托上级投资）"科目，按照本级委托投资资金形成的投资收益或投资损失，贷记或借记"委托投资收益"科目，按照下级归集的委托投资资金形成的投资收益或投资损失，贷记或借记本科目（下级归集委托投资）。

向下级基金返还归集的委托投资资金本金、利息和投资收益，按照实际划出的金额，借记本科目（下级归集委托投资），贷记"银行存款"科目。

（二）职工、城乡居民基本医疗保险基金取得异地就医暂收款时，按照实际发生金额，借记"银行存款"等科目，贷记本科目（异地就医暂收款);偿付或结清异地就医暂收款时,按照实际发生金额,借记本科目(异地就医暂收款),贷记银行存款等科目。

(三)取得其他暂收款项,按照实际收到的金额,借记"银行存款"等科目,贷记本科目。

偿付或结清暂收款项,按照实际偿付或结清的金额,借记本科目,贷记"银行存款"等科目。

(四)因债权人等特殊原因确实无法偿付的暂收款项,按照报经批准后确认为其他收入的金额,借记本科目,贷记"其他收入"科目。

(五)收到国库"待划转社会保险费"分户转入财政专户待拆分的利息收入时,按照实际收到的金额,借记"银行存款"科目,贷记本科目。按规定拆分为所属社会保险基金的利息收入时,借记本科目,贷记"利息收入"等科目。

四、本科目期末贷方余额,反映财政专户尚未偿付或结清的暂收款项。

2101 借入款项

一、本科目核算社会保障基金运行过程中形成的借入款项。

二、本科目应当按照借入款项对方单位或个人进行明细核算。

三、借入款项的主要账务处理如下:

(一)借入款项时,按照实际收到的金额,借记"银行存款"科目,贷记本科目。

(二)归还借款本息时,按照实际支付的本金金额,借记本科目,按照实际支付的利息金额,借记"其他支出"科目,按照实际支付的本息合计金额,贷记"银行存款"科目。

(三)借入款项由财政代为偿还时,按照实际偿还金额,借记本科目,贷记"财政补贴收入"科目。

(四)因债权人等特殊原因确实无法偿付的,按照报经批准后确认为其他收入的金额,借记本科目,贷记"其他收入"科目。

四、本科目期末贷方余额,反映社会保障基金尚未偿付的借入款项。

第三节 净资产类

3001 财政专户结余

一、本科目核算财政专户历年累积的、收支相抵后的结余。

二、财政专户结余的主要账务处理如下：

（一）期末，将各收入类科目本期发生额转入本科目，借记各收入类科目，贷记本科目。

"委托投资收益"科目结转前如为借方余额，则借记本科目，贷记"委托投资收益"科目。

（二）期末，将各支出类科目本期发生额转入本科目，借记本科目，贷记各支出类科目。

三、本科目期末贷方余额，反映期末财政专户结余。

第四节　收　入　类

4001　社会保险费收入

一、本科目核算用人单位和个人按规定缴纳的社会保险基金的保险费收入，以及其他资金（含财政资金）代参保对象缴纳的社会保险费收入。

二、社会保险费收入的主要账务处理如下：

（一）收到社会保险费，按照实际收到的金额，借记"银行存款"科目，贷记本科目。

（二）发生财政专户退还本年社会保险费收入的，按照退还的金额，借记本科目，贷记"银行存款"科目。

（三）期末，将本科目本期发生额转入"财政专户结余"科目，借记本科目，贷记"财政专户结余"科目。

三、期末结账后，本科目应无余额。

4101　财政补贴收入

一、本科目核算财政给予社会保障基金的补助、对参保人员的缴费补贴、对参保对象的待遇支出补助等。

二、本科目应当按照社会保障基金相关管理和财务制度的规定设置明细科目。

三、财政补贴收入的主要账务处理如下：

（一）收到财政补贴时，按照实际收到的金额，借记"银行存款"科目，贷记本科目。

（二）期末，将本科目本期发生额转入"财政专户结余"科目，借记本科目，贷记"财政专户结余"科目。

四、期末结账后，本科目应无余额。

4102　集体补助收入

一、本科目核算村（社区）等集体经济组织对城乡居民基本养老保险基金参保人的补助收入。

二、集体补助收入的主要账务处理如下：

（一）收到集体补助收入时，按照实际收到的金额，借记"银行存款"等科目，贷记本科目。

（二）期末，将本科目本期发生额转入"财政专户结余"科目，借记本科目，贷记"财政专户结余"科目。

三、期末结账后，本科目应无余额。

4201　利息收入

一、本科目核算财政专户取得的利息收入、税务机关、经办机构收入户、支出户、国库"待划转社会保险费"分户等缴入财政专户的利息收入和企业职工、城乡居民、机关事业单位基本养老保险基金归集到上级的委托投资资金取得的存款利息收入，以及社会保险基金购买国债取得的利息收入。

二、本科目应当按照利息种类设置"存款利息""债券利息"明细科目。

三、利息收入的主要账务处理如下：

（一）财政专户收到利息，按照实际收到的利息金额，借记"银行存款"，贷记本科目。

（二）对于省级企业职工、城乡居民、机关事业单位基本养老保险基金，收到财政专户存款利息时，按照实际收到的利息金额，借记"银行存款"科目，按照财政专户存款中下级归集的委托投资资金所产生的存款利息金额，贷记"暂收款（下级归集委托投资）"科目，按照归属于本级的财政专户存款利息金额，贷记本科目。

非省级企业职工、城乡居民、机关事业单位基本养老保险基金确认归集到上级的委托投资资金产生的存款利息，按照确认的金额，借记"暂付款（委托上级投资）"科目，按照本级委托投资资金产生的利息金额，贷记本科目，按照下级归集的委托投资资金产生的利息金额，贷记"暂收款（下级归集委托投资）"科目。

（三）收到购买的国债利息，按照实际收到的利息金额，借记"银行存款"科目，贷记本科目。

（四）到期收回国债本息或按规定转让，按照实际收回的金额，借记"银行存款"科目，按照债券账面余额，贷记"债券投资"科目，按照其差额，贷记本科目。

（五）财政专户收到国库"待划转社会保险费"分户转入的待拆分利息收入，按规定拆分为所属社会保险基金的利息收入时，按照拆分金额，借记"暂收款"等科目，贷记本科目。

（六）期末，将本科目本期发生额转入"财政专户结余"科目，借记本科目，贷记"财政专户结余"科目。

四、期末结账后，本科目应无余额。

4202 委托投资收益

一、本科目核算企业职工、城乡居民、机关事业单位基本养老保险基金按照国家有关规定，直接（省级基金）或间接（非省级基金）委托国家授权的投资管理机构进行投资运营所取得的净收益或发生的净损失。

二、委托投资收益的主要账务处理如下：

（一）省级基金收到受托机构提供的委托投资资金投资收益确认通知，按照应当确认的投资收益或投资损失总金额，借记或贷记"委托投资（投资收益）"科目，按照本级委托投资资金形成的投资收益或投资损失，贷记或借记本科目，按照下级归集的委托投资资金形成的投资收益或投资损失，贷记或借记"暂收款（下级归集委托投资）"科目。

（二）非省级基金收到上级有关委托投资资金投资收益的相关通知，按照应确认的投资收益或投资损失金额，借记或贷记"暂付款（委托上级投资）"科目，按照本级委托投资资金形成的投资收益或投资损失，贷记或借记本科目，按照下级归集的委托投资资金形成的投资收益或投资损失，贷记或借记"暂收款（下级归集委托投资）"科目。

（三）期末，将本科目本期发生额转入"财政专户结余"科目，借记或贷记本科目，贷记或借记"财政专户结余"科目。

三、期末结账后，本科目应无余额。

4301 转移收入

一、本科目核算因参保对象跨统筹地区或跨制度流动而划入的财政专户收入。

二、转移收入的主要账务处理如下：

（一）因参保对象跨统筹地区或跨制度流动而划入的基金，按照实际转入的金额，借记"银行存款"等科目，贷记本科目。

（二）退回转移收入时，按照实际退回的金额，借记本科目，贷记"银行存款"等科目。

（三）期末，将本科目本期发生额转入"财政专户结余"科目，借记本科目，贷记"财政专户结余"科目。

三、期末结账后，本科目应无余额。

4401 上级补助收入

一、本科目核算下级基金接收上级基金拨付的补助收入。

二、本科目应当按照资金类型进行明细核算。

三、上级补助收入的主要账务处理如下：

（一）收到转入财政专户的上级基金拨付的补助资金时，按照实际收到的金额，借记"银行存款"等科目，贷记本科目。

（二）期末，将本科目本期发生额转入"财政专户结余"科目，借记本科目，贷记"财政专户结余"科目。

四、期末结账后，本科目应无余额。

4402 下级上解收入

一、本科目核算上级基金接收下级基金上解的基金收入。

二、本科目应当按照资金类型和上解地区进行明细核算。

三、下级上解收入的主要账务处理如下：

（一）收到转入财政专户的下级上解的基金收入，按照实际收到的金额，借记"银行存款"等科目，贷记本科目。

（二）期末，将本科目本期发生额转入"财政专户结余"科目，借记本科目，贷记"财政专户结余"科目。

四、期末结账后，本科目应无余额。

4501 其他收入

一、本科目核算除社会保险费收入、财政补贴收入、集体补助收入、利息收入、委托投资收益、转移收入、上级补助收入、下级上解收入外的收入，如社会保障基金取得的滞纳金、违约金、跨年度退回或追回的社会保险待遇、公益慈善等社会经济组织和个人捐助,以及其他经统筹地区财政部门核准的收入等。

二、其他收入科目的主要账务处理如下:

(一)滞纳金、违约金、跨年度退回或追回的社会保险待遇、公益慈善等社会经济组织和个人捐助等收入缴入财政专户时,按照实际收到的金额,借记"银行存款"等科目,贷记本科目。

(二)因债权人等特殊原因确实无法偿付的暂收款项、借入款项,按照报经批准后确认为其他收入的金额,借记"暂收款"、"借入款项"科目,贷记本科目。

(三)期末,将本科目本期发生额转入"财政专户结余"科目,借记本科目,贷记"财政专户结余"科目。

三、期末结账后,本科目应无余额。

第五节 支 出 类

5001 社会保险待遇支出

一、本科目核算经办机构确认的按规定支付给社会保险对象的待遇支出,包括为特定人群缴纳社会保险费形成的支出(不含城乡医疗救助基金按规定资助救助对象参保参合的补助支出)。

二、本科目应当按照社会保障基金相关管理和财务制度规定设置明细科目。

(一)对于企业职工基本养老保险基金,应当在本科目下设置"基本养老金""医疗补助金""丧葬补助金和抚恤金""病残津贴"等明细科目。

(二)对于城乡居民基本养老保险基金,应当在本科目下设置"基础养老金""个人账户养老金""丧葬补助金"等明细科目。

(三)对于机关事业单位基本养老保险基金,应当在本科目下设置"基本养老金""丧葬补助金和抚恤金""病残津贴"等明细科目。

(四)对于失业保险基金,应当在本科目下设置"失业保险金""基本医疗保险费""丧葬补助金和抚恤金""职业培训和职业介绍补贴""其他费用"等明细科目。

(五)对于生育保险基金,应当在本科目下设置"生育医疗费用""生育津贴"等明细科目。

三、社会保险待遇支出的主要账务处理如下：

（一）根据经办机构用款计划和预算或实际支出明细清单向支出户拨付基金，借记本科目，贷记"银行存款"科目。

（二）期末，将本科目本期发生额转入"财政专户结余"科目，借记"财政专户结余"科目，贷记本科目。

四、期末结账后，本科目应无余额。

5101 大病保险支出

一、本科目核算按规定从城乡居民基本医疗保险基金中划转资金用于城乡居民大病保险的支出。

建立职工基本医疗保险大病保险制度的地区，从职工基本医疗保险基金划转资金用于职工大病保险的支出，参照城乡居民基本医疗保险基金，通过本科目进行核算。

二、大病保险支出的主要账务处理如下：

（一）从城乡居民基本医疗保险基金中划转资金用于大病保险时，按照实际支付的金额，借记本科目，贷记"银行存款"等科目。

（二）城乡居民基本医疗保险基金根据合同约定，因商业保险机构承办大病保险出现超过合同约定盈余而收到商业保险机构的盈余返还时，按照实际收到的金额，借记"银行存款"等科目，贷记本科目。

城乡居民基本医疗保险基金根据合同约定，因基本医疗保险政策调整等政策性原因使商业保险机构承办大病保险发生亏损而向商业保险机构进行补偿时，按照实际支付的金额，借记本科目，贷记"银行存款"等科目。

（三）期末，将本科目本期发生额转入"财政专户结余"科目，借记"财政专户结余"科目，贷记本科目。

三、期末结账后，本科目应无余额。

5102 劳动能力鉴定支出

一、本科目核算经办机构确认的工伤保险基金支付的劳动能力鉴定支出。

二、劳动能力鉴定支出的主要账务处理如下：

（一）根据经办机构用款计划和预算或实际支出明细清单向支出户拨付劳动能力鉴定支出时，借记本科目，贷记"银行存款"等科目。

（二）期末，将本科目本期发生额转入"财政专户结余"科目，借记

"财政专户结余"科目,贷记本科目。

三、期末结账后,本科目应无余额。

5103 工伤预防费用支出

一、本科目核算经办机构确认的工伤保险基金用于工伤预防的宣传、培训等方面支出。

二、工伤预防费用支出的主要账务处理如下:

(一)根据经办机构用款计划和预算或实际支出明细清单向支出户拨付工伤预防费用时,借记本科目,贷记"银行存款"等科目。

(二)期末,将本科目本期发生额转入"财政专户结余"科目,借记"财政专户结余"科目,贷记本科目。

三、期末结账后,本科目应无余额。

5104 稳定岗位补贴支出

一、本科目核算经办机构确认的失业保险基金按规定对稳定岗位的用人单位给予的补贴支出。

二、稳定岗位补贴支出的主要账务处理如下:

(一)根据经办机构用款计划和预算或实际支出明细清单向支出户拨付稳定岗位补贴支出时,借记本科目,贷记"银行存款"等科目。

(二)期末,将本科目本期发生额转入"财政专户结余"科目,借记"财政专户结余"科目,贷记本科目。

三、期末结账后,本科目应无余额。

5105 技能提升补贴支出

一、本科目核算经办机构确认的失业保险基金按规定对符合条件的企业职工提升技能给予的补贴支出。

二、技能提升补贴支出的主要账务处理如下:

(一)根据经办机构用款计划和预算或实际支出明细清单向支出户拨付技能提升补贴支出时,借记本科目,贷记"银行存款"等科目。

(二)期末,将本科目本期发生额转入"财政专户结余"科目,借记"财政专户结余"科目,贷记本科目。

三、期末结账后,本科目应无余额。

5106 城乡医疗救助补助支出

一、本科目核算城乡医疗救助基金按规定资助救助对象参保参合以及对符合条件的个人自负医疗费用给予的补助支出。

二、本科目应当按照城乡医疗救助基金相关管理和财务制度设置"基本医疗保险费"、"医疗费用"等明细科目。

三、城乡医疗救助补助支出的主要账务处理如下：

（一）向定点医疗机构、定点零售药店或医疗救助对象拨付城乡医疗救助补助支出时，借记本科目，贷记"银行存款"等科目。

（二）期末，将本科目本期发生额转入"财政专户结余"科目，借记"财政专户结余"科目，贷记本科目。

四、期末结账后，本科目应无余额。

5107　疾病应急救助支出

一、本科目核算经办机构审核的按规定支付给医疗机构的补助支出。

二、疾病应急救助支出的主要账务处理如下：

（一）根据经办机构提交的用款申请向医疗机构拨付应急救助资金，借记本科目，贷记"银行存款"等科目。

（二）期末，将本科目本期发生额转入"财政专户结余"科目，借记"财政专户结余"科目，贷记本科目。

三、期末结账后，本科目应无余额。

5201　转移支出

一、本科目核算经办机构确认的因参保对象跨统筹地区或跨制度流动而划出的基金。

二、转移支出的主要账务处理如下：

（一）根据经办机构用款计划和预算或实际支出明细清单向支出户拨付因参保对象跨统筹地区或跨制度流动而划出的基金时，借记本科目，贷记"银行存款"等科目。

（二）收到退回的转移支出时，按照实际收到的金额，借记"银行存款"等科目，贷记本科目。

（三）期末，将本科目本期发生额转入"财政专户结余"科目，借记"财政专户结余"科目，贷记本科目。

三、期末结账后，本科目应无余额。

5301　上解上级支出

一、本科目核算下级基金上解上级基金的基金支出。

二、本科目应当按照资金类型进行明细核算。

三、上解上级支出的主要账务处理如下：

（一）向上级上解基金的支出，按照实际支付的金额，借记本科目，贷记"银行存款"等科目。

（二）期末，将本科目本期发生额转入"财政专户结余"科目，借记"财政专户结余"科目，贷记本科目。

四、期末结账后，本科目应无余额。

5302 补助下级支出

一、本科目核算上级基金拨付给下级基金的基金支出。

二、本科目应当按照资金类型和拨付地区进行明细核算。

三、补助下级支出的主要账务处理如下：

（一）向下级拨付补助支出，按照实际支付的金额，借记本科目，贷记"银行存款"等科目。

（二）期末，将本科目本期发生额转入"财政专户结余"科目，借记"财政专户结余"科目，贷记本科目。

四、期末结账后，本科目应无余额。

5401 其他支出

一、本科目核算除上述支出外经国务院批准或国务院授权省级人民政府批准开支的其他非社会保险待遇性质的支出。

二、其他支出的主要账务处理如下：

（一）发生其他支出，按照报经批准后列作其他支出的金额，借记本科目，贷记相关科目。

（二）退回以前年度社会保险费收入，按照实际支出的金额，借记本科目，贷记"银行存款"科目。

（三）期末，将本科目本期发生额转入"财政专户结余"科目，借记"财政专户结余"科目，贷记本科目。

三、期末结账后，本科目应无余额。

第四部分 会计报表格式

编号	会计报表名称	编制期
会01表	资产负债表	月度、年度
会02表	收支表	月度、年度

资产负债表

险种和制度：
编制单位：　　　年　月　日

会01表
单位：元

资产	年初余额	期末余额	负债和净资产	年初余额	期末余额
一、资产：			二、负债：		
银行存款			暂收款		
暂付款			借入款项		
债券投资			三、净资产：		
委托投资			基金结余		
资产总计			负债与净资产总计		

注："委托投资"项目为企业职工、城乡居民、机关事业单位基本养老保险基金（省级）资产负债表专用项目。

收支表

险种和制度：汇总表
编制单位：　　　年　月

会02表
单位：元

项目	科目编码	本月数	本年累计数
一、期初结余	3001		
二、基金收入			
社会保险费收入	4001		
财政补贴收入	4101		

续表

项目	科目编码	本月数	本年累计数
集体补助收入	4102		
利息收入	4201		
委托投资收益	4202		
转移收入	4301		
上级补助收入	4401		
下级上解收入	4402		
其他收入	4501		
三、基金支出			
社会保险待遇支出	5001		
大病保险支出	5101		
劳动能力鉴定支出	5102		
工伤预防费用支出	5103		
稳定岗位补贴支出	5104		
技能提升补贴支出	5105		
城乡医疗救助补助支出	5106		
疾病应急救助支出	5107		
转移支出	5201		
上解上级支出	5301		
补助下级支出	5302		
其他支出	5401		
四、本期基金结余			
五、期末滚存结余	3001		

收 支 表

险种和制度：企业职工基本养老保险

编制单位：　　　　　　　年　月

会02-1表

单位：元

项目	科目编码	本月数	本年累计数
一、期初结余	3001		
二、基金收入			
社会保险费收入	4001		
财政补贴收入	4101		
利息收入	4201		
其中：中央调剂基金收入	420101		
委托投资收益	4202		
转移收入	4301		
上级补助收入	4401		
其中：中央调剂资金收入	440101		
下级上解收入	4402		
其中：中央调剂基金收入	440201		
其他收入	4501		
三、基金支出			
社会保险待遇支出	5001		
（一）基本养老金	500101		
（二）医疗补助金	500102		
（三）丧葬补助金和抚恤金	500103		
（四）病残津贴	500104		
转移支出	5201		
上解上级支出	5301		

续表

项目	科目编码	本月数	本年累计数
其中：中央调剂资金支出	530101		
补助下级支出	5302		
其中：中央调剂基金支出	530201		
其他支出	5401		
四、本期基金结余			
五、期末滚存结余	3001		

收 支 表

险种和制度：城乡居民基本养老保险

编制单位：　　　　　　年　月

会02-2表

单位：元

项目	科目编码	本月数	本年累计数
一、期初结余	3001		
二、基金收入			
社会保险费收入	4001		
财政补贴收入	4101		
集体补助收入	4102		
利息收入	4201		
委托投资收益	4202		
转移收入	4301		
上级补助收入	4401		
下级上解收入	4402		
其他收入	4501		
二、基金支出			

续表

项目	科目编码	本月数	本年累计数
社会保险待遇支出	5001		
（一）基础养老金	500105		
（二）个人账户养老金	500106		
（三）丧葬补助金	500107		
转移支出	5201		
上解上级支出	5301		
补助下级支出	5302		
其他支出	5401		
四、本期基金结余			
五、期末滚存结余	3001		

收 支 表

险种和制度：机关事业单位基本养老保险　　　　会02-3表

编制单位：　　　　年　月　　　　　　　　　　单位：元

项目	科目编码	本月数	本年累计数
一、期初结余	3001		
二、基金收入			
社会保险费收入	4001		
财政补贴收入	4101		
利息收入	4201		
委托投资收益	4202		
转移收入	4301		
上级补助收入	4401		

续表

项目	科目编码	本月数	本年累计数
下级上解收入	4402		
其他收入	4501		
三、基金支出			
社会保险待遇支出	5001		
（一）基本养老金	500101		
（二）丧葬补助金和抚恤金	500103		
（三）病残津贴	500104		
转移支出	5201		
上解上级支出	5301		
补助下级支出	5302		
其他支出	5401		
四、本期基金结余			
五、期末滚存结余	3001		

收 支 表

险种和制度：职工基本医疗保险　　　　　　　　　会02-4表

编制单位：　　　　　　　年　月　　　　　　　　单位：元

项目	科目编码	本月数	本年累计数
一、期初结余	3001		
二、基金收入			
社会保险费收入	4001		
财政补贴收入	4101		
利息收入	4201		

续表

项目	科目编码	本月数	本年累计数
转移收入	4301		
上级补助收入	4401		
下级上解收入	4402		
其他收入	4501		
三、基金支出			
社会保险待遇支出	5001		
（一）住院费用	500108		
（二）门诊费用	500109		
（三）生育医疗费用	500110		
（四）生育津贴	500111		
转移支出	5201		
上解上级支出	5301		
补助下级支出	5302		
其他支出	5401		
四、本期基金结余			
五、期末滚存结余	3001		

注："生育医疗费用"、"生育津贴"项目为生育保险与职工基本医疗保险合并实施的地区职工基本医疗保险基金收支表专用项目。

收 支 表

险种和制度：城乡居民基本医疗保险　　　　　会02-5表

编制单位：　　　　　年　月　　　　　　　　　单位：元

项目	科目编码	本月数	本年累计数
一、期初结余	3001		

续表

项目	科目编码	本月数	本年累计数
二、基金收入			
社会保险费收入	4001		
财政补贴收入	4101		
利息收入	4201		
上级补助收入	4401		
下级上解收入	4402		
其他收入	4501		
三、基金支出			
社会保险待遇支出	5001		
（一）住院费用	500108		
（二）门诊费用	500109		
大病保险支出	5101		
上解上级支出	5301		
补助下级支出	5302		
其他支出	5401		
四、本期基金结余			
五、期末滚存结余	3001		

注：本表适用于城镇居民基本医疗保险基金、新型农村合作医疗基金、合并实施的城乡居民基本医疗保险基金。

收 支 表

险种和制度：工伤保险　　　　　　　　　　　　　　会02-6表
编制单位：　　　　　年　月　　　　　　　　　　单位：元

项目	科目编码	本月数	本年累计数
一、期初结余	3001		
二、基金收入			
社会保险费收入	4001		
财政补贴收入	4101		
利息收入	4201		
上级补助收入	4401		
下级上解收入	4402		
其他收入	4501		
三、基金支出			
社会保险待遇支出	5001		
劳动能力鉴定支出	5102		
工伤预防费用支出	5103		
上解上级支出	5301		
补助下级支出	5302		
其他支出	5401		
四、本期基金结余			
五、期末滚存结余	3001		

收 支 表

险种和制度：失业保险

编制单位：　　　　　　　年　月

会 02-7 表

单位：元

项目	科目编码	本月数	本年累计数
一、期初结余	3001		
二、基金收入			
社会保险费收入	4001		
财政补贴收入	4101		
利息收入	4201		
转移收入	4301		
上级补助收入	4401		
下级上解收入	4402		
其他收入	4501		
三、基金支出			
社会保险待遇支出	5001		
（一）失业保险金	500112		
（二）基本医疗保险费	500113		
（三）丧葬补助金和抚恤金	500114		
（四）职业培训和职业介绍补贴	500115		
（五）其他费用	500116		
稳定岗位补贴支出	5104		
技能提升补贴支出	5105		
转移支出	5201		
上解上级支出	5301		

续表

项目	科目编码	本月数	本年累计数
补助下级支出	5302		
其他支出	5401		
四、本期基金结余			
五、期末滚存结余	3001		

收 支 表

险种和制度：生育保险　　　　　　　　　　　　　　会02-8表
编制单位：　　　　　　年　月　　　　　　　　　　单位：元

项目	科目编码	本月数	本年累计数
一、期初结余	3001		
二、基金收入			
社会保险费收入	4001		
财政补贴收入	4101		
利息收入	4201		
上级补助收入	4401		
下级上解收入	4402		
其他收入	4501		
三、基金支出			
社会保险待遇支出	5001		
（一）生育医疗费用	500110		
（二）生育津贴	500111		
上解上级支出	5301		
补助下级支出	5302		

续表

项目	科目编码	本月数	本年累计数
其他支出	5401		
四、本期基金结余			
五、期末滚存结余	3001		

收 支 表

险种和制度：城乡医疗救助基金

编制单位：　　　　　　　　　年　月

会 02-9 表

单位：元

项目	科目编码	本月数	本年累计数
一、期初结余	3001		
二、基金收入			
财政补贴收入	4101		
利息收入	4201		
上级补助收入	4401		
下级上解收入	4402		
其他收入	4501		
三、基金支出			
城乡医疗救助补助支出	5106		
（一）基本医疗保险费	510601		
（二）医疗费用	510602		
上解上级支出	5301		
补助下级支出	5302		
其他支出	5401		

续表

项目	科目编码	本月数	本年累计数
四、本期基金结余			
五、期末滚存结余	3001		

收 支 表

险种和制度：疾病应急救助基金　　　　　　　　会02-10表

编制单位：　　　　　　年　月　　　　　　　　单位：元

项目	科目编码	本月数	本年累计数
一、期初结余	3001		
二、基金收入			
财政补贴收入	4101		
利息收入	4201		
上级补助收入	4401		
下级上解收入	4402		
其他收入	4501		
三、基金支出			
疾病应急救助支出	5107		
上解上级支出	5301		
补助下级支出	5302		
其他支出	5401		
四、本期基金结余			
五、期末滚存结余	3001		

土地储备资金会计核算办法（试行）

（2008年8月19日　财会〔2008〕10号）

第一章　总　　则

第一条　为了规范土地储备资金的会计核算，根据《中华人民共和国会计法》、《土地储备资金财务管理暂行办法》（财综〔2007〕17号）以及有关法律、行政法规的规定，制定本办法。

第二条　本办法适用于土地储备机构管理的土地储备资金。

本办法所称土地储备资金是指土地储备机构按照国家有关规定征收、收购、优先购买、收回土地以及对其进行前期开发等所使用的资金。

土地储备机构在持有储备土地期间临时利用土地取得的应上缴国库的零星收入，不在本办法规范范围内。

第三条　土地储备资金应当作为独立的会计主体进行确认、计量和披露。土地储备资金应当独立于土地储备机构的固有财产及其管理的其他财产，实行分账核算。

第四条　土地储备资金的会计核算应当划分会计期间，分期结算账目和编制财务会计报告。会计期间分为年度、季度和月份。会计年度自公历1月1日起至12月31日止，季度、月份的起讫日期亦采用公历日期。

第五条　土地储备资金的会计核算主要以权责发生制为基础，对土地储备项目应进行成本核算。

第六条　土地储备资金的会计记账采用借贷记账法。

第七条　土地储备资金的会计核算应当遵循以下基本原则：

（一）土地储备资金的会计核算应当以实际发生的业务为依据，如实反映土地储备资金的收支情况和土地储备项目的成本信息，保证会计信息真实可靠、内容完整。

（二）土地储备资金的会计核算应当采用规定的会计政策，确保会计信息口径一致、相互可比。

（三）土地储备资金的会计核算应当及时进行，不得提前或者延后。

第八条 土地储备资金会计机构设置、会计人员配备、内部会计监督与控制以及相关会计基础工作等,应当遵循《中华人民共和国会计法》、《会计基础工作规范》(财会字〔1996〕19号)、《会计档案管理办法》(财会字〔1998〕32号)及内部控制规范等相关法律、行政法规和制度。

第九条 本办法由中华人民共和国财政部负责解释,需要变更时,由财政部修订。

第十条 本办法自2009年1月1日起施行。

第二章 会计科目及使用说明

第十一条 土地储备机构应当根据本办法的规定设置和使用会计科目、编制会计凭证、登记会计账簿,对土地储备资金进行会计核算。

在不违反本办法的前提下,土地储备机构可以根据核算和管理工作需要对明细科目的设置作必要的补充。

第十二条 会计科目名称和编号

序号	编号	名称
一、资产类		
1	1001	库存现金
2	1002	银行存款
3	1003	零余额账户用款额度
4	1004	财政应返还额度
5	1005	应收利息
6	1006	预付工程款
7	1007	其他应收款
8	1101	收储项目
9	1102	待摊支出
二、负债类		
10	2001	短期借款

续表

序号	编号	名称
11	2002	应付利息
12	2003	应付工程款
13	2004	应交税费
14	2005	其他应付款
15	2101	长期借款
三、净资产类		
16	3001	土地储备资金
四、收入类		
17	4001	财政拨款收入
18	4002	其他收入
五、支出类		
19	5001	交付项目支出

第十三条 会计科目使用说明

第1001号科目 库存现金

一、本科目核算土地储备资金的库存现金。

二、现金的主要账务处理如下：

（一）收到现金时，借记本科目，贷记有关科目。

（二）支付现金时，借记有关科目，贷记本科目。

三、本科目应设置"现金日记账"，由出纳人员根据收、付款凭证，按照业务发生顺序，逐笔登记，每日终了，应计算当日的现金收入合计数、现金支出合计数和结余数，并将结余数与实际库存数进行核对，做到账款相符。

四、本科目期末借方余额，反映土地储备资金的库存现金数额。

第1002号科目 银行存款

一、本科目核算土地储备资金的银行存款。

二、土地储备机构应严格按照国家有关支付结算办法的规定，办理土地储备资金银行存款收支结算。

三、银行存款的主要账务处理如下：

（一）收到财政部门拨入的土地储备资金时，借记本科目，贷记"财政拨款收入"科目。

（二）从银行提取现金时，借记"库存现金"科目，贷记本科目。

（三）收到的银行存款利息收入，借记本科目，贷记"应收利息"、"其他收入"等科目。

（四）支付银行存款时，借记"收储项目"、"预付工程款"、"应付利息"等科目，贷记本科目。

四、土地储备机构应设置"银行存款日记账"，由出纳人员根据收付款凭证，按照业务发生的顺序逐笔登记，并结出账面余额。"银行存款日记账"应定期与"银行对账单"核对，至少每月核对一次。月份终了，土地储备机构账面余额与银行对账单余额如有差额，应当逐笔查明原因进行处理，并应按月编制"银行存款余额调节表"，调节相符。

五、本科目期末借方余额，反映土地储备资金的银行存款数额。

1003 零余额账户用款额度

一、本科目核算实行国库集中支付的土地储备机构根据财政部门批复的土地储备资金用款计划收到的零余额账户用款额度。

不实行国库集中支付的，不设置本科目。

二、零余额账户用款额度的主要账务处理如下：

（一）在财政授权支付方式下，收到代理银行转来的"授权支付到账通知书"时，根据通知书所列数额，借记"零余额账户用款额度"科目，贷记"财政拨款收入"科目。发生实际支出时，借记"收储项目"、"待摊支出"等科目，贷记"零余额账户用款额度"科目。

（二）从零余额账户提取现金时，借记"库存现金"科目，贷记"零余额账户用款额度"科目。

（三）年度终了，依据代理银行提供的对账单作注销额度的相关账务处理，借记"财政应返还额度（财政授权支付）"科目，贷记"零余额账户用款额度"科目。如果土地储备资金本年度财政授权支付预算指标数大于零余额账户用款额度下达数，借记"财政应返还额度（财政授权支付）"科目，贷记"财政拨款收入"科目。

下年初，依据代理银行提供的额度恢复到账通知书作相关恢复额度的账务处理，借记"零余额账户用款额度"科目，贷记"财政应返还额度（财政授权支付）"科目。如果下年度收到财政部门批复的上年末未下达零余额账户用款额度，借记"零余额账户用款额度"科目，贷记"财政应返还额度（财政授权支付）"科目。

三、本科目期末借方余额，反映尚未支用的土地储备资金零余额账户用款额度。本科目年末应无余额。

1004　财政应返还额度

一、本科目核算实行国库集中支付的土地储备资金年终应收财政下年度返还的资金额度。

不实行国库集中支付的，不设置本科目。

二、本科目应设置"财政直接支付"和"财政授权支付"等明细科目，进行明细核算。

三、财政应返还额度的主要账务处理如下：

（一）财政直接支付年终结余资金的账务处理。

年度终了，根据本年度财政直接支付预算指标数与当年财政直接支付实际支出数的差额，借记本科目（财政直接支付），贷记"财政拨款收入"科目。

下年度恢复财政直接支付额度后，发生实际支出时，借记"收储项目"、"待摊支出"等科目，贷记本科目（财政直接支付）。

（二）财政授权支付年终结余资金的账务处理。

年度终了，依据代理银行提供的对账单注销额度，具体账务处理参见"零余额账户用款额度"科目。下年初依据代理银行提供的额度恢复到账通知书恢复额度，具体账务处理参见"零余额账户用款额度"科目。

四、本科目期末借方余额，反映应收财政下年度返还的土地储备资金额度。

第 1005 号科目　应收利息

一、本科目核算土地储备资金银行存款发生的应收利息。

二、土地储备机构应当按期计算确定土地储备资金银行存款应收利息。期末，按照计算确定的应收利息，借记本科目，贷记"其他收入"科目。

实际收到利息时，借记"银行存款"科目，贷记本科目。

应收利息金额不大的，也可于实际收到利息时确认相关的利息收入。收到利息时，借记"银行存款"科目，贷记"其他收入"科目。

三、本科目期末余额，反映土地储备资金银行存款应收未收的利息。

第1006号　预付工程款

一、本科目核算土地储备机构为土地储备项目预付给有关施工、设计、监理等单位的工程款项。

二、本科目应按施工单位进行明细核算。

三、预付工程款的主要账务处理如下：

（一）土地储备项目发生预付工程款时，借记本科目，贷记"银行存款"、"零余额账户用款额度"等科目。

（二）办理土地储备项目工程款结算时，按照实际发生的项目支出，借记"收储项目"等科目，按照可抵扣的预付工程款，贷记本科目，按照应付未付的工程款项，贷记"应付工程款"科目。

四、本科目期末借方余额，反映为土地储备项目预付的工程款项。

第1007号科目　其他应收款

一、本科目核算除应收利息、预付工程款外为土地储备项目发生的其他各种应收及暂付款项。

二、本科目应按单位和个人进行明细核算。

三、其他应收款的主要账务处理如下：

（一）为土地储备项目发生其他各种应收、暂付款项时，借记本科目，贷记有关科目。

（二）收回其他应收、暂付款项时，借记有关科目，贷记本科目。

四、本科目期末借方余额，反映为土地储备项目发生的其他各种应收及暂付款项的余额。

第1101号科目　收储项目

一、本科目核算土地储备机构发生的可直接归属于土地储备项目的实际成本。

二、本科目应当按照土地储备项目设置明细账，并在土地储备项目下设置"征地和拆迁补偿支出"、"土地开发支出"、"其他直接支出"、"待摊支出转入"、"交付成本"等明细科目进行二级明细核算。

（一）"征地和拆迁补偿支出"明细科目，核算征收、收购、优先购买或收回土地需要支付的土地价款或征地和拆迁补偿费用，包括土地补偿费和安置补助费、地上附着物和青苗补偿费、拆迁补偿费，以及依法需要支付的与征收、收购、优先购买或收回土地有关的其他费用。在征地过程中对被征地农民采用社会保障安置的，所发生的被征地农民的社会保障支出也在本明细科目核算。对于所发生的被征地农民的社会保障支出，应在本明细科目下单独设置"被征地农民社会保障支出"三级明细科目进行核算。

（二）"土地开发支出"明细科目，核算征收、收购、优先购买或收回土地后进行必要的前期土地开发费用，包括前期土地开发性支出以及按照财政部门规定与前期土地开发相关的费用等，含因出让土地涉及的需要进行相关道路、供水、供电、供气、排水、通讯、照明、绿化、土地平整等基础设施建设支出。

（三）"其他直接支出"明细科目，核算经同级财政部门批准的可直接归属于土地储备项目成本的其他支出。

（四）"待摊支出转入"明细科目，核算分摊计入土地储备项目成本的待摊支出。

（五）"交付成本"明细科目，核算本期已交付项目的成本。

三、本科目的主要账务处理如下：

（一）为土地储备项目发生各项支出时，借记本科目，贷记"银行存款"、"零余额账户用款额度"等科目；采用财政直接支付方式的，借记本科目，贷记"财政拨款收入"科目。

（二）对出包工程，土地储备机构应定期与施工单位进行工程结算。办理结算时，按照实际发生的项目支出，借记本科目，按照可抵扣的预付工程款，贷记"预付工程款"科目，按照应付未付的工程款项，贷记"应付工程款"科目。

（三）结转待摊支出时，借记本科目（待摊支出转入），贷记"待摊支出"科目。

（四）单个收储项目完成收储后交付的，应按照该项目归集的成本进行结转，按照本科目"征地和拆迁补偿支出"、"土地开发支出"、"其他直接支出"、"待摊支出转入"各明细科目的借方余额合计，借记本科目（交付成本），按照本科目"征地和拆迁补偿支出"、"土地开发支出"、"其他直接支出"、"待摊支出转入"各明细科目的借方余额，贷记本科目（征地和拆迁补偿支出、土地开发支出、其他直接支出、待摊支出转入）；同时，将该项目成本结转入"交付项目支出"科目，借记"交付项目支出"科目，贷记本科目（交付成本）。

单个收储项目未全部完成收储、部分先交付的，应按合理的方法计算确定交付部分的成本并进行结转。计算方法一经确定，不得随意变更。单个收储项目部分交付时，按照计算确定的交付部分的成本，借记本科目（交付成本），贷记本科目（征地和拆迁补偿支出、土地开发支出、其他直接支出、待摊支出转入）；同时，将交付部分的成本结转入"交付项目支出"科目，借记"交付项目支出"科目，贷记本科目（交付成本）。待该收储项目最后未交付部分完成收储后交付时，按照最后交付部分的成本，借记本科目（交付成本），贷记本科目（征地和拆迁补偿支出、土地开发支出、其他直接支出、待摊支出转入）；同时，将最后交付部分的成本结转入"交付项目支出"科目，借记"交付项目支出"科目，贷记本科目（交付成本）。

四、本科目期末借方余额反映尚未交付的土地储备项目累计发生的收储成本。

第1102号科目　待摊支出

一、本科目核算为多个收储项目共同发生的、按照规定应当分摊计入项目成本的各项费用支出，如借款利息支出、金融机构手续费、可行性研究费、勘探设计费、储备保管费、评估费、临时用水用电费、临时设施支出等。

可直接计入单个收储项目的支出，在"收储项目"科目核算，不通过本科目核算。

二、本科目应当按照待摊支出的内容进行明细核算。

三、待摊支出的主要账务处理如下：

（一）为土地储备项目借款发生的利息支出，借记本科目、"收储项目"等科目，贷记"应付利息"、"银行存款"等科目。

（二）发生其他待摊支出时，借记本科目，贷记"库存现金"、"银行存款"、"零余额账户用款额度"等科目；采用财政直接支付方式的，借记本科目，贷记"财政拨款收入"科目。

（三）土地储备机构应按合理的方法（如按照各项目概预算占所有项目概预算总额的比例）将发生的待摊支出分摊计入有关项目成本，分摊时，借记"收储项目（待摊支出转入）"科目，贷记本科目。待摊支出的分配方法一经确定，不得随意变更。

四、本科目月末借方余额，反映为多个土地储备项目共同发生的尚未分摊的待摊支出。年末，待摊支出应分配完毕，本科目应无余额。

第 2001 号科目　短期借款

一、本科目核算土地储备机构为土地储备项目向银行或其他金融机构等借入的期限在一年以下（含一年）的各种借款。

二、本科目应按贷款人进行明细核算。

三、短期借款的主要账务处理如下：

（一）为土地储备项目借入的各种短期借款，借记"银行存款"科目，贷记本科目。

（二）短期借款应付的利息，借记"待摊支出"、"收储项目"等科目，贷记"应付利息"、"银行存款"等科目。

（三）归还借款时，借记本科目，贷记"银行存款"科目。

四、本科目期末贷方余额，反映为土地储备项目借入的尚未偿还的短期借款本金。

第 2002 号科目　应付利息

一、本科目核算土地储备机构为土地储备项目借款而发生的应付利息。

二、土地储备机构应当按期计算确定为土地储备项目借款而发生的应付利息。期末，按照计算确定的应付利息，借记"待摊支出"、"收储项目"等科目，贷记本科目。实际支付利息时，借记本科目，贷记"银行存款"科目。

应付利息金额不大的，也可于实际支付利息时确认相关的利息成本。支付利息时，借记"待摊支出"、"收储项目"等科目，贷记"银行存款"科目。

三、本科目期末余额，反映为土地储备项目借款应付未付的利息。

第 2003 号科目　应付工程款

一、本科目核算土地储备机构为土地储备项目应付给有关施工、设计、监理等单位的工程款项。

二、本科目应按施工单位进行明细核算。

三、应付工程款的主要账务处理如下：

（一）办理土地储备项目工程款结算时，按照实际发生的项目支出，借记"收储项目"等科目，按可抵扣的预付工程款，贷记"预付工程款"科目，按照应付未付的工程款项，贷记本科目。

（二）支付应付工程款时，借记本科目，贷记"银行存款"等科目。

四、本科目期末贷方余额，反映为土地储备项目应付未付的工程款项。

第 2004 号科目　应交税费

一、本科目核算按税法等规定计算的为土地储备项目应交纳的各种税费。

二、本科目按应交的税费项目进行明细核算。

三、应交税费的主要账务处理如下：

（一）按规定计算的为土地储备项目应交的各种税费，借记"收储项目"科目，贷记本科目。涉及多个土地储备项目的，可通过"待摊支出"科目进行归集，然后按合理的方法进行分摊。

（二）实际交纳各项税费时，借记本科目，贷记"银行存款"等科目。

四、本科目期末贷方余额，反映土地储备项目应交未交的税费金额。

第 2005 号科目　其他应付款

一、本科目核算除应付利息、应付工程款、应交税费外为土地储备项目发生的其他各种应付、暂存款项。

二、本科目应按单位和个人进行明细核算。

三、其他应付款的主要账务处理如下：

（一）为土地储备项目发生其他各种应付、暂存款项时，借记有关科目，贷记本科目。

（二）实际支付时，借记本科目，贷记"银行存款"等科目。

四、本科目期末贷方余额，反映为土地储备项目发生的其他各种应付及暂存款项的余额。

第 2101 号科目　长期借款

一、本科目核算土地储备机构为土地储备项目向银行或其他金融机构等借入的期限在一年以上（不含一年）的各种借款。

二、本科目应按贷款人进行明细核算。

三、长期借款的主要账务处理如下：

（一）为土地储备项目借入的各种长期借款，借记"银行存款"科目，贷记本科目。

（二）长期借款应付的利息，借记"收储项目"、"待摊支出"等科目，贷记"应付利息"、"银行存款"等科目。

（三）归还借款时，借记本科目，贷记"银行存款"科目。

四、本科目期末贷方余额，反映为土地储备项目借入的尚未偿还的长期借款本金。

第3001号科目　土地储备资金

一、本科目核算土地储备资金各项收入与交付项目支出的差额。

二、期末，将各收入科目贷方余额转入本科目，借记"财政拨款收入"、"其他收入"科目，贷记本科目。将"交付项目支出"科目借方余额转入本科目，借记本科目，贷记"交付项目支出"科目。

三、本科目期末余额，反映土地储备资金各项收入与交付项目支出的累计差额。

第4001号科目　财政拨款收入

一、本科目核算当期财政部门拨付的土地储备资金。

二、本科目应设置"国有土地出让收入中安排的拨款"和"国有土地收益基金中安排的拨款"等明细科目，进行明细核算。

三、财政拨款收入的主要账务处理如下：

（一）土地储备机构收到财政部门拨付的土地储备资金时，借记"银行存款"、"零余额账户用款额度"等科目，贷记本科目。采用财政直接支付的方式支付收储支出时，借记"收储项目"、"待摊支出"等科目，贷记本科目。

（二）期末，将本科目贷方余额转入"土地储备资金"科目，借记本科目，贷记"土地储备资金"科目。

四、本科目期末结转后无余额。

第4002号科目　其他收入

一、本科目核算土地储备项目除财政拨款外的其他收入，如利息收入。

二、其他收入的主要账务处理如下：

（一）取得的其他收入，借记"银行存款"、"应收利息"等科目，贷记本科目。

（二）期末，将本科目贷方余额转入"土地储备资金"科目，借记本科目，贷记"土地储备资金"科目。

三、本科目期末结转后无余额。

第5001号科目　交付项目支出

一、本科目核算本期已交付的土地储备项目的实际支出。

二、交付项目支出的主要账务处理如下：

（一）项目全部或部分交付时，借记本科目，贷记"收储项目（交付成本）"科目。

（二）期末，将本科目借方余额转入"土地储备资金"科目，借记"土地储备资金"科目，贷记本科目。

三、本科目期末结转后无余额。

第三章　财务报表及编制说明

第十四条　土地储备机构应当根据本办法的规定编制土地储备资金财务报表。

第十五条　土地储备资金财务报表包括资产负债表、收支表、项目支出明细表及附注。

资产负债表、收支表、项目支出明细表按照本办法第十七条至第二十条的规定编报。

附注是对在资产负债表、收支表、项目支出明细表中列示项目的文字描述或明细资料，以及对未能在这些报表中列示项目的说明等。附注可由土地储备机构根据需要自行编制。

第十六条　土地储备资金财务报表应当至少按照月份和年度编制，做到数字真实、计算准确、手续完备、内容完整、编报及时。

第十七条　财务报表格式

报表编号	财务报表名称	编制期
土储会01表	资产负债表	月报、年报

续表

报表编号	财务报表名称	编制期
土储会02表	收支表	月报、年报
土储会03表	项目支出明细表	月报、年报

资产负债表

土储会01表

编制单位：　　　　　　　　　___年_月_日　　　　　单位：元

资　产	年初数	期末数	负债和净资产	年初数	期末数
资　产			负　债		
货币资金			短期借款		
财政应返还额度			应付利息		
应收利息			应付工程款		
预付工程款			应交税费		
其他应收款			其他应付款		
收储项目			长期借款		
待摊支出					
			负债合计		
			净资产		
			土地储备资金		
			净资产合计		
资产总计			负债和净资产总计		

收 支 表

土储会 02 表

编制单位：　　　　　　　　　　　　　年　月　日　　　　　　单位：元

	本月数	本年累计数
一、土地储备资金收入		
1. 财政拨款收入		
其中：国有土地出让收入中安排的拨款		
国有土地收益基金中安排的拨款		
2. 其他收入		
二、交付项目支出		

项目支出明细表

土储会 03 表

编制单位：　　　　　　　　　　　　　　　　　年　月　　　　　　单位：元

收储项目	以前年度累计支出					本年累计支出					合计
	小计	征地和拆迁补偿支出	土地开发支出	其他直接支出	待摊支出转入	小计	征地和拆迁补偿支出	土地开发支出	其他直接支出	待摊支出转入	
	1=2+3+4+5	2	3	4	5	6=7+8+9+10	7	8	9	10	11=1+6
×项目											
×项目											
×项目											
×项目											
……											

第十八条 资产负债表编制说明

（一）本表反映月末、年末等会计期间终了时土地储备资金全部资产、负债以及净资产的构成情况。

（二）本表"年初数"栏各项数字，应根据上年末本表"期末数"所列数字填列。

（三）本表各项目的内容和填列方法：

1. "货币资金"项目，反映库存现金、银行存款等货币资金的期末合计余额，本项目应根据"库存现金"、"银行存款"、"零余额账户用款额度"科目期末余额加总填列。

2. "财政应返还额度"项目，反映期末财政应返还额度的余额。本项目应根据"财政应返还额度"科目的期末余额填列。

3. "应收利息"项目，反映土地储备资金银行存款应收未收的利息。本项目应根据"应收利息"科目的期末余额填列。

4. "预付工程款"项目，反映为土地储备项目预付的工程款项。本项目应根据"预付工程款"科目的期末余额填列。

5. "其他应收款"项目，反映除应收利息、预付工程款外为土地储备项目发生的其他各种应收及暂付款项。本项目应根据"其他应收款"科目的期末余额填列。

6. "收储项目"项目，反映尚未交付的土地储备项目累计发生的收储成本。本项目应根据"收储项目"科目的期末余额填列。

7. "待摊支出"项目，反映为多个土地储备项目共同发生的尚未分摊的待摊支出。本项目根据"待摊支出"科目的期末余额填列。编制年度资产负债表时，本项目应填"0"。

8. "短期借款"项目，反映为土地储备项目借入的尚未偿还的短期借款本金。本项目应根据"短期借款"科目的期末余额填列。

9. "应付利息"项目，反映为土地储备项目借款应付未付的利息。本项目应根据"应付利息"科目的期末余额填列。

10. "应付工程款"项目，反映土地储备项目应付未付的工程款项。本项目应根据"应付工程款"科目的期末余额填列。

11. "应交税费"项目，反映土地储备项目尚未交纳的税费。本项目应根据"应交税费"科目的期末余额填列。

12. "其他应付款"项目，反映除应付利息、应付工程款、应交税费外为土地储备项目发生的其他各种应付及暂存款项。本项目应根据"其他应付款"科目的期末余额填列。

13. "长期借款"项目，反映为土地储备项目借入的尚未偿还的长期借款本金。本项目应根据"长期借款"科目的期末余额填列。

14. "土地储备资金"项目,反映土地储备资金各项收入与交付项目支出的累计差额。本项目应根据"土地储备资金"科目的期末余额填列。

第十九条 收支表编制说明

(一)本表反映土地储备资金在月份、年度等会计期间内的收入和费用情况。

(二)本表"本月数"栏反映各项目的本月实际发生数,在编报年度财务报表时,将"本月数"栏改成"上年累计数"栏,填列上年全年累计实际发生数。

本表"本年累计数"栏反映各项目自年初起至本月末止的累计实际发生数。

(三)本表中"本月数"栏各项目的内容及填列方法:

1. "土地储备资金收入"项目,反映当期土地储备资金收入总额。本项目应根据本表"财政拨款收入"和"其他收入"项目金额加总计算填列。

2. "财政拨款收入"项目,反映当期财政部门拨付的土地储备资金。本项目应根据"财政拨款收入"科目贷方发生额填列。"国有土地出让收入中安排的拨款"、"国有土地收益基金中安排的拨款"项目分别根据"财政拨款收入"科目所属明细科目贷方发生额填列。

3. "其他收入"项目,反映当期除财政拨款外的其他收入,如利息收入。本项目应根据"其他收入"科目贷方发生额填列。

4. "交付项目支出"项目,反映本期已交付的土地储备项目的实际支出。本项目应根据"交付项目支出"科目借方发生额填列。

第二十条 项目支出明细表编制说明

(一)本表反映收储项目以前年度的累计支出和本年自年初至本月末止累计实际发生的支出,包括本年尚未交付的收储项目和本年度收储完毕并交付的项目。不含以前年度已交付的项目。

(二)本表中"以前年度累计支出"栏,反映土地储备项目本年之前累计发生的支出。各具体栏目的内容及填列方法如下:

1. "小计"(1栏),反映土地储备项目以前年度累计发生的各类支出小计,根据第2栏至第5栏的数字加总填列。

2. "征地和拆迁补偿支出"(2栏),反映土地储备项目以前年度累计发生的征地和拆迁补偿支出。根据"收储项目"科目所属"征地和拆迁补偿支出"明细科目的上年末余额填列，或根据上年 12 月份本表本项目对应的第 2 栏和第 7 栏的数字加总填列。

3. "土地开发支出"（3 栏），反映土地储备项目以前年度累计发生的土地开发支出。根据"收储项目"科目所属"土地开发支出"明细科目的上年末余额填列，或根据上年 12 月份本表本项目对应的第 3 栏和第 8 栏的数字加总填列。

4. "其他直接支出"（4 栏），反映土地储备项目以前年度累计发生的其他直接支出。根据"收储项目"科目所属"其他直接支出"明细科目的上年末余额填列，或根据上年 12 月份本表本项目对应的第 4 栏和第 9 栏的数字加总填列。

5. "待摊支出转入"（5 栏），反映土地储备项目以前年度累计分摊的待摊支出。根据"收储项目"科目所属"待摊支出转入"明细科目的上年末余额填列，或根据上年 12 月份本表本项目对应的第 5 栏和第 10 栏的数字加总填列。

（三）本表中"本年累计支出"栏，反映土地储备项目本年自年初至本月末止累计发生的各项实际支出。各具体栏目的内容及填列方法如下：

1. "小计"（6 栏），反映土地储备项目本年自年初至本月末止累计发生的各类支出小计，根据第 7 栏至第 10 栏的数字加总填列。

2. 第 7 栏至第 10 栏，分别反映土地储备项目本年自年初至本月末止累计发生的征地和拆迁补偿支出、土地开发支出、其他直接支出和累计分摊的待摊支出，分别根据"收储项目"科目所属"征地和拆迁补偿支出"、"土地开发支出"、"其他直接支出"、"待摊支出转入"各明细科目本年自年初至本月末止的借方发生额填列。

（四）本表中"合计"（11 栏），反映土地储备项目以前年度累计发生和本年累计发生的各类支出的合计数，根据第 1 栏和第 6 栏的数字加总填列。

四、会计机构和会计人员

中华人民共和国注册会计师法

(1993年10月31日第八届全国人民代表大会常务委员会第四次会议通过 根据2014年8月31日第十二届全国人民代表大会常务委员会第十次会议《关于修改〈中华人民共和国保险法〉等五部法律的决定》修正)

第一章 总 则

第一条 为了发挥注册会计师在社会经济活动中的鉴证和服务作用,加强对注册会计师的管理,维护社会公共利益和投资者的合法权益,促进社会主义市场经济的健康发展,制定本法。

第二条 注册会计师是依法取得注册会计师证书并接受委托从事审计和会计咨询、会计服务业务的执业人员。

第三条 会计师事务所是依法设立并承办注册会计师业务的机构。

注册会计师执行业务,应当加入会计师事务所。

第四条 注册会计师协会是由注册会计师组成的社会团体。中国注册会计师协会是注册会计师的全国组织,省、自治区、直辖市注册会计师协会是注册会计师的地方组织。

第五条 国务院财政部门和省、自治区、直辖市人民政府财政部门,依法对注册会计师、会计师事务所和注册会计师协会进行监督、指导。

第六条 注册会计师和会计师事务所执行业务,必须遵守法律、行政法规。

注册会计师和会计师事务所依法独立、公正执行业务,受法律保护。

第二章 考试和注册

第七条 国家实行注册会计师全国统一考试制度。注册会计师全国统一考试办法,由国务院财政部门制定,由中国注册会计师协会组织实施。

第八条 具有高等专科以上学校毕业的学历、或者具有会计或者相关专业中级以上技术职称的中国公民,可以申请参加注册会计师全国统一考试;具有会计或者相关专业高级技术职称的人员,可以免予部分科目的考试。

第九条 参加注册会计师全国统一考试成绩合格,并从事审计业务工作二年以上的,可以向省、自治区、直辖市注册会计师协会申请注册。

除有本法第十条所列情形外,受理申请的注册会计师协会应当准予注册。

第十条 有下列情形之一的,受理申请的注册会计师协会不予注册:

(一)不具有完全民事行为能力的;

(二)因受刑事处罚,自刑罚执行完毕之日起至申请注册之日止不满五年的;

(三)因在财务、会计、审计、企业管理或者其他经济管理工作中犯有严重错误受行政处罚、撤职以上处分,自处罚、处分决定之日起至申请注册之日止不满二年的;

(四)受吊销注册会计师证书的处罚,自处罚决定之日起至申请注册之日止不满五年的;

(五)国务院财政部门规定的其他不予注册的情形的。

第十一条 注册会计师协会应当将准予注册的人员名单报国务院财政部门备案。国务院财政部门发现注册会计师协会的注册不符合本法规定的,应当通知有关的注册会计师协会撤销注册。

注册会计师协会依照本法第十条的规定不予注册的,应当自决定之日起十五日内书面通知申请人。申请人有异议的,可以自收到通知之日起十五日内向国务院财政部门或者省、自治区、直辖市人民政府财政部门申请复议。

第十二条 准予注册的申请人,由注册会计师协会发给国务院财政部门统一制定的注册会计师证书。

第十三条 已取得注册会计师证书的人员,除本法第十一条第一款规定的情形外,注册后有下列情形之一的,由准予注册的注册会计师协会撤销注册,收回注册会计师证书:

（一）完全丧失民事行为能力的；

（二）受刑事处罚的；

（三）因在财务、会计、审计、企业管理或者其他经济管理工作中犯有严重错误受行政处罚、撤职以上处分的；

（四）自行停止执行注册会计师业务满一年的。

被撤销注册的当事人有异议的，可以自接到撤销注册、收回注册会计师证书的通知之日起十五日内向国务院财政部门或者省、自治区、直辖市人民政府财政部门申请复议。

依照第一款规定被撤销注册的人员可以重新申请注册，但必须符合本法第九条、第十条的规定。

第三章 业务范围和规则

第十四条 注册会计师承办下列审计业务：

（一）审查企业会计报表，出具审计报告；

（二）验证企业资本，出具验资报告；

（三）办理企业合并、分立、清算事宜中的审计业务，出具有关的报告；

（四）法律、行政法规规定的其他审计业务。

注册会计师依法执行审计业务出具的报告，具有证明效力。

第十五条 注册会计师可以承办会计咨询、会计服务业务。

第十六条 注册会计师承办业务，由其所在的会计师事务所统一受理并与委托人签订委托合同。

会计师事务所对本所注册会计师依照前款规定承办的业务，承担民事责任。

第十七条 注册会计师执行业务，可以根据需要查阅委托人的有关会计资料和文件，查看委托人的业务现场和设施，要求委托人提供其他必要的协助。

第十八条 注册会计师与委托人有利害关系的，应当回避；委托人有权要求其回避。

第十九条 注册会计师对在执行业务中知悉的商业秘密，负有保密义务。

第二十条　注册会计师执行审计业务，遇有下列情形之一的，应当拒绝出具有关报告：

（一）委托人示意其作不实或者不当证明的；

（二）委托人故意不提供有关会计资料和文件的；

（三）因委托人有其他不合理要求，致使注册会计师出具的报告不能对财务会计的重要事项作出正确表述的。

第二十一条　注册会计师执行审计业务，必须按照执业准则、规则确定的工作程序出具报告。

注册会计师执行审计业务出具报告时，不得有下列行为：

（一）明知委托人对重要事项的财务会计处理与国家有关规定相抵触，而不予指明；

（二）明知委托人的财务会计处理会直接损害报告使用人或者其他利害关系人的利益，而予以隐瞒或者作不实的报告；

（三）明知委托人的财务会计处理会导致报告使用人或者其他利害关系人产生重大误解，而不予指明；

（四）明知委托人的会计报表的重要事项有其他不实的内容，而不予指明。

对委托人有前款所列行为，注册会计师按照执业准则、规则应当知道的，适用前款规定。

第二十二条　注册会计师不得有下列行为：

（一）在执行审计业务期间，在法律、行政法规规定不得买卖被审计单位的股票、债券或者不得购买被审计单位或者个人的其他财产的期限内，买卖被审计单位的股票、债券或者购买被审计单位或者个人所拥有的其他财产；

（二）索取、收受委托合同约定以外的酬金或者其他财物，或者利用执行业务之便，谋取其他不正当的利益；

（三）接受委托催收债款；

（四）允许他人以本人名义执行业务；

（五）同时在两个或者两个以上的会计师事务所执行业务；

（六）对其能力进行广告宣传以招揽业务；

（七）违反法律、行政法规的其他行为。

第四章　会计师事务所

第二十三条　会计师事务所可以由注册会计师合伙设立。

合伙设立的会计师事务所的债务，由合伙人按照出资比例或者协议的约定，以各自的财产承担责任。合伙人对会计师事务所的债务承担连带责任。

第二十四条　会计师事务所符合下列条件的，可以是负有限责任的法人：

（一）不少于三十万元的注册资本；

（二）有一定数量的专职从业人员，其中至少有五名注册会计师；

（三）国务院财政部门规定的业务范围和其他条件。

负有限责任的会计师事务所以其全部资产对其债务承担责任。

第二十五条　设立会计师事务所，由省、自治区、直辖市人民政府财政部门批准。

申请设立会计师事务所，申请者应当向审批机关报送下列文件：

（一）申请书；

（二）会计师事务所的名称、组织机构和业务场所；

（三）会计师事务所章程，有合伙协议的并应报送合伙协议；

（四）注册会计师名单、简历及有关证明文件；

（五）会计师事务所主要负责人、合伙人的姓名、简历及有关证明文件；

（六）负有限责任的会计师事务所的出资证明；

（七）审批机关要求的其他文件。

第二十六条　审批机关应当自收到申请文件之日起三十日内决定批准或者不批准。

省、自治区、直辖市人民政府财政部门批准的会计师事务所，应当报国务院财政部门备案。国务院财政部门发现批准不当的，应当自收到备案报告之日起三十日内通知原审批机关重新审查。

第二十七条　会计师事务所设立分支机构，须经分支机构所在地的省、自治区、直辖市人民政府财政部门批准。

第二十八条　会计师事务所依法纳税。

会计师事务所按照国务院财政部门的规定建立职业风险基金，办理职业保险。

第二十九条 会计师事务所受理业务，不受行政区域、行业的限制；但是，法律、行政法规另有规定的除外。

第三十条 委托人委托会计师事务所办理业务，任何单位和个人不得干预。

第三十一条 本法第十八条至第二十一条的规定，适用于会计师事务所。

第三十二条 会计师事务所不得有本法第二十二条第（一）项至第（四）项、第（六）项、第（七）项所列的行为。

第五章 注册会计师协会

第三十三条 注册会计师应当加入注册会计师协会。

第三十四条 中国注册会计师协会的章程由全国会员代表大会制定，并报国务院财政部门备案；省、自治区、直辖市注册会计师协会的章程由省、自治区、直辖市会员代表大会制定，并报省、自治区、直辖市人民政府财政部门备案。

第三十五条 中国注册会计师协会依法拟订注册会计师执业准则、规则，报国务院财政部门批准后施行。

第三十六条 注册会计师协会应当支持注册会计师依法执行业务，维护其合法权益，向有关方面反映其意见和建议。

第三十七条 注册会计师协会应当对注册会计师的任职资格和执业情况进行年度检查。

第三十八条 注册会计师协会依法取得社会团体法人资格。

第六章 法律责任

第三十九条 会计师事务所违反本法第二十条、第二十一条规定的，由省级以上人民政府财政部门给予警告，没收违法所得，可以并处违法所得一倍以上五倍以下的罚款；情节严重的，并可以由省级以上人民政府财政部门暂停其经营业务或者予以撤销。

注册会计师违反本法第二十条、第二十一条规定的，由省级以上人民政府财政部门给予警告；情节严重的，可以由省级以上人民政府财政部门暂停其执行业务或者吊销注册会计师证书。

会计师事务所、注册会计师违反本法第二十条、第二十一条的规定，故意出具虚假的审计报告、验资报告，构成犯罪的，依法追究刑事责任。

第四十条 对未经批准承办本法第十四条规定的注册会计师业务的单位，由省级以上人民政府财政部门责令其停止违法活动，没收违法所得，可以并处违法所得一倍以上五倍以下的罚款。

第四十一条 当事人对行政处罚决定不服的，可以在接到处罚通知之日起十五日内向作出处罚决定的机关的上一级机关申请复议；当事人也可以在接到处罚决定通知之日起十五日内直接向人民法院起诉。

复议机关应当在接到复议申请之日起六十日内作出复议决定。当事人对复议决定不服的，可以在接到复议决定之日起十五日内向人民法院起诉。复议机关逾期不作出复议决定的，当事人可以在复议期满之日起十五日内向人民法院起诉。

当事人逾期不申请复议，也不向人民法院起诉，又不履行处罚决定的，作出处罚决定的机关可以申请人民法院强制执行。

第四十二条 会计师事务所违反本法规定，给委托人、其他利害关系人造成损失的，应当依法承担赔偿责任。

第七章 附 则

第四十三条 在审计事务所工作的注册审计师，经认定为具有注册会计师资格的，可以执行本法规定的业务，其资格认定和对其监督、指导、管理的办法由国务院另行规定。

第四十四条 外国人申请参加中国注册会计师全国统一考试和注册，按照互惠原则办理。

外国会计师事务所需要在中国境内临时办理有关业务的，须经有关的省、自治区、直辖市人民政府财政部门批准。

第四十五条 国务院可以根据本法制定实施条例。

第四十六条 本法自1994年1月1日起施行。1986年7月3日国务院发布的《中华人民共和国注册会计师条例》同时废止。

注册会计师注册办法

（2005年1月22日财政部令第25号公布　根据2017年12月4日《财政部关于修改〈注册会计师注册办法〉等6部规章的决定》第一次修订　根据2019年3月15日《财政部关于修改〈注册会计师注册办法〉的决定》第二次修订）

第一条　为了规范注册会计师注册工作，根据《中华人民共和国注册会计师法》及相关法律，制定本办法。

第二条　申请注册成为注册会计师适用本办法。

第三条　省、自治区、直辖市注册会计师协会（以下简称"省级注册会计师协会"）负责本地区注册会计师的注册及相关管理工作。中国注册会计师协会对省级注册会计师协会的注册管理工作进行指导。

注册会计师依法执行业务，应当取得财政部统一制定的中华人民共和国注册会计师证书（以下简称"注册会计师证书"）。

第四条　具备下列条件之一，并在中国境内从事审计业务工作2年以上者，可以向省级注册会计师协会申请注册：

（一）参加注册会计师全国统一考试成绩合格；

（二）经依法认定或者考核具有注册会计师资格。

第五条　申请人有下列情形之一的，不予注册：

（一）不具有完全民事行为能力的；

（二）因受刑事处罚，自刑罚执行完毕之日起至申请注册之日止不满5年的；

（三）因在财务、会计、审计、企业管理或者其他经济管理工作中犯有严重错误受行政处罚、撤职以上处分，自处罚、处分决定生效之日起至申请注册之日止不满2年的；

（四）受吊销注册会计师证书的处罚，自处罚决定生效之日起至申请注册之日止不满5年的；

（五）因以欺骗、贿赂等不正当手段取得注册会计师证书而被撤销注册，自撤销注册决定生效之日起至申请注册之日止不满3年的；

（六）不在会计师事务所专职执业的；

（七）年龄超过70周岁的。

第六条 申请人申请注册，应当通过其所在的会计师事务所，向会计师事务所所在地的省级注册会计师协会提交注册会计师注册申请表（附表1）：

（一）申请人基本情况；

（二）申请人出具的符合注册条件的承诺；

（三）申请人所在会计师事务所出具的申请人在该会计师事务所专职从业的承诺。

申请人为香港、澳门特别行政区和台湾地区居民的，应当提交港澳台居民居住证信息或者港澳台居民出入境证件信息。

申请人为外国人的，应当同时提交护照和签证信息以及《外国人工作许可证》信息。

经依法认定或者考核具有注册会计师资格的，应当提交相关文件和符合认定或者考核条件的相关材料。

第七条 申请人和所在的会计师事务所应当分别对申请材料内容的真实性负责。

第八条 省级注册会计师协会应当在受理申请的办公场所将申请注册应当提交的材料目录及要求、准予注册的程序及期限，以及不予注册的情形予以公示。

第九条 省级注册会计师协会收到申请人提交的申请材料后，应当对其进行形式审查。

申请材料不齐全或者不符合法定形式的，应当当场或者在5个工作日内一次告知需要补正的材料及内容。

申请材料齐全、符合法定形式的，应当受理其注册申请。

第十条 省级注册会计师协会受理或者不予受理注册申请，应当向申请人出具加盖本单位专用印章和注明日期的书面凭证。

第十一条 省级注册会计师协会应当对申请材料的内容进行审查，并自受理注册申请之日起20个工作日内作出准予或者不予注册的决定。20个工作日内不能作出决定的，经省级注册会计师协会负责人批准，可以延长

10 个工作日，并应当将延长期限的理由告知申请人。

第十二条 省级注册会计师协会作出准予注册决定的，应当自作出决定之日起 10 个工作日内向申请人颁发注册会计师证书。

省级注册会计师协会应当自作出准予注册决定之日起 20 个工作日内，将准予注册的决定和注册会计师注册备案表（附表 2）报送财政部、中国注册会计师协会备案，抄报所在地的省、自治区、直辖市人民政府财政部门（以下简称"省级财政部门"）并将准予注册人员的名单在全国性报刊或者相关网站上予以公告。

第十三条 省级注册会计师协会作出不予注册决定的，应当自作出决定之日起 15 个工作日内书面通知申请人。书面通知中应当说明不予注册的理由，并告知申请人享有依法申请行政复议或者提起行政诉讼的权利。

第十四条 财政部依法对省级注册会计师协会的注册工作进行检查，发现注册不符合本办法规定的，应当通知省级注册会计师协会撤销注册。

第十五条 中国注册会计师协会和省级注册会计师协会应当对注册会计师的任职资格和执业情况进行监督检查，必要时可以进行实地检查。

第十六条 注册会计师有下列情形之一的，由所在地的省级注册会计师协会撤销注册，收回注册会计师证书：

（一）完全丧失民事行为能力的；

（二）受刑事处罚的；

（三）自行停止执行注册会计师业务满 1 年的；

（四）以欺骗、贿赂等不正当手段取得注册会计师证书的。

对因前款第（四）项被撤销注册、收回注册会计师证书的人员，由省级财政部门给予警告，并向社会公告。

第十七条 申请人及其所在会计师事务所出具虚假申请材料的，由省级财政部门对申请人、会计师事务所首席合伙人（主任会计师）给予警告，并向社会公告。

第十八条 省级注册会计师协会工作人员滥用职权、玩忽职守准予注册的，或者对不具备申请资格或不符合法定条件的申请人准予注册的，由省级注册会计师协会撤销注册，收回注册会计师证书。

第十九条 被撤销注册的人员可以重新申请注册，但必须符合本办法第四条规定条件，并且没有本办法第五条规定所列情形。

第二十条　注册会计师有下列情形之一的，由所在地的省级注册会计师协会注销注册：

（一）依法被撤销注册，或者吊销注册会计师证书的；

（二）不在会计师事务所专职执业的。

第二十一条　省级注册会计师协会应当将注销注册的决定抄报财政部和所在地的省级财政部门、中国注册会计师协会，并自作出决定之日起10个工作日内将注销注册人员的名单在全国性报刊或者相关网站上予以公告。

第二十二条　注册会计师违反《中华人民共和国注册会计师法》第二十条、第二十一条规定，由财政部或者所在地的省级财政部门给予警告；情节严重的，可以由财政部或者所在地的省级财政部门暂停其执行业务或者吊销注册会计师证书。

财政部和省级财政部门应当按照《中华人民共和国行政处罚法》及有关规定实施行政处罚，并将行政处罚决定抄送中国注册会计师协会和注册会计师所在地的省级注册会计师协会。

第二十三条　受到行政处罚，或者被撤销注册或注销注册的当事人有异议的，可以依法申请行政复议或者提起行政诉讼。

第二十四条　各省级注册会计师协会及其工作人员在开展注册会计师注册工作中，存在违反本办法规定的行为，以及其他滥用职权、玩忽职守、徇私舞弊等违法违纪行为的，依照《中华人民共和国注册会计师法》《中华人民共和国行政许可法》《中华人民共和国监察法》《财政违法行为处罚处分条例》等国家有关规定追究相应责任；涉嫌犯罪的，依法移送司法机关处理。

第二十五条　香港、澳门特别行政区和台湾地区居民以及按照互惠原则确认的外国人申请注册，依照本办法办理。

第二十六条　本办法自2005年3月1日起施行。

自本办法施行之日起，《注册会计师注册审批暂行办法》[（93）财会协字第122号]、《外籍中国注册会计师注册审批暂行办法》（财协字〔1998〕9号）、《〈外籍中国注册会计师注册审批暂行办法〉的补充规定》（财会〔2003〕34号）同时废止。

附：1. 注册会计师注册申请表（略）

　　2. 注册会计师注册备案表（略）

注册会计师全国统一考试办法

(2009年3月23日财政部令第55号公布并施行 根据2014年4月23日《财政部关于修改〈注册会计师全国统一考试办法〉的决定》第一次修订 根据2024年1月23日《财政部关于修改〈注册会计师全国统一考试办法〉的决定》第二次修订)

第一条 为规范注册会计师全国统一考试工作,根据《中华人民共和国注册会计师法》,制定本办法。

第二条 财政部成立注册会计师考试委员会(以下简称财政部考委会),组织领导注册会计师全国统一考试工作。财政部考委会设立注册会计师考试委员会办公室(以下简称财政部考办),组织实施注册会计师全国统一考试工作。财政部考办设在中国注册会计师协会。

各省、自治区、直辖市财政厅(局)成立地方注册会计师考试委员会(以下简称地方考委会),组织领导本地区注册会计师全国统一考试工作。地方考委会设立地方注册会计师考试委员会办公室(以下简称地方考办),组织实施本地区注册会计师全国统一考试工作。地方考办设在各省、自治区、直辖市注册会计师协会。

第三条 财政部考委会确定考试组织工作原则,制定考试工作方针、政策,审定考试大纲,确定考试命题原则,处理考试组织工作的重大问题,指导地方考委会工作。

地方考委会贯彻、实施财政部考委会的决定,处理本地区考试组织工作的重大问题。

第四条 符合下列条件的中国公民,可以报名参加注册会计师全国统一考试:

(一)具有完全民事行为能力;

(二)具有高等专科以上学校毕业学历、或者具有会计或者相关专业中级以上技术职称。

第五条 有下列情形之一的人员,不得报名参加注册会计师全国统一考试：

（一）被吊销注册会计师证书自处罚决定之日起至报名截止日止不满5年者；

（二）参加注册会计师全国统一考试违规受到停考处理，期限未满者。

第六条 考试划分为专业阶段考试和综合阶段考试。考生在通过专业阶段考试的全部科目后，才能参加综合阶段考试。

专业阶段考试设会计、审计、财务成本管理、公司战略与风险管理、经济法、税法6个科目；综合阶段考试设职业能力综合测试1个科目。

每科目考试的具体时间，在各年度财政部考委会发布的报名简章中明确。

考试范围在各年度财政部考委会发布的考试大纲中确定。

第七条 考试为闭卷，采用计算机化考试方式或者纸笔考试方式。

第八条 报名参加考试的人员报名时需要交纳考试报名费。报名费标准按各省、自治区、直辖市价格主管部门、财政部门制定的相关规定执行。

第九条 报名的具体时间在各年度财政部考委会发布的报名简章中规定，地方考委会应当据此确定本地区具体报名日期，并向社会公告。

第十条 报名人员可以在一次考试中同时报考专业阶段考试6个科目，也可以选择报考部分科目。

第十一条 具有会计或者相关专业高级技术职称的人员，可以申请免予专业阶段考试1个专长科目的考试。

第十二条 应考人员答卷由财政部考办集中组织评阅，考试成绩由财政部考委会负责认定，由财政部考办发布。

每科考试均实行百分制，60分为成绩合格分数线。

考生对考试成绩有异议的，可向报名地的地方考办提出成绩复核申请，由财政部考办统一组织成绩复核。复核后的成绩为最终成绩。

第十三条 专业阶段考试的单科考试合格成绩5年内有效。对在连续5个年度考试中取得专业阶段考试全部科目考试合格成绩的考生，财政部考委会颁发注册会计师全国统一考试专业阶段考试合格证书。

对取得综合阶段考试科目考试合格成绩的考生，财政部考委会颁发注册会计师全国统一考试全科考试合格证书。

注册会计师全国统一考试专业阶段考试合格证书由考生向参加专业阶段考试最后一科考试所在地的地方考办领取。注册会计师全国统一考试全科考试合格证书由考生向参加职业能力综合测试科目考试所在地的地方考办领取。

第十四条 参加注册会计师全国统一考试的人员及组织考试相关人员，必须遵守注册会计师全国统一考试的相关规则、守则等，违者按照《注册会计师全国统一考试违规行为处理办法》予以处理。

第十五条 注册会计师全国统一考试启用前的试题、参考答案和评分标准按照国家秘密管理。

命审题工作及参与人员的有关情况、试题试卷命制工作方案、题库、案例库，注册会计师全国统一考试启用后的试题、参考答案、评分标准，评卷人信息，经评阅的考生答卷，未公布的应考人员考试成绩及其他有关情况和数据等，按照工作秘密管理。

第十六条 香港特别行政区、澳门特别行政区、台湾地区居民及外国人参加注册会计师全国统一考试办法，由财政部另行规定。

第十七条 本办法自公布之日起施行。2001年8月1日财政部发布的《注册会计师全国统一考试办法》（财会〔2001〕1053号）同时废止。

本办法公布前，已经参加注册会计师全国统一考试并取得2005年度至2008年度任一考试科目合格成绩的考生，以及已经获准免试或者豁免注册会计师全国统一考试部分考试科目的考生，参加2009年注册会计师全国统一考试的办法，由财政部另行规定。

香港特别行政区、澳门特别行政区、台湾地区居民及外国人参加注册会计师全国统一考试办法

（2024年6月8日　财会〔2024〕8号）

第一条 根据《中华人民共和国注册会计师法》和《注册会计师全国统一考试办法》的规定，制定本办法。

第二条　香港特别行政区、澳门特别行政区、台湾地区（以下简称港澳台地区）居民及按照互惠原则确认的外国人（以下简称外国人）参加注册会计师全国统一考试适用本办法。

第三条　港澳台地区居民及外国人，具有完全民事行为能力，且符合下列条件之一的，可以申请参加注册会计师全国统一考试：

（一）具有中华人民共和国教育行政主管部门认可的高等专科以上学校毕业的学历；

（二）已取得港澳台地区或外国法律认可的注册会计师资格（或其他相应资格）。

第四条　有下列情形之一的人员，不得报名参加注册会计师全国统一考试：

（一）被吊销注册会计师证书自处罚决定之日起至报名截止日止不满5年者；

（二）参加注册会计师全国统一考试违规受到停考处理，期限未满者。

第五条　考试划分为专业阶段考试和综合阶段考试。考生在通过专业阶段考试的全部科目后，才能参加综合阶段考试。

专业阶段考试设会计、审计、财务成本管理、公司战略与风险管理、经济法、税法6个科目；综合阶段考试设职业能力综合测试1个科目。

每科目考试的具体时间，在各年度财政部注册会计师考试委员会（以下简称财政部考委会）发布的报名简章中明确。

考试范围在各年度财政部考委会发布的考试大纲中确定。

第六条　报名的具体时间在各年度财政部考委会发布的报名简章中规定。

第七条　考试为闭卷，采用计算机化考试方式或纸笔考试方式。

第八条　报名人员报名时需交纳考试报名费。

第九条　报名人员可以在一次考试中同时报考专业阶段考试6个科目，也可以选择报考部分科目。

第十条　报名人员应当在财政部注册会计师考试委员会办公室（以下简称财政部考办）指定的地点参加考试。

第十一条　应考人员答卷由财政部考办集中组织评阅，考试成绩由财政部考委会负责认定，由财政部考办发布。

每科考试均实行百分制，60分为成绩合格分数线。

考生对考试成绩有异议的，可提出成绩复核申请，由财政部考办统一组织成绩复核。复核后的成绩为最终成绩。

第十二条 专业阶段考试的单科考试合格成绩5年内有效。对在连续5个年度考试中取得专业阶段考试全部科目考试合格成绩的考生，财政部考委会颁发注册会计师全国统一考试专业阶段考试合格证书。

对取得综合阶段考试科目考试合格成绩的考生，财政部考委会颁发注册会计师全国统一考试全科考试合格证书。

取得注册会计师全国统一考试全科考试合格证书者，可以申请成为中国注册会计师协会会员。

第十三条 报名人员可以按互惠原则签订的互免协议免予部分考试科目。

第十四条 参加注册会计师全国统一考试的人员及组织考试相关人员，必须遵守注册会计师全国统一考试的相关规则、守则等，违者按照《注册会计师全国统一考试违规行为处理办法》予以处理。

第十五条 注册会计师全国统一考试启用前的试题、参考答案和评分标准按照国家秘密管理。

命审题工作及参与人员的有关情况、试题试卷命制工作方案、题库、案例库，注册会计师全国统一考试启用后的试题、参考答案、评分标准、评卷人信息，经评阅的考生答卷，未公布的应考人员考试成绩及其他有关情况和数据等，按照工作秘密管理。

第十六条 本办法自公布之日起施行。2014年6月11日财政部发布的《香港特别行政区、澳门特别行政区、台湾地区居民及外国人参加注册会计师全国统一考试办法》（财会〔2014〕22号）同时废止。

注册会计师行业严重失信主体名单管理办法

（2024年11月3日财政部令第116号公布 自2025年1月1日起施行）

第一条 为规范注册会计师行业严重失信主体名单管理，惩戒会计师事务所和注册会计师重大违法失信行为，建立健全注册会计师行业严重失信主体名单管理制度，推进注册会计师行业信用体系建设，制定本办法。

第二条 注册会计师行业严重失信主体名单（以下简称严重失信主体名单）的列入、移出和管理，适用本办法。

第三条 财政部统筹指导、监督全国严重失信主体名单管理工作，负责会计师事务所和注册会计师从事证券服务业务和经法律、行政法规规定的关系公众利益的其他特定业务涉及的严重失信主体名单管理工作。

除前款规定外，省、自治区、直辖市人民政府财政部门（以下简称省级财政部门）负责本行政区域内严重失信主体名单管理工作。

第四条 存在下列情形之一的，由财政部或者省级财政部门（以下简称省级以上财政部门）按照规定列入严重失信主体名单，实施联合惩戒：

（一）注册会计师受到暂停执行业务12个月处罚的；

（二）注册会计师受到吊销注册会计师证书处罚的；

（三）注册会计师因违法执业被依法追究刑事责任的；

（四）会计师事务所受到暂停经营业务12个月处罚的；

（五）会计师事务所受到吊销会计师事务所执业许可处罚的；

（六）会计师事务所因违法执业被依法追究刑事责任的；

（七）逾期拒不履行处罚决定，情节严重的；

（八）未经批准承办注册会计师法第十四条规定的注册会计师业务受到处罚的。

第五条 属于本办法第四条第一项、第二项、第四项、第五项、第八项规定情形的，省级以上财政部门作出行政处罚决定时，应当对是否列入严重失信主体名单作出决定。

除前款规定外，属于第四条规定情形的，省级以上财政部门可以单独作出列入严重失信主体名单的决定。

省级以上财政部门作出列入严重失信主体名单的决定，应当制作决定书。决定书应当载明事由、依据、失信管理措施提示、移出条件和程序以及救济措施等，并按照规定送达当事人。

第六条 省级以上财政部门作出列入严重失信主体名单决定前，应当向当事人告知拟列入的事由、依据和当事人依法提出异议的权利。

当事人自收到告知之日起五个工作日内，可以向拟作出决定的财政部门提出异议，逾期视同无异议。

对异议期内提出的异议，省级以上财政部门应当自收到异议之日起五个工作日内予以核实，并将结果告知当事人。

第七条 当事人对行政处罚决定或者列入严重失信主体名单决定不服，申请行政复议或者提起行政诉讼的，列入严重失信主体名单不停止执行，法律另有规定的除外。

第八条 作出列入决定的省级以上财政部门应当按照有关规定，及时将严重失信主体信息通过本单位门户网站向社会公示，推送至相关信用信息共享平台，并上传至注册会计师行业统一监管平台。

第九条 对列入严重失信主体名单的当事人，除依照法律、行政法规规定应当实施的从业限制等管理措施外，作出列入决定的省级以上财政部门依法还应当实施下列管理措施：

（一）列为重点监管对象，适当提高抽查的比例和频次，依法严格监管；

（二）不适用告知承诺制；

（三）不予授予财政部门荣誉称号等表彰奖励。

第十条 除本条第二款规定外，因本办法第四条列入严重失信主体名单的，列入期限为二年。

注册会计师因本办法第四条第二项、第三项列入严重失信主体名单的，会计师事务所因本办法第四条第五项、第六项列入严重失信主体名单的，列入期限为五年。

列入期限自省级以上财政部门作出决定之日起计算。列入严重失信主体名单以后，在列入期间再次发生列入情形的，应当合并计算列入期限。

第十一条 当事人列入严重失信主体名单期满，由作出列入决定的省级以上财政部门将当事人移出，停止公示相关信息，并解除相关管理措施。

第十二条 除法律、行政法规和党中央、国务院政策文件规定不可修复的情形外，被列入严重失信主体名单满一年，且符合下列条件的，可以依照本办法规定向作出列入决定的省级以上财政部门申请提前移出：

（一）已经自觉履行行政处罚决定中规定的义务；

（二）已经主动消除危害后果和不良影响；

（三）公示期间，未再受到省级以上财政部门行政处罚。

依照法律、行政法规规定，实施相应管理措施期限尚未届满的，不得申请提前移出。

第十三条 当事人申请提前移出的，应当提交申请书并作出守信承诺，以及履行本办法第十二条第一款第一项、第二项规定义务的相关材料，说明事实、理由。

省级以上财政部门应当自收到申请之日起五个工作日内作出是否受理的决定。申请材料齐全、符合法定形式的，应当予以受理。材料不齐全或者不符合要求的，应当在三个工作日内一次性告知当事人予以补正，补正后符合要求的，予以受理。申请材料需要补正的，所需时间不计入本款规定的受理期限。

省级以上财政部门应当自受理之日起十五个工作日内对申请进行核实，并决定是否予以提前移出。不予提前移出的，应当说明理由。

第十四条 省级以上财政部门决定批准提前移出的，应当于三个工作日内停止公示当事人相关信息，告知当事人，解除相关管理措施，并及时推送有关部门。

第十五条 申请提前移出的当事人故意隐瞒真实情况、提供虚假资料的，由省级以上财政部门撤销提前移出决定。自省级以上财政部门作出撤销提前移出决定之日起，恢复列入状态至列入期限执行完毕，且当事人不得申请提前移出严重失信主体名单。

第十六条 列入严重失信主体名单所依据的行政处罚停止执行、被变更、被撤销、确认违法或者无效的，作出列入决定的省级以上财政部门应当撤销对当事人的列入决定，于三个工作日内停止公示相关信息，解除相关管理措施，并及时推送有关部门。

第十七条　当事人有证据证明其被公示的信息不准确的,可以要求作出列入决定的省级以上财政部门进行更正。有关省级以上财政部门应当在五个工作日内予以核实,经核实确认信息不准确的,应当在两个工作日内予以更正。

作出列入决定的省级以上财政部门发现公示的严重失信主体信息不准确的,应当在两个工作日内自行更正。

财政部发现省级财政部门公示的严重失信主体信息不准确的,应当要求省级财政部门在两个工作日内予以更正。

第十八条　当事人对列入、不予提前移出严重失信主体名单的决定等不服的,可以依法申请行政复议或者提起行政诉讼。

第十九条　省级以上财政部门应当依法保护当事人合法权益,对知悉的国家秘密、商业秘密或者个人隐私、个人信息,依法予以保密。

第二十条　省级以上财政部门在严重失信主体名单管理中存在违法违规情形的,应当限期改正。省级财政部门应当及时将整改情况上报财政部。

省级以上财政部门工作人员存在滥用职权、玩忽职守、徇私舞弊或者其他违法违规行为的,依法给予处分;构成犯罪的,依法追究刑事责任。

第二十一条　会计师事务所分支机构应当列入严重失信主体名单的,适用本办法的规定。

第二十二条　本办法由财政部负责解释。

第二十三条　本办法自 2025 年 1 月 1 日起施行。

总会计师条例

（1990 年 12 月 31 日中华人民共和国国务院令第 72 号发布　根据 2011 年 1 月 8 日《国务院关于废止和修改部分行政法规的决定》修订）

第一章　总　　则

第一条　为了确定总会计师的职权和地位,发挥总会计师在加强经济管理、提高经济效益中的作用,制定本条例。

第二条 全民所有制大、中型企业设置总会计师；事业单位和业务主管部门根据需要，经批准可以设置总会计师。

总会计师的设置、职权、任免和奖惩，依照本条例的规定执行。

第三条 总会计师是单位行政领导成员，协助单位主要行政领导人工作，直接对单位主要行政领导人负责。

第四条 凡设置总会计师的单位，在单位行政领导成员中，不设与总会计师职权重叠的副职。

第五条 总会计师组织领导本单位的财务管理、成本管理、预算管理、会计核算和会计监督等方面的工作，参与本单位重要经济问题的分析和决策。

第六条 总会计师具体组织本单位执行国家有关财经法律、法规、方针、政策和制度，保护国家财产。

总会计师的职权受国家法律保护。单位主要行政领导人应当支持并保障总会计师依法行使职权。

第二章　总会计师的职责

第七条 总会计师负责组织本单位的下列工作：

（一）编制和执行预算、财务收支计划、信贷计划，拟订资金筹措和使用方案，开辟财源，有效地使用资金；

（二）进行成本费用预测、计划、控制、核算、分析和考核，督促本单位有关部门降低消耗、节约费用、提高经济效益；

（三）建立、健全经济核算制度，利用财务会计资料进行经济活动分析；

（四）承办单位主要行政领导人交办的其他工作。

第八条 总会计师负责对本单位财会机构的设置和会计人员的配备、会计专业职务的设置和聘任提出方案；组织会计人员的业务培训和考核；支持会计人员依法行使职权。

第九条 总会计师协助单位主要行政领导人对企业的生产经营、行政事业单位的业务发展以及基本建设投资等问题作出决策。

总会计师参与新产品开发、技术改造、科技研究、商品（劳务）价格和工资奖金等方案的制定；参与重大经济合同和经济协议的研究、审查。

第三章 总会计师的权限

第十条 总会计师对违反国家财经法律、法规、方针、政策、制度和有可能在经济上造成损失、浪费的行为，有权制止或者纠正。制止或者纠正无效时，提请单位主要行政领导人处理。

单位主要行政领导人不同意总会计师对前款行为的处理意见的，总会计师应当依照《中华人民共和国会计法》的有关规定执行。

第十一条 总会计师有权组织本单位各职能部门、直属基层组织的经济核算、财务会计和成本管理方面的工作。

第十二条 总会计师主管审批财务收支工作。除一般的财务收支可以由总会计师授权的财会机构负责人或者其他指定人员审批外，重大的财务收支，须经总会计师审批或者由总会计师报单位主要行政领导人批准。

第十三条 预算、财务收支计划、成本和费用计划、信贷计划、财务专题报告、会计决算报表，须经总会计师签署。

涉及财务收支的重大业务计划、经济合同、经济协议等，在单位内部须经总会计师会签。

第十四条 会计人员的任用、晋升、调动、奖惩，应当事先征求总会计师的意见。财会机构负责人或者会计主管人员的人选，应当由总会计师进行业务考核，依照有关规定审批。

第四章 任免与奖惩

第十五条 企业的总会计师由本单位主要行政领导人提名，政府主管部门任命或者聘任；免职或者解聘程序与任命或者聘任程序相同。

事业单位和业务主管部门的总会计师依照干部管理权限任命或者聘任；免职或者解聘程序与任命或者聘任程序相同。

第十六条 总会计师必须具备下列条件：

（一）坚持社会主义方向，积极为社会主义建设和改革开放服务；

（二）坚持原则，廉洁奉公；

（三）取得会计师任职资格后，主管一个单位或者单位内一个重要方面的财务会计工作时间不少于3年；

（四）有较高的理论政策水平，熟悉国家财经法律、法规、方针、政策和制度，掌握现代化管理的有关知识；

（五）具备本行业的基本业务知识，熟悉行业情况，有较强的组织领导能力；

（六）身体健康，能胜任本职工作。

第十七条　总会计师在工作中成绩显著，有下列情形之一的，依照国家有关企业职工或者国家行政机关工作人员奖惩的规定给予奖励：

（一）在加强财务会计管理，应用现代化会计方法和技术手段，提高财务管理水平和经济效益方面，取得显著成绩的；

（二）在组织经济核算，挖掘增产节约、增收节支潜力，加速资金周转，提高资金使用效果方面，取得显著成绩的；

（三）在维护国家财经纪律，抵制违法行为，保护国家财产，防止或者避免国家财产遭受重大损失方面，有突出贡献的；

（四）在廉政建设方面，事迹突出的；

（五）有其他突出成就或者模范事迹的。

第十八条　总会计师在工作中有下列情形之一的，应当区别情节轻重，依照国家有关企业职工或者国家行政机关工作人员奖惩的规定给予处分：

（一）违反法律、法规、方针、政策和财经制度，造成财会工作严重混乱的；

（二）对偷税漏税，截留应当上交国家的收入，滥发奖金、补贴，挥霍浪费国家资财，损害国家利益的行为，不抵制、不制止、不报告，致使国家利益遭受损失的；

（三）在其主管的工作范围内发生严重失误，或者由于玩忽职守，致使国家利益遭受损失的；

（四）以权谋私，弄虚作假，徇私舞弊，致使国家利益遭受损失，或者造成恶劣影响的；

（五）有其他渎职行为和严重错误的。

总会计师有前款所列行为，情节严重，构成犯罪的，由司法机关依法追究刑事责任。

第十九条　单位主要行政领导人阻碍总会计师行使职权的，以及对其打击报复或者变相打击报复的，上级主管单位应当根据情节给予行政处分。情节严重，构成犯罪的，由司法机关依法追究刑事责任。

第五章 附 则

第二十条 城乡集体所有制企业事业单位需要设置总会计师的,参照本条例执行。

第二十一条 各省、自治区、直辖市,国务院各部门可以根据本条例的规定,结合本地区、本部门的实际情况制定实施办法。

第二十二条 本条例由财政部负责解释。

第二十三条 本条例自发布之日起施行。1963 年 10 月 18 日国务院批转国家经济委员会、财政部《关于国营工业、交通企业设置总会计师的几项规定(草案)》、1978 年 9 月 12 日国务院发布的《会计人员职权条例》中有关总会计师的规定同时废止。

会计人员管理办法

(2018 年 12 月 6 日 财会〔2018〕33 号)

第一条 为加强会计人员管理,规范会计人员行为,根据《中华人民共和国会计法》及相关法律法规的规定,制定本办法。

第二条 会计人员,是指根据《中华人民共和国会计法》的规定,在国家机关、社会团体、企业、事业单位和其他组织(以下统称单位)中从事会计核算、实行会计监督等会计工作的人员。

会计人员包括从事下列具体会计工作的人员:

(一)出纳;

(二)稽核;

(三)资产、负债和所有者权益(净资产)的核算;

(四)收入、费用(支出)的核算;

(五)财务成果(政府预算执行结果)的核算;

(六)财务会计报告(决算报告)编制;

(七)会计监督;

(八)会计机构内会计档案管理;

（九）其他会计工作。

担任单位会计机构负责人（会计主管人员）、总会计师的人员，属于会计人员。

第三条 会计人员从事会计工作，应当符合下列要求：

（一）遵守《中华人民共和国会计法》和国家统一的会计制度等法律法规；

（二）具备良好的职业道德；

（三）按照国家有关规定参加继续教育；

（四）具备从事会计工作所需要的专业能力。

第四条 会计人员具有会计类专业知识，基本掌握会计基础知识和业务技能，能够独立处理基本会计业务，表明具备从事会计工作所需要的专业能力。

单位应当根据国家有关法律法规和本办法有关规定，判断会计人员是否具备从事会计工作所需要的专业能力。

第五条 单位应当根据《中华人民共和国会计法》等法律法规和本办法有关规定，结合会计工作需要，自主任用（聘用）会计人员。

单位任用（聘用）的会计机构负责人（会计主管人员）、总会计师，应当符合《中华人民共和国会计法》《总会计师条例》等法律法规和本办法有关规定。

单位应当对任用（聘用）的会计人员及其从业行为加强监督和管理。

第六条 因发生与会计职务有关的违法行为被依法追究刑事责任的人员，单位不得任用（聘用）其从事会计工作。

因违反《中华人民共和国会计法》有关规定受到行政处罚五年内不得从事会计工作的人员，处罚期届满前，单位不得任用（聘用）其从事会计工作。

本条第一款和第二款规定的违法人员行业禁入期限，自其违法行为被认定之日起计算。

第七条 单位应当根据有关法律法规、内部控制制度要求和会计业务需要设置会计岗位，明确会计人员职责权限。

第八条 县级以上地方人民政府财政部门、新疆生产建设兵团财政局、中央军委后勤保障部、中共中央直属机关事务管理局、国家机关事务管理局应当采用随机抽取检查对象、随机选派执法检查人员的方式,依法对单位任用(聘用)会计人员及其从业情况进行管理和监督检查,并将监督检查情况及结果及时向社会公开。

第九条 依法成立的会计人员自律组织,应当依据有关法律法规和其章程规定,指导督促会员依法从事会计工作,对违反有关法律法规、会计职业道德和其章程的会员进行惩戒。

第十条 各省、自治区、直辖市、计划单列市财政厅(局),新疆生产建设兵团财政局,中央军委后勤保障部、中共中央直属机关事务管理局、国家机关事务管理局可以根据本办法制定具体实施办法,报财政部备案。

第十一条 本办法自2019年1月1日起施行。

会计人员职业道德规范

(2023年1月12日 财会〔2023〕1号)

一、坚持诚信,守法奉公。牢固树立诚信理念,以诚立身、以信立业,严于律己、心存敬畏。学法知法守法、公私分明、克己奉公,树立良好职业形象,维护会计行业声誉。

二、坚持准则,守责敬业。严格执行准则制度,保证会计信息真实完整。勤勉尽责、爱岗敬业,忠于职守、敢于斗争,自觉抵制会计造假行为,维护国家财经纪律和经济秩序。

三、坚持学习,守正创新。始终秉持专业精神,勤于学习、锐意进取,持续提升会计专业能力。不断适应新形势新要求,与时俱进、开拓创新,努力推动会计事业高质量发展。

会计专业技术人员继续教育规定

(2018年5月19日　财会〔2018〕10号)

第一章　总　　则

第一条　为了规范会计专业技术人员继续教育，保障会计专业技术人员合法权益，不断提高会计专业技术人员素质，根据《中华人民共和国会计法》和《专业技术人员继续教育规定》（人力资源社会保障部令第25号），制定本规定。

第二条　国家机关、企业、事业单位以及社会团体等组织（以下称单位）具有会计专业技术资格的人员，或不具有会计专业技术资格但从事会计工作的人员（以下简称会计专业技术人员）继续教育，适用本规定。

第三条　会计专业技术人员继续教育应当紧密结合经济社会和会计行业发展要求，以能力建设为核心，突出针对性、实用性，兼顾系统性、前瞻性，为经济社会和会计行业发展提供人才保证和智力支持。

第四条　会计专业技术人员继续教育工作应当遵循下列基本原则：

（一）以人为本，按需施教。会计专业技术人员继续教育面向会计专业技术人员，引导会计专业技术人员更新知识、拓展技能、完善知识结构、全面提高素质。

（二）突出重点，提高能力。把握会计行业发展趋势和会计专业技术人员从业基本要求，引导会计专业技术人员树立诚信理念、提高职业道德和业务素质，全面提升专业胜任能力。

（三）加强指导，创新机制。统筹教育资源，引导社会力量参与继续教育，不断丰富继续教育内容，创新继续教育方式，提高继续教育质量，形成政府部门规划指导、社会力量积极参与、用人单位支持配合的会计专业技术人员继续教育新格局。

第五条　用人单位应当保障本单位会计专业技术人员参加继续教育的权利。

会计专业技术人员享有参加继续教育的权利和接受继续教育的义务。

第六条 具有会计专业技术资格的人员应当自取得会计专业技术资格的次年开始参加继续教育，并在规定时间内取得规定学分。

不具有会计专业技术资格但从事会计工作的人员应当自从事会计工作的次年开始参加继续教育，并在规定时间内取得规定学分。

第二章 管理体制

第七条 财政部负责制定全国会计专业技术人员继续教育政策，会同人力资源社会保障部监督指导全国会计专业技术人员继续教育工作的组织实施，人力资源社会保障部负责对全国会计专业技术人员继续教育工作进行综合管理和统筹协调。

除本规定另有规定外，县级以上地方人民政府财政部门、人力资源社会保障部门共同负责本地区会计专业技术人员继续教育工作。

第八条 新疆生产建设兵团按照财政部、人力资源社会保障部有关规定，负责所属单位的会计专业技术人员继续教育工作。中共中央直属机关事务管理局、国家机关事务管理局（以下统称中央主管单位）按照财政部、人力资源社会保障部有关规定，分别负责中央在京单位的会计专业技术人员继续教育工作。

第三章 内容与形式

第九条 会计专业技术人员继续教育内容包括公需科目和专业科目。

公需科目包括专业技术人员应当普遍掌握的法律法规、政策理论、职业道德、技术信息等基本知识，专业科目包括会计专业技术人员从事会计工作应当掌握的财务会计、管理会计、财务管理、内部控制与风险管理、会计信息化、会计职业道德、财税金融、会计法律法规等相关专业知识。

财政部会同人力资源社会保障部根据会计专业技术人员能力框架，定期发布继续教育公需科目指南、专业科目指南，对会计专业技术人员继续教育内容进行指导。

第十条 会计专业技术人员可以自愿选择参加继续教育的形式。会计专业技术人员继续教育的形式有：

（一）参加县级以上地方人民政府财政部门、人力资源社会保障部门，新疆生产建设兵团财政局、人力资源社会保障局，中共中央直属机关事务管理局、国家机关事务管理局（以下统称继续教育管理部门）组织的会计专业技术人员继续教育培训、高端会计人才培训、全国会计专业技术资格考试等会计相关考试、会计类专业会议等；

（二）参加会计继续教育机构或用人单位组织的会计专业技术人员继续教育培训；

（三）参加国家教育行政主管部门承认的中专以上（含中专，下同）会计类专业学历（学位）教育；承担继续教育管理部门或行业组织（团体）的会计类研究课题，或在有国内统一刊号（CN）的经济、管理类报刊上发表会计类论文；公开出版会计类书籍；参加注册会计师、资产评估师、税务师等继续教育培训；

（四）继续教育管理部门认可的其他形式。

第十一条 会计专业技术人员继续教育采用的课程、教学方法，应当适应会计工作要求和特点。同时，积极推广网络教育等方式，提高继续教育教学和管理的信息化水平。

第四章 学 分 管 理

第十二条 会计专业技术人员参加继续教育实行学分制管理，每年参加继续教育取得的学分不少于90学分。其中，专业科目一般不少于总学分的三分之二。

会计专业技术人员参加继续教育取得的学分，在全国范围内当年度有效，不得结转以后年度。

第十三条 参加本规定第十条规定形式的继续教育，其学分计量标准如下：

（一）参加全国会计专业技术资格考试等会计相关考试，每通过一科考试或被录取的，折算为90学分；

（二）参加会计类专业会议，每天折算为10学分；

（三）参加国家教育行政主管部门承认的中专以上会计类专业学历（学位）教育，通过当年度一门学习课程考试或考核的，折算为90学分；

（四）独立承担继续教育管理部门或行业组织（团体）的会计类研究课题，课题结项的，每项研究课题折算为90学分；与他人合作完成的，每项研究课题的课题主持人折算为90学分，其他参与人每人折算为60学分；

（五）独立在有国内统一刊号（CN）的经济、管理类报刊上发表会计类论文的，每篇论文折算为30学分；与他人合作发表的，每篇论文的第一作者折算为30学分，其他作者每人折算为10学分；

（六）独立公开出版会计类书籍的，每本会计类书籍折算为90学分；与他人合作出版的，每本会计类书籍的第一作者折算为90学分，其他作者每人折算为60学分；

（七）参加其他形式的继续教育，学分计量标准由各省、自治区、直辖市、计划单列市财政厅（局）（以下称省级财政部门）、新疆生产建设兵团财政局会同本地区人力资源社会保障部门、中央主管单位制定。

第十四条 对会计专业技术人员参加继续教育情况实行登记管理。

用人单位应当对会计专业技术人员参加继续教育的种类、内容、时间和考试考核结果等情况进行记录，并在培训结束后及时按照要求将有关情况报送所在地县级以上地方人民政府财政部门、新疆生产建设兵团财政局或中央主管单位。

省级财政部门、新疆生产建设兵团财政局、中央主管单位应当建立会计专业技术人员继续教育信息管理系统，对会计专业技术人员参加继续教育取得的学分进行登记，如实记载会计专业技术人员接受继续教育情况。

继续教育登记可以采用以下方式：

（一）会计专业技术人员参加继续教育管理部门组织的继续教育和会计相关考试，县级以上地方人民政府财政部门、新疆生产建设兵团财政局或中央主管单位应当直接为会计专业技术人员办理继续教育事项登记；

（二）会计专业技术人员参加会计继续教育机构或用人单位组织的继续教育，县级以上地方人民政府财政部门、新疆生产建设兵团财政局或中央主管单位应当根据会计继续教育机构或用人单位报送的会计专业技术人员继续教育信息，为会计专业技术人员办理继续教育事项登记；

（三）会计专业技术人员参加继续教育采取上述（一）、（二）以外其他形式的，应当在年度内登陆所属县级以上地方人民政府财政部门、新疆生产建设兵团财政局或中央主管单位指定网站，按要求上传相关证明材料，申请办理继续教育事项登记；也可持相关证明材料向所属继续教育管理部门申请办理继续教育事项登记。

第五章　会计继续教育机构管理

第十五条　会计继续教育机构必须同时符合下列条件：

（一）具备承担继续教育相适应的教学设施，面授教育机构还应有相应的教学场所；

（二）拥有与承担继续教育相适应的师资队伍和管理力量；

（三）制定完善的教学计划、管理制度和其他相关制度；

（四）能够完成所承担的继续教育任务，保证教学质量；

（五）符合有关法律法规的规定。

应当充分发挥国家会计学院、会计行业组织（团体）、各类继续教育培训基地（中心）等在开展会计专业技术人员继续教育方面的主渠道作用，鼓励、引导高等院校、科研院所等单位参与会计专业技术人员继续教育工作。

第十六条　会计继续教育机构应当认真实施继续教育教学计划，向社会公开继续教育的范围、内容、收费项目及标准等情况。

第十七条　会计继续教育机构应当按照专兼职结合的原则，聘请具有丰富实践经验、较高理论水平的业务骨干和专家学者，建立继续教育师资库。

第十八条　会计继续教育机构应当建立健全继续教育培训档案，根据考试或考核结果如实出具会计专业技术人员参加继续教育的证明，并在培训结束后及时按照要求将有关情况报送所在地县级以上地方人民政府财政部门、新疆生产建设兵团财政局或中央主管单位。

第十九条　会计继续教育机构不得有下列行为：

（一）采取虚假、欺诈等不正当手段招揽生源；

（二）以会计专业技术人员继续教育名义组织旅游或者进行其他高消费活动；

（三）以会计专业技术人员继续教育名义乱收费或者只收费不培训。

第六章　考核与评价

第二十条　用人单位应当建立本单位会计专业技术人员继续教育与使用、晋升相衔接的激励机制，将参加继续教育情况作为会计专业技术人员考核评价、岗位聘用的重要依据。

会计专业技术人员参加继续教育情况，应当作为聘任会计专业技术职务或者申报评定上一级资格的重要条件。

第二十一条 继续教育管理部门应当加强对会计专业技术人员参加继续教育情况的考核与评价，并将考核、评价结果作为参加会计专业技术资格考试或评审、先进会计工作者评选、高端会计人才选拔等的依据之一，并纳入其信用信息档案。

对未按规定参加继续教育或者参加继续教育未取得规定学分的会计专业技术人员，继续教育管理部门应当责令其限期改正。

第二十二条 继续教育管理部门应当依法对会计继续教育机构、用人单位执行本规定的情况进行监督。

第二十三条 继续教育管理部门应当定期组织或者委托第三方评估机构对所在地会计继续教育机构进行教学质量评估，评估结果作为承担下年度继续教育任务的重要参考。

第二十四条 会计继续教育机构发生本规定第十九条行为，继续教育管理部门应当责令其限期改正，并依法依规进行处理。

第七章　附　　则

第二十五条 中央军委后勤保障部会计专业技术人员继续教育工作，参照本规定执行。

第二十六条 省级财政部门、新疆生产建设兵团财政局可会同本地区人力资源社会保障部门根据本规定制定具体实施办法，报财政部、人力资源社会保障部备案。

中央主管单位可根据本规定制定具体实施办法，报财政部、人力资源社会保障部备案。

第二十七条 本规定自 2018 年 7 月 1 日起施行。财政部 2013 年 8 月 27 日印发的《会计人员继续教育规定》（财会〔2013〕18 号）同时废止。

关于做好会计专业学位与会计专业技术资格衔接有关工作的通知

(2024年5月14日 财会〔2024〕7号)

各省、自治区、直辖市财政厅（局）、人力资源社会保障厅（局）、教育厅（教委），新疆生产建设兵团财政局、人力资源社会保障局、教育局，有关会计专业学位研究生培养单位：

为深入实施新时代人才强国战略，促进会计专业学位和会计专业技术资格的紧密衔接，畅通各类会计人才流动、提升渠道，推动我国会计人才培养与评价工作发展，经财政部、人力资源社会保障部、教育部研究决定，现就做好会计专业学位与会计专业技术资格衔接有关工作通知如下：

一、关于中级会计专业技术资格考试与会计专业学位的衔接

获得国务院教育行政部门认可的境内会计硕士专业学位、会计博士专业学位的人员，报考中级会计专业技术资格考试可免试《财务管理》科目。

申请免试者应在报名参加中级会计专业技术资格考试时提交免试申请，填写《中级会计专业技术资格考试免试科目申请表》（见附件），并提交会计硕士、博士专业学位证书等相关材料。经省级会计专业技术资格考试管理机构审核确认后，可以免试。财政部推动采用信息化方式实现免试申请、材料审核等工作。

二、关于会计硕士专业学位教育与会计专业技术资格的衔接

具有中级及以上会计专业技术资格的会计硕士专业学位研究生，可以按照学校相关规定向学校申请免修《财务管理理论与实务》、《管理会计理论与实务》等专业必修课程。

学校可以根据本通知及本学校相关规定制定实施细则，对学生免修课程申请进行审核确认，符合规定的，可以免修最多不超过2门专业必修课程。

三、实施保障

各地财政、人力资源社会保障、教育部门要加强政策宣传，密切沟通协作，引导社会各有关方面共同做好会计专业学位与会计专业技术资格衔接有关具体工作。

各地会计专业技术资格考试管理机构要按照上述要求，细化工作流程和要求，做好免试申请者的材料受理、审核工作。

会计硕士专业学位研究生培养单位要按照上述要求，组织实施符合条件的学生免修课程等工作。

本通知自 2024 年 6 月 1 日起施行。

附件：中级会计专业技术资格考试免试科目申请表（略）

会计师事务所监督检查办法

（2022 年 4 月 29 日　财办〔2022〕23 号）

第一章　总　　则

第一条　为加强财会监督，进一步规范注册会计师行业管理，持续提升注册会计师审计质量，有效发挥注册会计师审计鉴证作用，根据《中华人民共和国注册会计师法》、《中华人民共和国会计法》、《国务院办公厅关于进一步规范财务审计秩序促进注册会计师行业健康发展的意见》（国办发〔2021〕30 号）、《会计师事务所执业许可和监督管理办法》（财政部令第 97 号），制定本办法。

第二条　财政部及各地监管局和省级（含深圳市、新疆生产建设兵团）财政部门（以下统称省级以上财政部门）对会计师事务所开展监督检查，按照《中华人民共和国注册会计师法》、《会计师事务所执业许可和监督管理办法》（财政部令第 97 号）和本办法的规定执行。

省级以上财政部门监督检查的方式、程序等按照《财政部门监督办法》（财政部令第 69 号）、《财政检查工作办法》（财政部令第 32 号）、《财政部门实施会计监督办法》（财政部令第 10 号）等规定执行。

第三条　财政部负责组织、指导、统筹全国会计师事务所监督检查工作，加强对省级财政部门监督、指导会计师事务所和注册会计师工作的监督检查。

省级财政部门按照本办法的规定，负责对本行政区域内会计师事务所进行监督检查。

第四条 省级以上财政部门应当健全重点检查和日常监管相结合的会计师事务所监管机制，随机抽取检查对象，随机选派执法人员，及时公开抽查情况和查处结果，严格依法行政，确保监督检查的公平、公正、公开。

第五条 财政部建设注册会计师行业统一监管平台，为备案的审计报告赋予验证码，在全国范围内推广使用。

省级以上财政部门应当通过统一监管平台办理注册会计师行业审批备案等管理业务，发放会计师事务所和注册会计师电子证照，接受会计师事务所业务报备，通过监管大数据分析等方式，对会计师事务所和注册会计师执业行为加强日常监测，提高监管的及时性和精准性。

省级以上财政部门应当在统一监管平台上公开会计师事务所的组织形式、人员规模、行政处理处罚、行业惩戒、一体化管理、省级以上财政部门表彰荣誉等信息，供社会公众查询，增强会计师事务所透明度，强化行业诚信约束。

第六条 省级财政部门按照财政部的规定建立信息报告制度，及时上报会计师事务所监督检查及处理处罚情况、会计师事务所和注册会计师重大违法违规案件。

第七条 省级以上财政部门在监督检查工作中，应当加强与相关监管机构的工作协同，统筹做好监管工作，形成监管合力。

第八条 注册会计师协会依法对注册会计师的任职资格和执业情况进行年度检查并接受财政部和同级财政部门的指导和监督。

第二章 监督检查的分级分类

第九条 财政部各地监管局根据财政部授权监督检查其监管区域内会计师事务所从事证券服务业务和经法律、行政法规规定的关系公众利益的其他特定业务的执业质量，以及上述业务涉及的注册会计师执业情况。

第十条 省级财政部门负责监督检查本行政区域内会计师事务所从事除第九条之外业务的执业质量、注册会计师执业情况，以及执业许可条件、一体化管理、独立性保持、信息安全、职业风险防范等情况。

第十一条 对符合下列条件之一的会计师事务所，原则上每年检查一次。

（一）上年度合计为100家（含）以上的中央企业（按国资委公布的央企名录，下同）、中央金融企业（按财政部公布的中央金融企业名录，下同）、境内上市公司（不含新三板，下同）等单位提供年报审计服务的会计师事务所；

（二）上年度业务收入超过10亿元的会计师事务所；

（三）上年末注册会计师数量超过1000人的会计师事务所；

（四）其他有重大影响的会计师事务所。

第十二条 对符合下列条件之一的会计师事务所，原则上每三年检查一次。

（一）上年度合计为50家以上、100家以下的中央企业、中央金融企业、境内上市公司等单位提供年报审计服务的会计师事务所；

（二）上年度业务收入5亿元以上、10亿元以下的会计师事务所；

（三）上年末注册会计师数量为500人以上、1000人以下的会计师事务所。

第十三条 对新备案从事证券服务业务的会计师事务所，自其首次承接上市公司审计业务起，原则上前三年内每年检查一次，此后每五年检查一次，如符合第十一条、第十二条规定的，按照第十一条、第十二条规定执行。

第十四条 对本办法第十一条、第十二条、第十三条之外的会计师事务所，原则上每五年检查一次。

第十五条 省级以上财政部门应当将存在下列情形的会计师事务所列为重点检查对象，加大检查力度：

（一）因执业行为被投诉或举报，且经核属实的；

（二）因执业行为五年内（检查当年按一年计算）受到两次（含）以上行政处罚的；

（三）以不正当竞争方式承揽业务，或审计收费明显低于合理成本的；

（四）审计报告数量、被审计单位规模与会计师事务所和注册会计师的执业能力、承担风险能力不相称，且明显超出服务能力的；

（五）未按规定进行报备的。

第十六条 省级以上财政部门可采取全面检查或专项检查方式，对会计师事务所开展检查。省级以上财政部门检查会计师事务所时，可延伸检查相关被审计单位的会计信息质量。

省级以上财政部门发现单位违反会计法律法规导致会计信息质量失真的，可延伸检查为其出具相关审计报告的会计师事务所。

第十七条 省级财政部门可以组织设区的市级以上地方人民政府财政部门开展会计师事务所监督检查，由省级财政部门作出处理处罚决定。

第三章 监督检查的重点内容

第十八条 省级以上财政部门重点对会计师事务所执业质量、执业许可条件、一体化管理、独立性保持、信息安全、职业风险防范，以及注册会计师执业情况等进行监督检查。

第十九条 省级以上财政部门对会计师事务所执业质量开展监督检查，应当重点检查会计师事务所是否存在下列违法违规行为：

（一）在未履行必要的审计程序，未获取充分适当的审计证据的情况下出具审计报告；

（二）除纠正错误审计意见重新出具审计报告以外，对同一委托单位的同一事项，依据相同的审计证据出具不同结论的审计报告；

（三）隐瞒审计中发现的问题，发表不恰当的审计意见；

（四）为被审计单位编造或伪造事由，出具虚假或不实的审计报告；

（五）未对被审计单位舞弊迹象或异常情况保持职业怀疑；

（六）从事证券服务业务未依法依规进行备案；

（七）违反执业准则、规则的其他行为。

第二十条 省级以上财政部门对会计师事务所执业质量开展监督检查，应当重点关注会计师事务所是否针对审计高风险领域采取以下措施：

（一）进驻被审计单位前，通过市场、媒体、分析师、监管部门网站、前任注册会计师等多方渠道，收集企业财务、经营等方面的风险信息，进行风险分析研判，形成客户风险分析和应对报告；

（二）进驻被审计单位后，对相应风险点强化审计程序、扩大抽查比例、增加审计证据，有效防范和控制审计风险，提升审计质量。

第二十一条 省级财政部门对会计师事务所执业许可条件情况开展监督检查，应当重点检查以下内容：

（一）合伙人（有限责任会计师事务所为股东，下同）是否符合任职条件；

（二）合伙人人数是否符合条件；

（三）合伙人信息是否与工商登记一致；

（四）注册会计师人数是否符合条件；

（五）是否存在允许其他单位、其他单位团队或个人挂靠在本所，以本所名义承办业务的情形；

（六）是否存在借用、冒用其他会计师事务所名义承办业务的情形；

（七）是否存在会计师事务所、合伙人或注册会计师发生变更、终止等情况未按规定备案的情形；

（八）是否存在被非注册会计师实际控制的情形；

（九）是否存在违反注册会计师行业管理政策的其他行为。

第二十二条　省级财政部门对会计师事务所一体化管理情况开展监督检查，应当按照会计师事务所一体化管理有关规定，对会计师事务所人员管理、财务管理、业务管理、技术标准和质量管理、信息化建设等方面情况进行检查。

第二十三条　省级财政部门对会计师事务所及其从业人员独立性保持情况开展监督检查，应当重点检查以下内容：

（一）是否同时为被审计单位提供可能损害其独立性且未采取有效应对措施的非鉴证业务；

（二）审计收费是否采取或有收费方式，如，被审计单位根据审计意见类型、是否能够实现上市、发债等支付部分或全部审计费用；

（三）项目组人员（含项目合伙人，下同）、质量复核人员是否与被审计单位董事、高级管理人员存在主要近亲属关系以及其他可能损害其独立性的利害关系；

（四）项目组人员、质量复核人员是否存在索取、收受被审计单位合同约定以外的酬金或其他财物的行为；

（五）项目组人员、质量复核人员是否持有被审计单位股票；

（六）项目组人员、质量复核人员是否兼任被审计单位董事、监事或高管；

（七）是否未按规定轮换有关审计人员。

第二十四条 省级财政部门对会计师事务所信息安全情况开展监督检查，应当重点检查以下内容：

（一）存储业务工作、被审计单位资料的数据服务器和信息技术应用服务器是否架设在中国境内，是否设置安全隔离或备份；

（二）对本条第（一）项所列服务器的访问以及相关数据调用是否在法定期限内保存清晰完整的日志；

（三）审计数据保存是否符合国家保密工作规定及被审计单位信息保密要求；

（四）是否建立审计工作底稿出境涉密筛查制度及程序；

（五）是否对境外网络成员所或合作所访问会计师事务所信息系统设有隔离、限制、权限管理等措施。

第二十五条 省级财政部门对会计师事务所职业风险防范情况开展监督检查，应当重点检查以下内容：

（一）职业风险基金计提、使用情况；

（二）职业责任保险购买、赔付情况。

第二十六条 省级财政部门应当加强对本行政区域内未经批准承办《中华人民共和国注册会计师法》第十四条规定的注册会计师业务的单位和个人的检查，并依法予以处罚。

第四章 附 则

第二十七条 省级以上财政部门根据本办法对会计师事务所及其注册会计师进行监督检查，对于存在违法违规行为的会计师事务所及相关注册会计师，应当依法作出处理处罚。

第二十八条 省级以上财政部门工作人员在监督检查过程中，滥用职权、玩忽职守、徇私舞弊或泄露国家秘密、商业秘密的，按照《中华人民共和国公务员法》等国家有关规定追究相应责任；涉嫌犯罪的，依法移送有关机关处理。

第二十九条 本办法所称执业，是指注册会计师执行《中华人民共和国注册会计师法》第十四条规定的业务。

第三十条 本办法由财政部负责解释，自2022年7月1日起施行。

会计师事务所数据安全管理暂行办法

（2024年4月15日　财会〔2024〕6号）

第一章　总　　则

第一条　为保障会计师事务所数据安全，规范会计师事务所数据处理活动，根据《中华人民共和国注册会计师法》《中华人民共和国网络安全法》《中华人民共和国数据安全法》《中华人民共和国个人信息保护法》等法律法规，制定本办法。

第二条　在中华人民共和国境内依法设立的会计师事务所开展下列审计业务相关数据处理活动的，适用本办法：

（一）为上市公司以及非上市的国有金融机构、中央企业等提供审计服务的；

（二）为关键信息基础设施运营者或者超过100万用户的网络平台运营者提供审计服务的；

（三）为境内企业境外上市提供审计服务的。

会计师事务所从事的审计业务不属于前款规定的范围，但涉及重要数据或者核心数据的，适用本办法。

第三条　本办法所称数据，是指会计师事务所执行审计业务过程中，从外部获取和内部生成的任何以电子或者其他方式对信息的记录。

数据安全，是指通过采取必要措施，确保数据处于有效保护和合法利用的状态，以及具备保障持续安全状态的能力。

第四条　会计师事务所承担本所的数据安全主体责任，履行数据安全保护义务。

第五条　财政部负责全国会计师事务所数据安全监管工作，省级（含深圳市、新疆生产建设兵团）财政部门负责本行政区域内会计师事务所数据安全监管工作。

第六条　注册会计师协会应当加强行业自律，指导会计师事务所加强数据安全保护，提高数据安全管理水平。

第二章 数据管理

第七条 会计师事务所应当在下列方面履行本所数据安全管理责任：

（一）建立健全数据全生命周期安全管理制度，完善数据运营和管控机制；

（二）健全数据安全管理组织架构，明确数据安全管理权责机制；

（三）实施与业务特点相适应的数据分类分级管理；

（四）建立数据权限管理策略，按照最小授权原则设置数据访问和处理权限，定期复核并按有关规定保留数据访问记录；

（五）组织开展数据安全教育培训；

（六）法律法规规定的其他事项。

第八条 会计师事务所的首席合伙人（主任会计师）是本所数据安全负责人。

第九条 会计师事务所应当按照法律、行政法规的规定和被审计单位所处行业数据分类分级标准确定核心数据、重要数据和一般数据。

会计师事务所和被审计单位应当通过业务约定书、确认函等方式明确审计资料中核心数据和重要数据的性质、内容和范围等。

第十条 会计师事务所对核心数据、重要数据的存储处理，应当符合国家相关规定。

存储核心数据的信息系统要落实四级网络安全等级保护要求。存储重要数据的信息系统要落实三级及以上网络安全等级保护要求。

数据汇聚、关联后属于国家秘密事项的，应当依照有关保守国家秘密的法律、行政法规规定处理。

第十一条 会计师事务所应当对审计业务相关的信息系统、数据库、网络设备、网络安全设备等设置并启用访问日志记录功能。

涉及核心数据的，相关日志留存时间不少于三年。涉及重要数据的，相关日志留存时间不少于一年；涉及向他人提供、委托处理、共同处理重要数据的相关日志留存时间不少于三年。

第十二条 会计师事务所应当明确数据传输操作规程。核心数据、重要数据传输过程中应当采用加密技术，保护传输安全。

第十三条 审计工作底稿应当按照法律、行政法规和国家有关规定存储在境内。相关加密设备应当设置在境内并由境内团队负责运行维护，密钥应当存储在境内。

第十四条　会计师事务所应当建立数据备份制度。会计师事务所应当确保在审计相关应用系统因外部技术原因被停止使用、被限制使用等情况下，仍能访问、调取、使用相关审计工作底稿。

第十五条　会计师事务所不得在业务约定书或者类似合同中包含会计师事务所向境外监管机构提供境内项目资料数据等类似条款。

第十六条　会计师事务所应当采用网络隔离、用户认证、访问控制、数据加密、病毒防范、非法入侵检测等技术手段，及时识别、阻断和溯源相关网络攻击和非法访问，保障数据安全。

第十七条　会计师事务所应当建立数据安全应急处置机制，加强数据安全风险监测。发现数据外泄、安全漏洞等风险的，应当立即采取补救、处置措施。发生重大数据安全事件，导致核心数据或者重要数据泄露、丢失或者被窃取、篡改的，应当及时向有关主管部门报告。

第十八条　会计师事务所向境外提供其在境内运营中收集和产生的个人信息和重要数据的，应当遵守国家数据出境管理有关规定。

第十九条　会计师事务所对于审计工作底稿出境事项应当建立逐级复核机制，采取必要措施严格落实数据安全管控责任。对于需要出境的审计工作底稿，按照国家有关规定办理审批手续。

第三章　网　络　管　理

第二十条　会计师事务所应当建立完善的网络安全管理治理架构，建立健全内部网络安全管理制度体系，建立内部决策、管理、执行和监督机制，确保网络安全管理能力与提供的专业服务相适应，为数据安全管理工作提供安全的网络环境。

第二十一条　会计师事务所应当按照业务活动规模及复杂程度配置具备相应职业技能水平的网络管理技术人员，确保合理的网络资源投入和资金投入。

第二十二条　会计师事务所应当做好信息系统安全管理和技术防护，根据存储、处理数据的级别采取相应的网络物理隔离或者逻辑隔离等措施，设置严格的访问控制策略，防范未经授权的访问行为。

第二十三条 会计师事务所应当拥有其审计业务系统中网络设备、网络安全设备的自主管理权限，统一设置、维护系统管理员账户和工作人员账户，不得设置不受限制、不受监控的超级账户，不得将管理员账号交由第三方运维机构管理使用。

加入国际网络的会计师事务所使用所在国际网络的信息系统的，应当采取必要措施，使其符合国家数据安全法律、行政法规和本办法的规定，确保本所数据安全。

第四章 监督检查

第二十四条 财政部和省级财政部门（以下统称省级以上财政部门）与同级网信部门、公安机关、国家安全机关加强会计师事务所数据安全监管信息共享。

第二十五条 省级以上财政部门、省级以上网信部门对会计师事务所数据安全情况开展监督检查。公安机关、国家安全机关依法在职责范围内承担会计师事务所数据安全监管职责。

第二十六条 对于承接金融、能源、电信、交通、科技、国防科工等重要领域审计业务且符合本办法第二条规定范围的会计师事务所，省级以上财政部门在监督检查工作中予以重点关注，并持续加强日常监管。

第二十七条 会计师事务所对于依法实施的数据安全监督检查，应当予以配合，不得拒绝、拖延、阻挠。

第二十八条 会计师事务所开展数据处理活动，影响或者可能影响国家安全的，应当按照国家安全审查机制进行安全审查。

第二十九条 相关部门在履行数据安全监管职责中，发现会计师事务所开展数据处理活动存在较大安全风险的，可以对会计师事务所及其责任人采取约谈、责令限期整改等监管措施，消除隐患。

第三十条 会计师事务所及相关人员违反本办法规定的，应当按照《中华人民共和国注册会计师法》、《中华人民共和国网络安全法》、《中华人民共和国数据安全法》、《中华人民共和国个人信息保护法》等法律、行政法规的规定予以处理处罚；涉及其他部门职责权限的，依法移送有关主管部门处理；构成犯罪的，移送司法机关依法追究刑事责任。

第三十一条 相关部门工作人员在履行会计师事务所数据安全监管职

责过程中，玩忽职守、滥用职权、徇私舞弊的，依法追究法律责任。

第五章 附 则

第三十二条 会计师事务所及相关人员开展涉及国家秘密的数据处理活动，适用《中华人民共和国保守国家秘密法》等法律、行政法规的规定。

第三十三条 会计师事务所及相关人员开展其他涉及个人信息的数据处理活动，应当遵守有关法律、行政法规的规定。

第三十四条 会计师事务所可以参照本办法加强对非审计业务数据的管理。

第三十五条 本办法由财政部、国家网信办负责解释。

第三十六条 本办法自2024年10月1日起施行。

最高人民法院关于审理涉及会计师事务所在审计业务活动中民事侵权赔偿案件的若干规定

（2007年6月4日最高人民法院审判委员会第1428次会议通过 2007年6月11日最高人民法院公告公布 自2007年6月15日起施行 法释〔2007〕12号）

为正确审理涉及会计师事务所在审计业务活动中民事侵权赔偿案件，维护社会公共利益和相关当事人的合法权益，根据《中华人民共和国民法通则》、《中华人民共和国注册会计师法》、《中华人民共和国公司法》、《中华人民共和国证券法》等法律，结合审判实践，制定本规定。

第一条 利害关系人以会计师事务所在从事注册会计师法第十四条规定的审计业务活动中出具不实报告并致其遭受损失为由，向人民法院提起民事侵权赔偿诉讼的，人民法院应当依法受理。

第二条 因合理信赖或者使用会计师事务所出具的不实报告，与被审计单位进行交易或者从事与被审计单位的股票、债券等有关的交易活动而遭受损失的自然人、法人或者其他组织，应认定为注册会计师法规定的利害关系人。

会计师事务所违反法律法规、中国注册会计师协会依法拟定并经国务院财政部门批准后施行的执业准则和规则以及诚信公允的原则，出具的具有虚假记载、误导性陈述或者重大遗漏的审计业务报告，应认定为不实报告。

第三条 利害关系人未对被审计单位提起诉讼而直接对会计师事务所提起诉讼的，人民法院应当告知其对会计师事务所和被审计单位一并提起诉讼；利害关系人拒不起诉被审计单位的，人民法院应当通知被审计单位作为共同被告参加诉讼。

利害关系人对会计师事务所的分支机构提起诉讼的，人民法院可以将该会计师事务所列为共同被告参加诉讼。

利害关系人提出被审计单位的出资人虚假出资或者出资不实、抽逃出资，且事后未补足的，人民法院可以将该出资人列为第三人参加诉讼。

第四条 会计师事务所因在审计业务活动中对外出具不实报告给利害关系人造成损失的，应当承担侵权赔偿责任，但其能够证明自己没有过错的除外。

会计师事务所在证明自己没有过错时，可以向人民法院提交与该案件相关的执业准则、规则以及审计工作底稿等。

第五条 注册会计师在审计业务活动中存在下列情形之一，出具不实报告并给利害关系人造成损失的，应当认定会计师事务所与被审计单位承担连带赔偿责任：

（一）与被审计单位恶意串通；

（二）明知被审计单位对重要事项的财务会计处理与国家有关规定相抵触，而不予指明；

（三）明知被审计单位的财务会计处理会直接损害利害关系人的利益，而予以隐瞒或者作不实报告；

（四）明知被审计单位的财务会计处理会导致利害关系人产生重大误解，而不予指明；

（五）明知被审计单位的会计报表的重要事项有不实的内容，而不予指明；

（六）被审计单位示意其作不实报告，而不予拒绝。

对被审计单位有前款第（二）至（五）项所列行为，注册会计师按照执业准则、规则应当知道的，人民法院应认定其明知。

第六条 会计师事务所在审计业务活动中因过失出具不实报告，并给利害关系人造成损失的，人民法院应当根据其过失大小确定其赔偿责任。

注册会计师在审计过程中未保持必要的职业谨慎，存在下列情形之一，并导致报告不实的，人民法院应当认定会计师事务所存在过失：

（一）违反注册会计师法第二十条第（二）、（三）项的规定；

（二）负责审计的注册会计师以低于行业一般成员应具备的专业水准执业；

（三）制定的审计计划存在明显疏漏；

（四）未依据执业准则、规则执行必要的审计程序；

（五）在发现可能存在错误和舞弊的迹象时，未能追加必要的审计程序予以证实或者排除；

（六）未能合理地运用执业准则和规则所要求的重要性原则；

（七）未根据审计的要求采用必要的调查方法获取充分的审计证据；

（八）明知对总体结论有重大影响的特定审计对象缺少判断能力，未能寻求专家意见而直接形成审计结论；

（九）错误判断和评价审计证据；

（十）其他违反执业准则、规则确定的工作程序的行为。

第七条 会计师事务所能够证明存在以下情形之一的，不承担民事赔偿责任：

（一）已经遵守执业准则、规则确定的工作程序并保持必要的职业谨慎，但仍未能发现被审计的会计资料错误；

（二）审计业务所必须依赖的金融机构等单位提供虚假或者不实的证明文件，会计师事务所在保持必要的职业谨慎下仍未能发现其虚假或者不实；

（三）已对被审计单位的舞弊迹象提出警告并在审计业务报告中予以指明；

（四）已经遵照验资程序进行审核并出具报告，但被验资单位在注册登记后抽逃资金；

（五）为登记时未出资或者未足额出资的出资人出具不实报告，但出资人在登记后已补足出资。

第八条 利害关系人明知会计师事务所出具的报告为不实报告而仍然使用的，人民法院应当酌情减轻会计师事务所的赔偿责任。

第九条 会计师事务所在报告中注明"本报告仅供年检使用"、"本报告仅供工商登记使用"等类似内容的，不能作为其免责的事由。

第十条 人民法院根据本规定第六条确定会计师事务所承担与其过失程度相应的赔偿责任时，应按照下列情形处理：

（一）应先由被审计单位赔偿利害关系人的损失。被审计单位的出资人虚假出资、不实出资或者抽逃出资，事后未补足，且依法强制执行被审计单位财产后仍不足以赔偿损失的，出资人应在虚假出资、不实出资或者抽逃出资数额范围内向利害关系人承担补充赔偿责任。

（二）对被审计单位、出资人的财产依法强制执行后仍不足以赔偿损失的，由会计师事务所在其不实审计金额范围内承担相应的赔偿责任。

（三）会计师事务所对一个或者多个利害关系人承担的赔偿责任应以不实审计金额为限。

第十一条 会计师事务所与其分支机构作为共同被告的，会计师事务所对其分支机构的责任部分承担连带赔偿责任。

第十二条 本规定所涉会计师事务所侵权赔偿纠纷未经审判，人民法院不得将会计师事务所追加为被执行人。

第十三条 本规定自公布之日起施行。本院过去发布的有关会计师事务所民事责任的相关规定，与本规定相抵触的，不再适用。

在本规定公布施行前已经终审，当事人申请再审或者按照审判监督程序决定再审的会计师事务所民事侵权赔偿案件，不适用本规定。

在本规定公布施行后尚在一审或者二审阶段的会计师事务所民事侵权赔偿案件，适用本规定。

最高人民法院关于审理证券市场虚假陈述侵权民事赔偿案件的若干规定

（2021年12月30日由最高人民法院审判委员会第1860次会议通过　2022年1月21日最高人民法院公告公布　自2022年1月22日起施行　法释〔2022〕2号）

为正确审理证券市场虚假陈述侵权民事赔偿案件，规范证券发行和交易行为，保护投资者合法权益，维护公开、公平、公正的证券市场秩序，根据《中华人民共和国民法典》《中华人民共和国证券法》《中华人民共和国公司法》《中华人民共和国民事诉讼法》等法律规定，结合审判实践，制定本规定。

一、一般规定

第一条　信息披露义务人在证券交易场所发行、交易证券过程中实施虚假陈述引发的侵权民事赔偿案件，适用本规定。

按照国务院规定设立的区域性股权市场中发生的虚假陈述侵权民事赔偿案件，可以参照适用本规定。

第二条　原告提起证券虚假陈述侵权民事赔偿诉讼，符合民事诉讼法第一百二十二条规定，并提交以下证据或者证明材料的，人民法院应当受理：

（一）证明原告身份的相关文件；

（二）信息披露义务人实施虚假陈述的相关证据；

（三）原告因虚假陈述进行交易的凭证及投资损失等相关证据。

人民法院不得仅以虚假陈述未经监管部门行政处罚或者人民法院生效刑事判决的认定为由裁定不予受理。

第三条　证券虚假陈述侵权民事赔偿案件，由发行人住所地的省、自治区、直辖市人民政府所在的市、计划单列市和经济特区中级人民法院或者专门人民法院管辖。《最高人民法院关于证券纠纷代表人诉讼若干问题的规定》等对管辖另有规定的,从其规定。

省、自治区、直辖市高级人民法院可以根据本辖区的实际情况,确定管辖第一审证券虚假陈述侵权民事赔偿案件的其他中级人民法院,报最高人民法院备案。

二、虚假陈述的认定

第四条 信息披露义务人违反法律、行政法规、监管部门制定的规章和规范性文件关于信息披露的规定,在披露的信息中存在虚假记载、误导性陈述或者重大遗漏的,人民法院应当认定为虚假陈述。

虚假记载,是指信息披露义务人披露的信息中对相关财务数据进行重大不实记载,或者对其他重要信息作出与真实情况不符的描述。

误导性陈述,是指信息披露义务人披露的信息隐瞒了与之相关的部分重要事实,或者未及时披露相关更正、确认信息,致使已经披露的信息因不完整、不准确而具有误导性。

重大遗漏,是指信息披露义务人违反关于信息披露的规定,对重大事件或者重要事项等应当披露的信息未予披露。

第五条 证券法第八十五条规定的"未按照规定披露信息",是指信息披露义务人未按照规定的期限、方式等要求及时、公平披露信息。

信息披露义务人"未按照规定披露信息"构成虚假陈述的,依照本规定承担民事责任;构成内幕交易的,依照证券法第五十三条的规定承担民事责任;构成公司法第一百五十二条规定的损害股东利益行为的,依照该法承担民事责任。

第六条 原告以信息披露文件中的盈利预测、发展规划等预测性信息与实际经营情况存在重大差异为由主张发行人实施虚假陈述的,人民法院不予支持,但有下列情形之一的除外:

(一)信息披露文件未对影响该预测实现的重要因素进行充分风险提示的;

(二)预测性信息所依据的基本假设、选用的会计政策等编制基础明显不合理的;

(三)预测性信息所依据的前提发生重大变化时,未及时履行更正义务的。

前款所称的重大差异，可以参照监管部门和证券交易场所的有关规定认定。

第七条 虚假陈述实施日，是指信息披露义务人作出虚假陈述或者发生虚假陈述之日。

信息披露义务人在证券交易场所的网站或者符合监管部门规定条件的媒体上公告发布具有虚假陈述内容的信息披露文件，以披露日为实施日；通过召开业绩说明会、接受新闻媒体采访等方式实施虚假陈述的，以该虚假陈述的内容在具有全国性影响的媒体上首次公布之日为实施日。信息披露文件或者相关报导内容在交易日收市后发布的，以其后的第一个交易日为实施日。

因未及时披露相关更正、确认信息构成误导性陈述，或者未及时披露重大事件或者重要事项等构成重大遗漏的，以应当披露相关信息期限届满后的第一个交易日为实施日。

第八条 虚假陈述揭露日，是指虚假陈述在具有全国性影响的报刊、电台、电视台或监管部门网站、交易场所网站、主要门户网站、行业知名的自媒体等媒体上，首次被公开揭露并为证券市场知悉之日。

人民法院应当根据公开交易市场对相关信息的反应等证据，判断投资者是否知悉了虚假陈述。

除当事人有相反证据足以反驳外，下列日期应当认定为揭露日：

（一）监管部门以涉嫌信息披露违法为由对信息披露义务人立案调查的信息公开之日；

（二）证券交易场所等自律管理组织因虚假陈述对信息披露义务人等责任主体采取自律管理措施的信息公布之日。

信息披露义务人实施的虚假陈述呈连续状态的，以首次被公开揭露并为证券市场知悉之日为揭露日。信息披露义务人实施多个相互独立的虚假陈述的，人民法院应当分别认定其揭露日。

第九条 虚假陈述更正日，是指信息披露义务人在证券交易场所网站或者符合监管部门规定条件的媒体上，自行更正虚假陈述之日。

三、重大性及交易因果关系

第十条 有下列情形之一的，人民法院应当认定虚假陈述的内容具有重大性：

（一）虚假陈述的内容属于证券法第八十条第二款、第八十一条第二款规定的重大事件；

（二）虚假陈述的内容属于监管部门制定的规章和规范性文件中要求披露的重大事件或者重要事项；

（三）虚假陈述的实施、揭露或者更正导致相关证券的交易价格或者交易量产生明显的变化。

前款第一项、第二项所列情形，被告提交证据足以证明虚假陈述并未导致相关证券交易价格或者交易量明显变化的，人民法院应当认定虚假陈述的内容不具有重大性。

被告能够证明虚假陈述不具有重大性，并以此抗辩不应当承担民事责任的，人民法院应当予以支持。

第十一条 原告能够证明下列情形的，人民法院应当认定原告的投资决定与虚假陈述之间的交易因果关系成立：

（一）信息披露义务人实施了虚假陈述；

（二）原告交易的是与虚假陈述直接关联的证券；

（三）原告在虚假陈述实施日之后、揭露日或更正日之前实施了相应的交易行为，即在诱多型虚假陈述中买入了相关证券，或者在诱空型虚假陈述中卖出了相关证券。

第十二条 被告能够证明下列情形之一的，人民法院应当认定交易因果关系不成立：

（一）原告的交易行为发生在虚假陈述实施前，或者是在揭露或更正之后；

（二）原告在交易时知道或者应当知道存在虚假陈述，或者虚假陈述已经被证券市场广泛知悉；

（三）原告的交易行为是受到虚假陈述实施后发生的上市公司的收购、重大资产重组等其他重大事件的影响；

（四）原告的交易行为构成内幕交易、操纵证券市场等证券违法行为的；

（五）原告的交易行为与虚假陈述不具有交易因果关系的其他情形。

四、过错认定

第十三条 证券法第八十五条、第一百六十三条所称的过错,包括以下两种情形:

(一)行为人故意制作、出具存在虚假陈述的信息披露文件,或者明知信息披露文件存在虚假陈述而不予指明、予以发布;

(二)行为人严重违反注意义务,对信息披露文件中虚假陈述的形成或者发布存在过失。

第十四条 发行人的董事、监事、高级管理人员和其他直接责任人员主张对虚假陈述没有过错的,人民法院应当根据其工作岗位和职责、在信息披露资料的形成和发布等活动中所起的作用、取得和了解相关信息的渠道、为核验相关信息所采取的措施等实际情况进行审查认定。

前款所列人员不能提供勤勉尽责的相应证据,仅以其不从事日常经营管理、无相关职业背景和专业知识、相信发行人或者管理层提供的资料、相信证券服务机构出具的专业意见等理由主张其没有过错的,人民法院不予支持。

第十五条 发行人的董事、监事、高级管理人员依照证券法第八十二条第四款的规定,以书面方式发表附具体理由的意见并依法披露的,人民法院可以认定其主观上没有过错,但在审议、审核信息披露文件时投赞成票的除外。

第十六条 独立董事能够证明下列情形之一的,人民法院应当认定其没有过错:

(一)在签署相关信息披露文件之前,对不属于自身专业领域的相关具体问题,借助会计、法律等专门职业的帮助仍然未能发现问题的;

(二)在揭露日或更正日之前,发现虚假陈述后及时向发行人提出异议并监督整改或者向证券交易场所、监管部门书面报告的;

(三)在独立意见中对虚假陈述事项发表保留意见、反对意见或者无法表示意见并说明具体理由的,但在审议、审核相关文件时投赞成票的除外;

(四)因发行人拒绝、阻碍其履行职责,导致无法对相关信息披露文件是否存在虚假陈述作出判断,并及时向证券交易场所、监管部门书面报告的；

（五）能够证明勤勉尽责的其他情形。

独立董事提交证据证明其在履职期间能够按照法律、监管部门制定的规章和规范性文件以及公司章程的要求履行职责的，或者在虚假陈述被揭露后及时督促发行人整改且效果较为明显的，人民法院可以结合案件事实综合判断其过错情况。

外部监事和职工监事，参照适用前两款规定。

第十七条　保荐机构、承销机构等机构及其直接责任人员提交的尽职调查工作底稿、尽职调查报告、内部审核意见等证据能够证明下列情形的，人民法院应当认定其没有过错：

（一）已经按照法律、行政法规、监管部门制定的规章和规范性文件、相关行业执业规范的要求，对信息披露文件中的相关内容进行了审慎尽职调查；

（二）对信息披露文件中没有证券服务机构专业意见支持的重要内容，经过审慎尽职调查和独立判断，有合理理由相信该部分内容与真实情况相符；

（三）对信息披露文件中证券服务机构出具专业意见的重要内容，经过审慎核查和必要的调查、复核，有合理理由排除了职业怀疑并形成合理信赖。

在全国中小企业股份转让系统从事挂牌和定向发行推荐业务的证券公司，适用前款规定。

第十八条　会计师事务所、律师事务所、资信评级机构、资产评估机构、财务顾问等证券服务机构制作、出具的文件存在虚假陈述的，人民法院应当按照法律、行政法规、监管部门制定的规章和规范性文件，参考行业执业规范规定的工作范围和程序要求等内容，结合其核查、验证工作底稿等相关证据，认定其是否存在过错。

证券服务机构的责任限于其工作范围和专业领域。证券服务机构依赖保荐机构或者其他证券服务机构的基础工作或者专业意见致使其出具的专业意见存在虚假陈述，能够证明其对所依赖的基础工作或者专业意见经过审慎核查和必要的调查、复核，排除了职业怀疑并形成合理信赖的，人民法院应当认定其没有过错。

第十九条 会计师事务所能够证明下列情形之一的，人民法院应当认定其没有过错：

（一）按照执业准则、规则确定的工作程序和核查手段并保持必要的职业谨慎，仍未发现被审计的会计资料存在错误的；

（二）审计业务必须依赖的金融机构、发行人的供应商、客户等相关单位提供不实证明文件，会计师事务所保持了必要的职业谨慎仍未发现的；

（三）已对发行人的舞弊迹象提出警告并在审计业务报告中发表了审慎审计意见的；

（四）能够证明没有过错的其他情形。

五、责任主体

第二十条 发行人的控股股东、实际控制人组织、指使发行人实施虚假陈述，致使原告在证券交易中遭受损失的，原告起诉请求直接判令该控股股东、实际控制人依照本规定赔偿损失的，人民法院应当予以支持。

控股股东、实际控制人组织、指使发行人实施虚假陈述，发行人在承担赔偿责任后要求该控股股东、实际控制人赔偿实际支付的赔偿款、合理的律师费、诉讼费用等损失的，人民法院应当予以支持。

第二十一条 公司重大资产重组的交易对方所提供的信息不符合真实、准确、完整的要求，导致公司披露的相关信息存在虚假陈述，原告起诉请求判令该交易对方与发行人等责任主体赔偿由此导致的损失的，人民法院应当予以支持。

第二十二条 有证据证明发行人的供应商、客户，以及为发行人提供服务的金融机构等明知发行人实施财务造假活动，仍然为其提供相关交易合同、发票、存款证明等予以配合，或者故意隐瞒重要事实致使发行人的信息披露文件存在虚假陈述，原告起诉请求判令其与发行人等责任主体赔偿由此导致的损失的，人民法院应当予以支持。

第二十三条 承担连带责任的当事人之间的责任分担与追偿，按照民法典第一百七十八条的规定处理，但本规定第二十条第二款规定的情形除外。

保荐机构、承销机构等责任主体以存在约定为由，请求发行人或者其控股股东、实际控制人补偿其因虚假陈述所承担的赔偿责任的，人民法院不予支持。

六、损失认定

第二十四条 发行人在证券发行市场虚假陈述，导致原告损失的，原告有权请求按照本规定第二十五条的规定赔偿损失。

第二十五条 信息披露义务人在证券交易市场承担民事赔偿责任的范围，以原告因虚假陈述而实际发生的损失为限。原告实际损失包括投资差额损失、投资差额损失部分的佣金和印花税。

第二十六条 投资差额损失计算的基准日，是指在虚假陈述揭露或更正后，为将原告应获赔偿限定在虚假陈述所造成的损失范围内，确定损失计算的合理期间而规定的截止日期。

在采用集中竞价的交易市场中，自揭露日或更正日起，被虚假陈述影响的证券集中交易累计成交量达到可流通部分100%之日为基准日。

自揭露日或更正日起，集中交易累计换手率在10个交易日内达到可流通部分100%的，以第10个交易日为基准日；在30个交易日内未达到可流通部分100%的，以第30个交易日为基准日。

虚假陈述揭露日或更正日起至基准日期间每个交易日收盘价的平均价格，为损失计算的基准价格。

无法依前款规定确定基准价格的，人民法院可以根据有专门知识的人的专业意见，参考对相关行业进行投资时的通常估值方法，确定基准价格。

第二十七条 在采用集中竞价的交易市场中，原告因虚假陈述买入相关股票所造成的投资差额损失，按照下列方法计算：

（一）原告在实施日之后、揭露日或更正日之前买入，在揭露日或更正日之后、基准日之前卖出的股票，按买入股票的平均价格与卖出股票的平均价格之间的差额，乘以已卖出的股票数量；

（二）原告在实施日之后、揭露日或更正日之前买入，基准日之前未卖出的股票，按买入股票的平均价格与基准价格之间的差额，乘以未卖出的股票数量。

第二十八条 在采用集中竞价的交易市场中，原告因虚假陈述卖出相关股票所造成的投资差额损失，按照下列方法计算：

（一）原告在实施日之后、揭露日或更正日之前卖出，在揭露日或更正日之后、基准日之前买回的股票，按买回股票的平均价格与卖出股票的

平均价格之间的差额,乘以买回的股票数量;

(二)原告在实施日之后、揭露日或更正日之前卖出,基准日之前未买回的股票,按基准价格与卖出股票的平均价格之间的差额,乘以未买回的股票数量。

第二十九条 计算投资差额损失时,已经除权的证券,证券价格和证券数量应当复权计算。

第三十条 证券公司、基金管理公司、保险公司、信托公司、商业银行等市场参与主体依法设立的证券投资产品,在确定因虚假陈述导致的损失时,每个产品应当单独计算。

投资者及依法设立的证券投资产品开立多个证券账户进行投资的,应当将各证券账户合并,所有交易按照成交时间排序,以确定其实际交易及损失情况。

第三十一条 人民法院应当查明虚假陈述与原告损失之间的因果关系,以及导致原告损失的其他原因等案件基本事实,确定赔偿责任范围。

被告能够举证证明原告的损失部分或者全部是由他人操纵市场、证券市场的风险、证券市场对特定事件的过度反应、上市公司内外部经营环境等其他因素所导致的,对其关于相应减轻或者免除责任的抗辩,人民法院应当予以支持。

七、诉讼时效

第三十二条 当事人主张以揭露日或更正日起算诉讼时效的,人民法院应当予以支持。揭露日与更正日不一致的,以在先的为准。

对于虚假陈述责任人中的一人发生诉讼时效中断效力的事由,应当认定对其他连带责任人也发生诉讼时效中断的效力。

第三十三条 在诉讼时效期间内,部分投资者向人民法院提起人数不确定的普通代表人诉讼的,人民法院应当认定该起诉行为对所有具有同类诉讼请求的权利人发生时效中断的效果。

在普通代表人诉讼中,未向人民法院登记权利的投资者,其诉讼时效自权利登记期间届满后重新开始计算。向人民法院登记权利后申请撤回权利登记的投资者,其诉讼时效自撤回权利登记之次日重新开始计算。

投资者保护机构依照证券法第九十五条第三款的规定作为代表人参加

诉讼后，投资者声明退出诉讼的，其诉讼时效自声明退出之次日起重新开始计算。

八、附　则

第三十四条　本规定所称证券交易场所，是指证券交易所、国务院批准的其他全国性证券交易场所。

本规定所称监管部门，是指国务院证券监督管理机构、国务院授权的部门及有关主管部门。

本规定所称发行人，包括证券的发行人、上市公司或者挂牌公司。

本规定所称实施日之后、揭露日或更正日之后、基准日之前，包括该日；所称揭露日或更正日之前，不包括该日。

第三十五条　本规定自 2022 年 1 月 22 日起施行。《最高人民法院关于受理证券市场因虚假陈述引发的民事侵权纠纷案件有关问题的通知》《最高人民法院关于审理证券市场因虚假陈述引发的民事赔偿案件的若干规定》同时废止。《最高人民法院关于审理涉及会计师事务所在审计业务活动中民事侵权赔偿案件的若干规定》与本规定不一致的，以本规定为准。

本规定施行后尚未终审的案件，适用本规定。本规定施行前已经终审，当事人申请再审或者按照审判监督程序决定再审的案件，不适用本规定。

条文序号对照表

历年会计法条文序号对照表
（1985年—1993年—1997年—2017年—2024年）①

【使用说明：此表横向阅读；（增）表示该条文为新增条文；（删）表示该条文已被删去；下划线是方便读者查找该条；(1)(2)(3)表示此条被一分为二或一分为三。】

2024.6.28 会计法	2017.11.4 会计法	1999.10.31 会计法	1993.12.29 会计法	1985.1.21 会计法
第1条	第1条	第1条	第1条	第1条
第2条	第2条	第2条	第2条	第2条
第3条	第3条	第3条（增）		
第4条	第4条	第4条	第4条(1)	第4条(1)
第5条	第5条	第5条	第3条 第4条(1)	第3条 第4条(1)
第6条	第6条	第6条	第4条(2)	第4条(2)
第7条	第7条	第7条	第5条	第5条
第8条	第8条(1)(2)	第8条(1)(2)	第6条	第6条
第9条	第9条	第9条（增）		
第10条	第10条 第25条	第10条 第25条（增）	第7条	第7条
第11条	第11条	第11条	第8条	第8条

① 此表是对《会计法》历年条文序号的整体梳理，一为方便读者遇到旧法快速准确定位到新法，二为方便读者了解新法是如何从旧法延续而来。

续表

2024.6.28 会计法	2017.11.4 会计法	1999.10.31 会计法	1993.12.29 会计法	1985.1.21 会计法
第12条	第12条	第12条	第9条	第9条
第13条	第13条	第13条	第10条	第10条
第14条	第14条	第14条	第11条 第17条	第11条 第17条
第15条	第15条	第15条（增）		
第16条	第16条	第16条（增）		
第17条	第17条	第17条	第13条	第13条
第18条	第18条	第18条（增）		
第19条	第19条	第19条（增）		
第20条	第20条	第20条	第12条	第12条
第21条	第21条	第21条	第14条	第14条
第22条	第22条	第22条（增）		
第23条	第23条	第23条	第15条	第15条
			第16条（删）	第16条
	第24条（删）	第24条（增）		
第24条	第26条	第26条（增）		
第25条	第27条	第27条（增）		
第26条	第28条	第28条	第28条	第28条
第27条	第29条	第29条	第18条	第18条
			第19条（删）	第19条
第28条	第30条	第30条（增）		
第29条	第31条	第31条（增）		
第30条	第32条	第32条（增）		

续表

2024.6.28 会计法	2017.11.4 会计法	1999.10.31 会计法	1993.12.29 会计法	1985.1.21 会计法
第31条	第33条	第33条（增）		
第32条	第34条	第34条（增）		
第33条	第35条	第35条	第20条	第20条
第34条	第36条	第36条	第21条（1）	第21条（1）
第35条	第37条	第37条	第21条（2）（3）	第21条（2）（3）
			第22条（删）	第22条
			第23条（删）	第23条
第36条	第38条	第38条（增）		
第37条	第39条	第39条（增）		
第38条	第40条	第40条（增）		
第39条	第41条	第41条	第24条	第24条
			第25条（删）	第25条
			第26条（删）	第26条
			第27条（删）	第27条
			第28条（删）	第28条
			第29条（删）	第29条
				第30条(删)
第40条	第42条	第42条（增）		
第41条	第43条 第44条	第43条（增） 第44条（增）		
第42条	第45条	第45条（增）		
第43条	第46条	第46条（增）		
第44条	第47条	第47条（增）		

续表

2024.6.28 会计法	2017.11.4 会计法	1999.10.31 会计法	1993.12.29 会计法	1985.1.21 会计法
第45条	第48条	第48条（增）		
第46条(增)				
第47条	第49条	第49条（增）		
第48条	第50条	第50条（增）		
第49条	第8条（3）	第8条（3）		
第50条	第51条	第51条（增）		
第51条	第52条	第52条	第30条	第31条